AphorismA

diAk

Israel • Palästina • Deutschland – zusammen denken
Schriftenreihe Band 44

Nava Sonnenschein

Vom Opfer zum Partner

Von der Überwindung der Kluft
zwischen Juden und Palästinensern

Übersetzt und herausgegeben von Ulla Philipps-Heck

2017

Kontakt: info@aphorisma.eu

© AphorismA
Verlag | Antiquariat | Agentur
Mit angeschlossener Versandbuchhandlung
Gemeinnützige GmbH

Sonnenschein, Nava
Vom Opfer zum Partner
Von der Überwindung der Kluft
zwischen Juden und Palästinensern
Übersetzt und herausgegeben von Ulla Philipps-Heck
Schriftenreihe des di**Ak** Band 44

AphorismA Verlag – Berlin 2017
ISBN 978-3-86575-070-9

Konflikt und Verantwortung: von persönlicher Identitätsklärung zu gesellschaftspolitischem Engagement

Nava Sonnenschein

*D*ie Arbeit an diesem Buch hat mich nachhaltig bestärkt und bewegt. *Sie begann mit einem Interview, das ich 2007 mit Michael Sfard führte, und endete mehr als zwei Dutzend Interviews später, im April 2016. In diesen Jahren sind wir Zeugen einer sehr schwierigen Realität gewesen, einer Realität, in der Israel sich in zutiefst Besorgnis erregende Richtungen entwickelt hat: humanitäre und demokratische Werte erodieren immer stärker, Menschenrechte werden immer weniger anerkannt, und die Bemühungen um einen Frieden zwischen Israelis und Palästinensern geraten zunehmend in den Hintergund. In diesem Kontext stellen die in diesem Buch versammelten Interviews mit Absolventen der School for Peace (SFP) einen Hoffnungsschimmer dar. Sie zeigen: Wandel ist tatsächlich möglich.*

Die Interviews führten mich auf eine faszinierende Reise in einer Zeit schwieriger Beziehungen zwischen Juden und Palästinensern in diesem Land. In die Zeitspanne von 2007 bis 2016 fielen der 40. Jahrestag der 1967 erfolgten Besetzung der palästinensischen Gebiete, das Ende der 2. Intifada, Israels 2. Libanonkrieg, die folgenden durch Israel ausgelösten Kriege gegen die Palästinenser im Gazastreifen, und die sich verschlechternde Lage im Gazastreifen unter dem Regime der Hamas. Derzeit, d.h. im Frühjahr 2016, sind alle Verhandlungen zwischen Israel und den Palästinensern eingefroren und die Gewalt eskaliert weiter, während in der israelischen Gesellschaft rassistische Vorfälle zunehmen. Die für dieses Buch interviewten Menschen wurden in die Zeit nach 1967, also in die Besatzungszeit, hineingeboren und viele von ihnen, die die Folgen jeden Tag spüren, haben sich zur Lebensaufgabe gemacht, Frieden zu fördern, die Besatzung zu beenden und Gleichberechtigung zwischen Juden und Palästinensern in Israel zu erreichen. Sie erfahren mehr darüber in den Interviews.

In meiner täglichen Arbeit, der Durchführung von Langzeit-Programmen, die zu Dialog und konkretem Handeln unter jüdischen Israelis und Palästinenser von diesseits und jenseits der Grünen Linie führen, frage ich mich angesichts der völlig konträren realen Entwicklungen bisweilen, was für einen Wandel die Encounter-Kurse bewirken und welchen Zweck sie haben können. Die Antwort auf diese Fragen liegt in den Dialogen, die ich initiiere und leite. Ich erhalte immer wieder neue Kraft aus der sichtbaren Transformation, welche die Kursteilnehmer(innen) durchlaufen. Unversehens verschiebt sich in einem dramatischen Moment für einen Teilnehmer oder eine Teilnehmerin, oder sogar die ganze Gruppe, etwas Entscheidendes – und in den Kursen, die ich geleitet habe, habe ich unzählige solche Momente erlebt. Genau solche Momente haben mich veranlasst, den Wandel, den ich da erlebe, genauer zu betrachten. Wandel verursacht Schmerz, denn Wandel verlangt von den Menschen, dass sie alte Vorstellungen und Meinungen aufgeben um neue zulassen zu können. In diesem Buch sprechen Kursteilnehmer(innen) ganz offen über die formativen Momente in ihrer persönlichen Entwicklung und die Folgerungen, die sie daraus für ihren Einsatz für Frieden, Menschenrechte und Gleichberechtigung gezogen haben. Diese Ich-Berichte haben mir bei meiner Arbeit Kraft gegeben.

Oft werde ich nach der Wirkung der Kurse auf die Teilnehmer(innen) gefragt. *Schließlich,* (so wird meist formuliert) *verschiebt sich die politische Landkarte ständig weiter nach rechts – welchen Einfluss können Sie also überhaupt auf die Realität haben?* Die Interviews öffnen einen faszinierenden Einblick in den inneren Wandel, den die Befragten durchlaufen haben. Alle SFP-Absolvent(innen), die ich um ein Interview bat, haben sofort und gern zugestimmt. Eigentlich sollte das Buch sämtliche Interviews enthalten; doch zwei Absolventinnen, die therapeutisch tätig sind, zogen ihre Zusage wegen der für ihre Arbeit notwendigen Anonymität später zurück. Die Gruppe der Befragten stellt keine wissenschaftlich repräsentative Auswahl von Kursabsolventen der SFP dar; zugleich weiß ich genau, dass es zahlreiche weitere Absolvent(innen) gibt, deren Berichte nicht weniger zwingend sind und deren Berichte zusätzlich zu oder anstatt den veröffentlichten hier abgedruckt sein könnten. Bei der Vereinbarung der Interviews nahm ich vor allem Teilnehmer(innen) mit besonders interessanten Berichten in den Blick, bat sie um ein Interview, beschrieb das Buchprojekt, und dann fand ein ca. 90-minütiges Interview statt, das jeweils aufgenommen und transkribiert wurde.

In den Interviews beschreiben die Befragten, wie die von ihnen durchlaufenen Kurse der SFP ihr Leben beeinflusst haben. Ihre Berichte machen deutlich, wodurch Wandel in Menschen verursacht wird, und wie der Dialog, in den sie eintraten, sie veranlasst hat, aktiv zu werden. Sie beschreiben die formativen Momente in der Begegnung und erklären, wie die Veränderung in ihrer Wahrnehmung sich vollzog; wie sie ihre veränderte Perspektive in Zeiten eines so endlos scheinenden Konflikts haben bewahren können; und wie es ihnen gelungen ist, ihre innere Transformation in konkretes Handeln ,da draußen' umzusetzen. Sie alle sprechen von einer Art inneren Funken, der – sobald entzündet – sie dazu brachte, sich konkret für einen Wandel in der jüdisch-palästinensischen Realität einzusetzen.

Dialog hat diese Kraft: ein echter Dialog, einer, der ganz klar Dinge, die den Kern des Konfliktes betreffen, auf den Tisch bringt; ein Dialog, der wirkliches Zuhören meint; ein Dialog, der nachfragt und Macht-Asymmetrien herausfordert; ein Dialog, der die Vorgänge zwischen den beiden nationalen Gruppen erforscht und sie furchtlos untersucht; ein Dialog, der partnerschaftliche Diskussion auf Augenhöhe ohne Privilegien für eine Seite möglich macht; ein Dialog, der kritisches Nachdenken über unsere Realität fördert; ein Dialog, der es den Teilnehmergruppen ermöglicht, ihre Identität so zu wandeln, dass sie ‚den Anderen‘ integrieren kann.

Abschließend möchte ich hier kurz die Arbeit der SFP beschreiben, einer Institution, die ich zusammen mit anderen 1979 in Neve Shalom – Wahat al Salam gegründet habe. Dabei werde ich einige Schlüsselaspekte unserer Methodik für Konfliktgruppen benennen, die in den drei Kursprogrammen der Interviewten Anwendung fanden. Ich hoffe, dass dieses Buch für andere Menschen einen neuen Weg eröffnet, den jeder gehen kann, der bereit ist, den dafür erforderlichen Einsatz zu leisten.

Die Friedensschule (School for Peace) – Wahat al Salam hat sich als eine der ersten Bildungsinstitutionen in Israel mit der gewaltigen Kluft zwischen Palästinensern und Juden befasst. Seit ihrer Gründung 1979 arbeitet sie intensiv mit Gruppen beider Seiten, um diese Kluft zu überbrücken und einen gesunden, demokratischen, auf den Grundsätzen von Gleichberechtigung und gleichen Rechten für alle Bürger beruhenden Staat zu entwickeln. Das vom Team der SFP entwickelte einzigartige Konzept für eine gemeinsame Zukunft umfasst Dialog-Kurse, Forschung, Theoriebildung, Evaluation und die Erarbeitung hervorragender Methoden für das Arbeitsfeld Konfliktlösung.

Als einzige gewollt bi-nationale Gemeinde in Israel stellt Neve Shalom – Wahat al Salam für die Friedensschule ein außergewöhnliches Umfeld dar, in dem Juden und Palästinenser ganz bewusst friedlich und gleichberechtigt zusammenleben. Die Gemeinde möchte Menschen beider Seiten einen Ort bieten, der seinen Bewohnern durch seinen auf Gleichberechtigung, Pluralismus und Partnerschaft beruhenden Modellcharakter Mut gibt. Seit ihrer Gründung haben über 65.000 Juden und Palästinenser die verschiedenen Programme der School for Peace durchlaufen. Mehr Information dazu finden Sie auf: www.sfpeace.org.

Die Methodik der Friedensschule ist aus Jahrzehnte langer Praxis hervorgegangen und heute ein hervorragendes Modell für die Arbeit mit Konfliktgruppen. Ihr Ansatz legt den Fokus auf die Art und Weise, in der die beiden nationalen Gruppen sich aufeinander beziehen – ist also ein eher Gruppen- als ein Personen-zentrierter Ansatz. Die SFP betrachtet die Gruppe als Mikrokosmos der gesamten Gesellschaft; mit Hilfe der Erfahrungen in der Gruppe erhalten die Teilnehmer(innen) tiefe Einblicke in die die Art und Dynamik ihrer Beziehungen zueinander in der Gesellschaft als Ganzem. Die SFP ist sich der asymmetrischen Machtverhältnisse zwischen Mehrheits- und Minderheitsgruppen bewusst. Diese Asymmetrie prägt die persönliche Identität ebenso wie das Gruppenimage und das Gruppenverhalten. In den Kursen kommt der Konflikt ganz bewusst und sehr klar ‚auf den Tisch'; beiden Teilnehmergruppen wird rasch deutlich, dass sie zusammengekommen sind, um wirklich brisante Themen zu diskutieren und über schwierige Forderungen zu verhandeln.

Die Teilnehmer(innen) erforschen ihre nationale und kulturelle Identität in einer Weise, die Ihnen zu verstehen hilft, wie ihre Gruppenidentität ihre Einstellungen und Verhaltensweisen prägt. Die Entdeckung, wie ihre Gruppenidentität ihr Denken und Handeln bestimmt, führt zu einem Wandel. Nun können sie sich Konfliktthemen und Differenzen stellen und Verantwortung für ihre Haltungen und ihr Handeln übernehmen. In späteren Kursphasen entscheiden sich die beiden Gruppen für ihnen wichtige Konfliktaspekte und führen Projekte durch, die ihre neue Sicht in konkretes Handeln umsetzen. Ziel ist gesellschaftlicher Wandel hin zu einer Gesellschaft mit mehr Gleichberechtigung und Gerechtigkeit. Mehr Informationen zur Methodik erhalten Sie in ‚Identitäten im Dialog' (Halabi,R. & Philipps-Heck, U., Hrsg., 2001).

Alle hier Befragten haben an einem oder mehreren Langzeit-Kursen der SFP von je 120 Stunden bis zu 1 ½ Jahren Länge teilgenommen: an der Ausbildung von Kursleiter(innen) für Konfliktgruppen; an Universitätskursen in Zusammenarbeit zwischen der SFP und verschiedenen Universitäten und Colleges, und an den ‚change agents' Kursen für Berufsgruppen. All diesen Programmen liegt das einzigartige Inter-Gruppen Dialog-Konzept für Juden und Palästinenser zu Grunde, das von der School for Peace entwickelt worden ist.

Drei Programme sollen hier kurz vorgestellt werden.

Ausbildung zum/zur Kursleiter/in für Konfliktgruppen

Die Ausbildung von Kursleiter(innen) für Konfliktgruppen ist das ‚Flaggschiff' der SFP. Seit 1990 haben wir über 1.000 Kursleiter ausgebildet, die inzwischen in zahlreichen Friedens- und Menschenrechtsorganisationen in Israel und Palästina arbeiten. Der 4-monatige Intensivkurs umfasst Vorträge sowie die Bearbeitung wissenschaftlicher Publikationen und eine intensive Gruppenphase, in der die Teilnehmer(innen) sich mit zentralen

Aspekten des jüdisch-palästinensischen Konfliktes befassen und mit der Rolle ihrer eigenen Identität in diesem Konflikt. Daneben lernen sie, inter-Gruppenprozesse zu analysieren und erwerben in einer Phase gegenseitiger Beobachtung und Evaluation die Fähigkeiten für eine erfolgreiche Leitung von Konfliktgruppen.

Kurse an Universitäten und anderen Hochschulen

Als Pionier im Feld ‚peace studies‘ bietet die Friedensschule zum Thema ‚Theoretische und praktische Aspekte der Friedensförderung im Nahen Osten‘ bereits seit 1990 Hochschulkurse für Studenten im Grund- und Hauptstudium an. Diese Kurse finden an der Universität Tel Aviv, der Hebräischen Universität Jerusalem und an anderen Hochschulen statt. Mit ihrer Kombination aus experimentellen und akademischen Phasen ermöglichen diese Kurse einen tiefen Einblick in inter-Gruppen Konflikte im Allgemeinen und den Jüdisch-Arabischen Konflikt im Besonderen. Die teilnehmenden Studierenden, die alle einen akademischen Grad in Sozialwissenschaften anstreben, bringen ihre Erkenntnisse und Erfahrungen später bei Entscheidungsprozessen und der Formulierung politischer Ziele in verschiedensten Organisationen ein. Ehemalige Kursteilnehmer mit hohen akademischen Abschlüssen gehören heute zu den Dozenten, die an der Ben-Gurion-Universität, am Interdisziplinären Zentrum in Herzliya und am College Tel Aviv-Jaffa unterrichten.

‚Change Agents‘ Kurse

Bereits einige Hundert Menschen sind hier dazu ausgebildet worden, am Arbeitsplatz in ihren eigenen kommunalen Strukturen und in staatlichen und nicht-staatlichen Institutionen sozialen Wandeln zu fördern. Dieses völlig neue Kursmodell richtet sich an israelische Staatsbürger (Juden und Palästinenser) und an Palästinenser aus Palästina in spezifischen Berufsfeldern mit ihren jeweils berufsspezifischen Qualifikationen. Im fortgeschrittenen Stadium ihres Programms entwickeln die ‚change agents‘ gemeinsame Projekte mit Bezug auf Probleme, die sowohl die israelische als auch die palästinensische Gesellschaft betreffen. Es gibt solche Kurse für Juristen, für ‚mental health professionals‘, Journalisten, Umweltaktivisten, Architekten & Stadtplaner, Ärzte, Lehrer und andere berufliche Gruppen. Jeder Kurs mit jeweils 25 – 40 Teilnehmer(innen) dauert ein bis anderthalb Jahre und besteht aus monatlichen Sitzungen sowie 2- bis 5-tägigen Intensiv-Workshops. Die Kurse umfassen vier Komponenten: den durchgängig aktiven Dialog gemäß der SFP-Methodik; den Erwerb theoretischen und praktischen Wissens über die Beziehung zwischen dem jeweiligen Berufsfeld und dem jüdisch-palästinensischen Konflikt;

geführte Exkursionen, sowie die Einübung von Fähigkeiten, welche die Entwicklung und Realisierung von tatsächlichem Wandel ermöglichen. An dieses Vorwort schließt sich eine theoretische Einführung in das Interview-Material von Professor Tamar Saguy an. Den größten Teil des Buches machen die transkribierten Texte der 25 Interviews aus, ungefähr aufgeteilt nach den Berufsfeldern der Befragten und jeweils eingeleitet durch kurze biografische Angaben zur Person. Sie werden am Ende des Buches durch meine eigene Detail-Analyse der Interviews abgerundet.

Wir hoffen, dass dieses Buch Menschenrechts- und Friedensorganisationen beider Völker in ihrem Ringen um eine gerechtere Gesellschaft mit mehr Gleichberechtigung stärkt, damit sie in diesem kleinen Stück Land friedlich nebeneinander leben können.

Abschließend möchte ich all denen danken, die die Geburt dieses Buches möglich gemacht haben: Deb Reich, die das Material ins Englische übersetzt und unter großem Einsatz professionell ediert hat; Faten Abu Ghosh für ihre exzellenten Interview-Transkripte; den ,Amerikanischen Freunden von Neve Shalom – Wahat al Salam' für ihre großzügige Unterstützung; all den Frauen und Männern, die ich interviewen durfte, Palästinenser wie Juden, für ihre Offenheit und ihre Bereitschaft, Zeugnis abzulegen über den tiefen Wandel, den sie in den Kursen der SFP durchlaufen haben; Prof. Tamar Saguy für ihre theoretische Einführung; Prof. Ariella Friedman für ihre hilfreichen Kommentare, und Prof. Daniel Bar Tal und Professor Amal Jamal für ihre konstruktive Begleitung. Nicht zuletzt möchte ich meinem Partner Coby und unseren Kindern Nir, Ori und Tali für ihre unablässige, unerschütterliche Unterstützung danken.

Nava Sonnenschein

Wenn Konfliktgruppen aufeinandertreffen: Wie Machtverhältnisse Gruppen-Begegnungen prägen

Tamar Saguy, Interdisziplinäres Zentrum Herzliya

D *ieses Buch erzählt eine außerordentliche Geschichte: die Geschichte persönlicher Transformation von Menschen, die in einem Dialogprojekt Angehörigen ihrer eigenen Gruppe und Menschen einer ‚anderen' Gruppe begegnet sind, mit der sie sich in Konflikt befinden. Eine solche Transformation habe ich selbst durchlebt – und meine eigenen Erfahrungen in vielen der in diesem Buch versammelten Aussagen gespiegelt gefunden. Teil meines MA Studiums an der Universität Tel Aviv war im Jahr 2000 ein solches Dialogprojekt für palästinensische und jüdische Israelis; ein Jahr lang kamen wir unter jüdisch-arabischer Leitung wöchentlich zusammen. Die Einzigartigkeit des dort verwendeten und von der School for Peave in Neve Shalom – Wahat al Salam entwickelten Modells (Halabi, 2004) wird unmittelbar deutlich, wenn man sich die bisherige Literatur über inter-Gruppen Begegnungen anschaut. Besonders ungewöhnlich an diesem Modell ist sein klarer Fokus auf die Dynamik der Machtstrukturen zwischen den beteiligten Gruppen.*

In dieser Einführung verorte ich die persönlichen Transformationen in dem größeren Kontext von inter-Gruppen Begegnungen, welche ihrerseits bereits seit langem ein zentrales Thema der sozialwissenschaftlichen Forschung sind. Hunderte von Studien widmen sich der Frage, wie man inter-Gruppen Begegnungen erfolgreich gestalten kann. Ohne Informationen über diesen Hintergrund kann man die Bedeutung der in diesem Buch dokumentierten Transformationen nicht verstehen. Die Einführung belegt, dass die in den Interviews dokumentierten Erfahrungen auch wissenschaftlich gesehen einzigartig sind; sie sind zentraler Teil einer inter-Gruppen Begegnung, die Machtstrukturen aufdeckt und bearbeitet. Solche Begegnungen sind bislang kaum empirisch erforscht und scheinen auf den ersten Blick eher kontraproduktiv zu sein. Und doch zeigen eine genaue Betrachtung der Literatur und die Tiefeninterviews in diesem Buch, dass solche Begegnungen [– obwohl sie nicht mehrheitsfähig sind und eine echte Herausforderung bedeuten] erheblich zu sozialem Wandel beitragen können. Meine Einführung versucht eine wissenschaftliche Analyse dieses Potentials.

Zunächst skizziere ich die Grund-Lehrsätze der Konfliktgruppen-Forschung und untersuche, in wieweit diese Forschung sich mit dem Aspekt asymmetrischer Machtstrukturen befasst hat. Anschließend erläutere ich eine Synthese, die meine Kolleg(innen) und ich in den vergangenen Jahren miteinander entwickelt haben; sie analysiert psychologische Prozesse in inter-Gruppen Begegnungen aus einer Perspektive, welche die Machtstrukturen zwischen den interagierenden Gruppen in den Blick nimmt. Diese Synthese beruht im Wesentlichen auf meinen eigenen Erfahrungen in dem oben erwähnten jüdisch-palästinensischen Dialog-Kurs, den die School for Peace in Neve Shalom – Wahat al Salam entwickelt hat. Der Ansatz, der Machtverhältnisse mit inter-Gruppen Begegnungen verknüpft, spiegelt sich deutlich in den Interviews wider; er zeigt – teilweise zwischen den Zeilen, dass Begegnungen, in denen Machtstrukturen offenbar werden, einen nachhaltigen Einfluss auf die Beteiligten ausüben.

Zur bisherigen Forschung über Konfliktgruppen-Begegnungen

Eine der drängendsten Fragen, mit denen sich Politiker wie Wissenschaftler heute konfrontiert sehen, ist die, wie man Ressentiments zwischen Konfliktgruppen abmildern und friedlichere und gerechtere Beziehungen zwischen diesen Gruppen erfolgreich stärken kann. Problemlösungsansätze für Spannungen zwischen Gruppen gibt es auf verschiedenen Ebenen, von der politischen Ebene – also von neuen politischen Konzepten bis zur Verhandlung von Konfliktlösungen zwischen politischen Führungen – bis zur ‚Graswurzel‘-Ebene. All diese Lösungsansätze möchten bessere Beziehungen herstellen zwischen den Angehörigen der beteiligten Konfliktparteien (z. B. durch Dialoggruppen, Bildungsprogramme oder gemeinsame Initiativen im akademischen und kulturellen Bereich). Viele dieser Ansätze beinhalten eine Begegnungsform oder Interaktion über die Gruppengrenzen hinweg.
Die Kontakttheorie (Allport, 1954) gehört zu den Theorien, die das Nachdenken über und das Planen von Begegnungen mit Konflikt-Gruppen am stärksten geprägt haben. Gemäß dieser Theorie können positive Interaktionen zwischen Angehörigen solcher Gruppen Vorurteile vermindern und die Beziehungen zwischen den Gruppen insbesondere dann verbessern, wenn sie unter optimalen Bedingungen stattfinden. Eine Begegnung wurde als ‚optimal‘ betrachtet, wenn sie den Fokus auf ein gemeinsames Ziel oder die Kooperation zwischen Konfliktgruppen legte (Allport, 1954), sodass die Teilnehmer einander als gleichberechtigte Menschen kennenlernen konnten. Machtverhältnisse – die häufig die Beziehungen außerhalb der Begegnungen prägten, wurden als kontraproduktiv für eine erfolgrei-

che Begegnung betrachtet und daher bei den Begegnungen ausgeklammert (Allport, 1954; Amir, 1969). Dementsprechend werden in solchen ‚optimalen' Begegnungen asymmetrische Machtstrukturen ausgeblendet bzw. das Thema Machtverhältnisse insgesamt vermieden.

Allports sowie Sherifs Ansatz der Kooperation zwischen Gleichen (Sherif, Harvey, White, Hood & Sherif, 1961) wurden systematisch von Dovidio und Gaertner (2010) mit ihrer Kategorisierung der Rahmenbedingungen von Gruppenprozessen untersucht. In ihren Grundlagenstudien zu inter-Gruppen Konflikten haben Sherif und seine Kollegen gezeigt (1961), dass Ressentiments zwischen Gruppen ins Positive gewendet werden können, wenn die Konfliktparteien auf ein gemeinsames Ziel hinarbeiten. Gaertner, Dovidio und ihre Kollegen haben mit ihrer Arbeit zum Ingroup-Identitätsmodell (Gaertner & Dividio, 2000, 2012) diesen Ansatz weiterentwickelt, gemäß dem Menschen, die man dazu veranlasst, mit einer Gruppe von ‚Anderen' ein gemeinsames übergeordnetes Selbstverständnis zu entwickeln, tiefsitzende Ressentiments gegenüber den ‚Anderen' überwinden können. Ein solches übergeordnetes Selbstverständnis kann z. B. über eine gemeinsame Schule, Organisation oder nationale Identität entstehen. Es kann gestärkt werden durch gemeinsame Ziele und Aufgaben, ja sogar einfach durch Stichworte, die beiden Gruppen gemeinsame Elemente betonen. (Dovidio, Gaertner & Saguy, 2015).

In der Regel geht es in der Feldforschung zur Kontakttheorie um Begegnungen mit dem Schwerpunkt übergeordneter Ziele und der Chance für die Teilnehmer, sich kennenzulernen und Freundschaften zu schließen (Dixon, Durrheim & Tredoux, 2005). Bekannte Beispiele dafür sind das ‚Jigsaw'-Klassenzimmer (Aronson & Patnoe, 1997) und die zahllosen Begegnungen zwischen Konfliktgruppen (z. B. Palästinensern und Israelis), die sich auf das Gemeinsame zwischen den beiden Gruppen beschränken (vgl. Nadler & Saguy, 2004). Vorrangiges Ziel solcher Begegnungen sind positivere Einstellungen der Gruppen zueinander beziehungsweise harmonischere Beziehungen zwischen ihnen.

Die Kontakthypothese hat umfangreiche Forschung angeregt und weitgehend empirische Bestätigung gefunden: eine umfassende Meta-Analyse von über 500 Studien hat gezeigt, dass Kontakt in der Tat Vorurteile verringert (Pettigrew & Tropp, 2006), vor allem weil er zu weniger Besorgnis, stärkerer Empathie und mehr Wissen über die Menschen der ‚outgroup' führt (Pettigrew & Tropp, 2008). Dabei reichen die Wirkungen positiver Kontakte über die erfolgten Interaktionen der Beteiligten noch hinaus. Verbesserte Einstellungen zu der selbst erlebten ‚outgroup' können zu ebenfalls positiverem Kontakt zu anderen ‚outgroups' beitragen, mit denen es noch keinen Kontakt gab (Tausch et al., 2010). In den letzten Jahren haben Forscher ferner untersucht, welche positiven Wirkungen Kontakte haben können, die nicht über ‚face-to-face' Kommunikation erfolgen (Tausch et al., 2010). Selbst die bloße Vorstellung von Kontakt zu einer ‚outgroup' kann positivere Haltungen gegenüber ‚Anderen' hervorrufen (Crisp & Turner, 2012).

Trotz all dieser Erkenntnisse gibt es zumindest zwei Grundsatzfragen, auf die es bislang keine Antwort gibt. Zum einen: Wer profitiert? Wer profitiert von Begegnungen, die das Gemeinsame betonen? Diese Frage wurde bislang selten gestellt und spiegelt die Annahme wider, dass privilegierte und weniger privilegierte Gruppen gleichermaßen von solchen ‚optimalen' Begegnungen profitieren. Die zweite, damit verwandte Frage lautet, in welcher Weise Machtstrukturen, welche die Beziehungen zwischen den Beteiligten außerhalb der Begegnungen bestimmen, Einfluss auf ‚optimale' Begegnungen haben, selbst wenn versucht wird, den Beteiligten den gleichen Status zuzuordnen. Im Folgenden referiere ich Forschung, die diese Fragen zu beantworten sucht, und präsentiere kritische Einblicke in die Effektivität von inter-Gruppen Begegnungen.

Inter-Gruppen Begegnungen aus der Macht-Perspektive

Gesellschaften sind, bis auf wenige Ausnahmen, in der Regel hierarchisch strukturiert, d.h. mindestens eine Gruppe kontrolliert einen größeren Teil wichtiger Ressourcen (z. B. politische Macht, ökonomischen Reichtum, Bildungschancen) als andere Gruppen (Sidanius & Pratto, 1999). Den hierarchischen Strukturen entsprechend wird große gesellschaftliche Macht traditionell als relativ stärkere Kontrolle von Ressourcen und geringere Abhängigkeit von den ‚Anderen' in dieser Gesellschaft definiert. (Emerson, 1962; vgl. Saguy & Kteily, 2014). Gruppen-bezogene Hierarchien spiegeln sich in fast allen Aspekten des sozialen Lebens wider, wobei die Privilegierten in vielen Bereichen mehr Erfolge erzielen als die weniger Privilegierten, etwa hinsichtlich der Armutsrate und in Bezug auf Schulprobleme, Gefängnisstrafen und Sterblichkeitsraten (Feagin, 2006; Smooha, 2005; Ulmer & Johnson, 2004). Die Mitglieder der benachteiligten Gruppen erfahren im Unterschied zu den Privilegierten zudem in vielen sozialen Kontexten Diskriminierung und soziale Ungerechtigkeit, z. B. bei Stellenbewerbungen oder beim Haus- oder Autokauf (Ayres, 1991; Bertrand & Mullainathan, 2004).

Die ungleiche Verfügungsgewalt über Ressourcen und soziale Sonderrechte schafft für die Privilegierten eine andere Alltagsrealität als für die Benachteiligten. Während den Benachteiligten viele Türen zu ökonomischen Chancen verschlossen bleiben, sie geringere Karrierechancen haben und juristische

Institutionen eher als einschüchternd erleben, erleben die Privilegierten sehr viel mehr ökonomische Sicherheit, Aufstiegschancen und soziale Akzeptanz. Darüber hinaus profitieren sie auch psychologisch, weil sie zu einer sozial hoch geschätzten Gruppe gehören. Gemäß der Theorie über soziale Identität (Tajfel & Turner, 1979), gewinnen Menschen einen wesentlichen Teil ihres Selbstverständnisses und ihrer sozialen Identität aus ihrer Zugehörigkeit zu sozialen Gruppen. Da die Menschen ein positives Selbstwertgefühl anstreben, bemühen sie sich, eine positiv besetzte, klare soziale Identität zu erlangen: eine Identität, die sich aus für sie günstigen sozialen Vergleichen mit anderen relevanten Gruppen speist. Angesichts ihrer gesellschaftlichen Dominanz und ihrer Kontrolle über Ressourcen und hohe gesellschaftliche Positionen profitieren die Angehörigen privilegierter Gruppen typischerweise von Vergleichen mit anderen Gruppen und verfügen daher über eine positive soziale Identität. Im Unterschied dazu erfahren sich Angehörige benachteiligter Gruppen bei sozialen Vergleichen viel eher als Menschen mit einer unterbewerteten oder gefährdeten sozialen Identität.

Folglich profitieren privilegierte Gruppen im Kontext mit benachteiligten Gruppen sowohl praktisch als auch emotional von hierarchisch geprägten sozialen Gegebenheiten. Entsprechende Erfahrungsunterschiede zeigen sich in kontrastierenden Einstellungen, Vorlieben, Motivationen und Strategien hinsichtlich des Status quo. Angehörige privilegierter Gruppen – die vom Status quo profitieren – haben gegen solche sozialen Hierarchien wenig einzuwenden und fühlen sich eher von Programmen bedroht, die den Status quo vielleicht in Frage stellen. Angehörige benachteiligter Gruppen erleben den Status quo eher als problematisch und wollen sozialen Wandel. Bekannte Theorien zu inter-Gruppen Beziehungen, zum Beispiel das ‚group position‘ Modell (Blumer, 1958; Bobo, 1999), die ‚realistic group‘ Konflikttheorie (LeVine & Campbell, 1972) und die Theorie sozialer Identität (Tajfel & Turner, 1979) beschreiben solche Gruppen-bezogenen Haltungen gegenüber dem Status quo, und zahlreiche empirische Befunde stützen diese Theorien.

Zum Beispiel belegen zahlreiche Studien zur Theorie sozialer Dominanz (Pratto, Sidanius, Stallworth & Malle, 1994), dass Privilegierte in höheren Positionen die soziale Hierarchie als tendenziell naturgegeben und notwendig ansehen, während Benachteiligte Reformen solcher Hierarchien als nötig erachten. In Israel (Saguy et al., 2008, Studie 2), Indien (Saguy, Tausch, Dovidio, Pratto & Singh, 2010) und den USA (Pratto et al., 1994) durchgeführte Studien bestätigen diesen Befund, ebenso wie Studien mit Gruppen, denen willkürlich ein sozialer Rang zugeordnet wurde (Saguy et al., 2008, Studie 1).

Erst unter Einbeziehung der eben referierten Gruppen- beziehungsweise

Macht-bezogenen Haltungen werden viele in Begegnungen entstehende Prozesse verständlich. Sie spielen in Gruppenbegegnungen eben doch eine Rolle, weil sie mit der sozialen Identität der Betroffenen verknüpft sind – selbst wenn dort versucht wird, sie auszuklammern. Die klassische Forschung gibt hierzu wenig Ausschluss. Im Folgenden referiere ich Erkenntnisse, welche meine Kolleg(innen) und ich dazu gewonnen haben.

Macht-bezogene Motivationen und bevorzugte Begegnungsinhalte

Gemäß ihrem Bestreben, den Status zu erhalten, tendieren Angehörige privilegierter Gruppen eher dazu, ihre relative Dominanz zu erhalten und Wandel zu unterlaufen, indem sie etwa Ideologien vertreten, die Hierarchie als legitim und vernünftig definieren (Knowles et al., 2014; Reicher, 2007; Sidanius & Pratto, 1999). Angehörige benachteiligter Gruppen stellen soziale Strukturen dagegen eher in Frage, indem sie zum Beispiel kollektive Bemühungen für mehr Gleichberechtigung unterstützen (van Zomeren, Postmes & Spears, 2008). Diese Tendenzen speisen sich aus zahlreichen Faktoren (z. B. wie stabil die Hierarchie sich darstellt; Saguy & Dovidio, 2013) und sind, je nach ihrer Zusammensetzung, schwächer oder stärker ausgeprägt. Bei ansonsten gleichen Bedingungen verhalten sich privilegierte und benachteiligte Gruppen hinsichtlich der Erhaltung oder Veränderung sozialer Strukturen verschieden.

Solche Tendenzen wurden auch in der von Teilnehmer(innen) bevorzugten Form von Gruppenbegegnungen sichtbar (Dovidio, Gaertner & Saguy, 2009). Privilegierte Gruppenmitglieder bevorzugten die Betonung von Gemeinsamkeiten und übergeordneten gemeinsamen Bezügen in der Gesamtgruppe (z. B. ‚Wir sind alle Amerikaner' statt ‚Wir sind Schwarze und Weiße'; Wolsko, Park, Judd & Wittenbrink, 2000). Benachteiligte Gruppenmitglieder hingegen akzeptierten gegebenenfalls zwar gemeinsame Bezüge, wünschten sich jedoch auch, dass die Unterschiede zwischen den Gruppen benannt und anerkannt werden (Richeson & Nussbaum, 2004; Wolsko et al., 2000). Einheimische Holländer (die privilegierte Mehrheit) bevorzugten zum Beispiel die Assimilation von Einwandern an die Landeskultur, während Einwanderer es vorzogen, die Landeskultur anzunehmen und zugleich ihre ursprüngliche kulturelle Identität zu behalten (van Oudenhoven, Prins & Buunk, 1998). Schwarze Amerikaner zeigen eine ähnliche Tendenz: Sie wollen vorrangig ihre Rasse-bezogene Identität anerkannt sehen, während weiße Amerikaner eher ‚Rassenblindheit' vorziehen (Ryan, Hunt, Weible, Peterson & Casas, 2007).

In meiner eigenen Forschung habe ich untersucht, ob solche Ausrichtungen auch die Art und Weise beeinflussen, wie Teilnehmer an Begegnungen herangehen. Sie zeigt, dass Machtverhältnisse Voraussagen erlauben über die während den Begegnungen von den verschiedenen Teilnehmern gewünschten Themen (vgl. Saguy & Kteily, 2014, als Überblick). Die privilegierten Gruppen bevorzugten Themen von gemeinsamem Interesse und spielten Themen herunter, welche Unterschiede, insbesondere Machtunterschiede betrafen. Erstmals wurde dies bei ashkenasischen Juden (aus Nord-Amerika oder Europa) festgestellt, die in der israelischen Gesellschaft sozial höher angesiedelt sind als ,orientalische' Juden (aus afrikanischen oder asiatischen Herkunftsländern; Saguy, Dovidio & Pratto, 2008). Die ashkenasischen Juden wollten z. B. gern über kulturelle Gemeinsamkeiten zwischen beiden Gruppen diskutieren, die ,orientalischen' Juden eher über Fördermaßnahmen für ,orientalische' Juden (Mizrahim). Ähnliches galt bei Muslimen in der Türkei (in ihrer Beziehung zu Kurden und Armeniern; Bikmen & Sunar, 2013) sowie bei Weißen in den USA (in ihrer Beziehung zu schwarzen und aus Asien stammenden Amerikanern; Bikmen & Durkin; 2014). ,Optimale Begegnungen' mit ihrer Betonung von Gemeinsamkeiten und der Vermeidung von Machtaspekten entsprechen also eher den Erwartungen von privilegierten Gruppen an Begegnungen. Benachteiligte Gruppen dagegen zeigten ein ebenso großes Interesse an Gemeinsamkeiten wie an Machtverhältnissen. Ein ,orientalischer' Jude aus der oben erwähnten Studie war z. B. ebenso an Gemeinsamkeiten beider Gruppen interessiert wie die ashkenasischen Teilnehmer, hatte jedoch ein wesentlich höheres Interesse an der Diskussion von Machtverhältnissen als die ashkenasischen Teilnehmer. (Saguy et al., 2008). Die gleichen Tendenzen fanden sich in der Analyse von Konfliktlösungsworkshops mit jüdischen und palästinensischen Israelis. Rouhana und Korper (1997) stellten fest, dass die jüdischen Teilnehmer(innen) an dem Workshop teilnehmen wollten, wenn es um die Begegnung zwischen Individuen ginge, deren Haltungen sich ändern könnten; die palästinensischen Teilnehmer jedoch wollten strukturelle und politische Fragen bei den Begegnungen diskutieren (vgl. Maoz, 2011; Nadler & Saguy, 2004 mit weiterer qualitativer Feldforschung). Eine Interaktionsstudie mit jüdischen und arabischen Pädagogen in Israel führte zu einem ähnlichen Resultat (Maoz, 2000). Bei Gemeinsames betonenden Themen waren die jüdischen Gruppenmitglieder aktiver und dominierten die Begegnung, während die arabische Gruppe passiv und uninteressiert blieb. Sobald jedoch die Diskussion sich regionalen politischen Themen zuwandte, wurden die Araber aktiver und äußerten sich auch positiver zu der Begegnung (Maoz, 2000). Solche Unterschiede werden auch durch zahlreiche Studien mit anekdotischem Charakter bestätigt. Im November 2005 brachte z. B. ein israelisches Friedenszentrum palästinensisch- und jüdisch-israelische Architekturstudenten zusammen, die hypothetische gemeinsame Wohnbau-Projekte entwerfen sollten. Während des Programms informierten sich die Studenten über Wohnhaus-Typen in den beiden Gesellschaften, und erarbeiteten anschließend in gemischten Teams ein Haus, das für Menschen beider Bevölkerungsgruppen geeignet wäre. Ein paar Wochen später geführte Interviews mit den Teilnehmer(innen) offenbarten, dass das Projekt die Wahrnehmung und Gefühle der jüdisch-israelischen Gruppenmitglieder positiv verändert, bei den palästinensisch-israelischen Gruppenmitgliedern jedoch Frustration und Enttäuschung hervorgerufen hatte (Zandberg, 2006; vgl. Nadler & Saguy, 2004). Meta-analytische Befunde bestätigen diese Dynamik; sie zeigen, dass trotz einer Korrelation von Kontakt und positiveren Gruppen-Haltungen ein ebensolcher Kontakt die Haltungen von benachteiligten Gruppen gegenüber privilegierten Gruppen signifikant weniger positiv beeinflusst (Tropp & Pettigrew, 2005).

Es bleibt also die Frage: ‚Warum ist das so?‘ Warum empfinden privilegierte Gruppen eine Betonung von Gemeinsamkeiten (und gleichzeitiges Herunterspielen von Machtaspekten) als positiv? Im folgenden Abschnitt werde ich erläutern, inwiefern der Inhalt von Begegnungen strategische Bedeutung hat für die Frage, ob eine Begegnung dem Interesse beteiligter Gruppen an sozialem Status quo oder aber an sozialem Wandel entgegen kommt.

Begegnungsinhalte und ihre Folgen für den Status quo

Erst seit wenigen Jahren untersuchen Forscher die Frage, ob ‚optimale Begegnungen‘ vielleicht doch nicht unbedingt einen Wandel zu mehr sozialer Gleichheit bewirken. Sie weisen darauf hin, dass optimale Formen des Kontaktes nicht unbedingt mit Einstellungsveränderungen hinsichtlich der Gruppenhierarchie einhergehen (Dixon et al., 2012; Saguy et al., 2009; Wright & Lubensky, 2009). Die klassische Denkweise geht davon aus, dass der Fokus auf angenehme und auf Gemeinsamkeit angelegte Begegnungen dazu führt, dass Gruppen sich weniger stark als ‚wir‘ und ‚sie‘ betrachten. Das heißt, man geht davon aus, durch optimale Kontaktformen würden entweder die Mitglieder der ‚outgroup‘ stärker als Individuen wahrgenommen (Brewer & Miller, 1984) oder die ‚outgroup‘ würde zu einem Teil einer übergeordneten gemeinsamen Gruppe (Gaertner & Dovidio, 2009).

‚Optimale Begegnungen‘ fördern zwar möglicherweise positive Einstellungen zur ‚outgroup‘, konterkarieren aber zugleich die psychologischen Prozesse, welche gemeinsame Aktionen erst ermöglichen. Ein Eintreten für sozialen Wandel entsteht aus dem Bewusstsein Gruppen-bezogener Ungerechtigkeit und der Erkenntnis, dass die betroffenen sozialen Gruppen ungleichen Zugang zu wichtigen gesellschaftlichen Ressourcen haben (van Zomeren, Postmes & Spears, 2008). Noch wichtiger ist, dass angesichts von Gruppen-bezogener Ungleichheit kollektive Aktionen vonseiten Benachteiligter von Zorn gegenüber der privilegierten Gruppe (Simon & Klandermans, 2001) und von einer starken Identifikation mit der eigenen Gruppe geleitet sind (Wright & Lubensky, 2009). Solche Verhaltensweisen treten weniger zutage, wenn bei Gruppen-Begegnungen Gruppenvergleiche und Gruppenunterschiede in den Hintergrund rücken (Dixon et al., 2012; Saguy et al., 2009).

Es gibt also eine beunruhigende Kluft zwischen dem eigentlichen Ziel von Kontakt-Interventionen, nämlich in der Breite soziale Ungerechtigkeit abzubauen, und der tatsächlich erzielten Verringerung von Vorurteilen bei einzelnen Teilnehmern. Positive Wirkungen auf die Einstellungen von Individuen unterstützen nicht unbedingt solche politischen Reformen, die für eine tatsächliche Verringerung von Ungerechtigkeit erforderlich sind. Positiver Kontakt kann bei Angehörigen von Minderheiten sogar dazu führen, dass sie sich weniger mit vorhandenen diskriminierenden Praktiken auseinandersetzen. ,Optimaler Kontakt' kann wegen seiner Ausrichtung auf Gemeinsamkeiten zwischen Gruppen also unter Umständen sogar eine ironische Wendung nehmen und den bestehenden Status quo verstärken. Verschiedene Forschungsvorhaben zu benachteiligten Gruppen unterstützen diese These. Bei Südafrikanern z. B. führte inter-Gruppen Kontakt zu weniger Unterstützung für eine Politik, die ihre eigene Gruppe fördert (Dixon et al., 2007). Eine weitere Studie in Südafrika kam zu dem gleichen Ergebnis (Cakal, Hewstone, Schwär & Heath, 2011) und stellte zugleich fest, dass von schwarzen Amerikanern nach solchen Gruppenbegegnungen die eigene Gruppe weniger stark als diskriminiert wahrgenommen wurde. Ganz ähnliche Ergebnisse erhielt man mit Arabern in Israel (Saguy et al., 2009). Wir stellten fest, dass mehr jüdische Freunde zu haben (eine Art ,optimaler Kontakt') zu positiveren Haltungen gegenüber Juden und weniger Aufmerksamkeit für die Ungleichheit zwischen den beiden Gruppen führte. Die Juden wurden ferner eher als fair wahrgenommen, was wiederum weniger Unterstützung egalitärer Politik nach sich zog. Die negative Verknüpfung zwischen positivem Gruppenkontakt und kollektivem Engagement erhielt weitere Bestätigung aus einer US-Langzeitstudie mit College-Student(innen), nach der mehr Freundschaften von Latino-Amerikanern mit weißen Amerikanern zu weniger gesellschaftlichem Engagement führten; ganz ähnliche Ergebnisse gab es für Afro-Amerikaner (Tropp, Hawi, van Laar & Levin, 2012). Saguy und Charnak-Hai (2012) beleuchteten die diesen Ergebnissen zu Grunde liegenden Mechanismen; sie untersuchten die Beziehung zwischen freundlichem inter-Gruppen Kontakt und der Neigung, den niedrigeren sozialen Status von Minderheiten auf Diskriminierung zurückzuführen – ein Faktor, der für die Mobilisierung von Gruppen mit niedrigerem sozialen Status und ihr Engagement für sozialen Wandel zentrale Bedeutung hat (Walker & Smith, 2002). An der Studie nahmen äthiopische Juden in Israel teil, die im Vergleich zu nicht-äthiopischen Juden durchgängig signifikante soziale Benachteiligung erfahren (Israelisches Statistikamt, 2013) und in vielen Lebensbereichen diskriminiert werden. Sie sollten ein hypothetisches Szenario bewerten, in dem die Stellenbewerbung eines äthiopischen Juden ohne erkennbaren Grund abgelehnt wurde. Die Probanden gaben an, ob die Ablehnung auf Diskriminierung oder mangelnde Qualifikationen des Bewerbers zurückzuführen war. Es zeigte sich, dass ‚optimaler Kontakt' mit nicht-äthiopischen Juden mit einer geringeren Tendenz korrelierte, die Ablehnung auf Diskriminierung zurückzuführen, und mit mehr Zustimmung zu Israels bestehendem sozialem System. Eine Studie mit Maoris, einer Minderheit in Neuseeland, führte bei gleicher Fragestellung mit Bezug auf europäische Neuseeländern zu den gleichen Ergebnissen (Sengupta & Sibley, 2013).

Lassen Sie uns nun die privilegierten Gruppen betrachten. Die Forschung legt nahe, dass eine bloße Ausrichtung auf Gemeinsamkeiten, selbst wenn sie bei Privilegierten manchmal mit stärkerer politischer Unterstützung von Gleichberechtigung einhergeht (Hayes & Dowds, 2006; Pettigrew, Wagner & Christ, 2007), zugleich das Paradoxon hervorrufen kann, dass soziale Benachteiligung anderer Gruppen weniger sensibel von ihnen wahrgenommen wird. Banfield und Dovidio (2013) haben z. B. durch experimentelle Studien gezeigt, dass weiße Amerikaner bei einer Betonung der gemeinsamen Identität von Weißen und (amerikanischen) Schwarzen weniger sensibel gegenüber Rassenvorurteilen waren als Teilnehmer, bei denen die unterschiedlichen Identitäten betont wurden, oder als Probanden einer neutral gehaltenen Kontrollgruppe. Ein anderer Laborversuch ergab, dass die privilegierte Gruppe nach einer ‚optimalen Begegnung' zwar tatsächlich freundlichere Einstellungen zu den benachteiligten Gruppen zeigte, diese Einstellungen jedoch nicht zu einer gleich starken Zuordnung von Ressourcen für beide Seiten führte (Saguy et al., 2009)

Insgesamt gesehen, ist festzustellen, dass der Fokus auf Gemeinsamkeiten bei Gruppenbegegnungen – und auf die Verwischung von Machtunterschieden – indirekt möglicherweise den Status quo erhalten. Dies kann geschehen, wenn der Wunsch der weniger mächtigen Gruppe nach sozialem Wandel und die Sensibilität gegenüber Ungerechtigkeiten bei der mächtigeren Gruppe geschwächt werden. Folglich ist die Entscheidung für Gruppenbegegnungen mit dem Fokus auf Gemeinsamkeiten oder aber auf Unterschiede nicht nur eine Geschmacksfrage oder eine Frage theoretischer Vorlieben; sie kann auch ein strategisches Instrument sein, das der eigenen, d.h. der privilegierten Gruppe Vorteile gegenüber den ‚Anderen' verschafft.

Durch den Fokus auf Gemeinsamkeiten und die Verharmlosung von Machtstrukturen kann die dominante Gruppe Spannungen abbauen und kontroverse Inhalte vermeiden – und damit den für sie günstigen Status quo konsolidieren. Werden jedoch bedeutsame Machtaspekte angesprochen, so kann dies eine Bedrohung für die bestehenden hierarchischen Beziehungen bedeuten; denn sobald solche Aspekte auf den Tisch kommen, fördern sie die Wahrnehmung von Ungleichheit. Anders gesagt, die Diskussion von Themen, die mit den Machtverhältnissen zwischen Gruppen zu tun haben, stellen eine echte Herausforderung für die Beteiligten dar, können jedoch die Chance erhöhen, dass es tatsächlich zu einer Veränderung des Status quo kommt.

Folgerungen

Die Forschungsübersicht in diesem Kapitel konfrontiert sowohl die akademische als auch die praktische Arbeit mit Konfliktgruppen mit einer drängenden Frage: Wie müssen inter-Gruppen Begegnungen beschaffen sein, damit sie weder bei privilegierten noch bei unterprivilegierten Gruppen zu einer Schwächung von gesellschaftlichem Engagement führen? Das Modell der SFP von Neve Shalom – Wahat al Salam (Halabi 2004) stellt genau die Frage nach den Machtunterschieden zwischen den Teilnehmergruppen in den Mittelpunkt. Studien zu einer solchen Ausrichtung unterstützen diese Ausrichtung. Vezzali, Andrighetto & Saguy (2016) zeigen, dass direkter Kontakt die Motivation, sich für sozialen Wandel einzusetzen, nicht schwächt sondern unter Umständen sogar verstärkt, wenn die Begegnung sich mehr mit Unterschieden als mit Gemeinsamkeiten zwischen den Teilnehmergruppen befasst. Sie stellten z. B. bei einheimischen Italienern (privilegierte Gruppe) fest, dass Freundschaften mit Einwanderern nur dann mit stärkerem sozialem Engagement korrelierten, wenn bei der Begegnung zwischen ihnen Unterschiede stärker als Gemeinsamkeiten in den Blick genommen wurden. Eine zweite Studie dieser Art mit Italienern und Einwanderern führte zu denselben Ergebnissen.

Diese Ergebnisse entsprechen dem ‚critical intergroup dialogue' Ansatz, der mit einer expliziten Ausrichtung auf Machtverhältnisse in strukturierten Begegnungen arbeitet. Und genau das bildet die Basis des von der SFP entwickelten Modells (Halabi 2004; Zuniga, Nagda & Sevig, 2002). Diesem Ansatz entsprechend, stellten Becker, Wright, Lubensky und Zhou (2013) fest, dass direkter Kontakt die benachteiligte Gruppe nicht demobilisierte, wenn er Machtfragen als legitim zuließ.

Zukünftige Forschung kann ein systematisches Kontakt-Modell entwickeln, das Unterschiede zwischen Gruppen und/oder Machtstrukturen ins Zentrum der Begegnung stellt. Solch ein Kontakt-Modell wird auf Feldforschung basieren; sie wird eine kritische theoretische und praktische Weiterentwicklung von inter-Gruppen Kontakt und insgesamt mehr Übereinstimmung ermöglichen. Zentrale Frage eines solchen Kontakt-Modells ist, wie man die Mitglieder von privilegierten und benachteiligten Gruppen dazu bringen kann, die Ungleichheiten zwischen ihnen offen anzusprechen, insbesondere asymmetrische Machtverhältnisse. Dieses Buch macht deutlich, wie sehr solche Diskussionen auf zahlreichen Ebenen eine Herausforderung darstellen. Dies überrascht nicht: Die Neigung privilegierter Gruppen solche Diskussionen zu vermeiden, um ihr moralisches Selbstbild zu schützen, ist bekannt (Knowles, Lowery, Chow & Unzueta, 2014; Saguy & Kteily, 2014). Die Entwicklung eines solchen Modells sollte zwei Säulen haben: die fruchtbare Integration sozialpsychologischer Erkenntnisse über die Psychologie von Gruppen mit viel oder wenig Macht; und die Durchführung von kreativen Begegnungsmodellen z. B. des Modells der SFP in Neve Shalom – Wahat al Salam.

Abschließende Bemerkungen

Zu den wichtigsten Zielen der Sozialpsychologie gehört es, praktische Lösungen für drängende soziale Probleme anzubieten, welche häufig mit Spannungen zwischen gesellschaftlichen Gruppen zu tun haben (Demoulin, Leyens & Dovidio, 2009). Die am besten erforschten Interventionsmodelle für die Reduktion von Spannungen zwischen Gruppen ist die inter-Gruppen Begegnung (Allport, 1954; Paluck & Green, 2009). Hier wird von der zentralen Annahme ausgegangen, dass Vorurteile gegenüber anderen Gruppen durch positive Begegnungen zwischen Angehörigen dieser Gruppen signifikant verringert werden können. Jahrzehnte lang haben Forscher hauptsächlich die Prozesse in solchen Begegnungen und ihre Wirkungen auf Einstellungen untersucht; sie haben herauszufinden versucht, was eine ‚positive‘, ‚optimale‘ Begegnung ausmacht (Pettigrew & Tropp, 2006). Ein wesentliches Ergebnis dieser Arbeit war die Erkenntnis, dass Kontakt nur dann Wirkung entfaltet, wenn er das Gefühl einer für beide Gruppen gemeinsamen Identität hervorruft.

Auf Harmonie ausgerichtete Konzepte können sich offensichtlich unmittelbar positiv auf inter-Gruppen Einstellungen auswirken. Nichtsdestotrotz legt die in diesem Kapitel referierte Forschung nahe, dass die benachteiligten Gruppen mehr Akzeptanz genau des Systems entwickeln, das sie im Zuge der ‚optimalen Begegnung‘ benachteiligt hat. Diese Dynamik muss man zunächst erkennen; erkennt man sie nicht, so wird man bei Begegnungen letztlich den Status quo noch stärken, selbst wenn man das Gegenteil erreichen möchte. Zum zweiten muss man versuchen, Wege aus diesem Widerspruch zu entwickeln. Noch gibt es nicht viele Lösungsansätze für dieses Problem, aber klar ist bereits, wie wichtig es ist, privilegierte Gruppen dazu zu bringen, sich in der Begegnung mit Ungleichheiten und ihrer eigenen Machtposition zu befassen. Das kann zu Forderungen vonseiten der benachteiligten Gruppe nach sozialem Wandel führen und zugleich einen Weg eröffnen für die Kommunikation und den Dialog mit Mitgliedern der privilegierten Gruppe. Je stärker die Akzeptanz sowohl der Gemeinsamkeiten als auch der Gruppen- und Machtunterschiede den Beteiligten hilft, den jeweils ‚Anderen' die gleichen ethische Grundsätze zuzubilligen, desto eher fühlen sich privilegierte Gruppenmitglieder veranlasst, sich zu verändern. Zukünftige Forschung kann hier weiterarbeiten und erkunden, wie Mitglieder sowohl privilegierter als auch benachteiligter Gruppen darin bestärkt werden können, sich mit kontroversen Themen auf eine Weise zu befassen, die Sensibilität gegenüber Ungleichheit verstärkt, ohne gleichzeitig mögliche Harmonie zwischen den beteiligten Gruppen zu unterminieren.

Literaturangaben

Allport, G. W.: *The nature of prejudice*, Garden City, NY: Doubleday 1954

Amir, Y.: *Contact hypothesis in ethnic relations*, in: Psychological Bulletin 1969, 71, S. 319-342

Aronson, E., & Patnoe, S.: *The Jigsaw Classroom*, New York: Longman 1997

Ayres, I.: *Fair driving: Gender and race discrimination in retail car negotiations*, in: Harvard Law Review 1991, 104, S. 817-872

Banfield, J. C., & Dovidio, J. F.: *Whites' perceptions of discrimination against Blacks: The influence of common identity*, in: Journal of Experimental Social Psychology, 2013, 49(5), S. 833-841

Becker, J. C., Wright, S. C., Lubensky, M. E., & Zhou, S.: *Friend or ally: Whether cross-group contact undermines collective action depends on what advantaged group members say (or don't say)*, in: Personality and Social Psychology Bulletin, 2013, 39(4), S. 442-455

Bertrand, M., & Mullainathan, S.: *Are Emily and Greg more employable than Lakisha and Jamal?*, in: American Economic Review 2004, 94, S. 991-1013

Bikmen, N., & Sunar, D.: *Difficult dialogs: Majority group members' willingness to talk about inequality with different minority groups*, in: International Journal of Intercultural Relations 2013, 37, S. 467-476

Blumer, H.: *Race prejudice as a sense of group position*, in: *Pacific Sociological Review* 1958, *1*, S. 3-7

Bobo, L. D.: *Prejudice as group position: Microfoundations of a sociological approach to racism and intergroup relations*, in: Journal of Social Issues 1999, 55, S. 445-472

Brewer, M., B., & Miller, N.: *Groups in contact: The psychology of desegregation.* Academic Press 1984

Cakal, H., Hewstone, M., Schwär, G., & Heath, A.: *An investigation of the social identity model of collective action and the 'sedative'effect of intergroup contact among Black and White students in South Africa*, in: British Journal of Social Psychology 2011, 50(4), S. 606-627

Demoulin, S., Leyens, J. P., & Dovidio, J. F. (Hrsg.): *Intergroup misunderstandings: Impact of divergent social realities*, Philadelphia, PA: Psychology Press 2009

Dixon, J., Durrheim, K., & Tredoux, C.: *Beyond the optimal contact strategy: a reality check for the contact hypothesis*, in: American Psychologist 2005, 60(7), S. 697-711

Dixon, J., Durrheim, K., & Tredoux, C.: *Intergroup contact and attitudes toward the principle and practice of racial equality*, in: Psychological Science 2007, 18(10), S. 867-872

Dixon, J., Levine, M., Reicher, S., & Durrheim, K.: *Beyond prejudice: Are negative evaluations the problem and is getting us to like one another more the solution?*, in: Behavioral and Brain Sciences 2012, 35(06), S. 411-425

Dovidio, J. F., & Gaertner, S. L.: *Intergroup bias*, in: S. T. Fiske, D. Gilbert, & G. Lindzey (Hrsg.): Handbook of social psychology, Bd. 2, S. 1084-1121, New York, NY: Wiley 2010

Dovidio, J. F., Gaertner, S. L., & Saguy., T.: *Commonality and the complexity of "We": Social attitudes and social change*, in: Personality and Social Psychology Review 2009, 13, S. 3-20

Dovidio, J.F., Gaertner, S., & Saguy, T.: *Color-blindness and commonality: Included but invisible?*, in: American Behavioral Scientist 2015, 59, S. 1518-1538

Emerson, R.: *Power-dependence relations*, in: American Sociological Review 1962, 27, S. 31-41, DOI:10.2307/2089716

Feagin, J. R.: *Systematic racism: A theory of oppression.* New York: Routledge 2006

Gaertner, S. L., & Dovidio, J. F.: *Reducing intergroup bias: The Common Ingroup Identity Model.* Philadelphia, PA: The Psychology Press 2000

Halabi, R. (Hg): *Israeli and Palestinian identities in dialogue: The school for peace approach.* New Brunswick, NJ: Rutgers University Press 2004

Hayes, B. & Dowds, L.: *Social contact, cultural marginality, or economic self-interest? Attitudes towards immigrants in Northern Ireland*, in: Journal of Ethnic and Migration Studies 2006, 32, S. 455-476

Knowles, E. D., Lowery, B. S., Chow, R. M., & Unzueta, M. M.: *Deny, Distance, or Dismantle? How White Americans Manage a Privileged Identity*, in: Perspectives on Psychological Science 2014, 9, S. 594-609

LeVine, R. A., & Campbell, D. T.: *Ethnocentrism: Theories of conflict, ethnic attitudes, and group behavior.* New York: Wiley 1972

Maoz, I.: *Power relations in intergroup encounters: A case study of Jewish-Arab encounters in Israel*, in: International Journal of Intercultural Relations 2000, 24, S. 259-277

Maoz, I.: *Does contact work in protracted asymmetrical conflict? Appraising 20 years of reconciliation-aimed encounters between Israeli Jews and Palestinians*, in: Journal of Peace Research 2011, 48, S. 115-125

Nadler, A., & Saguy, T.: *Reconciliation between nations: Overcoming emotional deterrents to ending conflicts between groups*, in: H. Langholtz & C. E. Stout (Hrsg.): The Psychology of Diplomacy, New York: Praeger 2004, S. 29-46

Paluck, E. L., & Green, D. P.: *Prejudice reduction: What works? A review and assessment of research and practice*, in: Annual review of psychology 2009, 60, S. 339-367

Pettigrew, T. F., & Tropp, L. R.: *A meta-analytic test of intergroup contact theory*, in: Journal of Personality and Social Psychology 2006, 90, S. 751-783

Pettigrew, T. F., & Tropp, L. R.: *How does intergroup contact reduce prejudice? Meta-analytic tests of three mediators*, in: European Journal of Social Psychology 2008, 38(6), S. 922-934

Pratto, F., Sidanius, J., Stallworth, L. M., & Malle, B. F.: *Social dominance orientation: A personality variable predicting social and political attitudes*, in: Journal of Personality and Social Psychology 1994, 67, S. 741-763

Reicher, S.: *Rethinking the paradigm of prejudice*, in: South African Journal of Psychology 2007, 37, S. 820-834

Richeson, J. A., & Nussbaum, R. J.: *The impact of multiculturalism versus color-blindness on racial bias*, in: Journal of Experimental Social Psychology 2004, 40, S. 417-423

Rouhana, N. N., & Korper, S. H.: *Power asymmetry and goals of unofficial third party intervention in protracted intergroup conflict*, in: Peace and Conflict: Journal of Peace Psychology 1997, 3, S. 1-17

Ryan, C. S., Hunt, J. S., Weible, J. A., Peterson, C. R., & Casas, J. F.: *Multicultural and colorblind ideology, stereotypes, and ethnocentrism among Black and White Americans*, in: Group Processes and Intergroup Relations 2007, 10, S. 617-63

Saguy, T., & Chernyak-Hai, L.: *Intergroup contact can undermine disadvantaged group members' attributions to discrimination*, in: Journal of Experimental Social Psychology 2012, 48(3), S. 714-720

Saguy, T., & Dovidio, J. F.: *Insecure status relations shape preferences for the content of intergroup contact*, in: Personality and Social Psychology Bulletin 2013, 39, S. 1030-1042

Saguy, T., Dovidio, J. F., & Pratto, F.: *Beyond contact: Intergroup contact in the context of power relations*, in: Personality and Social Psychology Bulletin 2008, 34, S. 432-445

Saguy, T. & N.K.: *Power, negotiations, and the anticipation of intergroup encounters*, in: European Review of Social Psychology 2014, 25 (1), S. 107-141

Saguy, T., Tausch, N., Dovidio, J. F., & Pratto, F.: *The irony of harmony: Intergroup contact can produce false expectations for equality*, in: Psychological Science 2009, 20, 114-121

Saguy, T., Tausch, N., Dovidio, J. F., Pratto, F, & Singh, P.: *Tension and Harmony in Intergroup Relations*, in: M. Mikulincer & P.R., Shaver (Hrsg.): Human aggression and violence: Causes, manifestations, and consequences, Washington, DC: American Psychological Association 2010, S. 333-348

Saguy, T., Tropp, L. R., & Hawi, D. R.: *The role of group power in intergroup contact*, in: Hodson, G., & Hewstone, M: Advances in intergroup contact, New York: Psychology Press 2013, S. 113-132

Sengupta, N. K., & Sibley, C. G.: *Perpetuating One's Own Disadvantage: Intergroup contact enables the ideological legitimation of inequality*, in: Personality and Social Psychology Bulletin 2013, 39(11), S. 1391-1403

Sherif, M., Harvey, O.J., White, B.J., Hood, W., & Sherif, C.W.: *Intergroup Conflict and Cooperation: The Robbers Cave Experiment*, in: Norman, O K.: The University Book Exchange 1961, S. 155-184

Sidanius, J., & Pratto, F.: *Social dominance: An intergroup theory of social hierarchy and oppression*, New York: Cambridge University Press 1999

Simon, B., & Klandermans, B.: *Politicized collective identity: A social psychological analysis*, in: American Psychologist 2001, 56(4), S. 319-331

Smooha, S.: *Index of Arab-Jewish relations in Israel 2004*. Haifa: The Jewish-Arab Center, University of Haifa 2005

Tajfel, H., & Turner, J. C.: *An integrative theory of intergroup conflict*, in: W. G. Austin & S. Worchel (Hrsg.): The social psychology of intergroup relations, Monterey, CA: Brooks/Cole 1979, S. 33-48

Tausch, N., Hewstone, M., Kenworthy, J. B., Psaltis, C., Schmid, K., Popan, J. R., Hughes, J.: *Secondary transfer effects of intergroup contact: Alternative accounts and underlying processes*, in: Journal of Personality and Social Psychology 2010, 99(2), S. 282-302, DOI: 10.1037/a0018553

Tropp, L. R., & Pettigrew, T. F.: *Relationships between intergroup contact and prejudice among minority and majority status groups*, in: Psychological Science 2005, 16, S. 951-956

Tropp, L. R., Hawi, D., Van Laar, C., & Levin, S.: *Cross-ethnic friendship, perceived discrimination, and their effects on ethnic activism over time: A longitudinal investigation of three ethnic minority groups*, in: British Journal of Social Psychology 2012, 51, S. 257-272

Turner, J. C., Hogg, M. A., Oakes, P. J., Reicher, S. D. & Wetherell, M. S.: *Rediscovering the social group: A self-categorization theory*, Oxford, England: Basil Blackwell 1987

Ulmer, J., & Johnson, B. D.: *Sentencing in context: A multilevel analysis*, in: Criminology 2004, 42, S. 137-177

van Oudenhoven, J. P., Prins, K. S., & Buunk, B.P.: *Attitudes of minority and majority members towards adaptation of immigrants*, in: European Journal of Social Psychology 1998, *28* (6), 995-1013

Van Zomeren, M., Postmes, T., & Spears, R.: *Toward an integrative social identity model of collective action: A quantitative research synthesis of three socio-psychological perspectives*, in: Psychological Bulletin 2008, 134, S. 504-535

Vezzali, L., Andrighetto, L., & Saguy, T.: *When Intergroup Contact Can Backfire: The content of intergroup encounters and desire for Equality*, 2016, i.V.

Wolsko, C., Park, B., Judd, C. M., & Wittenbrink, B.: *Framing interethnic ideology: Effects of multicultural and color-blind perspectives on judgments of groups and individuals*, in: Journal of Personality and Social Psychology 2000, 78, S. 635-654

Wright, S. C., & Tropp, L. R.: *Collective action in response to disadvantage: Intergroup perceptions, social identification, and social change*, in: I. Walker, & H. Smith (Hrsg.): Relative deprivation: Specification, development, and integration, Cambridge: Cambridge University Press 2002, S. 200-236

Wright, S., & Lubensky, M.: *The struggle for social equality: collective action vs. prejudice reduction*, in: S. Demoulin, J.P. Leyens, & J.F. Dovidio (Hrsg.): Intergroup misunderstandings: Impact of divergent social realities, New York: Psychology Press 2009, S. 291-310

Zandberg, E.: *Non-cooperative housing*, von: http:// www.haaretz.com, 01.03.2008

Michael Sfard
Anwalt für Menschenrechte

Michael Sfard (*1972) hat sich als Anwalt auf ‚international human rights law' und Kriegsrecht spezialisiert. Er wuchs in Jerusalem auf und leistete seinen Wehrdienst als Sanitäter in der israelischen Armee. Sfard lehnte den Kriegsdienst aus Gewissensgründen ab und saß drei Wochen in einem Militärgefängnis, weil er den Dienst in Hebron in der besetzten West-bank verweigert hatte. Nach seinem Abschluss an der Hebräischen Universität Jerusalem machte er sein juristisches Referendariat bei Rechtsanwalt Avidgor Feldman und arbeitete anschließend fünf Jahre lang in dessen Büro. In dieser Zeit erlangte er in London am Institute of the Americas (UCL-IA) innerhalb eines Jahres zugleich einen MA in ‚International Human Rights Law'. Anfang 2004 eröffnete Michael Sfard in Tel Aviv seine eigene Kanzlei. Heute berät Sfard mehrere israelische Menschenrechtsorganisationen und Friedensgruppen (u.a. Yesh Din, Peace Now und Breaking the Silence) sowie israelische und palästinensische Aktivisten. Er leitet juristische Kampagnen für die Evaku-ierung von in der besetzten Westbank illegal errichteten (jüdischen) Siedlun-gen und Außenposten (am bekanntesten ist sein erfolgreicher Rechtsstreit um die Entfernung des Midron Außenpostens), und hat zahlreiche Petitionen zur Trennmauer betreut. Er hat zahlreiche Armeedienstverweigerer juristisch ver-treten, Klage gegen die israelische Politik ‚gezielter Tötungen' geführt, und er vertritt inhaftierte Palästinenser, die Hafturlaub beantragen. Michael Sfard nahm 1994 an der Ausbildung zum Kursleiter für Konfliktgruppen an der School for Peace in Neve Shalom – Wahat al Salam teil. Das Interview fand im Frühjahr 2007 statt.

„In Neve Shalom habe ich schließlich verstanden, was ich mit all den Eroberungen und Ausweisungen zu tun hatte. Dabei denke ich nicht an eine juristische Verknüpfung sondern eine stillschweigende Zustim-mung, ein mich damit Abfinden, dass solche Dinge eben passieren. Es geht um die eigene Verantwortung." *Michael Sfard*

Michael, welche Wirkung hatte die Kursleiterausbildung an der Friedensschule auf Dich?

Zusammengefasst gesagt – und zwar ohne Übertreibung – hat sie mein ganzes Leben verändert. Sie ist zum wichtigsten Bezugspunkt für meine persönliche Entwicklung und meine Entwicklung als Israeli geworden.

Damals war ich 22, hatte gerade die Armee verlassen und war eigentlich noch in unbezahltem Aufhebungsurlaub meiner Einheit, der Nahal Brigade. Und da ich ein Gruppenführer war, schickte man mich zu diesem Kurs in der Friedensschule und bezahlte sogar meinen Kursbeitrag. Für mich kam das genau zum richtigen Zeitpunkt; denn die Jahre in der Armee waren für meine persönliche Entwicklung zutiefst problematisch gewesen und ich verspürte einen tiefen Hunger nach emotionaler und intellektueller Herausforderung. Beides wird durch den Kurs eingelöst, in höchst konzentrierter und reichhaltiger Form.

In diesem Kurs ringst Du mit den Dingen, die Dir dort begegnen, und sie beeinflussen Dich noch lange danach – so ein bisschen wie in der Zahnpasta-Reklame, in der es heißt, sie würde nachhaltig wirken … Diese Dinge wirken nach, weil ich meines Erachtens in diesem Kurs nicht nur etwas über Juden und Araber gelernt habe. Ich habe ein ganzes Instrumentarium, lauter Werkzeuge, neue Sichtweisen … ich weiß nicht, wie ich das nennen soll … an die Hand bekommen, mit denen ich das Verhalten von Menschen ganz verschiedener Gruppen analysieren kann. Mein Verständnis von Männer- und Frauenrollen hat sich z. B. verändert: Es ist erstaunlich viel besser geworden, obwohl der Kurs in Neve Shalom dieses Thema gar nicht explizit behandelt hat. Bis heute sind die grundlegenden Instrumente, mit denen ich soziale Situationen oder soziologische Gegebenheiten betrachte, die Werkzeuge, die ich in Neve Shalom kennengelernt habe. Zugleich ist der Kurs nicht einfach eine angenehme Erinnerung: durch den Kurs verlor ich einen großen Teil meiner Unschuld, und zwar zwei Arten von Unschuld. Die eine war meine zionistische Unschuld; ich sage das bewusst so klar, und es war alles andere als einfach. Die andere war meine menschliche Unschuld, die uns zu sagen erlaubt, hey, wir sind doch alle Menschen; auch dies wird vorübergehen und dann ist alles wieder okay. In gewissem Sinne konfrontierte mich die Entdeckung solcher Einstellungen in mir mit meiner Identität als jemand, der gern Unterschiede ignorieren wollte, der sagen wollte, lasst uns im Kreis zusammen tanzen, wir sind doch alle Menschen und die Unterschiede zwischen uns sind nicht wichtig, wir sind doch alle gleich. Das war so ein simplifizierender Liberalismus, eine oberflächliche linke Denkweise.

Allmählich wurde mir klar, dass das ‚Wir sind doch alle Menschen‘ nur ein Teil der Geschichte war, dass mein Jude-sein von Bedeutung war. Dass jemand anderes Araber ist, ist ebenfalls von Bedeutung und beeinflusst, wie wir uns aufeinander beziehen, ob ich das will oder nicht. Diese Erkenntnis, diese Einsicht hat eine tiefe Wirkung und wirkt in mir bis heute, ja, sie führt sogar dazu, dass ich mich hier weniger zu Hause fühle. Das ist schon sehr seltsam.

Verschiedene Perspektiven

Das bringt mich zu einem weiteren wichtigen Punkt, der Fähigkeit zu akzeptieren, dass eine Geschichte verschiedene Aspekte beinhalten kann. Das verstehst Du erst, wenn Du es bemerkst, wenn es Dir an irgendeinem Tag dämmert … Eines schönen Tages begreifst Du, dass verschiedene Menschen dieselbe Realität ganz anders wahrnehmen als Du und man nicht sagen kann, der eine oder andere hat Recht. Menschen können in dieser Realität zusammen leben und sie dennoch verschieden sehen, und genau das ist der springende Punkt. Es ist nicht so wichtig herauszufinden, was wirklich passiert ist; bereits die Tatsache, dass die Beteiligten die Realität verschieden sehen, hat Auswirkungen auf ihr Zusammenleben. Diese Erkenntnis begleitet mich ständig, bei allem, was ich tue, als Anwalt, bei allem. Mit anderen Worten: Diese Erkenntnis bezieht sich nicht nur auf den Konflikt zwischen Völkern, zwischen den Geschlechtern oder zwischen Rassen; sie betrifft die Beziehungen zwischen Menschen allgemein. In meinem Kurs in Neve Shalom versuchten wir verstehen zu lernen, dass, während ich einen Gegenstand als viereckig wahrnahm, die Person rechts neben mir denselben Gegenstand als rund wahrnahm, und dass meine Aufgabe darin bestand, ihn nicht als hoffnungslos kurzsichtig abzutun sondern zu erkennen, dass er eine andere Perspektive einnimmt. Ich habe dies in dem Kurs sehr lange nicht akzeptieren können; sobald Du es aber akzeptiert hast, verändert es die Art und Weise, wie Du menschliche Beziehungen siehst, zutiefst, und das begleitet mich immer.

Ich wüsste gern noch genauer, wie sich dies auf Dein persönliches und berufliches Leben ausgewirkt hat.

Betrachten wir z. B. die Beziehungen zwischen einem Paar. Heute ist wichtiger für mich, wenn sich jemand verletzt fühlt, … sagen wir, von mir verletzt fühlt. Heute ist mir wichtiger zu verstehen, was er fühlt, als ihn davon zu überzeugen, dass er unrecht hat, weil er sich so nicht fühlen sollte. Es ist weniger wichtig, wer Recht hat, weil es darum eigentlich nicht geht. Wenn ich mich mit jemandem streite und derjenige etwas anders sieht als ich, dann sehen wir die Dinge schlicht verschieden. Dieser Unterschied interessiert mich; er prägt diese Situation. Ob ich die Person von meiner Perspektive überzeugen kann oder nicht, ist mir weniger wichtig. Da wir Menschen sind, sehen wir Dinge verschieden, und wir müssen die Unterschiede zutage treten lassen statt den Anderen zu negieren.
Ich bin Anwalt geworden. In meinem Beruf bin ich ständig mit unterschiedlichen Narrativen befasst. Ich vertrete eine Seite und jemand anderes vertritt die andere Seite. Und die ganze Zeit gehen wir mit Geschich-

ten um. Ich glaube, das zu wissen hilft mir die Situation zu verstehen; denn bisweilen macht Dich die Überzeugung, Du seist im Recht, blind. Man kann so sehr davon überzeugt sein, dass man sich nicht mehr in die Lage des Gegners versetzen kann; und das ist ein Verlust, weil Du die Situation nicht richtig verstehen kannst. Letztlich kann man in meinem Beruf, wenn man sich nicht in die Lage des Gegners versetzen kann, nicht präzise erfassen, wo die Stärken und Schwächen des gegnerischen Falles liegen. Dazu kommt, dass ich heute in meiner Arbeit zu einem guten Teil das palästinensische Narrativ vertrete; es ist als ob ich zwei Sprachen sprechen könnte … Natürlich bin ich ein jüdischer Israeli und als solcher komme ich selbst aus dem zionistischen Diskurs. Ich weiß ganz genau, was Leute mit diesem Narrativ auf die Palme bringt, ich kenne seine Schwächen und Stärken, das kenne ich alles. Zugleich weiß ich, dass ich inzwischen häufig ‚palästinensische Interessen‘, in Anführungszeichen, vertrete, aber meiner Meinung nach sind es nicht wirklich palästinensische Interessen: meiner Überzeugung nach sind es ebenso israelische Interessen … Doch ich vertrete Interessen, die als palästinensische Interessen betrachtet werden, und das kann ich heute auch so wahrnehmen. Ich komme mir vor wie jemand, der vorher nur Englisch konnte und jetzt auch Französisch sprechen kann, sodass er mit mehr Menschen kommunizieren kann und mehr Raum für kreatives Denken gewonnen hat. Sprache ist nicht nur ein Kommunikationsinstrument; sie verändert auch Deine Kommunikation mit Dir selbst. Je mehr Sprachen Du sprechen kannst, desto besser kannst Du Dich ausdrücken, desto kreativer wird Dein Denken, und so fühle ich mich auch. – Aber ich sollte nicht mir selbst Komplimente machen.

Ideologische Transformation

Der Kurs hat mich sowohl in meinem Alltag als auch ideologisch enorm beeinflusst. Als ich nach Neve Shalom kam, wusste ich bereits, dass ich Jura studieren wollte, doch dank dieses Kurses veränderten sich die Bereiche, in denen ich gesellschaftlichen Wandel bewirken wollte. Ursprünglich wollte ich Petitionen für die Meinungsfreiheit an den Obersten Gerichthof verfassen. Später wurde mir klar, dass alles, was mir besonders wichtig war, mit dem israelisch-palästinensischen Konflikt zu tun hatte. Ich betrachtete mich in jeder Hinsicht als Linken – als einen von denen, die ich im Rückblick ‚Soldaten mit Decken‘ genannt habe: Wenn politische Rechte einen palästinensischen Gefangenen zusammenschlagen, so bringen diese Soldaten ihm eine Decke gegen die Kälte. Diese Fiktion des aufgeklärten Besatzers flog mir in Neve Shalom um die Ohren – eine für mich sehr wichtige Zäsur: Sie veranlasste mich, eine Einberufung zum Reservedienst zu verweigern, lange vor Beginn der zweiten Intifada im Herbst 2000 und der Gründung der einflussreichen Gruppe ‚Courage to refuse‘ 2001. Wenn man den Kurs in Neve Shalom mit ganzem Herzen durchlaufen hat, so gibt es eine Phase, in der man weiß, dass man eine Rolle weiterhin spielt und dabei lügt; man sagt immer noch die gleichen Dinge, doch tief in sich drin weiß man, dass es eine Kluft gibt zwischen dem, was Du nach außen zeigst und dem, was in Deinem Inneren geschieht. Für mich war dieses Stadium sehr, sehr schwierig, weil zu lügen mir zuwider ist. Ich erinnere mich genau an eine Gruppensitzung: Da wurde ich auf jemanden wütend, der das Bild vom Esel und dem Reiter verwendete, und der Esel war das palästinensische Volk und der Reiter war der zionistische Staat. Genaues weiß ich nicht mehr, aber ich weiß noch, wie wütend ich war. Später, wieder zu Hause, wurde ich noch wütender, weil mir klar wurde, dass ich nichts dazu gesagt hatte. In der nächsten Sitzung wollte ich wenigstens diese Metapher unbedingt aufbrechen, sodass die Anderen sie nicht mehr verwenden könnten. Doch noch während ich sprach, merkte ich, dass ich mir selbst nicht glaubte.

Die Zeit im Gefängnis

Als ich 1998 zum Reservedienst nach Hebron einberufen wurde, verweigerte ich den Dienst und saß stattdessen im Gefängnis. Danach schien mir die Vertretung von Armeedienstverweigerern nicht mehr so außergewöhnlich sondern eher natürlich zu sein. Der formative Moment liegt nicht so sehr in der Übernahme der Vertretung eines Armeedienstverweigerers sondern eher in dem Moment der eigenen Verweigerungserfahrung. Der prägt Dich. Diese Verweigerung war zweifellos eine Folge der Entwicklung, die ich durchlaufen hatte, und der Hauptkatalysator dafür war der Kurs in Neve Shalom. Auf einmal fielen die Dinge an ihren richtigen Platz. Alles, ganz plötzlich. Du siehst auf einmal Dinge, die vielleicht schon da waren, aber Du nimmst sie auf einmal anders wahr. Plötzlich versuchte ich wirklich, mir vorzustellen, wie es ist, ein arabischer Bürger in Israel zu sein. Normalerweise tust Du das nicht, weil Du in der Vorstellung gefangen bist, *Wir haben einen demokratischen Staat, hier gibt's gleiche Rechte für alle, und kein Gesetz verbietet es einem Araber, Premierminister oder Verteidigungsminister oder Oberbefehlshaber der Armee zu werden.* Du bist nicht nur in dieser Vorstellung gefangen, sondern Du lebst auch getrennt von den ‚Anderen‘. Ich bin in Jerusalem geboren und aufgewachsen, einer gemischten Stadt, in der ich nie auch nur einen einzigen Araber gesehen hatte. Aber was bedeutet dies ‚*nie gesehen*‘? Sie kamen vor meinen Augen vorüber, aber ich habe sie nicht wirklich wahrgenommen. Da und dort nahm ich an Aktionen der linken Ratz-Jugendbewegung oder von anderen linken Gruppen teil, kam also mit Arabern zusammen, doch die Begegnungen blieben flüchtig und oberflächlich.

Und dann bricht in Neve Shalom dieses neue Bewusstsein in Dich ein, mit all der inneren Spannung, die damit verbunden ist; und Du musst wirklich authentisch sein, weil Du die ständige Heuchelei nicht mehr ertragen kannst. Erst ganz allmählich verstehst Du, was es wirklich bedeutet, ein Staatsbürger und gleichzeitig Angehöriger einer Minderheit zu sein, die sich mit der Mehrheit in Konflikt befindet. Als ich das verstand, konnte ich unversehens nicht mehr länger Teil von all dem sein. Ich spreche hier ganz bewusst von den arabischen Bürgern Israels. Wenn wir über die [besetzten] Territorien sprechen, so scheint die Geschichte viel einfacher zu sein. Bis ich nach Neve Shalom kam, war ich Soldat in einer Kampfeinheit. Ich will nicht behaupten, dass ich dies bereue: Ich war Kampfsoldat in den [besetzten] Gebieten und habe dies weder verweigert noch darüber nachgedacht; im Gegenteil, ich habe sogar gegen relativ marginale Formen von Verweigerung argumentiert und mir nie träumen lassen, dass ich eines Tages selbst den Dienst verweigern würde.

Du hast gesagt: ‚Ich habe mich immer gefragt, wie ich, wenn ich nicht verweigern würde, mir dann vor dem Spiegel noch in die Augen sehen könnte …‘ Das war die eigentliche Frage für Dich.

Ja … Ich sagte mir selbst Dinge, die wiederum andere Dinge betrafen … z. B.: Ich kann sehr gut reden und habe nie Probleme, mich auszudrücken, also bin ich ein guter Redner; aber jetzt muss ich auch hinter dem stehen, was ich sage, und das bedeutet, nicht mehr Teil des Militärsystems zu sein. Diesen Moment erlebte ich vor meinem Offizier … als der Offizier sagte: Nun, ich kann Ihnen nicht versprechen, dass ich kein Disziplinarverfahren gegen Sie in Gang setze, aber ich wüsste gern … Wenn wir Ihnen eine Aufgabe übertragen würden, die nichts mit der Bevölkerung in Hebron zu tun hat, absolut nichts, würden Sie dann Ihre Weigerung zurückziehen? – Einmal abgesehen davon, dass ein ‚Ja‘ auf diese Frage in meinen Augen unmoralisch ist, fände ich eine solche Antwort auch feige. Als wäre es für andere okay, diese ‚schmutzige Arbeit‘ zu tun! Also sagte ich sofort Nein. Doch später dachte ich weiter darüber nach und stellte mir vor, ich würde wirklich Dinge tun, die nichts mit der Bevölkerung zu tun hätten … und dann kam mir dieses Bild vom Zahnrad in der Maschine … und im Kontext von Neve Shalom wurde mir ziemlich klar, nein schmerzlich klar: Ich bin der gute Linke aus einem guten Elternhaus und möchte Frieden und Brüderlichkeit. Dann komme ich nach Neve Shalom und plötzlich erlebe ich, wie ich all diese Anklagen abblocke, als ob … *Was? Habe ich etwa den Sechs-Tage-Krieg angefangen? Habe ich all die Gebiete erobert? Habe ich Leute aus Jaffa ausgewiesen? Was hat – Entschuldigung – diese ganze Scheiße mit mir zu tun?* In Neve Shalom habe ich erkannt, worin die Verbindung besteht: Das braucht keine juristische Verbindung zu sein, im Sinne von kriminellem Denken, das vor Gericht hinreichend bewiesen werden kann; das kann eine stillschweigende Zustimmung sein, ein sich damit Abfinden, dass solche Dinge eben passieren. Alle diese Aspekte kamen in Neve Shalom definitiv auf den Tisch. Es geht um die Erkenntnis der eigenen Verantwortung. Daneben erfuhr ich durch die ‚Schule der Identitätsklärung‘ auch eine eher intuitive Verbindung. Ich lernte zu meinen Lasten einiges über die Banalität des Bösen und die Gefahren der Moderne und der Bürokratie und über das Zahnrad-sein in einem System, das Böses tut, und über die Frage, ob dies Zahnrad verantwortlich dafür ist oder nicht. Letztlich verhalfen mir alle diese Dinge dazu, jemanden einigermaßen zu verstehen, der nicht merken will, dass er ein Zahnrad im Getriebe zu ist. Er muss das aber wissen, weil eine Art Determinismus ihn zu einem Zahnrad in einer großen Maschinerie macht; er muss ständig die Augen offen halten und sich fragen: Bin ich mit dem, was man mir gerade befiehlt, einverstanden oder nicht? Offensichtlich ist es nicht schwer, nein zu sagen, wenn man ein Kind erschießen soll, das eine weiße Flagge schwenkt. Das Kunststück ist, nein zu sagen, wenn man auf einem Wachturm Wache stehen soll und der Wachturm Teil eines komplexen Vorgangs ist, an dessen Ende der Tod des Kindes steht. Die Verknüpfung zwischen diesen beiden Dingen ist problematisch. Und doch kam der Moment, an dem für mich alle diese Dinge verknüpft waren. Das hätte auch früher passieren können, als ich bei einem früheren Reservedienst in Gaza war, oder bei einem späteren Reservedienst. Es geschah einfach, als die Dinge so eine Art Punkt … als der Kreis sich geschlossen hatte.

Kritischer Ausblick

Der Wandel im ideologischen Denken hat sehr viel mit der Fähigkeit zu tun kritisch zu denken. Man wird kritisch gegenüber dem Offensichtlichen, den Dingen, die in der Öffentlichkeit übermittelt werden. In dieser kritischen Betrachtungsweise steckt eine große Gefahr – und ich befürchte, dass viele Absolventen der Kurse in Neve Shalom dieser Gefahr erliegen könnten. Sie erhalten ein machtvolles Werkzeug, mit dem sie soziale Phänomene kritisch betrachten könnten, die sie zuvor als selbstverständlich erachteten, als etwas, das einfach zu ihrer Kultur gehört. Diese neue Sichtweise kann leicht dazu führen, dass man zu einem Flüchtling in seinem eigenen Land wird und das Zugehörigkeitsgefühl völlig verliert. Die härteste Alternative ist, kritisch zu bleiben und gleichzeitig dazu zu gehören.

Selbst wenn man sieht, wie fürchterlich alles ist. Wenn auf einmal etwas, das man als rosa betrachtet hat, sich als schwärzer als Kohle herausstellt, dann kannst Du nur zu leicht den Wunsch verlieren, weiter zu der Kultur und dem Volk und der Nation und dem Geschlecht zu gehören, zu dem Du eigentlich gehörst ... dann ist für Dich alles nur noch furchtbar, Du stellst plötzlich fest, dass die Dir einen Haufen Märchen in der Geschichtsstunde erzählt haben, dass sie Dir einen Haufen Mythen verkauft haben, dass sie Dich bei einer Million Dinge einer Gehirnwäsche unterzogen haben ... dann sagst Du vielleicht, Du willst nicht mehr dazu gehören ... dass die israelische Armee auch Dein Feind ist.

Genau das ist mir fast passiert. Letztendlich aber kam es doch nicht so weit, und darüber bin ich sehr froh. Ich geriet in eine Situation, wo ich das Gefühl hatte, ich gehöre nicht mehr zu diesem Kollektiv. Ich hatte eine Identität, eine kulturelle Identität, aber ich hatte keine Gruppe mehr, von der ich sagen konnte, ich gehöre dazu.

Und jetzt bist Du doch stark eingebunden in dieses Kollektiv?

Ja, so ist es, und das ist mein Heilmittel. Natürlich ist es kein Heilmittel für jeden. Es ist so, wie wenn Leute sagen, Meinungsfreiheit könne auch gefährlich sein, z. B. wenn sie missbraucht wird um Lügen zu verbreiten. Die Lösung ist jedoch noch stärkere Meinungsfreiheit. Überflute die Gesellschaft mit Meinungsfreiheit; das Ergebnis wird die Wahrheit sein, das ist die liberale Theorie. Ähnlich gewendet: Wenn man irgendwo ein Zuhörigkeitsproblem hat, dann sollte man sich dort noch stärker engagieren. Das Gleiche gilt für mich; für mich ist es sehr, sehr wichtig dazu zu gehören.

Während des Kurses in Neve Shalom arbeitete ich als wissenschaftlicher Mitarbeiter für die Nachrichten-Fernseh-Programme ‚Erev Hadash‘ und ‚Musaf Hamosafim‘ freitagabends. Ich begann Jura zu studieren und zog aus Tel Aviv wieder zurück in meine Geburtsstadt Jerusalem, um mein Jurastudium an der Hebräischen Universität fortzusetzen. Gleichzeitig war ich der juristische Berater der Zeitung ‚Col Ha'ir‘ in Jerusalem. Gegen Ende meines Studiums arbeitete ich weniger für ‚Col Ha'ir‘ und schrieb weniger oft lange Artikel, Analysen und Feature. Nach Abschluss meines Studiums zog ich wieder nach Tel Aviv, um dort 1998-1999 bei Avigdor Feldman mein juristisches Referendariat abzuleisten, und bis 2000 blieb ich als Anwalt dort. Dann ging ich mit meiner Partnerin Nirith Ben Horin nach London, wo ich in drei Semestern einen MA in ‚international human rights law‘ und in ‚international humanitarian law‘ erlangte, das sich mit Kriegsrecht befasst. Wir kamen mit sehr ambivalenten Gefühlen nach Israel zurück.

Ich arbeitete weiter in Avigdor Feldmans Büro, das sich hauptsächlich mit zwei Themenbereichen befasst: mit Strafrecht und mit Fällen am Obersten Gerichtshof, die mit verfassungsmäßig verbrieften Menschenrechten zu tun haben. Ich hatte mit beiden Bereichen zu tun, vorwiegend jedoch mit den Fällen am Obersten Gerichtshof. Wir haben viele Menschenrechtsorganisationen in Israel vertreten, sowohl israelische als auch palästinensische. Zu den wichtigen Projekten, mit denen ich befasst war, gehörten die Petition an den Obersten Gerichtshof gegen die Politik der israelischen Regierung hinsichtlich gezielter Ermordungen sowie Fälle, die Armeedienstverweigerer betrafen.

Womit befasst Du Dich als Anwalt heute?

Ich vertrete ‚Courage to Refuse‘, eine Organisation von Reservisten, die sich weigern, in den Besetzten Gebieten Dienst zu tun. Ich bin ihr juristischer Berater und vertrete einzelne Verweigerer vor der Ableistung ihrer Haftstrafe auch selbst vor Gericht. Ich vertrete sie sogar in Bagatellfällen. Auf diese Weise bleibe ich involviert, und das ist sehr, sehr wichtig für mich – eine Art Therapie. Denn ich erinnere mich an dieses Gefühl: Die Einsamkeit ist der härteste Preis, den man als Verweigerer bezahlt. Die Existenz einer Organisation, die juristische Beratung anbietet, hat eine große Kraft; man kann sich dort mit Fachleuten beraten, und das ist eine große Hilfe.

Im Fall der gezielten Ermordungen reichten wir beim Obersten Gerichtshof eine Petition ein zu der im Juli 2002 erfolgten gezielten Ermordung von [Salah Mustafa Mohammad] Shehadeh, bei der 14 unschuldige Menschen getötet wurden, vor allem Kinder. Die Fälle haben eine große Bandbreite. Und dann vertrete ich noch den Pazifisten Yoni Ben-Artzi [Sarah Netanyahus Neffe], den die israelische Armee am liebsten am höchsten Baum aufknüpfen würde.

Inzwischen habe ich ein Büro in Tel Aviv mit drei Anwälten und juristischen Trainees. Unser Büro vertritt mehrere israelische Menschenrechts- und Friedensorganisationen, palästinensische Gemeinden, sowie Mandanten, die durch das israelische Regime in der Westbank oder im Gazastreifen Verletzungen erlitten haben. Außerdem berate ich unter anderem Yesh Din, das Peace Now Team, welches die Siedlungen beobachtet, und Breaking the Silence, und ich vertrete den Gemeinderat des palästinensischen Ortes Bil'in in juristischen Streitfällen. Außerdem betreuen wir Petitionen gegen die Errichtung der Trennmauer und Petitionen, die das Eindringen von Siedlern in palästinensisches Gebiet rückgängig machen sollen; wir vertreten Palästinenser, die von Siedlern oder von Sicherheitskräften angegriffen und verletzt wurden; und wir befassen uns mit juristischen Klagen gegen Friedensaktivisten. Schließlich haben wir auch noch mit Fällen des Copyrights zu tun und vertreten in diesem Kontext Direktoren, Drehbuchautoren, Autoren und andere Künstler.

Ich bin nicht Anwalt geworden, um einen Haufen Geld mit Immobilien zu verdienen; ich könnte sowieso nicht mit Dingen arbeiten, die mich nicht interessieren. Artikel über Immobilien finde ich todlangweilig, also geht es weniger darum, wozu ich Lust habe, als darum, was ich tun kann. Ich kann diese anderen Sachen einfach nicht tun. Ich bin froh, nicht nur einfach meinen Lebensunterhalt zu verdienen, sondern einer Arbeit nachgehen zu können, die mich interessiert und mir das Gefühl gibt, etwas zu tun, das Wert hat. Mehr kann man nicht verlangen.

Suhad Hammoud Dahleh

Menschenrechtsanwältin

*S*uhad Hammoud Dahleh wuchs in Akko auf. Bereits während ihres Jura-studiums an der Universität Tel Aviv moderierte sie neben einem eigenen Radioprogramm auch eine Fernsehsendung über den Nahen Osten. Nach ihrem Referendariat nahm sie beim New Israel Fund an einem Kurs für Füh-rungskräfte zum Thema Menschen- und Bürgerrechte und Sozialrecht teil, und erlangte anschließend einen MA in international human rights und humani-tarian law an der Amerikanischen Universität in Washington DC. Während ihres Studiums arbeitete sie dort für die amerikanische Bürgerrechtsunion und andere Menschenrechtsorganisationen. Wieder in Israel, begann sie – im äußerst turbulenten Oktober 2000 – für die Rechtsabteilung von Adalah zu arbeiten, eine Rechtsberatung für die Arabische Minderheit in Israel. Zusam-men mit ihren Adalah-Kolleg(innen) verfolgte sie die Überlegungen der vom Staat eingesetzten Or Kommission, welche die Vorkommnisse im Oktober 2000 im Besonderen sowie die Beziehungen zwischen der arabischen Minderheit und dem Staat insgesamt untersuchen sollte. Mit einem Partner zusammen eröffnete sie in Jerusalem eine Kanzlei für Privatrecht mit dem Schwerpunkt Verteidigung der Menschenrechte von Palästinensern in den Besetzten Gebie-ten einschließlich Ost-Jerusalem. Suhad Hammoud Dahleh nahm 1994/1995 an dem SFP-Kurs ‚Der jüdisch-arabische Konflikt und Konfliktgruppen-Theo-rien‘ für jüdische und palästinensische Studierende an der Universität Tel Aviv teil. Sie wurde am 15. September 2001 interviewt.

„Natürlich gehören wir zu diesem Land, doch wir leben am Rande dieses Staates – politisch, ökonomisch und so weiter. Sich ständig nur über die Realität zu beklagen, bringt nichts; man muss auch etwas tun, wir müssen hinausgehen und versuchen, diese Realität, unsere Realität zu verändern." *Suhad Hammoud Dahleh*

Ich komme nicht aus einem uni-nationalen, einsprachigen Umfeld son-dern aus der ethnisch gemischten Stadt Akko. Akko ist nicht gerade ein Ausbund an Koexistenz, doch Alltagskontakte bestehen. Ich ging sogar als vielleicht einziges arabisches Mädchen in eine jüdische Vorschule – eine Erfahrung, die mich sowohl positiv als auch negativ prägte.
Der Kontakt zu jüdischen Studenten an der Uni war also nichts Neues für mich: das war einfach Alltag. Doch der SFP-Kurs war etwas Außer-gewöhnliches. Zum einen war es ein Wahlkurs; die Teilnehmer kamen

aus eigenem Antrieb. Die jüdischen Teilnehmer(innen) an diesem Kurs sind – bei allen Reibereien, allen hitzigen Diskussionen – hochmotiviert; sie wollen arabischen Studenten begegnen und sich mit allen möglichen Dinge befassen, die mit dem jüdisch-arabischen Konflikt zu tun haben. Das Profil dieser Gruppe unterschied sich also von dem, was ich von Akko her gewohnt war. Dort hatte ich angesichts der Rahmenbedingungen eher schlechte Erfahrungen gemacht, besonders als einziges arabisches Mädchen in einem jüdischen Kindergarten. Das war eine heftige Erfahrung. Vielleicht hat sie mich besser auf die Zukunft vorbereitet, aber zunächst war sie für mich als arabisches Mädchen in einer [vorwiegend] jüdischen Stadt mit einer speziellen jüdischen Bevölkerung sehr unangenehm. Doch zurück zu dem SFP-Kurs: 1994/1995 waren keine leichten Jahre für uns. Wenig später wurde Rabin ermordet, und davor war die Stimmung hier im Land stark aufgeheizt. In diesem Kontext fand unser Kurs statt. Dazu kam, dass es für arabische Studentinnen nicht leicht war, eine Wohnung zu finden. Mehrfach wurden wir von Vermietern beleidigt; erst mit viel Mühe und nach zahlreichen Versuchen fanden wir schließlich eine Wohnung nahe bei der Universität. Doch auch dort hatten wir wegen unserer Herkunft alle möglichen Auflagen zu erfüllen; der Vermieter war voller Vorurteile. Und das im angeblich so offenen, links-orientierten Norden von Tel Aviv. Ein solches Theater erlebten die jüdischen Studenten bei der Wohnungssuche nicht. Sie hatten bereits den Armeedienst hinter sich; wir waren jünger, vergleichsweise unerfahren und eben erst aus dem Elternhaus gekommen, und waren dann mit solchen Problemen und Beleidigungen konfrontiert. Das war wirklich nicht leicht.

So begannen wir das Studium. Euer Kurs sprach mich sofort an. Ich glaube, jeder arabische Israeli hätte sich von dem Kurs angesprochen gefühlt. Für jüdische Studenten galt dies weniger, denn diese Kurse sind keine Pflichtkurse; doch jeder arabische Israeli hat sozusagen die Pflicht, seinen Beitrag zu leisten und an einem solchen Kurs teilzunehmen. Außerdem entspricht es auch seinem eigenen Interesse. Jüdische Studenten, die sich von dem Kurs angesprochen fühlen, kommen, weil sie Arabern begegnen und mit ihnen sprechen wollen. Sie kommen um zu diskutieren und zuzuhören. Dieser Wunsch ist wichtig für uns. Als palästinensische Bürger Israels und als nationale Minderheit in diesem Staat haben wir einen Traum: in Würde zu leben. Für mich bedeutet dies volle Gleichberechtigung und gleiche Rechte als Minderheit, und es bedeutet, unser Volk zu unterstützen und einen unabhängigen freien palästinensischen Staat neben Israel aufzubauen. Meines Erachtens sollten wir diese Ziele friedlich, mit legalen Mitteln und durch einen öffentlichen Dialog zu erreichen versuchen. Dementsprechend wollen wir solche Gruppenbegegnungen als Forum nutzen, wir wollen uns mit den Leuten zusammensetzen und Wege aus dieser trostlosen Realität finden. Es war vielleicht so etwas wie eine Reise. Ich erinnere mich an ein paar wirklich heftige Diskussionen, die konnte man nicht einfach beiseitelegen. Ich erinnere mich daran, obwohl es fünfzehn Jahre her ist. Die arabische Gruppe war heterogen mit ganz verschiedenen Einstellungen. Rabah Halabi z. B. sprach über unsere Gefühle und darüber, wie das Zusammengehörigkeitsgefühl und der Stolz darauf, ein arabischer Bürger zu sein, miteinander zusammenhängen. Je mehr ich mich also als zu meiner Gruppe gehörig empfinde, je stärker dies ein Teil meines Selbst wird, desto mehr Stolz empfinde ich – als ob ich etwas bewahre, das mir gehört und mit dem ich weitergehen kann. Daran erinnere ich mich am klarsten. Es gab sehr tiefgreifende Kontroversen. Ihr habt auch sehr heikles, stark ‚aufgeladenes' Material mit uns bearbeitet. Du und Rabah, Ihr habt Euch total neutral verhalten und die Diskussion vorangebracht, ohne Euch persönlich dahinein zu verstricken. Das Kursziel ist einfach großartig. Begegnungen wie die zwischen Uni-Studenten, Foren, wo sie aufeinandertreffen und miteinander diskutieren können, die sind ungemein wichtig. Und das ganze fand statt in einer ziemlich schwierigen Zeit.

Welche Wirkungen hatte diese Begegnung auf Dich – damals mit zwanzig, diese Gelegenheit, mit Leuten in einem gleichberechtigteren Setting zu sprechen?

Die Zeit damals war anders, jede Zeit ist anders und die Menschen verändern sich aus politischen, sozialen, ökonomischen oder anderen Gründen. Für mich machte das Sinn. Natürlich wusste ich, dass es solche Gruppen gab; irgendwie hatte ich das immer gewusst. Wenn man an nichts glaubt, verzweifelt man und verflucht das Dunkle. Ich bin nicht so. Ich wollte eine Kerze anzünden. Trotz der harten Realität, in der wir leben, und trotz all der äußerst unangenehmen Begegnungen, die ich als palästinensische junge Frau in Israel hatte, wollte ich etwas tun, die öffentliche Meinung verändern und die Realität mit gestalten, in der wir leben. Dieser Kampfgeist begleitet mich schon mein ganzes Leben. Heute ist die Lage noch schlechter. Die Menschen in Israel werden rassistischer und weniger tolerant gegenüber anderen ethnischen Gruppen; die Lage der Palästinenser in Israel ist schlimm und in den Besetzten Gebieten ist sie sogar noch schlimmer.

Eigentlich hat alles in der Vorschule begonnen. Angesichts meines arabischen Namens hieß es, *Oh, Suhad ist doch ein arabischer Name*. Und Du kennst das ja: Kinder nehmen alles auf wie Schwämme; was immer sie daheim hören, sagen sie anderswo auch ganz offen, sie filtern nicht. Sie waren unhöflich, rassistisch und gewalttätig. Dieselben Erfahrungen machte ich auch, als wir in einem jüdischen Stadtviertel wohnten und ich in eine arabische Schule ging. Unser ganzer Alltag war seltsam. Du bist ein palästinensisch-arabisches Mädchen in einer gemischten Stadt; Deine Familie zieht in ein jüdisches Viertel wegen seiner besseren Freizeiteinrichtungen und Infrastruktur, und Du findest Dich als Palästinenserin zufällig auch noch in der ‚Golan-Brigade-Straße‘ wieder. Und weil ihr nahe beim Stadtteilzentrum wohnt, melden Dich Deine Eltern dort zu einer Sommerferienaktion für Kinder an – während des Libanonkrieges [1982]. Solche Ferienaktionen sollen Spaß machen, mit Schwimmen und Spielen; doch Du merkst plötzlich, in welcher Realität Du lebst. Zum Beispiel erinnere ich mich an eine Unterrichtsstunde in der Schule während dieses Krieges. Ich bin in einem Klassenzimmer und wir sollen lernen, unser Vaterland zu lieben. Die Lehrerin, eine Soldatin auf Fronturlaub, schüttet plötzlich all ihre Wut über den Kindern aus, weil sie annimmt, alle Kinder seien jüdisch und hätten deshalb die gleiche Einstellung. Und dann merken die Kinder, dass ich ein arabisches Kind bin und *Wham*! Sie rufen, *Wir haben Euch es Euch Arabern gezeigt*, und lauter solches Zeug. Das hast Du dann alles im Gepäck, in einer wirklich harten Zeit. Du möchtest das ignorieren, Dich davon fernhalten, denn Du bist noch so jung und hast noch nicht gelernt, damit umzugehen. Bis Du erwachsen bist und damit umgehen kannst, schwimmst Du einfach, so gut Du kannst. Es war sehr hart, aber ich glaube, langfristig hat es mich stärker gemacht. Das gibt es halt. Ich weiß noch, wie [Meir] Kahane nach Akko kam. Er ging in ein Einkaufszentrum und hielt vor den Leuten seine üblichen rassistischen Reden, wie *Hallo, Ihr Juden, und tschüs, Ihr Hunde*. Ja, das weiß ich noch. Das war mein historisches Umfeld, und trotzdem zog es mich zu diesen Begegnungen [mit Juden].

Ich war überzeugt: Es gibt noch eine andere Realität, also warum warten, warum nicht daran arbeiten, dass diese andere Realität entsteht; warum nicht Leute suchen, die daran mitarbeiten. Während meines Jurastudiums war ich jedes Mal verzweifelt, wenn ich wieder ein neues rassistisches Gesetz entdeckte. Selbst als Anwältin war ich mit institutionalisiertem Rassismus konfrontiert, und damit war noch schwerer umzugehen. Denn dabei reden wir nicht mehr von einem Kindergarten oder meiner üblen Sommerferienerfahrung als Kind. Wir reden über den ganzen Staat, in dem wir leben, über sein Establishment. Was also kannst Du sagen, was kannst Du tun, an wen kannst Du Dich wenden ... Jedes Wort muss sorgsam abgewogen werden. Wir reden nicht einfach miteinander; alles muss genau durchdacht werden; an wen wir uns wirklich wenden können und ob Hoffnung besteht; und Du kannst mir glauben, es scheint keine zu geben. Dieser innere Dialog geschieht immer noch in mir, bis heute.

Hat der einjährige Kurs Deine Verbindung zu Deiner Identität gestärkt?

Ich wollte vorhin schon sagen, ja, er hat meine Identität gestärkt. Wenn ich jedoch genauer darüber nachdenke, bin ich mir nicht ganz so sicher. Kam ich mit diesem ganzen Gepäck nur, um für mein Anliegen zu werben? Den Juden bewusster zu machen, in was für einer Realität wir leben? Um diesen Prozess in Gang zu bringen? Anscheinend ja, und doch hat der Kurs trotz all meiner Zweifel und den [damit verbundenen] Gefühlen meine Identität gestärkt. Du glaubst an diese Identität und bist stolz darauf, sie zu haben, und Du leidest unter der Realität, in der Du lebst. Die Antwort ist eindeutig ‚Ja‘.

Suhad, glaubst Du, dass Du Einfluss hattest in der Kursgruppe? Meiner Erinnerung nach hast Du einen sehr großen Anteil an dem Beitrag der arabischen Kursgruppe zum Kurs gehabt.

Das weiß ich nicht so genau. Ich weiß aber, dass ich immer an mich geglaubt habe, und ich bin überzeugt von der Sache, die ich vertrete. Am meisten glaube ich an die Kraft der Frauen. Meines Erachtens üben Frauen, wenn sie sich öffentlich äußern, einen großen Einfluss aus. Davon bin ich zutiefst überzeugt. Demzufolge bezieht sich meine Arbeit auf Menschenrechte, die Rechte der Jerusalemer Einwohner, und bezog sich nach der Oktober-Intifada [2000] auf die Or Kommission und Adalah. Woanders könnte ich gar nicht arbeiten – weil ich die bin, die ich bin. Vielleicht hat das mit meinem Umfeld zu Hause zu tun, oder mit meinem Vater, der genauso war wie ich. Ich bin wie er. Ich kann mir auch vorstellen, in allen möglichen juristischen Funktionen tätig zu sein, weil ich ein befreiter Mensch sein möchte, eine Person, die offen und frei für die Förderung der Sache eintritt, hinter der sie steht. Zwar sind wir ein natürlicher, integraler Teil dieses Landes, doch haben wir noch keinen Zugang zum Establishment gefunden; politisch, ökonomisch und in anderer Hinsicht leben wir am Rande der Gesellschaft. Wir leben unter einer ‚Glasdecke‘, die Aufstieg verhindert. Innerhalb des Establishments muss sich noch sehr viel verändern, bevor wir dort eine Rolle spielen können. Wir müssen ein paar grundlegende Dinge im Verständnis der Leute verändern, in ihrer Weltsicht, ihrer politischen Perspektive und ihrem Verständnis für den Wert menschlichen Lebens und die Menschenrechte. Solange dieser Staat sich nicht als Staat für alle seine Bürger betrachtet, werden wir nicht wirklich in diesen Staat integriert sein.

Vor amerikanisch-jüdischem Publikum

Mein Referendariat habe ich in einer Privatkanzlei in Haifa gemacht, und schon damals habe ich mich für das Thema Menschenrechte interessiert. So bewarb ich mich um ein Stipendium des New Israel Fund (NIF) für dieses Arbeitsfeld, das auch ein MA-Studium in Jura mit Schwerpunkt Menschenrechte in den USA beinhaltete; sowohl Palästinenser als auch Juden konnten sich bewerben. Ich war die erste Frau, die sich bewarb und das passte zu dieser Last, die ich seit meiner Kindheit und bis zum Ende meines Studiums mit mir herum geschleppt habe. In den USA sprach ich sehr häufig vor jüdischem Publikum. Die meisten gehörten zu dem, was man dort als die neue Generation betrachtete, so etwas wie die amerikanische jüdische Linke – nicht der Mainstream. Dort konnte man alles kritisieren außer Israel. Interessanterweise ist es hier in Israel sogar leichter für mich, mich kritisch zu äußern als in den USA. Manchmal wurden die Leute dort total wütend, es gab Provokationen aus verschiedenen Generationen, von Jungen und Alten, aber alle waren Juden.

Ich wollte an verschiedenen Orten dort die öffentliche Meinung verändern. So fuhr ich nach Washington, Boston, New York, San Francisco – eine ziemlich lange Reise. Sie schärfte mir den Blick für meine ganze Erfahrung dort. Ich erkannte, dass der NIF wirklich versuchen wollte, den Juden in den USA einen klareren Einblick in den rechtlichen Status der Araber in Israel zu geben. Schließlich referierten wir als vom NIF geförderte Juristen. Glaub' mir, einfach war das nicht. Aber ich fühlte immer den Drang, bei solchen Veranstaltungen zu ganz verschiedenen Menschengruppen zu sprechen und ihnen den Sachverhalt zu erklären. Die Tatsache, dass bei weitem nicht jedes Publikum wohlwollend war, war eine echte Herausforderung, die viel Kraft erforderte und zugleich zusätzliche Energie mobilisierte. Ja, es war Teil meines Traums, Einfluss auszuüben. Sich ständig nur über die Realität zu beklagen, bringt nichts; man muss auch etwas tun, wir müssen hinausgehen und versuchen, diese Realität, unsere Realität zu verändern. Diese Arbeit gab mir immer wieder neue Energie. Irgendwie entzündet der Stress einer Begegnung eine Flamme, und diese Flamme macht viele Dinge sichtbar. So fühlte es sich für mich jedenfalls an. Wenn wir öffentlich sprachen und anschließend noch mit den Leuten diskutierten, dann war das interessant, sogar faszinierend, besonders wenn es sich nicht einfach um die Normalbevölkerung handelte, sondern um Studenten, die extra zu dieser Veranstaltung gekommen waren.

In einer solchen Realität Kinder aufziehen

Danach ging ich in meinen persönlichen Bereich zurück; ich heiratete und habe heute eine Familie. Nun bin für die Erziehung meiner Kinder verantwortlich; es geht nun um mehr als nur mich. Wie soll ich ihnen helfen, das Leben hier, diese harte Realität zu verstehen? Das ist sehr schwer. Ich habe vorhin schon gesagt, jedes Wort muss sorgsam abgewogen werden, ich kann nicht einfach mit Wörtern um mich werfen, weil sie zuhören. Sie hören die Nachrichten. Sie wissen um ihre unmögliche Realität, wissen, dass sie in einem Staat leben, der ihr Volk unterdrückt, das Land dieses Volkes erobert und sie als Bürger diskriminiert hat. Ich möchte, dass meine Kinder die Kultur ihres Volkes weitertragen, dass sie Gesandte ihres Volkes werden im Kampf um Gleichberechtigung in Israel und im Kampf um Freiheit und Selbstbestimmung für unser Volk in den Besetzten Gebieten. Das erhoffe ich mir von ihnen. Manchmal habe ich sehr schwierige Entscheidungen zu treffen; es beunruhigt mich, dass ich meinen Kindern eine Realität aufzwinge, die sie sich nicht ausgesucht haben: beginnend mit der Schulwahl und z. B. dem, was geschieht, wenn wir miteinander die Nachrichten anschauen … Während den Nachrichten stellen sie mir oft Fragen. Manchmal sehr heftige Fragen z. B. zum Libanonkrieg oder über den Krieg im Gazastreifen, und irgendwie muss ich damit umgehen. Du weißt inzwischen, wo Du lebst: Du lebst in diesem Land. Wie kannst Du als Palästinenserin einem Kind ein normales Leben ermöglichen? Mein Sohn geht bereits ansatzweise kritisch an die Realität heran. Ich sehe ihn bereits als politisches Wesen. Er hat sogar Lösungen parat für den Konflikt und spricht darüber. Ich höre ihm voll Freude zu. Er scheint vollkommen mit dem Konflikt verbunden zu sein; es erstaunt mich, wie stark und nachdenklich er damit umgeht.

Damals arbeitete ich bereits bei Adalah, dem juristischen Zentrum für arabische Minderheitenrechte in Israel. Für eine solche Menschenrechtsorganisation zu arbeiten, gehörte zu den Verpflichtungen meines Stipendiums. Dort arbeitete ich ein Jahr lang, auch während der Oktober-Proteste [2000]. Sie dauerten etwa eine Woche und alles um uns herum explodierte einfach. Ich weiß noch, dass wir zusammen mit zwei palästinensischen Organisationen von Menschenrechtsanwälten aus Jerusalem eine Konferenz auf Rhodos hatten. Als die [vom Staat eingesetzte] Or-Kommission die Unruhen und die Reaktionen der staatlichen Behörden untersuchte, gerieten wir in ein ziemliches juristisches Chaos.

Die Arbeit mit der Or-Kommission und den ‚bereaved families'

Man könnte sagen, ich überwachte für die Or-Kommission, ob bei der Untersuchung bestimmte ethische Grundsätze eingehalten wurden. Als Anwälte konnten wir da nicht für Mandanten tätig werden, denn die Aufgabe der Kommission bestand darin, die Rolle der Öffentlichkeit zu untersuchen, z. B. die der Polizei, und die eines Teils der arabischen Öffentlichkeit, unter anderem von Bürgermeistern und Parlamentsabgeordneten, welche bei den Ereignissen eine Rolle gespielt hatten. Wir überwachten die juristischen Verfahren. Außerdem begleiteten wir Angehörige der ‚bereaved families' zu den Anhörungen; sie hätten sonst nicht als Zeugen ausgesagt. Wir erklärten ihnen, warum diese juristischen Verfahren notwendig waren. Das war auch für uns sehr wichtig. Wir koordinierten die Arbeit. Ich selbst war für die Medienarbeit zuständig. Man muss den Kontakt zu den Medien suchen, wenn man unmittelbaren Einfluss darauf haben will, wie Zeugenaussagen vermittelt werden. Die Familien machten ihre Aussagen in einer emotional äußerst aufgeladenen, schwierigen Atmosphäre. Das Ganze endete mit dem Bericht der Kommission, der [für die Behörden] dann keinerlei Rolle spielte. Das war sehr, sehr bedauerlich. Letztlich kann ich nicht die Or-Kommission dafür verantwortlich machen; verantwortlich ist das Establishment, die Ministerien, die diesen Kommissionsbericht schlicht in der Schublade verschwinden lassen wollten. Als ob sie sagen wollten, der Kommissionsbericht ist ja gut und schön, aber jetzt werfen wir den ganzen Papierwust mit der für die Schlussfolgerungen verbrauchten Tinte in den Müll. Das machte alles noch viel schlimmer.

Nach jenem Jahr bei Adalah eröffnete ich gemeinsam mit meinem Mann eine Kanzlei. Obwohl wir uns mit ganz verschieden gelagerten Fällen befassen, geht es hauptsächlich um Fälle von Menschenrechtsverletzungen gegen Palästinenser in Jerusalem, der Westbank und dem Gazastreifen, sowie um Petitionen an den Obersten Gerichtshof wegen der Trennmauer (dazu gehörte auch der Beit Sourik Fall 2004, bei dem der Oberste Gerichtshof entschied, dass 30 km der Trennmauer um Jerusalem herum illegal errichtet worden waren), um Petitionen zur Beschlagnahmung von Land, zu Rechten von palästinensischen Einwohnern in Jerusalem, zu Rechten von Gefangenen, zu zivilrechtlichen Klagen gegen die israelische Armee wegen Körperverletzung unschuldiger Zivilisten und zum Abriss von Häusern. Ich träumte auch davon, in Jerusalem eine Menschenrechtsorganisation zu gründen; solche Organisationen sind sehr wichtig. Ich wollte Einwohner der Stadt Jerusalem kostenlos beraten können, die jeden Tag entsetzlich unter ständigem Rassismus und endloser Diskriminierung leiden.

Praktika für arabische Akademiker

In dieser Zeit leitete ich auch ein Projekt, das mehr arabische Akademiker auf Positionen in privaten und öffentlich-rechtlichen Betrieben bringen wollte. An diesem Ziel arbeiteten wir sehr hart, mit großzügiger Unterstützung von einem engagierten amerikanischen Spender. Wir begannen mit führenden Personalagenturen zusammenzuarbeiten, boten dort für arabische Akademiker gebührenfreie Fortbildungsseminare an und zeigten ihnen, wie man eine Stellenbewerbung schreibt und wie man mit Stelleninterviews umgeht. Ich traf mich mit Generaldirektoren und Geschäftsführern zahlreicher Unternehmen, und wir zogen alle Register, insbesondere im privaten Sektor. Private Unternehmen zeigten kaum Interesse, außer dem Generaldirektor der Clal Versicherung, der sich sehr aufgeschlossen gab. Doch außer ein paar angenehmen Gesprächen kam nichts dabei heraus. Wir mussten feststellen, dass die Türen mehr oder weniger verschlossen waren. Man braucht ständig ‚Türöffner‘, um zu den Verantwortlichen vordringen und diese Probleme lösen zu können, und um ihnen klar zu machen, wie wichtig es für ihre Firma ist, Araber einzustellen. Meines Erachtens ist dies von hohem Interesse für den Staat Israel, doch auch das verstanden sie nicht. Dieser Sachverhalt machte mir noch bewusster, dass Hass, Rassismus, Abscheu und Entfremdung anscheinend das Los der israelischen [jüdischen] Öffentlichkeit sind.

Diese Dinge interessieren mich immer noch brennend. Nur ein Kleingeist kann in einer solchen Realität leben ohne zu protestieren. Ich kann das nicht. Ich bin stolz auf das, was ich bin, und auf die Gruppen, denen ich angehöre. Ein stolzer Mensch kann sich einer solchen Realität nicht unterwerfen. Er will sie mit aller Macht verändern. Deshalb will ich immer wieder klar stellen, wo und bei wem Schuld liegt; ich habe diesen unbändigen Willen, die Realität zu verändern – indem ich meine Kinder so erziehe, wie ich das tue, und ihnen mein Erbe weitergebe; indem ich ganz bewusst den Kampf um unsere kollektiven Rechte als nationale Minderheit kämpfe und gegen Rassismus angehe.

Viele Menschen verzweifeln oder verlieren die Hoffnung. Dank deiner Vitalität und Entschiedenheit gibst Du nicht auf; das ist etwas ganz Besonderes.

Man wollte mir weismachen, ich hätte die Kraft für das alles, weil ich noch jung sei. Für junge Leute sei es ganz natürlich sich zur Wehr zu setzen; deshalb würden ja Revolutionen meist von Studenten gemacht. Aber das kann nicht der einzige Grund sein; denn ich habe diese Kraft immer noch.

Vorhin hast Du von der Kraft der Frauen gesprochen. Findest Du, dass Du selbst als Frau eine besondere Kraft hast, eine Fähigkeit, Einfluss auszuüben und Dinge zu verändern?

Als Palästinenserin werde ich in Israel auf verschiedenen Ebenen diskriminiert. Sowohl als Frau als auch als Palästinenserin spiele ich eine Minderheiten-Rolle; ich werde in der Öffentlichkeit als Frau ebenso wie andere Frauen diskriminiert. Darüber hinaus werde ich auch mit Diskriminierung in meiner eigenen konservativen Gesellschaft konfrontiert, und als Palästinenserin leide ich unter der Diskriminierung vonseiten des Staates und seinen Behörden. Wenn ich also überleben, zurechtkommen, etwas erreichen will, so muss ich eine stärkere Persönlichkeit entwickeln. Ich muss ständig um meinen Platz kämpfen.

Heute, ungefähr fünfzehn Jahre nach Deinem SFP-Kurs, gehst Du ganz in Deiner Arbeit auf und hast nicht aufgegeben. Denkst Du, dass Deine damalige Teilnahme an dem Kurs als arabisches Kursmitglied Deine Entscheidung beeinflusst hat, gerade diese Arbeit zu tun?

Ich würde sagen, das war ein entscheidender Faktor. Eigentlich bin ich schon auf dieser Flugbahn, seit ich als Dreijährige den Ausdruck ‚dreckige Araberin‘ gehört habe. Dort hat die Entwicklung begonnen, und jetzt sitzen wir zusammen und sprechen darüber. Das Ganze ist ein Gesamtprozess, der in dem Moment beginnt, in dem ein palästinensischer Bürger Israels auf die jüdische Öffentlichkeit trifft. Dann bleibt einem nur die eigene individuelle Persönlichkeit. Manche Leute sind vielleicht passiver und bereit, in dieser Art von Gesellschaft zu leben, doch ich gebe nicht auf und bleibe nicht passiv. Ich bin eine Kämpferin und will die Dinge verändern. Man könnte sagen, dass mich die Kursgruppe damals ermutigt hat. Vielleicht lag es auch an den Menschen, die ich dort getroffen habe. Und ich habe mich mit der Art und Weise, in der Ihr [die Kursleiter der School for Peace] uns die Dinge präsentiert habt, wohl gefühlt.

Manchmal waren die Sitzungen hart, weil es Stress und Spannungen und ein Unbehagen gab in der Gruppe, doch wenn man erwachsen wird, wenn man nicht mehr ein sturer Student ist, der ständig auf seinem Standpunkt beharren muss, dann sieht man die Dinge anders. Im Rückblick habe ich ein durch und durch positives Gefühl und ich hoffe, dass Ihr diese Arbeit weiterführt. Manchmal lassen Menschen, wenn sie über ihre Gefühle sprechen, richtig Dampf ab; was sie fühlen, bricht beim Sprechen aus ihnen heraus. Dann geht es nicht um akademische Forschungsergebnisse. Wenn die Gefühle mit Erlebtem zu tun haben, so ist bereits das darüber sprechen, das sich äußern, das in Worte fassen auch von Dingen, die in dem Raum zu äußern sehr schwer ist – so ist allein das schon etwas Konstruktives. Vielleicht hat genau das etwas in uns bewirkt, dessen wir uns zunächst nicht bewusst waren. Vielleicht bewirkte es etwas in den Tiefen meiner Seele, das wir zunächst nicht erkannten. Doch ich vermute, dass wir es schon spürten; denn jeder derartige Prozess, jede Begegnung, alles, was dort gesagt wird und die beteiligten Menschen, all das hat eine Wirkung auf Deine Weltsicht, Deine Wahrnehmung, Deine Einsichten und so weiter.

Hast Du den Eindruck, dass Deine Kinder in irgendeiner Weise in dieser Richtung weitergehen?

Zweifellos. Anders kann ich sie gar nicht sehen. Wir sind Menschen, die ihren Beitrag leisten möchten für die Menschheit und für die Gesellschaft, in der wir leben – sonst macht das Leben für uns keinen Sinn. Wir setzen Kinder in diese Welt und geben ihnen unser Bestes mit, um Wege aus dem deprimierenden Alltagsrassismus zu finden. Wir warten auf einen neuen Martin Luther King.

Wir sind mit einer sehr harten Realität konfrontiert und die Zukunft sieht alles andere als rosig aus. Es gibt zügellosen Rassismus in der israelischen Gesellschaft, und die Leute schämen sich dessen nicht einmal. In der Öffentlichkeit Arabisch zu sprechen, grenzt mittlerweile an eine Mutprobe. Manche Juden weigern sich auch, Immobilien an Araber zu verkaufen. Seit 1948 ist kein einziger neuer arabischer Ort [in Israel] gebaut worden. Die Diskriminierung von Arabern nimmt täglich zu. Das arabische Bildungssystem hinkt weit hinter dem [jüdisch-] israelischen zurück. Und es gibt zunehmend rassistische Gesetze. Die arabische Minderheit wird weiter marginalisiert. Auf der anderen Seite sind wir stolz, Palästinenser zu sein, stolz auf unsere Sprache, unser kulturelles Erbe und unser Wissen über dieses Land. Was also können wir anderes tun als dieses Land [mit den Juden] zu teilen, mit ihnen zusammenzuleben und eine bessere Welt für die Kinder beider Völker zu schaffen?

Mohammad Abu Snineh

Menschenrechtsanwalt und Kursleiter

Mohammad Abu Snineh führt seit dem Jahr 2000 in Jerusalem eine Privatkanzlei vor allem zu Fällen, welche die Armee betreffen, oder zu Kompensation, Sicherheit, Restriktionen seitens der Polizei, Familienzusammenführung und Häuserzerstörungen. Er arbeitet unter anderem mit dem Jerusalemer Rechtsberatungszentrum, der Bürgerkoalition zur Verteidigung palästinensischer Rechte in Jerusalem, den Rabbis für Menschenrechte und, in Ramallah, mit Al Haq und dem Gefangenenverein Ramallah zusammen. Er hat sein Abitur am Al Ebrahmiah College abgelegt (1993), einen juristischen B.Sc. der Al Quds Universität in Jerusalem (1997) abgeschlossen und ein hohes juristisches Diplom am Arabischen Forschungs- und Studienzentrum in Kairo erlangt (2004). Er ist vollständig zweisprachig (Arabisch und Hebräisch) und spricht außerdem gutes Englisch. Er hat die Ausbildung zum Kursleiter an der School for Peace durchlaufen und an zahlreichen Weiterbildungen zu Menschenrechten, Kinderrechten, Konfliktmanagement & Konfliktlösung, Dokumentation von Misshandlungen an Zivilisten sowie zu statistischer und ökonomischer Feldforschung teilgenommen. Mohammad Abu Snineh nahm 1997/1998 an der SFP-Ausbildung zum Kursleiter für Konfliktgruppen teil. Das Interview fand am 19. September 2009 statt.

„Die Idee der Menschenrechtsgesetzgebung war wie ein Zeichen für mich. Sie sprach mich als Menschen an. Doch Gruppen in Begegnungen zu begleiten macht mir sogar noch mehr Freude; es gibt mir das Gefühl, jemanden weiterbringen zu können. Du hilfst vielleicht zwei oder drei Menschen und baust so schrittweise eine gute Gruppe, eine gute Gesellschaft auf. Du baust Menschen auf. Das ist ein ganz erstaunliches Gefühl. Ich mag diese Arbeit wirklich sehr." *Mohammad Abu Snineh*

Ich habe während meines Studiums an der Ausbildung zum Kursleiter 1997/1998 teilgenommen. Damals trafen wir uns sechs Monate lang jedes Wochenende zu einer Sitzung. Diese Erfahrung hat sowohl meine Persönlichkeit verändert als auch die Art und Weise, wie ich mit anderen Menschen in Beziehung trete, nicht nur mit [jüdischen] Israelis und Palästinensern, sondern auch mit Leuten aus meiner eigenen Gesellschaft und meiner Gruppe. Der Kurs berührte ganz elementare Fragen zum Umgang mit anderen, egal, wem: wie ich anderen zuhöre und verstehen lerne, wo sie herkommen. All das hat mich zutiefst beeinflusst.

Für mich ging es ganz stark um Verhalten. Ich war jung und hatte noch wenig Ahnung von den Menschen. Meist betrachtete ich die Dinge von meinem Standpunkt aus, was durchaus normal ist. Wenn jemand einen Fehler macht, wenn er sich falsch verhält, tun wir oft so, als sei der Grund dafür nicht wichtig. Ich habe mich nie nach den Gründen gefragt. Ein Fehler war für mich ein Fehler – basta.

Doch wenn jemand Dich trifft, positiv oder negativ, dann solltest Du dies genauer betrachten. Damit erreichst Du ein neues, menschlicheres Niveau, auf dem Du nicht mehr nur Deine Interessen in den Blick nimmst. Diese Erkenntnis veränderte mich enorm. Auf einmal saß ich mit Leuten zusammen, die ich sonst nie getroffen hätte, mit dem Feind. Du hörst ihn sprechen und er hört Dich sprechen, er sieht, dass Du ihm zuhörst, und er hört Dir zu; das zeigt Wirkung. Plötzlich siehst Du hinter Deinem (Feind-)Bild ein menschliches Wesen, das Du vorher nicht wahrnehmen konntest. Das veränderte nicht nur mein Verhalten gegenüber den [jüdischen] Israelis in dem SFP-Kurs sondern auch gegenüber meinen eigenen Freunden. Nach dem Kurs begann ich nicht sofort als Kursleiter zu arbeiten – ich war noch im Studium; aber ich war von dieser Arbeit nach wie vor begeistert, und später trat ich über Muhammad Joudeh wieder mit Neve Shalom und der School for Peace in Kontakt. Nach einem Einstellungsgespräch beobachtete ich einige Workshops und begann dann selbst Gruppen zu leiten. Dieser Schritt hat noch einmal etwas völlig Neues angestoßen. Als Kursleiter vertiefst Du Deinen Einblick in das, was Menschlichkeit bedeutet, und dadurch passt Du nicht mehr in Dein bisheriges Alltagsleben.

Nachdem ich begonnen hatte, als Kursleiter mit binationalen Konfliktgruppen zu arbeiten, legte ich mein Juraexamen ab und machte mein Anwalts-Referendariat. Die Kanzlei meines Vaters befasst sich mit Privatrecht und Schadensfällen; dort arbeitete ich eine Weile – mit Menschenrechten hatte das noch nichts zu tun. Doch die Arbeit als Kursleiter, bei der ich lernte, mit allen Teilnehmern zu arbeiten, egal woher sie kommen und welche Vorurteile sie mitbringen, weckte mein Interesse an der Menschenrechtsarbeit. Drei Jahre später war mir klar: Nur Zivilprozesse zu führen reicht mir nicht mehr.

Die Menschenrechtsarbeit ruft

Während meiner Kursleiterzeit hörte ich viel über Palästinenser in den [palästinensischen] Gebieten. Ich war auch Palästinenser, doch das klang ganz anders. Ich fühlte eine innere Verpflichtung, Leuten als Anwalt praktisch zu helfen. Die Menschenrechtsarbeit rief mich als Mensch. Man verdient zwar weniger, aber das ist nicht so wichtig. Ich begann, in Angelegenheiten des Rechtes auf Freizügigkeit für Al Haq zu arbeiten und half Leuten mit Einreiseproblemen, Passierscheine nach Israel zu bekommen. Vielen Menschen konnten wir helfen, wegen all der durch die Zivilverwaltung und die DCOs geschaffenen Hürden jedoch natürlich nicht allen.

Meine Arbeit mit Fällen des Rechtes auf Freizügigkeit erstreckte sich auch auf Leute, die ausreisen wollten, aber aus Sicherheitsgründen kein Ausreisevisum erhielten. Ich nahm Kontakt auf zu einer in Belgien ansässigen internationalen Organisation, Anwälte ohne Grenzen (Lawyers Without Borders/LWB), und begann über Al Haq, dort Fortbildungskurse zu besuchen. LWB bietet solche Kurse für palästinensische und israelische Rechtsanwälte an. Ihr Ansatz unterscheidet sich von dem der Friedensschule; er thematisiert den Konflikt überhaupt nicht. Die beiden Seiten sitzen nebeneinander in den Vorlesungen, was nicht gerade toll ist, aber okay, und selbst das hatte eine Wirkung auf mich.

Dann begann ich mit den Rabbis für Frieden (Rabbis for Human Rights/ RHR) zusammenzuarbeiten, einer israelischen Menschenrechtsorganisation, und dort traf ich Neta Amar, die ebenfalls die Kursleiterausbildung an der SFP gemacht hatte. Ich wollte von ihr eigentlich nur wissen, *Neta, warum arbeitest Du für die Rechte der Palästinenser?* Und sie antwortete, *Ich habe eine Kursleiterausbildung in Neve Shalom gemacht, dort von diesen Problemen gehört und mich einfach in die Arbeit gestürzt.* Mit ihr arbeitete ich bei RHR zusammen, sie ist dort juristische Beraterin. RHR befasst sich derzeit besonders mit Menschenrechten in den Hügeln südlich von Hebron und den Problemen dort: Recht auf Freizügigkeit, Häuserzerstörungen – alle möglichen Zerstörungen. Zum Beispiel lebten dort Beduinen in Zelten und als eine internationale Hilfsorganisation Toiletten für sie baute, bekamen sie Abriss-Befehle für die Toiletten.

Dass ich nur wegen der Probleme, die wir Palästinenser haben, mit der Menschenrechtsarbeit begann, das glaube ich nicht. Viele palästinensische Anwälte leben in diesem Umfeld, und trotzdem kommt es ihnen nicht in den Sinn, Menschenrechtsfälle zu übernehmen. Mich haben die Ausbildung zum Kursleiter und andere Kurse in Neve Shalom, an denen ich teilgenommen habe, auf diesen Weg gebracht.

Wie haben Dich diese Erfahrungen beeinflusst?

Am Ende eines solchen Kurses denkt man anders. Als jemand, der unter Besatzung lebt und eine Zeitlang in Jerusalem gelebt hat, weiß ich angesichts der Politik der Judaisierung um die Probleme von palästinensischen Kindern und Jugendlichen dort. Was in Jerusalem geschieht, unterscheidet sich von dem, was in den [Besetzten] Gebieten vor sich geht. Während meines Unistudiums war ich nie politisch engagiert oder in irgendeiner Organisation wie der PLO oder der Hamas gewesen, gar nicht. Ich dachte anders. Angesichts meines SFP-Kurses veränderte sich mein ganzes Denken. Ich dachte anders über andere Menschen und begann mich mit Problemen zu befassen, die mich zuvor nicht interessiert hatten. Vielleicht ist das für junge Männer und Frauen normal, doch in meinem Fall war die Kursleiterausbildung der Katalysator.

Wurdest Du hinsichtlich Deiner Identität damals nationalistischer?

Durchaus, aber nicht nur politisch: auch darin, wie ich meinen Ort in der Welt verstand, wer genau ich bin, dass ich Palästinenser bin, nicht einfach Araber. Mir wurde wirklich klar, wo ich mich befinde, ich bin ein Jerusalemer mit einem blauen israelischen Ausweis, nicht einem grünen palästinensischen Personalausweis. Oder: ich bin ein Bürger ohne israelische Staatsangehörigkeit, mit einem jordanischen Pass. Oder: Ich bin staatenlos. Also ein überaus komplexes Wesen. Vorher, als Student, hatte ich nie darüber nachgedacht. Das Jurastudium hatte mein Denken durchaus angeregt, ich habe also schon auch vorher nachgedacht. Doch erst der SFP-Kurs vermittelte mir eine klare Vorstellung davon, wer ich bin. Ich sah, wie Leute auf Andere herabsehen und wusste, so haben wir uns auch gefühlt. Als gäbe es so eine Rangordnung: Die Juden stehen an der Spitze und schauen auf die Palästinenser in Israel herab, und die israelischen Palästinenser schauen auf die Palästinenser in den Gebieten herab, als ob sie minderwertig wären. Ich selbst habe so ähnlich gedacht. In dem SFP-Kurs begegnete ich Palästinensern aus den Gebieten und auch das hat mich verändert, denn meine Jerusalemer Freunde knüpfen normalerweise keine Freundschaften mit Palästinensern aus den Besetzten Gebieten, nicht einmal an der Universität.

Natürlich hatte ich auch palästinensische Jura-Kommilitonen aus den Gebieten, doch wir haben in der Freizeit nicht viel miteinander unternommen oder uns tiefgehender unterhalten. Solche Dinge haben wir im Grunde nicht thematisiert. Ein solches Gespräch ist auch nicht einfach. Wenn man jemand aus den Gebieten trifft, so kann man solche Dinge nicht einfach so ansprechen. Er kann nicht einfach zu Dir sagen, ich habe das Gefühl, Du schaust auf mich herab und betrachtest mich als minderwertig. Solche Dinge kann man erst nach langer Zeit ansprechen. Dieser Kontext interessierte mich. Ich traf mit Palästinensern und auch mit Israelis zusammen und das war wichtig für mich – das sage ich immer, weil man anfängt sich mit Leuten zu identifizieren, auch mit ‚dem Anderen‘.

Am Ende der Kursleiterausbildung, im Verlauf meiner Tätigkeit als Kursleiter und nach der Lektüre etlicher Bücher zum Thema verstand ich diesen Sachverhalt immer besser. Ich hatte zuvor nicht gewusst, dass es Bücher über dieses Thema gab.

Hast Du Dich damals mit dem Unterdrücker identifiziert?

Ja, und zugleich mit mir, mit dem, was ich war. Und mit den nationalistischen Anteilen in mir. Eines Tages wurde mir klar, dass ich, wenn ich den nationalistischen Weg weiterginge, früher oder später im Gefängnis landen würde. Während der ersten Intifada war das Steine werfen Ausdruck unseres Nationalismus'. Wenn man die eigene nationale Zugehörigkeit ehren und in Aktion zeigen wollte, warf man mit Steinen; eine andere Möglichkeit schien es nicht zu geben. Diesen Weg wollte ich nicht gehen und wusste zugleich nicht, dass es eine Alternative gab. Nicht für alle Palästinenser ist Steine werfen der gegebene Ansatz, für manche schon, aber andere wollen eine andere Richtung einschlagen. Sie suchen nach einem umfassenderen Nationalgefühl und verstehen, wo sie dies finden können, nämlich darin, die eigene Gesellschaft positiv zu verändern, darin, Palästina als ein Ganzes aufzubauen. Durch den SFP-Kurs entwickelte sich in mir eine neue Art und Weise meine nationale Zugehörigkeit auszudrücken. Ich verstand meine eigene Identität und die des Feindes besser, entdeckte mir zuvor unbekannte Aspekte meines Palästinenser-Seins und neue Aspekte der Palästinenser in Israel. Dreierlei Palästinenser sind zu unterscheiden – die Jerusalemer Palästinenser befinden sich zwischen den beiden anderen Gruppen. Ich kenne Jerusalemer Palästinenser, die auf Palästinenser in den Besetzten Gebieten herabschauen und israelische Palästinenser, die andere Palästinenser verabscheuen. Sie sehen nicht, dass wir vielleicht einfach verschiedene Entwicklungen durchlaufen haben.

Diese neue Perspektive entwickelte sich während des Ausbildungskurses in mir, und auch später bei meiner Arbeit. Ich identifizierte mich mit mir, lernte mich und meine Gesellschaft zunehmend kennen und erkannte, es gibt etwas, womit man Menschen helfen kann, etwas, das ich selbst tun kann. Leider gibt es nicht so viele palästinensische Menschenrechtsanwälte; ich bedaure sehr, dass möglicherweise mehr [jüdische] Israelis als Palästinenser diese Arbeit tun. Aber die Zahl solcher Anwälte ist immer noch zu gering. Mich hat der humanitäre Aspekt zu dieser Arbeit gebracht.

***Du hattest also sehr tiefreichende Einsichten gewonnen und hast
danach gehandelt.***

Genau. Als Muslime müssen wir die andere Seite auch verstehen. Viele
Verse aus dem Koran und den Hadithen[1] des Propheten Mohammed besa-
gen, dass man die andere Seite verstehen muss, doch viele Muslime machen
sich das nicht vollständig klar. Bevor man sagen kann, jemand habe einen
Fehler gemacht, muss man sich erst in ihn und seine Lage hineinversetzen
und dann erst kann man sagen, ob er einen Fehler gemacht hat oder nicht.
In dem Ausbildungskurs habe ich etwas ganz Ähnliches gelernt, denn dort
dachten wir über den ,Anderen' nach, fragten uns, warum er sich so verhält, und versetzten uns auf diese Weise in seine Lage – und dabei ging es
nicht um materielle sondern um geistige Dinge.

An der Universität wurde ein ähnlicher juristischer Ansatz gelehrt: Wenn
jemand zu Dir kommt und sich über etwas beklagt, so kannst Du Dir erst
ein vollständiges Bild machen, wenn Du die andere Seite auch angehört
hast. Das musst Du. Und Du darfst Dich dabei von Deinen vorgefassten
Meinungen nicht beeinflussen lassen. Was im letzten Fall richtig war, ist
jetzt vielleicht falsch. Wenn Du nur eine Seite anhörst, so wirst Du ein
Fehlurteil fällen.

Bei manchen sicherheitsbezogenen Fällen gehe ich vor Gericht und ver-
teidige Mandanten; manche sind in Verwaltungshaft. Über dieses Thema
möchte ich gar nicht mehr sagen; das ist ein Machtspiel und man kann gar
nichts erreichen, doch manchmal erhält man im Gericht Einblick in die Prozessakten, z. B. zu einem Klagefall gegen Siedler. In 90% dieser Fälle beendet die Polizei einfach die Ermittlungen und die Akten werden geschlossen.
Einmal schlossen sie die Akten zu einem Fall, der unserer Meinung nach
eine genauere Betrachtung verdiente. Meist erklärt der Anwalt dem Klä-
ger, der zusammengeschlagen wurde oder dem Siedler etwas anderes angetan haben, nur, er könne nichts tun; die Akte wird geschlossen und das
war's. In diesem Fall fotokopierten wir die Prozessakten, arbeiteten sämtliche Zeugenaussagen akribisch durch und fanden eine Aussage des Ange-
klagten, in der er seine Tat gesteht. Doch er behauptete, er habe das nur
getan, weil der Palästinenser ihm etwas gestohlen hätte, und da habe er das
Gesetz eben selbst in die Hand genommen – d.h. natürlich gesetzwidrig
gehandelt. Die Akten hatten sie bereits geschlossen. Trotz solcher Dinge ist
es für einen Anwalt sehr wichtig, alles aus verschiedenen Blickwinkeln zu
betrachten, um einen Hebel zu finden, mit dem er etwas bewegen kann.
Darin besteht unsere Arbeit.

---

[1]   Hadith: Überlieferter Ausspruch des Propheten.

Was hilft Dir weiterzumachen? Warum hast Du die Hoffnung nicht verloren?

Viel Hoffnung haben wir vielleicht nicht, aber es gibt hier einen wichtigen Aspekt. Wir Palästinenser haben einen Haufen interne Probleme, sowohl wegen der Besatzung als auch wegen der komplexen Verhältnisse. Aber das Wichtigste ist, sich frei zu fühlen, sich als Mensch zu fühlen, selbst unter Besatzung. Ich kann das nicht besser erklären. Unter Besatzung kann man sein Menschsein nicht unmittelbar spüren, aber man spürt es dennoch; davon bin ich überzeugt. Es wird vielleicht lange dauern, aber man kann sich von der Besatzung befreien. In der Geschichte gibt es dafür vielleicht nicht viele Beispiele, aber ... man kann sich geistig befreien. Wenn mein Sohn zum Beispiel in der Schule eine Prüfung macht und durchfällt, dann könnten wir sagen, er sei wegen der Besatzung durchgefallen, doch das stimmt nicht. Die Besatzung verursacht eine Menge Dinge, aber auch wir sind für uns verantwortlich; man kann der Besatzung nicht alles anlasten. Wenn Du frei werden und einen freien Staat erlangen willst, dann musst Du zunächst innerlich frei werden. Innerlich kannst Du sogar unter Besatzung frei sein. Du kannst nicht nur eine Richtung einschlagen und dann sagen: Das ist eine Sackgasse. Du musst auch andere Richtungen versuchen, neu nachdenken und Dich umschauen. Ich glaube, die meisten Palästinenser sind innerlich nicht frei, wegen der Besatzung, ja, aber auch ... – aber das will ich nicht theoretisch betrachten, ich möchte mich auf meine eigenen Erfahrungen stützen, die mir sagen, dass man innerlich frei werden kann. Eine Möglichkeit dazu sind die SFP-Kurse.

Wie geschieht das, in den Kurssitzungen?

Nun, viele Palästinenser haben noch nie vorher die Gelegenheit gehabt, der anderen Seite zu begegnen, außer als Untergebene ihrem Chef, oder als Angeklagte der Polizei, und das reicht nicht. Zum zweiten haben wir viel Angst, die sich nicht nur auf uns selbst sondern auch auf unsere Gesellschaft auswirkt, auf unsere Kinder und unsere Ehepartner. So braucht man vielleicht mehrere Generationen um innerlich frei zu werden; die Furcht vor der Besatzung, vor dem Feind, die Furcht vor der Angst, die Furcht, seine innere Stimme nicht zu finden, alle diese Ängste beeinträchtigen Dich geistig. Viele von uns brauchen deswegen einen Psychologen oder Psychiater. Wenn nun jemand mit ‚den Anderen‘ zusammensitzt wie in diesen Kursen, und er kann den ‚Anderen‘ aus einer Position eigener Kraft gegenüber sitzen, kann sich öffnen und über das sprechen, was in ihm ist, dann ist das etwas ungemein Gesundes.

Diese Erfahrung habe ich auch gemacht. Meines Erachtens ist es gesund, so etwas zu tun, wenn jemand inneren Schmerz empfindet. Das habe ich sowohl mit Gruppen so erlebt als auch in mir selbst. Wenn man den Schmerz nicht äußern kann, so frisst einen dieser Schmerz von innen auf. Die Komplexität der Situation und die Probleme werden nicht auf den Tisch gebracht. Es gibt physischen, emotionalen und geistigen Schmerz. Diesen Schmerz aus einer Haltung innerer Stärke zum Ausdruck zu bringen, sich zu öffnen – das verändert das Denken; und dieser Prozess findet in der Gruppe statt.

Im Kurs betrachten wir, wie jemand in die Begegnung hinein gegangen ist, und wie er später spricht und seine Geschichte erzählt. Vielleicht hatte er am Anfang Angst, doch die uninationalen Gruppenphasen bringen größere Klarheit. Er kann seine Furcht überwinden, spricht darüber, erzählt seine Geschichte, spricht anders. Oft kann dieser Mensch – ohne es zu merken – später in diesem Prozess Dinge sagen, die er zu Beginn nicht sagen konnte. Solche Gruppen habe ich acht Jahre lang geleitet.

Als Anwalt kann ich auch Menschen helfen, doch meine Arbeit als Kursleiter bedeutet mir noch mehr. Menschenrechtsanwälte helfen Leuten wirklich, z. B. Leuten, die nicht wissen, wo ihr Sohn ist. Ihnen zu helfen, ist wirklich schwer; für mich ist es sehr schwer.

Einmal riefen mich Eltern an und sagten: Wir glauben, dass unsere Sohn [im Jerusalemer Untersuchungsgefängnis] im Russian Compound sitzt, er wurde in Ma'ale Adumim festgenommen, am Toten Meer. Können Sie ihn bitte für uns finden? Also fuhr ich dorthin. Ich erklärte den Eltern, dass dies eine Gebühr koste, habe aber bis heute kein Geld von ihnen verlangt. Sie können vielleicht gar nichts zahlen, sie sind aus Qalqiliya, nicht von hier. Ich kenne sie nicht, aber das ist auch nicht wichtig. Ich liebe mein Volk wirklich und verdiene meinen Lebensunterhalt mit meiner Arbeit für verschiedene Organisationen. Doch wenn Du Gruppen leitest, dann arbeitest Du die ganze Zeit an Deinen Gefühlen, und das ist etwas Anderes als eine Klageschrift zu verfassen oder einen Brief an die Polizei zu schreiben oder jemanden im Gefängnis zu besuchen. Natürlich ist das mit Gefühlen verbunden. Aber in einem Kurs werden viele Dinge ausgesprochen, die man normalerweise nicht sagt, an die man in der Alltagsroutine nicht denkt. In der Gruppe bist Du vollständig beteiligt, Dein Verstand, Dein Herz, Deine Gefühle; Du musst allem Aufmerksamkeit schenken, was im Raum geschieht. Diese Arbeit liebe ich wirklich sehr, mehr als meinen Anwaltsberuf, ja sogar noch mehr als die Menschenrechtsarbeit, die ich derzeit tue.

Du hilfst Menschen sich zu entwickeln

Großartig an der Arbeit mit Gruppen ist: Du kannst jemanden weiter bringen. Vielleicht ist er nach dem Kurs zunächst frustriert, wenn er in die schwierige Realität, aus der gekommen ist, zurückkehrt – eine schwere Erfahrung, aber er ist trotzdem innerlich gesünder. In diesen komplizierten Zeiten kannst Du beim ersten Kurs nicht mehr erwarten. Allmählich kannst Du dann mehr tun. Du unterstützt eine Person, dann zwei oder drei, und mit der Zeit baust Du eine gute Gesellschaft auf, eine Gruppe. Du hilfst Menschen, sich zu entwickeln. Diese Erfahrung erstaunt und freut mich immer wieder sehr.

Manchmal schaust Du Dir an, was Du getan hast, und kannst sehen, was entstanden ist; manchmal kannst Du es auch nicht sehen, denn das hängt auch von den Teilnehmer(innen) ab, nicht nur von Dir als Kursleiter. Insgesamt betrachtet ist diese Arbeit wunderbar, selbst wenn sie keine unmittelbare Wirkung auf die schreckliche Realität in unserem Alltag hat.

Auch ich muss teilweise mit dieser Realität leben und leide immer wieder darunter, z. B. wenn ich in die [Besetzten] Gebiete fahre und über einen Checkpoint zurückkehre und ein Soldat mich schikaniert. Das geht Dir auf die Nerven. Manchmal schaue ich ihn an und denke, *Armer Kerl!* – er, nicht ich, wirklich. So zu denken ist nicht leicht, aber wenn man es schafft, dann kann man sich dort trotzdem gut fühlen. Okay, überprüft er mich halt, macht er halt, was er will … aber er verliert dabei, weil er Angst vor mir hat; er tut das aus Angst oder weil sein Kommandeur es ihm befohlen hat. Er bekommt Befehle; er behandelt mich nicht wie ein menschliches Wesen, und das ist auch aus seinem Blickwinkel nicht okay. Manchmal sage ich zu dem Soldaten sogar *Armer Kerl; Du musst den ganzen Tag hier in der Sonne sitzen, während ich in meinem Auto bin*; ich tue das absichtlich, weil ich mich wohler fühlen will, weil er mir auf die Nerven geht. Anstatt also eklig zu ihm zu sein, bin ich nett zu ihm. Diese Jungs haben manchmal wirklich Pech; wenn sie doch nur besser verstehen würden, was sie da tun.

Wichtig an unserer Arbeit als Kursleiter ist auch, dass die palästinensischen Teilnehmer(innen) sich mit ‚den Anderen‘, den [jüdischen] Israelis identifizieren, und dass sie die andere Seite weiterbringen und befreien. Durch sie lernen die [jüdischen] Israelis die palästinensische Seite besser verstehen. Viele von ihnen sind gegen Israels Politik; das ist sehr wichtig. Manchmal geschieht Erstaunliches, z. B. verweigern manche den Armeedienst wegen der israelischen Regierungspolitik oder wegen des Verhaltens von Soldaten an Checkpoints. Sie spüren das Leid, das den Palästinensern angetan wird, und sie wissen durch die Kurse um dieses Leid. Man hört normalerweise nichts davon, es sei denn, man nutzt ganz bewusst alternative Medien, nicht nur das israelische Fernsehen. Doch bei solchen Kursen erreicht man viele verschiedene Menschen; man erreicht vielleicht nicht alle, aber 60 oder 50 oder 40 Prozent. Selbst wenn nur 40% der Kursteilnehmer die andere Seite verstehen lernen, also die palästinensische Seite, und dann den Armeedienst verweigern, so macht das einen Unterschied. So kann man die [jüdischen] Israelis befreien. Deshalb sage ich *Armer Kerl* zu dem Soldaten am Checkpoint; er versteht nur nicht, er bekommt Befehle und führt sie aus, und denkt nicht darüber nach. Doch ein [jüdischer] Israeli, der einen solchen Kurs durchlaufen und die andere Seite mit ihrem Leid verstanden hat, der geht vielleicht nicht zur Armee. Oder er geht, behandelt aber die Menschen besser; oder er verweigert den Dienst in den Besetzten Gebieten nicht, aber behandelt die Leute dort besser. Natürlich ist das nicht mein vordringliches Ziel oder das Ziel der Palästinenser insgesamt. Doch im Alltag ist es immerhin besser, mit einem Polizisten zu tun zu haben, der Leute gut behandelt. Wie stark genau wir die andere Seite dazu veranlassen, eine andere Richtung einzuschlagen, wissen wir nicht. Das braucht Zeit. Doch aus meiner Sicht ist unsere Arbeit wichtig und gut.

Möchtest Du noch etwas über die Lage in Ost-Jerusalem sagen und wie Du sie gern in der Zukunft hättest, für Deine Kinder?

Zurzeit ist die Lage in Ost-Jerusalem definitiv prekär; dabei geht es nicht so sehr um körperlichen Schmerz, es geht um seelisches Leid und seine Auswirkungen auf die nächste palästinensische Generation, auf die Kinder und Jugendlichen, die die Zukunft Palästinas werden gestalten müssen. Wenn ich heute die Straße entlang gehe, treffe ich auf 18-19-jährige Jugendliche aus Ost-Jerusalem, die, wenn sie nicht studieren konnten, für Israelis arbeiten. In ihrem Auto hören sie israelische Musik, die sie nicht einmal verstehen. Diese jungen Leute verlieren ihre Identität, und ich sehe es und bin beunruhigt und sehr traurig.

Es tut sehr gut, dass es so viele Menschen gibt, die sich in unseren Begegnungskursen fragen: Wohin entwickeln sich unsere jungen Leute? Das ist ein zentraler Punkt. Israel beziehungsweise die israelische Regierung hat es geschafft, Jerusalem zu übernehmen und zu judaisieren beziehungsweise zu israelifizieren, als ob die ganze Stadt zum Staat Israel gehören würde – so wie es in den anderen gemischten Städten in Israel bereits geschehen ist. Das tut unglaublich weh. Und es geschieht, Tag für Tag.

Und als ob das nicht reicht, haben sie in Jerusalem auch noch mit Häuserzerstörungen angefangen; wir dürfen nicht bauen, nicht einmal jemand, dem das Land gehört. Mit solchen Fällen hatte ich als Anwalt zu tun. Ich war in einem Kurs für Anwälte über Planung und Bauwesen in Jerusalem. Manche Leute sagen uns, sie sollten planen, dürften aber nicht bauen, weil das Gebäude sonst zerstört wird. Man bekommt jede Menge Schwierigkeiten. Warum z. B. baut ein Grundstückseigentümer illegal auf seinem Land? Weil sie ihm einfach die Baugenehmigung verweigern. Sie errichten unglaublich viele bürokratische Hürden. In einem mir bekannten Fall sollte ein Gemeindeangestellter bei einem Antragsteller einen Besitznachweis verlangen. Es gibt einen diesbezüglichen Steuerbescheid und der Mann nutzt das Land, doch eine Besitzurkunde hat er nicht. Wenn niemand Anspruch auf das Grundstück erhebt, ist das juristisch okay; doch der Angestellte sagte, das reiche ihm nicht, er wolle einen klareren Beweis. So bekam der Antragsteller die Baugenehmigung nicht; er ging zu einem Anwalt, der für ihn vors Oberste Gericht ging, und drei oder vier Jahre später gewann er den Fall und die ganze Prozedur ging von vorne los. Und dieser sture Angestellte sagte wieder, der Steuerbescheid reiche nicht. – Es gibt keine Baugenehmigungen und die Leute müssen irgendwo bleiben, und nun gibt es Gesamtpläne der regionalen Planungs- und Baubehörde und es gibt tausende solcher Fälle; doch mittlerweile wollen die Behörden weniger Araber und mehr Juden ansiedeln.

Der Ausweis ist auch so ein Ding. Wenn Du Jerusalem verlässt, so darfst Du nicht zurückkehren, selbst wenn Du gar nicht weggezogen bist. Oder die Familienzusammenführung: Damit gibt es endlos Probleme. Viele solcher Geschichten, die ich in meiner Arbeit zu hören bekomme, klingen unglaublich. Man befasst sich mit diesen Fällen und möchte helfen, doch mit den Gesetzen wird jongliert. Bei einem palästinensischen Antragsteller wird das Gesetz nicht so umgesetzt wie bei einem jüdischen. Wenn jemand aus Indonesien oder Thailand in Israel arbeiten möchte und einen [jüdischen] Israeli heiratet, so erhält einen legalen Status, wenn jedoch jemand aus Ramallah dies möchte, so erhält er diesen Status nicht, selbst wenn er aus Jerusalem ist. Sie wollen einfach möglichst viele Juden und möglichst wenige Palästinenser hier haben.

Darüber hinaus gibt es inzwischen große Gebiete, die technisch zwar rechtlich zu Jerusalem gehören, aber physisch durch die Mauer und die Checkpoints von Jerusalem getrennt sind, z. B. das sehr große Shuafat Flüchtlingslager, Anata oder Dahat al-Islam. Juristisch gehören sie zu Jerusalem, doch wenn Einwohner in die Stadt wollen, so müssen sie durch einen Checkpoint, z. B. den von Kafr Aqab.

Über das Oslo Abkommen spreche ich nur sehr ungern. Die Dinge stehen nicht besonders gut für die Palästinensische Autonomiebehörde. Der Gedanke an das, was von palästinensischer Souveränität übrig geblieben ist, schmerzt mich zutiefst. Aber es ist Realität; vielleicht ist unser Traum dadurch bescheidener geworden, okay, dann werden wir damit zu leben versuchen.

Wie denkst Du über eine palästinensische Hauptstadt?

Auf jeden Fall sollte ganz Ost-Jerusalem die palästinensische Hauptstadt sein. Manche Leute haben immer noch die Schlüssel zu ihren Häusern in West-Jerusalem. Aber, okay, heute wollen wir hier leben und wir wollen, dass die andere Seite hier leben kann; nur, ohne Rechte kann man nicht leben – basta. Und jetzt hört man, dass sie Leute aus ihren Häusern in Sheikh Jarrah vertreiben; ich kenne einige von ihnen. Ich war bei Demonstrationen und es wurden Leute verhaftet, sogar Juden; [Rabbi] Arik Asherman wurde 24 Stunden festgehalten und eine junge Volontärin von uns wurde vier Stunden lang festgehalten.

Unter solchen Umständen Kinder erziehen

Mit Kindern versuche ich, bewusst oder unbewusst, die Realität zu ignorieren, weil sie einfach zu übel ist.

Wir sorgen uns um die Zukunft unserer Kinder, ihre Bildung, ihr Verhalten allgemein und gegenüber anderen, ob sie einander respektieren oder nicht. Ich weiß noch nicht recht, wie ich ihnen die Situation vermitteln soll. Einerseits muss ich sie wohl ermuntern keine Angst zu haben; dass letztlich alles gut wird; dass, wenn etwas passiert, wir z. B. an einem Checkpoint festgehalten werden, wir das zusammen hinbekommen werden. Manchmal erzähle ich ihnen von unangenehmen Erfahrungen mit Soldaten, um sie auf solche Situationen vorzubereiten, und manchmal haben sie dann Angst vor dem, was passieren kann. Sie fragen mich zum Beispiel, warum ihre Tante sie nicht besuchen darf, obwohl sie nur etwa 50 Meter entfernt von uns wohnt. Dann sage ich, *Anscheinend ist irgendwas passiert und sie haben die Straße gesperrt, oder sie sind wegen irgendetwas misstrauisch*; und dann benutzen wir einen anderen Weg, aber dann ist auch da die Straße gesperrt. Und das Kind fragt, *Was für Leute sind das? Wer sind sie?* Und ich antworte, *Sie sind die Besatzer und sie sollten nicht hier sein, aber sie sind hier.* Die Straße benutzt Du mit dem Kind möglichst nicht oft. Du möchtest es schützen und ihm solche Erfahrungen möglichst ersparen, aber ob das gut ist, weiß ich nicht. Für mich ist wichtig, dass das Kind keine Angst hat, dass es innerlich frei ist, und ich auch. Schwäche zum Ausdruck zu bringen, ist ebenfalls wichtig. Als kleiner Junge hatte ich Angst im Dunkeln und wollte nachts nicht raus. Wenn heute etwas am Checkpoint passiert, wenn ein Grenzpolizist kommt, dann möchte ich, dass mein Kind keine Angst vor ihm hat. *Der Mann tut letztlich nur seine Arbeit, vielleicht korrekt, vielleicht nicht; habe keine Angst vor ihm.* Aber das Kind hat Angst.

Einmal waren wir freitags zusammen mit meinem Vater beim Gebet in der Al-Aqsa Moschee, und es gab irgendeine Demonstration, und die Soldaten kamen, und mein Sohn weinte, er war doch erst neun Jahre alt. Ich spreche immer mit ihm, und sage ihm, *Hab' keine Angst, so ist das Leben eben, hab' keine Angst; und wenn etwas passiert, dann bleib ruhig.* Und jedes Mal denke ich, für die Kinder wird das Leben häufig sehr schwer sein. Wir versuchen, alle diese Dinge klein zu halten, möchten die Kinder möglichst lang davor bewahren. Sie sind noch klein und sollten spielen. Mein Sohn ist ein Kind und sollte seine Kindheit haben.

Mohammad, willst Du die Menschenrechtsarbeit weiter tun?

Ich denke, ja. Ich möchte Menschen so viel wie möglich helfen, auch denen auf der anderen Seite, und werde deshalb weiter als Kursleiter arbeiten. Wie gesagt, ich liebe diese Arbeit sogar noch mehr als meine Arbeit als Anwalt, und ich werde nicht aufgeben.

Yonatan Shapira
Musiker

Yonatan Shapira war Captain und Black-Hawk-Pilot der israelischen Luft-waffe. 12 Jahre lang, ab 1991, war er Berufssoldat und leistete Reservedienst. 2003 initiierte er den sogenannten ‚Brief der Piloten‘, dessen Unterzeichner ihre Entscheidung bekanntgaben, in Zukunft keine Angriffe auf zivile Berei-che der palästinensischen Gebiete mehr zu fliegen. Shapira war Mitgründer der ‚Combatants for Peace‘ (2005). 2008 erlangte er seinen MA in Friedens-und Konfliktforschung am Europäischen Zentrum für Friedensforschung in Stadtschlaining, Österreich. Seit 2009 gehört er zur ‚Boykott von (innen)‘- Ini-tiative (Israelis, die das palästinensische Projekt ‚civil society boycott‘ unterstüt-zen). Drei Mal nahm Yonatan Shapira an einem Versuch teil, die Seeblockade des Gazastreifens zu durchbrechen – 2010, 2011 und 2012. Seit 2011 arbeitet er als Kursleiter der School for Peace (SFP) in Neve Shalom – Wahat al Salam. Zusammen mit seiner Frau Ine und Tochter Ella lebt er in Tel Aviv. 2017 veröffentlichte er sein neuestes Musikalbum. Yonatan Shapira nahm 2003 an dem grenzüberschreitenden SFP-Kurs für israelische und palästinensische Stu-denten teil und absolvierte 2010 die Ausbildung zum Kursleiter. Das Interview fand am 9. Februar 2009 statt.

„Wir meinen immer, unser Konflikt sei der größte und furchtbarste Konflikt der ganzen Welt, doch dem ist nicht so. Unserer ist einer von vielen Konflikten. Ich kenne fast sämtliche Bäche und Täler des Negev und im Norden; ich werde immer mit diesem Land verbunden sein, obwohl für mich letztlich nicht entscheidend ist, ob es Israel für immer gibt; für mich ist wichtig, dass die Menschheit aufhört, von Mord an anderen zu leben; für mich ist es wichtig, dass Menschen leben kön-nen. Wir alle gehören zu diesem Planeten." *Yonatan Shapira*

2003, im Alter von 31 Jahren, meldete ich mich für einen Wochenend-Workshop für israelische und palästinensische Universitätsstudenten an. Damals studierte ich Musik an der Rimon-Schule für Jazz und Zeit-genössische Musik. Die anderen Kursteilnehmer(innen) kamen aus Jerusalem, Tel Aviv, und eine Gruppe kam aus Nablus. Wir wurden in vier Gruppen zu je 16 aufgeteilt, acht Juden und acht Palästinenser, und Yael war unsere Kursleiterin. Eine Dolmetscherin aus Kaukab in Galiläa übersetzte. Das war eine turbulente Zeit für mich. Mein Gefühlschaos angesichts der Gesamtsituation begann meine Aufmerksamkeit zu fordern, ich begann, mich zu fragen, welche Rolle ich darin spielte, auch die Frage nach der Militärdienstverweigerung aus Gewissensgründen stellte sich mir … All das geschah etwa sechs Monate nach der Ermordung von Salah Shehade [durch die israelische Luftwaffe], ein Ereignis, das mir die Realität und Brutalität des Systems, dem ich diente, offenbart hatte.

Jemand an der Rimon-Schule schlug mir vor, den Workshop zu besuchen, aber ich hatte sehr viel zu tun und wollte erst nicht. Einmal pro Woche leistete ich als Black-Hawk-Rettungspilot Reservedienst und transportierte z. B. Truppen. Während der ‚Defensive Shield‘-Offensive [Israels größte Militäroperation in der Westbank seit dem Krieg 1967] war ich beim Militär. Ich meinte, ich wüsste bereits, was dort und was in Israel und auf der palästinensischen Seite vor sich ging. Schon damals war ich gegen die Besatzung, gegen die Siedlungen, gegen die gezielten Tötungen. Ich hatte das Gefühl, weitere Erklärungen bräuchte ich nicht, auch nicht von Palästinensern.

Doch durch meine Erlebnisse bei dem Workshop in Neve Shalom begann ich eine weitere Schicht meines inneren Gefühlschaos' zu verstehen; sie halfen mir dieses Chaos zu artikulieren und zu kanalisieren. Rückblickend scheint dieser Prozess die Identität zu verändern und herauszukristallisieren. Das wurde mir gleich in der ersten Gruppensitzung beim einander kennenlernen vor Augen geführt. Wir sollten uns vorstellen, mit Name, Heimatort, warum ich in diesem Workshop bin, und einem kürzlich geschehenen Ereignis, das mich stark beeinflusst hat.

Während die ersten nacheinander sprachen, übte ich innerlich *Shalom, ich heiße Yonatan, ich bin Hubschrauberpilot in der Luftwaffe, obwohl ich total gegen die Besatzung, gegen gezielte Tötungen und gegen den Siedlungsbau bin. Ich möchte Frieden und deshalb will ich hier Palästinensern begegnen. Das Ereignis, das mich am stärksten beeinflusst hat, war die gezielte Tötung von Salah Shehade, bei der auch viele Kinder und Zivilisten getötet wurden, was für mich ein Verbrechen ist. Und ich möchte, dass Ihr wisst, es gibt Menschen in der Armee, die gegen solche Dinge sind und gegen die Besatzung.*

In der Zwischenzeit gingen die Vorstellungen weiter. Der Palästinenser neben mir sagte, er sei ein Student aus Nablus; er sei auch sehr gegen die Besatzung und wolle Frieden und ihm sei wichtig, mit Israelis zu sprechen. Das Ereignis, das ihn vor kurzem besonders beeinflusst habe, sei, dass ein Apache-Geschoss das Haus ihres Nachbarn getroffen hätte; seine kleine Schwester sei dort gewesen und seither verkrüppelt, sie sei von der Taille abwärts gelähmt. Dann war ich dran, und ich brachte es nicht fertig zu sagen, dass ich Pilot war, weil es plötzlich keinen Unterschied mehr machte, ob ich ein Helikopter-Rettungspilot für Soldaten war, ob ich Raketen abschoss oder ob ich einen Bürojob bei der Luftwaffe hatte.

Plötzlich wurde mir glasklar: Während meines gesamten Militärdienstes war für mich immer wichtig gewesen, dass ich mit meinen Rettungs- oder höchstens Truppentransportflügen die saubere Arbeit machte ... die saubere Arbeit, nicht die schmutzige Arbeit. Und auf einmal sah ich aus einer veränderten Perspektive, dass der Unterschied minimal war. So sagte ich, ich sei gekommen, weil ich gegen gezielte Tötungen sei; Worte wie Pilot oder Armee etc. sprach ich nicht aus – das ganze Wochenende nicht.

Von der Scham zum Engagement

Ich habe mich wohl geschämt. Dabei war ich ein ganz aktiver Kursteilnehmer. Ständig bot ich an Dinge zusammenzufassen, und sprach voller Selbstvertrauen über meine Gedanken und die meiner Freunde, und darüber, wie wichtig es sei miteinander zu reden. Wir sagten, wir würden uns in der israelischen Gesellschaft gegen die Besatzung engagieren, und sie sagten, sie würden sich in ihrer Gesellschaft gegen Selbstmordattentate engagieren – mit etwas ganz Partizipatorischem, Offiziellem, Gemeinschaftlichem. Ich war als Jugendlicher immer sehr aktiv gewesen und hatte vor der Armee ein zusätzliches Freiwilligenjahr gemacht. Doch nun verheimlichte ich ein so elementares Stück meiner Identität und meines Lebens. Einer der jüdischen Teilnehmer erzählte mir, dass er noch vor kurzem ein Fallschirmspringer bei der ‚Defensive Shield'-Operation gewesen sei. Er stand als Scharfschütze auf einem Hügel am Rand von Nablus und schoss auf Wassertanks auf den Dächern. Als er beschloss, den Armeedienst zu verweigern, beschloss er zugleich, nicht mehr dorthin zurückzukehren. Die Palästinenser im Workshop akzeptierten ihn und wussten seine Offenheit zu schätzen. Sie nannten ihn Abu Jabel, Vater des Hügels, weil er auf dem Hügel stand. Für mich war er jemand, der fertig gebracht hatte, was ich erst noch schaffen musste: ganz offen zu sagen, wer ich war und wo ich herkam. Ich kam mir vor wie in einer Verpflichtungszeremonie, beim Ablegen eines Militäreides.

Gegen Ende des Workshops diskutierten wir, welchen Beitrag jeder von uns in seiner Gesellschaft leisten wollte. Wir verpflichteten uns, alles Erdenkliche zu tun um die Besatzung zu beenden. Ich verpflichtete mich nicht nur für mich und meine Freunde sondern auch für die Palästinenser. Vielleicht habe ich sogar Shimon, dem Fallschirmspringer gesagt, dass ich etwas innerhalb der Luftwaffe organisieren wollte. Rückblickend denke ich, dass ich es jemandem sagen musste. Nicht einmal in den uninationalen Gruppensitzungen hatte ich meinen Luftwaffen-Hintergrund offengelegt. Erst am letzten Tag erzählte ich es zwei jüdischen Teilnehmern, von denen einer ein Armeedienstverweigerer war. Zu dem Zeitpunkt wusste ich nicht genau, wo ich stand. Ich sagte mir, ich würde in den Gebieten nur dann dienen, wenn ich Verwundete ausfliegen oder Soldaten transportieren würde. Mir war noch nicht klar, dass ich in den Gebieten als Pilot Teil der Besatzung war. Ich glaubte bereits ein tiefes Verständnis der Situation zu haben, doch mein Verstehen begann gerade erst. An einem Abend kurz nach der Hälfte des Seminars saßen wir auf dem Rasen, machten Musik und sangen. Ich sang ein Lied für sie aus meiner Studienzeit an der Rimon-Schule, eins, das wir 2000 während des Beginns der Intifada bei einem Wettbewerb gesungen hatten, wo wir bekannte Songs in einer neuen Interpretation vortrugen. Damals dachte ich noch nicht an Militärdienstverweigerung oder so etwas; ich hatte auch noch keine Ahnung, was das bedeutete. Ich sang das Lied ‚Zion, meine Unschuldige‘, das kennst Du bestimmt. Ich widmete es Dror Banai, einem unbekannten, aber ausgezeichneten Dichter, der auch auf Arabisch schreibt und ins Arabische übersetzt. Er übersetzte den Song ins literarische Arabisch für mich und er kam sehr palästinensisch, sehr stark rüber. Ich sang das Lied auf Hebräisch und wechselte in der Mitte des Liedes ins Arabische hinüber. Das machte meine Zuhörer nervös. Es war so etwas wie ein erster Versuch, meine innere Verwirrung über all das auszudrücken, was vor sich ging. So sang ich an diesem Abend in Neve Shalom diesen Song. Alle sangen und spielten etwas; ich war einer der ersten. Anscheinend war ihnen nicht klar, ob ich dieses Lied über Israel als [jüdischer] Israeli oder als Palästinenser sang. Es verursachte ihnen Unbehagen, weil ich einen zionistischen Song auf Arabisch gesungen hatte. Die palästinensischen Kursteilnehmer fragten mich danach und ich erklärte, das Lied illustriere genau das Liebes-Dreieck, die tragische Liebesgeschichte zwischen zwei Völkern und dem Land. Daraufhin war die Gruppe tief gerührt, und ich auch; es war schön für mich, meine sanfte Seite zeigen zu können, meine zivile, menschliche Seite, die ich gern zeigen wollte. Am Ende des Workshops war ich sehr froh, dass ich gekommen war, obwohl ich so wenig Zeit hatte und erst nicht hatte kommen wollen.

Verhaftet am Checkpoint

An dem Abend nach dem Workshop gingen meine Freundin und ich in Tel Aviv ins Kino, und als ich etwa um Mitternacht nach Hause kam, erhielt ich von der Kursdolmetscherin einen Anruf. Majds ganze palästinensische Teilnehmergruppe war am Checkpoint verhaftet worden, nachdem sie versucht hatte, den Checkpoint über die Hügel zu umgehen, und die Grenzpolizei habe sie zusammengeschlagen. Tamer, ein Kursteilnehmer, mit dem ich mich angefreundet hatte, wurde noch immer, anscheinend vom ShinSheth, festgehalten. Ich war zutiefst verstört und drehte fast durch. Es war, als hätte es so kommen müssen. Ich hatte die junge Frau zur

Bushaltestelle mitgenommen und wir hatten uns unterwegs unterhalten; es war wirklich interessant. Auch ihr sagte ich nicht, dass ich beim Militär und Pilot war; irgendwie musste ich ihr wohl zeigen, dass ich auf ihrer Seite stand und gegen die Besatzung war. An diesem Wochenende erhielt meine Identität einen weiteren Schub. Offenbar konnte ein Gespräch mit einer Palästinenserin angenehm und unterhaltsam sein. Ich glaube, wir tauschten sogar Telefonnummern aus. Von den anderen Burschen aus Nablus hatte ich auch ein paar Telefonnummern und rief später an. Wir wussten nicht recht, was wir sagen sollten, aber ich wollte wissen, ob Tamer gut nach Hause gekommen sei und erhielt keine klare Antwort. Dann stellte ich mir vor, ich würde im Flüchtlingslager anrufen und Hebräisch mit ihm sprechen, nachdem alle seine Freunde dort zusammengeschlagen worden waren – er würde nicht wissen, was ich von ihm will.

Nun, sie rief mich an und erzählte mir das, und ich fing an, alle möglichen Leute anzurufen, um sie dazu zu bringen mir zu helfen, Tamer frei zu kriegen; ich sagte, ich sei Luftwaffen-Offizier, dass ich mit diesen Leuten bei einem Friedensseminar in Neve Shalom gewesen war und dass dieser Bursche überhaupt nichts getan hätte; sie sollten ihn sofort freilassen. Ich rief alle möglichen Knesseth-Mitglieder von Meretz an, Mossi Raz und andere. Sie sagten alle, sie würden sich drum kümmern. Über meine Flugstaffel erhielt ich die Telefonnummer der ShinBeth-Dienststelle, wo Tamer war. Überall, wo ich anrief, sagte ich, dass ich von der Luftwaffeneinheit aus anrief: Ich sagte, *Hallo, hier spricht Captain Yonatan Shapira, ich habe Ihre Nummer von der Verwaltung bekommen. Wir wollen wissen, was mit Tamer geschieht.* Das fiel mir sehr schwer. Ich sprach sogar mit einem Vernehmungsoffizier bei der dortigen Dienststelle und sagte ihm alle diese Dinge. Sie sagten, Tamer sei verhaftet worden, weil sein Cousin an irgendeiner Aktivität beteiligt sei – ich wisse schon … Ich rief immer wieder dort an; sie hielten ihn wohl ungefähr sechs Monate lang fest, ich weiß es nicht so genau. Aber von dem Moment an war er in meinem Bewusstsein.

Ich ging auch weiterhin zu meiner Einheit, führte mein normales israelisches Leben, aber irgendwie hatte meine Identität eine weitere Facette erhalten. Ich versuche jetzt mal, das rückblickend zu analysieren. Ich begann die Realität anders und aus einem ganz spezifischen Blickwinkel wahrzunehmen, nicht so sehr aus der Perspektive eines Palästinensers, oder eines Weltbürgers, oder eines israelischen Friedensaktivisten, sondern aus der Perspektive eines Gefangenen in einer ShinBeth-Vernehmungsstelle, der gefoltert wird oder was immer sonst dort mit ihm geschieht, weil sein Cousin irgendjemand bestimmtes ist – und das, nachdem er nach Neve Shalom gekommen ist und mit mir darüber gesprochen hat, wie man den Konflikt beenden und Frieden schaffen kann.

So war ich unversehens nicht nur ein Mann, Pilot, Offizier, Musikstudent, Linker, Zionist und netter Kerl; ich war auch ein palästinensischer Gefangener in einer ShinBeth-Verhörzelle. Viel ist seither geschehen, doch das damals war sowas wie ein Doppelschlag ins Gesicht: erst die Tatsache, dass ich es in dem Workshop nicht fertig gebracht hatte, zu sagen, wer und was ich bin, und dann meine Selbstverpflichtung dort, alles Menschenmögliche zu tun [um die Besatzung zu beenden]. Und nun war ein Teil von mir in jener Verhörzelle und ein anderer Teil von mir hielt mich dort fest. Das ist die Magie eines echten Dialogs. Als ob Du unversehens etwas in Dich aufnimmst und es vielleicht nicht einmal merkst: Du übernimmst etwas von Deinem Dialogpartner, besonders wenn Ihr Euren Dialog nicht macho-mäßig, streitsüchtig oder militaristisch führt, sondern Euch wirklich zuhört. Irgendetwas dringt in Dich ein, ob Du es beabsichtigt hast oder nicht, Du veränderst Dich, Du wirst neu geeicht. Deine Identität weitet sich und beginnt alle möglichen anderen Perspektiven und Identitäten zu integrieren.

Mut sich zu verweigern

Von da an verlief mein Weg in eine andere Richtung: Es war sozusagen der Beginn meiner ‚Zersetzung'. Ich ging zu einer Veranstaltung der Gruppe Mut zu Verweigern (englische Webseite: www.seruv.org.il) in Tel Aviv, wo verschiedene Leute davon erzählten, wie sie verweigert hatten und deshalb im Gefängnis gesessen hatten. Auf einmal sah ich, dass es viele Leute gab, die dasselbe gefühlt und von demselben Hintergrund her gekommen waren wie ich: Auch sie lieben ihr Land, sie mögen die gleichen Dinge und sie sind bereit, etwas zu tun. Ihre persönliche Lösung für ihren Schmerz oder ihren Zorn, oder für ihre Ablehnung des [nationalen] Konsensus, ist zugleich die Lösung auf der gesellschaftlichen, nationalen und ethischen Ebene. Meine ganz persönlichen Gefühle können in etwas umgesetzt werden, das möglicherweise eine Wirkung hat. Es war, als würde ich ein neues Naturgesetz entdecken.

Ich denke, ich hatte schon immer Menschen hoch geachtet, die Nein sagen konnten oder sich nicht auf Parteilinie zwingen ließen. Schon bevor ich eingezogen wurde, hatte ich in vielen Dingen eine abweichende Meinung. Und ich war gegen den Krieg und gegen diese Militäroperationen im Libanon, und dagegen, in Südlibanon zu bleiben. Aber ich habe mich nie als Teil dieses Ganzen gesehen. Als mir das schließlich klar wurde, beschrieb ich es so: Es bedeutet, die Besatzung und all diese sinnlosen Toten, diesen Wahnsinnskreislauf, und die Dumpfheit und Einfältigkeit der Regierung und der Armee – all das mit der überschwänglichen Freude zu verbinden, einen Helikopter von einem Feld voller Chrysanthemen abheben zu lassen, die durch den Abwind in flachen Kreisen um den Helikopter herum liegen; mit der Kraft dieser mächtigen Maschine, die Du kontrollierst; mit dem Wissen, dass Du damit alles tun kannst, was Du willst, und dass Du damit über allem fliegst; mit diesem Kick, diesem Hochgefühl wie dem eines Kindes, das mit seinem liebsten Spielzeug spielt ... nur ist es in diesem Fall eine Waffe, und Du bist Teil des Militärs. Wie konnte ich diese Freude mit all dem verbinden, was ich so sehr hasse, was ich so sehr ablehne? Eine Möglichkeit lag darin, im Kreis in dem Workshop zu sitzen und das zu erkennen – für den jungen Mann neben mir, dessen Schwester durch eine Rakete aus einem Apache Helikopter verkrüppelt wurde. Ob ich für oder gegen die Besatzung bin ist egal, ich bin Teil davon, bin für dieses Geschoss mitverantwortlich, direkt oder indirekt. Und ich bin viel direkter da mit drin, als ich dachte oder verstand, bis ich mich endlich durch die Augen eines anderen betrachtete und mit Hilfe dieser Augen die Realität sehen konnte.

Verantwortung und Verpflichtung

Meine in dem Workshop erklärte Verpflichtung war, glaube ich, meine Verpflichtung gegenüber den anderen Workshop-Teilnehmern, Menschen aus Fleisch und Blut. Sie schien aus den Gefühlen zu entstehen, die ich in mir wahrnahm. Da saßen wir zusammen in der Gruppe, ein Mann, dem ins Bein oder ins Gesäß geschossen worden war, und andere mit fürchterlichen Erlebnissen. Ich begann mich für das, was ihnen geschehen war, verantwortlich zu fühlen, obwohl ich nicht unmittelbar beteiligt war. Mir wurde klar, dass wir uns einander verpflichteten. Ich glaube, so drückte ich das aus. Ich sprach freimütig für alle, die gegen die Besatzung waren und sagte, wir würden uns verpflichten zu tun, was immer uns möglich sei. Was immer uns möglich sei. Und ich fuhr nach Hause mit diesem *was immer uns möglich ist.* Dieses *was immer uns möglich ist* wurde mir jetzt so richtig klar, und ich musste herausfinden, was wir tatsächlich tun konnten, und wie ich an Flügen mit meiner Flugstaffel noch Freude haben könnte. Das war eine raffinierte Freude: Ich musste auf niemanden schießen, hatte weder Dreck noch Blut an meinen Händen. Ich brauchte nur mein Leben zu riskieren, um Verwundete auszufliegen, oder Soldaten zu transportieren, die andere verwunden sollten, blieb aber selbst davon entfernt. Inzwischen aber fühlte ich diese Verpflichtung. Und es gab Dinge, die meinen Kameraden in der Armee, der Infanterie, passierten. Allmählich bekam ich das Gefühl, in einer abgeschiedenen Welt zu leben, wo ich unter angenehmen Bedingungen fröhlich mit meinen Stahlspielzeugen spielte, und plötzlich fing alles an, mich zu irritieren, zum Beispiel diese behaglichen Räume an der Luftwaffenbasis. Wenn man dort ankam, um seinen Reservedienst mit

Nachtflügen abzuleisten, fand man auf dem Kopfkissen die Zeitung und eine Schokolade vor; das begann mich zu beunruhigen. Zuerst schlief man drei Stunden, dann gab's eine Einsatzbesprechung. Alles verlief geordnet, ruhig und sauber. Und dann ruft mich mein Bruder an und sagt mir, er habe seinen Kommandeur davon unterrichtet, dass er keinen Militärdienst in den [Besetzten] Gebieten leisten werde. Er gehörte während der ‚Protective Shield Operation' zu einer Spezialeinheit von Sayeret Matkal[1]. Damals wollte er damit noch nicht an die Öffentlichkeit gehen. Er ließ seinen Namen auf die Liste von Courage to Refuse setzen, doch später gründete er die Reservistengruppe von Sayeret Matkal, die den Armeedienst in den Gebieten verweigerte, und später die Gruppe Combatants for Peace.

Später erzählte er mir, wie verstört er damals war und wie er schließlich zu der Entscheidung gekommen ist, seinen Kollegen und ihrem Offizier mitzuteilen, er werde nicht kommen. Danach verließ ich meinen klimatisierten Raum für die Nachtflugpiloten. Ich hatte das Gefühl, meine Prinzipien zu verraten, und fühlte mich unbehaglich, ganz fürchterlich unbehaglich, weil ich Freude an etwas hatte, während meine Brüder, mein kleiner Bruder, inmitten all der mit der Besatzung verbundenen schrecklichen Dinge sind und all möglichen schrecklichen Dinge tun müssen. All das drehte sich in mir wie ein Wirbel. Und das führte mich schließlich dazu, die Piloten-Gruppe zu gründen.

Die Pilotengruppe

Die Veranstaltung von Courage to Refuse, wo ich die vielen Leute sah, die aus dem gleichen Grund dort waren wie ich, fand nur wenige Wochen nach dem Workshop in Neve Shalom statt. Daraufhin rief ich einen der Jungs an und erklärte, ich wolle meinen Namen gern auch auf ihre Liste setzen. Sofort luden sie mich zu einem Treffen ein; dort traf ich zwei Leute von Yesh Gvul. Die Idee kam auf, eine Gruppe von Leuten aus der Flugstaffel zu bilden, die ebenso dachten wie ich. Noch zwei andere aus der Luftwaffe kamen dazu, einer aus einer anderen Einheit, der mich ausgebildet hatte, und einer meiner Nachbarn; wir waren also drei und noch jemand aus der Gruppe Courage to Refuse. Wir erstellten einen ersten Brief-Entwurf [den ‚Pilotenbrief' vom September 2003]. Letztlich wollten nicht alle, die beteiligt waren, unterschreiben, manche stiegen zwischendrin aus. Einer entschied sich wegen seiner beruflichen Laufbahn bei der Armee dagegen; ein zweiter wollte lieber bei der zweiten Runde mitmachen, *Um den Effekt zu steigern*, und dann hörte ich nie wieder etwas von ihm. Das war's also; aber

---

[1]   Sayeret Matkal: Spezialeinheit der israelischen Armee; Aufgabe ist die militärische Aufklärung.

ich hatte den Brief und zwei Leute aus einer anderen Staffel, die nicht bei dem Treffen gewesen waren aber dennoch unterschreiben wollten. Dann kamen zwei Jungs aus meiner Staffel hinzu, die ich beide ausgebildet hatte, und weitere Piloten, die inzwischen aus dem aktiven Dienst ausgeschieden und Reservisten waren. Wir begannen, uns umzusehen. Zuerst war ich allein, doch gegen Ende der Suche nach Mitstreitern halfen sie mit. Neben mir war es Alon, einer aus meiner Staffel, der letztlich die ganze Kampagne mit Hilfe von Listen von seiner kleinen Penthouse-Wohnung in Tel Aviv aus koordinierte, wie aus einer kleinen Befehlszentrale. Sobald er angefangen hatte, kniete er sich richtig rein. Ich begann zu allen möglichen Leuten Kontakt aufzunehmen, die irgendwo zu diesem Thema sprachen, z. B. mit Professor Joseph Agassi, einem sehr interessanten Mann, der bei einer Courage to Refuse-Veranstaltung unter anderem über [Martin] Buber referierte. Ich wusste erst wenig von diesen Dingen, weil ich nicht sehr gebildet war und noch nicht viele politische Bücher gelesen hatte. Ich begann alles Mögliche zu lesen und verschiedene Leute mit eigenen Ideen kennen zu lernen. Ihnen erzählte ich von meiner Idee, eine Gruppe von Luftwaffenangehörigen zu bilden, die verweigern, und sie fanden die Idee großartig. Endlich, so fanden sie, geschieht hier etwas. Ich selbst merkte, dass ich lange darauf gewartet hatte, dass jemand anderes so etwas tut, jemand aus einer Kampfpiloten- beziehungsweise Bombereinheit, nicht so jemand wie ich, der ungern vor Publikum redet und im Reden nicht so geübt ist, jemand, der bei seinem Erscheinen gleich Eindruck macht und eine eindrucksvollere Kampflaufbahn aufzuweisen hat. Doch so jemanden fanden wir nicht.

Schließlich wurde mir klar, *Hey, es bleibt mir nichts anderes übrig, das muss ich selbst machen; ich muss das lernen, obwohl ich Zweifel an meiner Eignung habe* – und ich lernte es. Es kam mir vor wie ein Unikurs für tausend Berufe auf einmal. Man ist wie besessen davon, alles, was einem fehlt, gleichzeitig zu lernen. Du musst Geschichts-, Philosophie- und Psychologie-Bücher lesen, mehr über Deine eigenen Identität und andere Identitäten lernen; Du musst lernen, wie man mit anderen Menschen spricht, und wie man vermeidet, Leuten Angst einzujagen, wenn man über so etwas wie den Pilotenbrief spricht. Du musst auch lernen, taktisch und strategisch vorzugehen: Irgendwann erkannte ich, dass das ganze Vorhaben scheitern würde, wenn es zu früh bekannt würde. Ich musste ,Fischfang'-Methoden entwickeln; denn ich sagte mir, *Die Sache ist zu gefährlich und die möglichen Auswirkungen sind zu bedeutend, als dass ich jemand einbeziehen kann, der noch nicht von der Sache überzeugt ist.* Mir war klar, dass ich nicht nur unter den Piloten mit all ihren Gedanken und Gefühlen Unterstützer finden musste, sondern auch unter Leuten, die bereits einen inneren Transformationsprozess durchlaufen hatten. Ich musste nicht wissen, was genau sie gewandelt hatte; sie mussten diese Wandlung aber vollzogen haben, ich musste sie finden und wenn sie unterzeichneten, war das einfach okay. Einen oder zwei weitere zu finden, überrascht Dich zunächst; erst meinst Du, es gäbe keine anderen Menschen, die so denken wie Du. Solange Du Dich allein fühlst, meinst Du, Du bist vielleicht verrückt, denn wenn Du als einziger anders bist als all die anderen, dann bist Du vielleicht nicht okay. Und gleichzeitig entdeckst Du mehr und mehr Menschen, gerade auch Ältere, die Dir plötzlich einen ganz anderen Blick auf all die früheren Kriege und andere Ereignisse öffnen. Ich geriet in einen Schockzustand. Jede Geschichte wirkte wie ein starker Stromstoß. Ich nutzte meine sämtlichen Beziehungen. Ich wuchs bei meinen Eltern in einem Pilotenviertel auf. Mein Vater war Militärpilot, sodass ich problemlos zu all den Leuten seiner Generation gehen und sagen konnte, *Ich bin Shlomos Sohn, können wir uns mal unterhalten?*, so konnte ich z. B. mit Amos Lapidot [pensionierter Kommandeur der israelischen Luftwaffe] sprechen.

Wie hat Dein Vater reagiert?

Meinen Vater habe ich erst am Abend vor der Veröffentlichung des Briefes informiert; er hatte also monatelang keine Ahnung von meinem Vorhaben. Ich war ja beim ‚Fischen‘, wusste, dass er nicht von meiner Sache überzeugt war, und wollte das Projekt nicht in Gefahr und ihn nicht in ein Loyalitätsdilemma bringen. Mein Vater durchläuft diesen Prozess noch. Doch von dem Moment an, in dem ich ihm die Liste zeigte mit all den Namen von Freunden und anderen Menschen darauf, die er kannte, und ihm sagte, der und die wisse auch Bescheid, und jene unterstützten den Brief auch – von dem Moment an unterstützte er mich seelisch als Vater, obwohl er bei weitem nicht meiner Meinung war.
Über meine Mutter hörte ich von Yigal Schochat [ehemaliger Pilot der israelischen Luftwaffe und Oberst der Reserve], der 2002 seine Kritik an der Bombardierung des Gazastreifens veröffentlicht hatte. Er war bestimmt ein interessanter Gesprächspartner – und ich werde diesen Piloten, Arzt und Mann nie vergessen. Ich rief ihn an und sagte, *Ich bin Shlomos und Tzvias Sohn und möchte gern mit Ihnen sprechen.* Er lud mich sofort ein. Als mein Vater hörte, dass ich ihn besuchen würde, fragte ich ihn, ob er ihn kenne, und er sagte: ‚Klar kenne ich ihn. Wir haben im Sechs-Tage-Krieg die ersten Angriffe zusammen geflogen. Er ist ein wirklich netter und cleverer Bursche, aber in der letzten Zeit ist er ein bisschen aus der Spur geraten, vielleicht wegen seiner Frau.‘ Das ist typisch: sobald jemand aus Deinem unmittelbaren Umfeld etwas tut, was überhaupt nicht in

Deine Denkweise passt, schiebt man irgendetwas oder irgendjemandem die Schuld zu – einer von den guten Jungs aus der Luftwaffe kann so etwas nicht sagen. Den muss jemand einer Gehirnwäsche unterzogen haben. Als ich also bei Yigal Schochat zur Haustür reinkam, sagte ich, ich sei gekommen um mit dem Yigal Schochat zu sprechen, der aus der Spur geraten sei. Yigal erzählte mir von seinen Erfahrungen als Pilot und Volontär der Gruppe Ärzte für Menschenrechte in den [Besetzten] Gebieten. Meine Idee bewegte ihn sehr und er sagte sofort zu, seinen Namen auf die Liste zu setzen. Zu der Zeit fragte ich mich noch, ob nur aktive Piloten unterzeichnen sollten oder auch Veteranen, die dem Projekt moralische und väterliche Unterstützung schenkten. Yigal erklärte, er werde unterzeichnen, und gab mir die Kontaktdaten eines weiteren ehemaligen Piloten, Hagai Tamir [früherer Kampfpilot, Major der Reserve und Architekt]. Er nannte mir auch ein Buch von ein paar Leuten, die im Libanon gedient und alle möglichen Aufgaben verweigert hatten; Tamir hatte sich geweigert, in Beirut eine Schule zu bombardieren. Ihn besuchte ich ebenfalls.

Jeder von uns streckte seine Fühler zu allen möglichen Leuten aus, manche noch im aktiven Dienst, manche bereits außer Dienst, Hagai Tamir übernahm die Rekrutierung von Veteranen seiner Generation. Wir begannen Listen zu führen. Hagai und ich setzten uns mit einem kleinen Notizbuch zusammen mit dem Titel ‚Die Luftwaffe ist auf meinen Listen‘, in Anspielung auf den Slogan ‚Die Luftwaffe ist in meinem Herzen.‘ Wann immer ich jemanden aufsuchte, vermerkte ich, wer das war, seinen Rang, ob er im aktiven Dienst war und einen Satz darüber, wie ich ihn psychologisch einschätzte. Es ging darum, die Leute zu kategorisieren: die Ambivalenten; die so gut wie sicheren Kandidaten; diejenigen, von denen ich einen weiteren Kontakt erhalten konnte; die unsicheren Kandidaten, die ich nicht in vollem Umfang über das Vorhaben informieren konnte. Ich musste Screening-Methoden entwickeln. Ich fragte z. B. jemanden, was er von der Besatzung hält oder von gezielten Tötungen, und fragte erst dann nach seiner Meinung zu Yesh Gvul oder Courage to Refuse. Jemandem gegenüber, der hier nicht positiv reagierte, erwähnte ich den Pilotenbrief nicht. Hagai erzählte mir auch von schwierigen Erfahrungen im Libanonkrieg [1982]; über das Libysche Flugzeug, das [im Februar 1973] über dem Sinai abgeschossen wurde: ein ziviles Flugzeug der Libyschen Airline mit einem französischen Flug-Team; es gab 108 Tote. Die [israelischen] Soldaten der nahe gelegenen Luftwaffenbasis plünderten das Gepäck aus der abgeschossenen Maschine. Lauter Geschichten, die mit dem Selbst-Bild der Luftwaffe nicht zusammenpassen. Der Pilot, der das libysche Flugzeug abschoss, war ein Freund von Hagai und brachte sich später um. Es hieß, das sei ein Unfall gewesen, doch Hagai war überzeugt, es war Selbstmord.

Auf einmal sah ich eine neue Dimension in der Luftwaffe, die mir vertraut war. Dort komme ich her, aus einer Gemeinschaft von Piloten auf Luftwaffenbasen, zu denen auch mein Vater und meine Einheit gehören. Schließlich öffnete Hagai einen Schrank und nahm ein Foto heraus, dass ich sofort erkannte, es zeigte eine Szene im Haus meiner Großeltern. Auch mein Vater war darauf zu sehen; er stand neben Hagai, der zu mir sagte: ‚Der Typ mit den langen Haaren, das bin ich.‘ Plötzlich war für mich alles auf den Kopf gestellt: All die vielen Jahre, immer wenn ich dieses Bild betrachtet hatte, war mein Vater für mich jener ruhige, bescheidene, sanfte, erdverbundene Mann gewesen, ein Friedenssucher. Für mich hatte das Bild immer Frieden, Ruhe und Sicherheit ausgedrückt. Der Mann neben ihm, Hagai, war für mich immer ein angeberischer Pilot gewesen; so hatte ich nie werden wollen. Ich hatte werden wollen wie mein Vater. Und nun zeigt Hagai mir dies Foto und stellte mein Bild auf den Kopf. Dieser Pilot tat alles andere als über den Abschuss von anderen Piloten oder darüber zu prahlen, wie er selbst einmal über dem Sinai abgeschossen wurde. Er war jemand, der in einer subversiven Angelegenheit mit mir kooperierte. Und meinem Vater konnte ich nicht einmal sagen, was ich vorhatte.

Trotz alledem begann jetzt eine großartige Phase, denn ich konnte jetzt meine Gefühle und meine Wertvorstellungen mit meinen Aktionen in Einklang bringen. Mit meinem kleinen gelben Motorrad fuhr ich zu allen möglichen Apartments in Tel Aviv, um Leute für den Brief zu gewinnen, oder um herauszufinden, ob sie den Brief unterstützten, und hörte dabei den Song der Luftwaffe – er ist glaube ich von Naomi Shemer, einer strammen Nationalistin: ‚Auf silbernen Schwingen‘. Den Song spielten sie immer bei der Abschlussparade nach der Pilotenausbildung, und als Trainees marschierten wir dazu, die Augen auf die Kommandeure gerichtet, und sangen den Song voller Stolz. Ich konnte ihn auswendig. Eine Zeile heißt ‚Mein Bruder flog ins Licht‘ und beschreibt die Feuerspur des Triumphes, die er hinterlässt, als die Maschine vorbei donnert und eine Feuerbotschaft in die Luft malt, während in Sekundenschnelle unsere Maschinen steil nach oben zischen. Ich wollte diesen Horror nicht mehr. Und ich kenne eine Menge solcher Geschichten; sie zu erzählen würde lange dauern.

Die ganze Phase brachte mich allmählich der Realität näher, doch gab es auch einige Schübe darin: die Bombardierung von Shehade, der Workshop in Neve Shalom, und Tamir. Schritt für Schritt entstand in mir die Entscheidung zu verweigern. Und nicht nur selbst zu verweigern sondern auch andere dafür zu gewinnen, denn irgendwann kommst Du an einen Punkt, wo selbst zu verweigern nicht ausreicht. Du willst etwas verändern, Du willst etwas erschaffen, dem gegenüber Gleichgültigkeit nicht mehr möglich ist. Ich erreichte diesen Punkt an Rosh HaShana 2003, sechs oder sieben Monate nach dem Workshop.

Du hast noch nicht erzählt, welchen Preis Du bezahlen musstest.

Das ist auch nicht so wichtig. Ich musste keinen besonders hohen Preis bezahlen. Der Prozess, in dem ich mich befand, entwickelte sich exponentiell. Wie ich jetzt die Armee und den Zionismus sehe, ist ungeheuer weit entfernt von meiner Denkweise damals, als ich mich erstmals verweigerte. Die Kurve entwickelt sich fast wie eine Parabel, sobald man mit seinen Aktionen beginnt, Leute kontaktiert und mit ihnen spricht, insbesondere mit Leuten aus dem Ausland. Irgendwie erhielt ich ständig Einladungen für Veranstaltungen. Auf der emotionalen Ebene erweitert sich Dein Spektrum ständig, über die Armee, Deine Familie, die Verweigerer aus Gewissensgründen hinaus bis zu Menschen aus aller Welt. Ich lernte jemand kennen, der in Sabra und Shatila[2] war. Ich traf einen Israeli, der 1967 verweigerte, nachdem Sharon seiner Einheit befohlen hatte, Granaten auf eine Gruppe von Demonstranten im Gazastreifen zu werfen. Du entdeckst alle möglichen Sachen, die sich beträchtlich von der offiziellen Rhetorik über die Besatzung unterscheiden. Beim Europäischen Sozialen Forum in London sprach ich vor etwa 4.000 Leuten; jemand fragte mich nach den palästinensischen Flüchtlingen – und über Flüchtlinge hatte ich noch gar nicht nachgedacht. Da lernt man dazu und muss entscheiden, wo man steht. Inzwischen waren die Leute, mit denen ich zunehmend in meiner Freizeit herumhing, – wie soll ich das sagen – radikaler oder humaner. Damals konnte ich mir einen bi-nationalen Staat oder eine Rückkehr der Flüchtlinge von 1948 überhaupt nicht vorstellen; und heute bin ich nochmal ein ganz anderer geworden als der, der ich war, als ich im Namen des Zionismus verweigerte. Das Wort ‚Zionismus‘ kam in unserem Pilotenbrief sehr oft vor – ‚wir, die im Schoss des Zionismus gelehrt wurden, unser Heimatland zu lieben‘ und ähnliche Phrasen – auch wenn dies teilweise aus taktischen Gründen und weniger aus authentischer Reflektion über unsere Gefühle geschah; doch heute habe ich einen völlig anderen Standpunkt. Du hast mich nach dem Preis gefragt: Ich wurde entlassen, und die Leute meinten, ich sei das Übelste, was hier herumläuft. Und doch ist all das unbedeutend im Vergleich zu dem, was ich gewonnen habe: Ich wurde frei. Ich wurde befreit von der Armee, vom Militarismus, vom Chauvinismus.

Du wurdest frei.

---

[2] Sabra und Shatila: zwei Flüchtlingslager im Libanon, wo – geduldet von israelischen Militäreinheiten – libanesische Falangisten 1982 ein Massaker verübten.

Ja. Wenn ich ‚frei' sage, so erinnere ich mich sofort an die Zeit vor dem Workshop, bevor all diese Dinge passierten. Ich war nicht länger in Bewusstlosigkeit gegenüber der Realität gefangen. Ich muss mich selbst daran erinnern, dass mir manchmal auch heute noch vertraute Aspekte der Realität Schwierigkeiten bereiten, Dinge, die ich noch nicht umfassend durchschaue. Wenn Du also von einem Preis sprichst, dann möchte ich eher von dem sprechen, was ich gewonnen habe. Das Wichtigste ist die veränderte Wahrnehmung: Du kannst die Beschränktheit der eigenen Wahrnehmung erkennen, die so stark von Deiner Identität abhängt. Dein Bewusstsein und Dein Denken erhalten eine neue Komponente, sobald Du erkennst, dass alles in Frage gestellt werden kann. Jeder Rahmen kann in Frage gestellt, überprüft und klar gestellt werden – das bedeutet Freiheit; das ist ein formativer und stärkender Schritt zur Freiheit. Wenn Du mich also nach dem Preis fragst, so könnte ich mich über einiges beklagen – aber letztlich war das geringfügig.

Aus welcher Arbeitsstelle wurdest Du entlassen?

Ich habe für eine zivile Hubschrauber-Firma gearbeitet, ein Subunternehmen einer australischen Firma. Sie erklärten, sie bräuchten mich nicht mehr. Zu der Zeit war der Chefpilot ein früherer Kommandeur der israelischen Helikopter-Staffel, der direkt oder indirekt für viele gezielte Tötungen verantwortlich war. Er war Kommandeur, als Ahmad Yassin ermordet wurde, und kam später zu dieser Firma. Er wurde dort später Chefpilot, nachdem ich ihn ausgebildet hatte; bis dahin war ich der einzige Pilot in Israel, der berechtigt war, diese spezielle Aufgabe zu übernehmen und konnte deshalb nicht entlassen werden. Ich hatte ein spezielles Training dafür in Australien absolviert. Man muss mit den Starkstrom-Kabeln der Israelischen Elektrizitätsgesellschaft hantieren, während man direkt daneben schwebt und unter anderem sogar per Kabel mit dem Stromnetz verbunden ist. Ich bildete ihn für diese Arbeit aus, prüfte ihn und bestätigte mit meiner Unterschrift seine Befähigung, und ein paar Monate später wurde er zum Chefpiloten der Firma ernannt. Er verfügte daraufhin, dass von jetzt an niemand mehr in der Firma beschäftigt wird, der irgendein Verweigerungsdokument unterschrieben hat. Das israelische Subunternehmen steht unter israelischer Leitung und seine Piloten stammen aus der Luftwaffe. Ich ging deswegen vor Gericht, der Fall wird demnächst verhandelt; das ist unangenehm und kein Spaß, und ich weiß auch nicht, ob's das wert ist, weil es so viel Energie von mir abzieht, die ich in positivere Dinge investieren könnte. Ich habe mich dafür entschieden, weil die Chance besteht, einen Präzedenzfall daraus zu machen. Michael Sfard, mein Anwalt und Freund, hat mir gesagt, einen solchen Präzedenzfall von jemandem, der aus politischen Gründen entlassen worden ist, gebe es in Israel noch nicht. Es gibt schon ein paar Fälle von illegalen Entlassungen, aber keinen solchen Präzedenzfall. Frauen, die wegen Schwangerschaft oder nach sexueller Belästigung entlassen wurden, ja, aber keinen Fall wie meiner. Also beschlossen wir, die Publicity, die ich erhalten hatte, auszunutzen und dies als klassischen Fall eines Übergriffs des Militärs auf die Zivilgesellschaft vorzutragen. Das passt zu den Zielen der New Profile-Gruppe, die mir bei dem ganzen Fall hilft. Wir haben Klage gegen die Firma eingereicht, und wenn mein Fall als Präzedenzfall durchgeht, so hat dies Bedeutung.

Du hast gesagt, Du hast heute einen ganz anderen Standpunkt. Kannst Du noch etwas mehr dazu sagen?

Das hat hauptsächlich damit zu tun, dass ich viel gelesen und zahlreiche Filme gesehen habe, und ich bin viel mehr in den [Besetzten] Gebieten gewesen als vorher und habe sowohl palästinensische Freunde in Israel und im Ausland als auch jüdische und nicht-jüdische Freunde im Ausland, die selbst Aktivisten sind, lauter Leute, die mir neue Perspektiven und Einstellungen gezeigt und Einblicke in andere Kämpfe gegeben haben, jenseits des Mini-Chaos, in dem wir uns hier befinden. Wir meinen immer, unser Konflikt sei der größte und furchtbarste Konflikt der ganzen Welt, doch dem ist nicht so. Unserer ist einer von vielen Konflikten, und seine Elemente ähneln Elementen von zahlreichen anderen Konflikten. Natürlich ruft die besondere Kombination von Faktoren hier auch einzigartige Phänomene hervor. Doch wird jemand aus Burma oder Sri Lanka, der über den Konflikt in seinem Land spricht, ebenfalls über die religiöse Dimension des Konfliktes, über Kapitalismus und Militarismus reden – all die bekannten -ismen. Heute betrachte ich uns als ein Beispiel; der Kampf, an dem ich beteiligt bin, ist Teil eines viel breiteren, allgemeineren Kampfes. In diesem Kampf geht es um gleiche Rechte, um Gerechtigkeit, um gleiche Verteilung des sozio-ökonomischen Kuchens. Manche Aspekte betreffen nicht nur Juden und Palästinenser; es geht um die ungleiche Verteilung von Ressourcen. Der Kuchen kann Geld, Lebensmittel, Land, militärische Herrschaft, alles Mögliche bedeuten. Und manche Menschen bekommen weniger oder gar nichts: Das können auch [jüdisch-] israelische Bürger sein, es können Gastarbeiter sein und es können Palästinensers sein, die in Israel leben. Und umgekehrt können sich auch Palästinenser einen großen Teil vom Kuchen sichern, indem sie z. B. einen Haufen Zement für die Trennmauer verkaufen; dabei sollten sie eigentlich das palästinensische Volk vertreten. Während ich also früher in den Begriffen ‚*wir*‘ und ‚*sie*‘ dachte, oder im Sinne von ‚*wir*‘ und ‚*die auf unserer Seite*‘ gegenüber ‚*denen auf deren Seite*', gliedern sich die Dinge für mich heute ganz anders. Heute geht es darum, wie wir miteinander teilen: Wer genießt die Ressourcen, die hier zur Verfügung stehen, und wer leidet oder erhält weniger.

Das Ganze ist mit dem europäischen Kolonialismus der vergangenen Jahrhunderte und mit weiteren Beispielen in der Gegenwart verknüpft; Israel ist ein ausgezeichnetes Beispiel dafür, oder Süd-Afrika, oder Regime in Süd- und Nord-Amerika mit ihren Einstellungen. Jeder Konflikt ist Teil eines ganzes Gemenges von Konflikten, und irgendwie lindert das den eigenen Schmerz angesichts der eigenen verlorenen Vision, der verlorenen Unschuld oder des verlorenen Potentials eines Ortes ein wenig, weil es in Relation steht zu einem größeren Schmerz und all den Dingen in der Welt, die nicht gut laufen. Außerdem geht es um Identität. Heutzutage bin ich nicht einfach nur Jude oder Palästinenser; ich identifiziere mich mit Indern und Menschen in Darfur, ich bin ein Stück weit frei geworden von der Vorstellung, zu einer nationalen Flagge oder einer nationalen Idee zu gehören, obwohl ich mich noch immer sehr verbunden fühle.

Ich bin immer noch mit den Worten verbunden, mit der Sprache, Kultur und dem Land. Ich kenne fast sämtliche Bäche und Täler des Negev und im Norden. Auch mit meiner Familie und anderen Menschen bin ich sehr verbunden. Diese Verbindung wird immer bleiben, obwohl für mich letztlich nicht entscheidend ist, ob es Israel für immer gibt; für mich ist wichtig, dass die Menschheit aufhört, von Mord an anderen zu leben; für mich ist es wichtig, dass Menschen leben können. Es stört mich nicht, wenn sich die Menschen vermischen und nicht mehr so strikt ihrer Religion folgen; darüber sollen die Menschen selbst entscheiden. Meine Mutter zum Beispiel empfindet es als sehr schmerzlich, dass das, was meine Großeltern hier aufbauen wollten, nicht so eintreten wird, aber mich schmerzt das nicht. Mich treibt das an, was hier sein könnte. Wenn ich mir so die verschiedenen Kreise anschaue, die es hier gibt, Juden, Muslime, Christen, Atheisten, dann spüre ich, mich bewegt etwas viel Größeres. Es geht darum, dass wir alle zu diesem Planeten gehören.

Wenn ich versuche, Leute argumentativ von dieser These zu überzeugen – nach der ‚Fischzug'-Phase, nach dem Sichten; wenn ich die mitfühlenden Facetten der Seele eines guten Freundes ansprechen will, der Mord begeht, dann geht es nicht um eine Art radikalen akademischen Diskurs. Überhaupt nicht, absolut nicht. Wenn ich für einen Freund ein Treffen mit Tamir arrangieren könnte, dann würde vielleicht die Erfahrung dieser Begegnung seine Seele anrühren. Das heißt, ich habe festgestellt, dass ich aufhören muss, über theoretische Argumente überzeugen zu wollen, das ändert nichts.

Ayelet Roth

Direktorin, bilinguales Schulnetzwerk

*A*yelet Roth ist verheiratet und lebt mit ihren drei Kindern in Adi im westlichen Galiläa. Als Direktorin des Hand-in-Hand-Schulnetzwerks nutzt sie ihre ausgedehnte Erfahrung im Bildungsbereich und in den jüdisch-arabischen Beziehungen bei der Planung und Umsetzung von Bildungsprogrammen für Kollegen und Schüler und bei der Entwicklung von Kursen und Seminaren über die multikulturelle Gesellschaft und die Förderung des Friedens. Sie hat für städtische Behörden, für non-Profit Organisationen und für das israelische Erziehungsministerium gearbeitet. Roth war in Nord-Israel sowohl im formellen als auch im informellen Bildungsbereich als Direktorin und Beraterin tätig, z. B. als stellvertretende Leiterin des Jüdisch-Arabischen Friedenszentrums Givat Haviva; als Leiterin der Amirim Sekundarschule [junior high school] in Kfar Vradim; als Direktorin der Bildungsabteilung von IPRCI (Israelisch-Palästinensisches Zentrum für Forschung und Information); und etliche Jahre als Forschungsprojekt-Managerin am Friedensforschungszentrum der Universität Haifa. Neben ihrem MA in Friedenserziehung und ihrem BA in Nahost-Studien und Geschichtsdidaktik von der Universität Haifa hat sie eine zertifizierte Ausbildung zur Mediatorin absolviert. Sie hat Seminare für Gruppen aus europäischen Konfliktgebieten (Balkan, Spanien) geleitet, und hat ein eigenes Unternehmen für Mediation und soziale Bildungsprojekte gegründet und geleitet. Ayelet absolvierte im Jahr 2000 die Ausbildung zur Kursbegleiterin für Konfliktgruppen in Neve Shalom – Wahat al Salam. Das Interview mit ihr erfolgte am 26. November 2007.

„Meine Familie betrachtete den Kurs an der Friedensschule als Katastrophe, aber für mich war es eine Art Offenbarung, ein Erscheinungsfest. Wo immer ich auch bin, was immer ich bei meiner Arbeit mit den Kindern auch tue, diese Erfahrung ist immer dabei. Ich bin eine andere geworden. Das ist Teil meiner Identität, meiner Agenda. Es gehört zu dem, was ich in meiner Welt zu fördern versuche." *Ayelet Roth*

Die Ausbildung zur Kursleiterin machte ich an der Friedensschule von Mai bis November 2000, also im Alter von 36 Jahren. Damals war ich auf der Suche nach etwas, was mir helfen konnte, mich zu verändern. Bereits seit einigen Jahren interessierten mich die Beziehungen zwischen Juden und Arabern in Israel und zwischen Israel und den palästinensischen Gebieten, doch ich hatte das Gefühl, vor einer Barriere zu stehen, die mich behinderte. Dieses Gefühl ließ mir keine Ruhe, es war, als würde ich einen Film nur zur Hälfte auf einer Leinwand sehen. Allein konnte ich dies Problem nicht lösen, ich brauchte Hilfe. Meine Tatkraft wurde durch das Gefühl behindert, irgendetwas sehr Wichtiges im Gesamtbild nicht sehen zu können. Heute weiß ich, was das war, aber damals wusste ich es nicht. Ich wusste nur, dass irgendetwas an meiner Kommunikation mit anderen Menschen falsch war. Ich arbeitete damals bei IPRCI. An meiner Schule führte ich ein Begegnungsprojekt durch, doch ich hatte das klare Gefühl, das nicht auf die richtige Weise zu tun. Irgendetwas fehlte in meinen Gesprächen mit anderen Menschen. Die Realität und mein Bild von ihr passten nicht zusammen, so als ob ich eine falsche Brille trüge. Irgendetwas auf der Leinwand musste neu justiert werden. Mir war klar, dies würde nicht einfach; ich wusste, dass mich das einiges kosten würde. In Neve Shalom gab es damals alle möglichen Ausbildungskursangebote, u.a. Workshops für Hochschulstudenten, auch am Oranim College. Ich suchte nach einem Einstieg. Dass der Prozess schwierig werden würde, war mir bewusst. Sogar nur für zwei Tage zu einem Workshop nach Neve Shalom zu gehen, würde hart für mich: Ich arbeitete Vollzeit und hatte drei kleine Kinder. Schon für die Fahrt brauchte ich 2 ½ Stunden pro Weg, und ich war noch nie weiter gefahren als meine täglichen 20 Minuten zur Arbeit. Das Ganze erschien mir folglich als sehr schwierig, ja fast unmöglich. Schon die Entscheidung mitzumachen setzte in mir eine Transformation in Gang, also bereits die Entscheidung, mich ins Auto zu setzen und nach Neve Shalom zu fahren. In vielen Sitzungen kam ich mir so vor, als würde ich ständig im Rückwärtsgang fahren.

Und das bedeutet …?

Es war so schwer für mich, so schmerzvoll. Jeden Donnerstagmorgen bekam ich fürchterliche Kopfschmerzen, die erst in Neve Shalom wieder aufhörten. Es war wie Migräne, aber ich bekomme keine Migräne. Es war etwas ganz Körperliches. Aus heutiger Sicht kann ich nicht genau sagen, ob es an dem Prozess in Neve Shalom lag oder an dem Weg, den ich zurücklegen musste; beides machte es mir schwer, die Fahrt anzutreten, und es waren zahlreiche Hindernisse zu überwinden. Eines dieser Dinge war, dass unser Kurs von Mai bis November dauerte und mittendrin dann die Oktober-Ereignisse 2000 eintraten. Sofort spürte ich die Veränderungen in mir; gleichzeitig konnte ich noch durch meine alten Augen sehen, was geschah. Der ganze Prozess war von Anfang an sehr hart. Der Prozess in Neve Shalom sezierte die Dinge unbarmherzig und rigoros. So erlebte ich das jedenfalls. Ich erinnere mich nicht mehr an alle Namen, aber die Sitzungen waren sehr schwierig, schonungslos. Offenbar musste ich etwas loslassen, bevor ich in eine neue Phase eintreten konnte. Man braucht Zeit um zu verstehen, es geht um Identität, darum, seine Geschichte loszulassen, das Narrativ loszulassen, mit dem Du aufgewachsen bist, das Du behalten möchtest, von dem Du gern möchtest, dass es stimmt. Es gab da diesen Artikel über die Kampftruppen, und all die Schulleiter, die diese Jungs als das Salz der Erde bezeichnen, weswegen sie eben in Kampfeinheiten dienen. Die Aufgabe bestand darin, diese Geschichte loszulassen und Dinge auf neue Weise zu sehen und zu hören. Zuerst habe ich das nicht recht verstanden; zuerst habe ich versucht, die in Neve Shalom gewonnenen Informationen in meine bestehende Identität, in meine vorhandenen Vorstellungen hineinzupressen. Ich denke, jeder möchte sich gern als positive Person wahrnehmen. Ich hielt mich für einen guten Menschen, als jemand, der Gutes tun möchte, in der Bildung arbeitet und so weiter. Und während dieses Prozesses blickt man irgendwann in einen Spiegel und sieht etwas weniger Schönes. So sehr Du auch versuchst, die neuen Informationen hinein zu quetschen, Du beginnst zu begreifen, dass sie schlicht nicht in Deine bestehende Sicht der Dinge passen. Dann musst Du entscheiden, welchen Weg Du gehen willst.

In der Mitte des Kurses begann ich ein Sabbatjahr und begann nach einem Job in diesem Bereich zu suchen. Vier Monate suchte ich. Dann, noch während des Kurses, begann ich für eine bi-nationale Frauenorganisation namens Nisan zu arbeiten. Meine Chefin war Araberin. Nisam befasst sich mit der Persönlichkeitsstärkung von Frauen und mit dem, was meist Koexistenz genannt wird, ein üblicher, meines Erachtens bereits toter Begriff, aber okay, nennen wir es mal so. Ich ziehe den Ausdruck *faire Existenz* vor, faire Existenz in jeder Hinsicht. Der Prozess in Neve Shalom war also nicht der einzige Prozess, den ich durchlebte; er kündigte weitere an. Neve Shalom ermöglichte die direkte Begegnung mit einer anderen Realität in einem geschützten Raum. Ich hatte zuvor schon an Begegnungen teilgenommen, doch die Neve Shalom-Gruppe war relativ klein. Obwohl der Workshop nicht mein erster in Neve Shalom war, war dieser anders. Ich wollte mich verändern und die Ereignisse in der Nähe meines Heimatortes in Galiläa [Gebiet im Norden Israels] gaben dem Workshop zusätzliche Bedeutung. Ich war bereit, meine alte Hülle abzustreifen und einen Teil meiner Identität zu verändern. Und das ist mehr als eine Geschichte; es geht darum, die Welt und die Realität um Dich herum neu zu sehen und zu bewerten.

Schonungslose Betrachtung des eigenen Selbst

Rückblickend weiß ich: ein Teil von mir war zutiefst rassistisch. Ich hielt mich für einen guten Menschen, sehr offen und liberal, doch ich entdeckte auch noch andere Seiten tief in mir drin. Ich entdeckte bestürzt einen hässlichen, tief liegenden Rassismus in meiner Wahrnehmung des ‚Anderen‘. Auf der verbalen Ebene sah ich alle als grundsätzlich gleichberechtigt an. Doch während der Begegnung kam alles raus. Dass wir in Stereotypen dachten, wussten wir bereits, doch dies ging tiefer. Ich kann das nicht richtig erklären. Du erkennst das Wesen dessen, der da vor Dir steht, seine Erfahrungen und Gefühle. Vielleicht braucht er Dich gar nicht, er braucht keine ‚Almosen‘. Er hat seine eigene Existenz mit seinen eigenen Bedürfnissen, und die Deinen sind vielleicht völlig konträr. Wir gingen durch eine schonungslose Betrachtung unseres eigenen Selbst.

Der Kurs hatte zwei Teile: von Mai bis Juli und dann wieder ab Mitte September. Während der ersten Phase, selbst am Holocaust-Gedenktag, am ‚Memorial Day‘, dem Gedenktag für die gefallenen Soldaten und Terroropfer, und am Unabhängigkeitstag konnten wir Vieles fühlen und die Teilnehmer(innen) stellten alle möglichen Forderungen auf, aber wir begriffen noch nicht, was vor sich ging. Und dann begann nach den beiden Sitzungen im September mit dem Oktober 2000 eine andere Realität. Jede Sitzung war ein Vulkanausbruch, ein Erdbeben, sowas wie eine Verschiebung der Syrisch-Afrikanischen Platte, und hatte immense Auswirkungen. Vielleicht gab es in der ersten Phase bereits einen Hauch davon. Im Oktober drang das allmählich in mich ein. Die Sitzung am Holocaust-Gedenktag war für mich durch die Perspektive der ‚Anderen‘ von großer Bedeutung gewesen. Dieser Tag ist eine fette heilige Kuh. Ich wollte diese Geschichte einmal aus der Sicht der ‚Anderen‘ betrachten und schauen, was das mit mir macht. An diesen beiden Tagen hängte ich daheim keine (israelische) Flagge auf dem Parkplatz auf, obwohl das hier so üblich ist, und das tue ich auch heute nicht. In Neve Shalom geschieht in den acht bis zehn Stunden an zwei Kurstagen etwas. Doch Zuhause gibt es von einer bis zur nächsten Sitzung auch einen Prozess. Es gab riesige Schwierigkeiten; einige meiner Angehörigen hatten echte Probleme mit meinen Ansichten. Ich war strikt nach zionistischen Grundsätzen erzogen worden, es gab harte Auseinandersetzungen; an manchen Freitagabendmahlzeiten wollte ich gar nicht teilnehmen. Es gab Streit mit meinem Vater, herzzerreißenden Streit. Er betrachtete sich als Linken, als zutiefst humanistisch, und so bin ich auch aufgewachsen; alles war okay – solange es nicht um Juden und Araber ging. Mittlerweile unterstützte mein Mann meine Kursteilnahme aktiv, und dennoch kam er mit dem Prozess, den ich durchlief, nicht zurecht; das war sehr schwer für ihn.

Heute ist das anders. Meine ganze Familie hat sich verändert. Manchmal bezeichnen sie das Ganze als eine Katastrophe, aber es war keine Katastrophe. Aus meiner Sicht war es eine Offenbarung. Mag sein, dass es ein bisschen peinlich ist so zu reden, aber für mich war es ein Erscheinungsfest (Epiphanias). Der Wandel strahlte von der ersten Begegnung an nach außen. Meine Familie brach auf und meine Kinder wuchsen erst in einem und dann in einem ganz anderen Zuhause auf. Der Wandel ist noch nicht vollständig. Sie gehen in eine uni-nationale Schule. Und mein Weg endete nicht als Leiterin der bi-nationalen Schule in Misgav (ich weiß gar nicht, ob die mich nehmen würden), obwohl ich einmal versucht habe, dort Wandel anzustoßen. Die Schule liegt in einer vollkommen jüdischen Wohngegend, doch etwas Veränderung hat es dort schon gegeben. Diejenige, die mich den ganzen Weg begleitet hat, war unerwarteter- und überraschenderweise meine Mutter, die die ganze Revolution einfach mit vollzog. Wenn Du sie heute fragst, so sagt sie: *Unsinn, ich war schon immer so!* Und dann kam der Oktober 2000. Da wurde meine Identität neu geboren, oder zerschlagen oder wie immer Du das nennen willst. Ich verlor meinen Glauben – an den Staat, an die Medien, an unser Narrativ, an die Gerechtigkeit unseres nationalen Weges, an alles. Ich stand am Rande des Abgrunds und musste eine Entscheidung treffen: und ich sprang. Die erste Phase danach war sehr turbulent. Das hört sich vielleicht übertrieben dramatisch an, aber in mir fühlte sich es wirklich so an. Mein Leben veränderte sich von innen her. Und ich hatte einen Ort, an dem ich Woche für Woche das bearbeiten konnte, was in der Realität geschah. Im November 2000 begann ich mein MA-Studium in Friedenserziehung, den akademischen Grad habe ich erfunden, den gab's damals noch nicht. Ich ging an die Universität und suchte jemanden, der bereit war, für mich einen speziellen Abschluss in Friedenserziehung aufzubauen. Ich ging nicht die üblichen Wege und begegnete Prof. Gaby Solomon, der tatsächlich mit mir zusammen ein Programm zu entwarf. Heute hat er ein ganzes (Friedenserziehungs-)Zentrum.

Wie war dieser Sprung in den Abgrund? Was hat Dich wachsen lassen?

Wie kann ich das nur klar und akkurat und anschaulich erklären … Das hat mit dem Oktober 2000 zu tun, als wir: eine harte Zeit erlebten, sowas wie eine Belagerung: drei Tage lang konnten wir das Haus nicht verlassen. Wir wollten mit den Kindern mal raus über Kaabiya, doch dort war gerade eine Konfrontation im Gange, wir konnten unser Viertel nicht verlassen. Die Kinder konnten nicht zur Schule. An einem Tag versuchten wir es, doch der Bus wurde von einer Gruppe mit Stöcken angegriffen. In Shfaram zündeten sie die Synagoge und die Bank an und schließlich verletzten sie sogar Bewohner von Shfaram. Doch zuerst kamen sie mit Fackeln zu unserem Dorf, hierher – ungefähr 300 Leute. Es war an Jom Kippur, dem jüdischen Versöhnungsfest, und wir fürchteten uns sehr in dieser Nacht. Normalerweise feiern wir diese Nacht immer mit Freunden aus der Nachbarschaft und spielen zusammen. Um elf Uhr riefen sie draußen nach unseren Männern – die alte jüdische Geschichte, das macht mich so wütend, sogar damals war ich wütend. Alle Männer sollten rauskommen. Um unser Dorf gibt es keinen Zaun, es wurde von Beginn an auf Land von Shfaram ohne Zäune gebaut; ich denke, das war außergewöhnlich. Ein Teil des Dorfgebietes war beschlagnahmtes Land, andere Teile waren von Beduinen und Arabern aus Shfaram gekauft worden. Auch im Dorf selbst leben Beduinen. Als sie alle Männer herausriefen, kamen die Beduinen ebenfalls, eine komplizierte Situation; sie gaben den Beduinen keine Waffen.

Die Beduinen bewachten das Dorf damals während des Tages und einige arbeiteten auch hier. Doch sie erhielten keine Waffen. Wir, die Frauen und Kinder, blieben in den Häusern. Hört sich an wie eine Halluzination, nicht wahr? Doch das Gefühl angegriffen zu werden, war sehr real. Wir waren sehr nah dran, zu Fuß gut erreichbar. Der Bereich, wo unser Haus steht, war umzäunt. Aber das Dorf südlich von uns nicht, es heißt Umm a-Saheli, neben Adi; die Dorfbewohner arbeiten hier in Adi; sie leben nicht zusammen, aber sie haben viele Jahre friedlich nebeneinander gelebt. Nach einigen Häuserzerstörungen gab es Unruhen dort, und die Leute aus Adi gingen dorthin und nahmen die Leute bei sich auf. Dadurch ist über die Jahre ein besonderes Beziehungsnetz entstanden. Wir durchlebten eine sehr harte Erfahrung und hörten von Leuten am Rande des Dorfes, dass eine Gruppe [aus dem arabischen Dorf] auf dem Weg zu uns war.

Zur gleichen Zeit wurde im Bezirk Nazareth der Cousin einer Kursteilnehmerin getötet. Das weiß ich aus erster Hand, weil auch Freunde von mir aus dem Schulkollegium, IPCRI-Leute und Leute aus dem Ausbildungskurs in Neve Shalom dort waren; ich hörte all das also von ihnen und aus den Zeitungen, und ich war hier und sah, was über die Ereignisse in Adi geschrieben wurde. Hier und in Nazareth geschah das Gleiche. Außer, dass hier jemand klüger war: ein Polizist oder Offizier. Er ging ohne Gewehr raus und sprach mit den Leuten. So konnten sie Dampf ablassen und gingen weg und taten schlimmere Dinge in Shfaram selbst, aber wenigstens starb niemand, weder von unseren noch von ihren Leuten. Es gab jedoch Sachbeschädigung und das ist nicht okay.

Beim nächsten Treffen in Neve Shalom erzählten alle ihre Geschichte. Ich erzählte meine ganz anders als sie in den Zeitungen stand. Und die Frau, deren Cousin in Arrabe getötet worden war, erzählte ihre Geschichte, und jemand Drittes erzählte eine weitere Geschichte; eine enge Verbindung zwischen uns entstand. Irgendetwas war nun verkehrt. Ich war von meinem Land geschieden. Das ist schrecklich; Du bist ganz allein. Die Leute verstehen Dich überhaupt nicht; sie halten Dich für verrückt und wollen, dass Du endlich aufwachst. Aus ihrer Sicht wünschst Du allen den Tod, weil Du nicht begreifen willst, was für die Sicherheit notwendig ist. Das ist Dir vertraut. Um innerlich gereinigt zu werden, muss alles ans Tageslicht. Dabei entsteht eine große leere Stelle in Deiner Identität, und das tut sehr weh. Wo gehörst Du hin? Wer gehört zu Dir? Du bist weder Araberin noch Palästinenserin. Ich betrachte mich als jüdisch, doch selbst daran knüpften sich plötzlich Fragen. Was bedeutet das, warum und wie? Und Du bist Israelin, und das bedeutet etwas Schlechtes, es bedeutet Besatzerin zu sein. Und Du denkst, keiner versteht Dich, wirklich keiner, selbst hier im Kurs, das schrieb ich auch an meinen (arabischen) Kursleiter: Es gab hier keinen Trost, keine Streicheleinheiten, niemand zum Kuscheln. Das hatte ich in Neve Shalom erhofft, und das gab es nicht.

Weiter ging es mit der Metzelei, mit dem den Dingen auf den Grund gehen – manches ging für mich sogar ein bisschen zu weit. Ich war bis zum Ende des Kurses mit dieser Leere in meiner Identität allein gelassen. Schuld daran war nicht Neve Shalom; es war mein Problem, dass ich diese Leere noch nicht zu füllen vermochte. Sie war einfach eine Wunde. Ein Identitätswandel ist eine Art Wunde, weil Du eine Entscheidung treffen musst; Du schneidest einen Teil von Dir ab, und den musst Du ersetzen, einen Setzling finden, den Du in Deine Identität eingliedern kannst. Ich fühlte mich allein auf meinem Weg. Neve Shalom liegt weit entfernt von hier, und keiner in meinem Kurs kam aus dieser Gegend. Ich war komplett isoliert, und das zu einer Zeit, in der einem ständig gesagt wurde, jedermann müsse sich in seiner eigenen Festung verschanzen, müsse Stacheldrahtzäune ziehen, das Gewehr auf dem Zaun bereit legen und jeden erschießen, der näher kommt. Und ich hätte erschossen werden sollen. Ich meine, wie konnte ich selbst so dreist sein zu einer Zeit die andere Seite sehen, wo sie kamen um uns umzubringen? Bewohner von Adi begannen einen Boykott; das Dorf boykottierte Shfaram, die Leute hörten auf, dort einzukaufen, bis schließlich der Hummus-Mann von Haustür zu Haustür ging und erklärte, dass nicht er diese Dinge tue. Der Kinderarzt und der Hausarzt von Shfaram kamen nicht mehr, solche kleine Dinge veränderten das Leben. Und mittendrin ging ich mit meiner Tochter nach Shfaram. Auch andere taten dies, aber nur wenige. Und ich war bereit, dies in meinen eigenen Kreisen auch zu sagen – reine Zeitverschwendung. Ich fühlte mich total fremd, wie ein sozialer Alien. Als gehörte ich da nicht hin.

Betrachteten Leute aus Deinem Dorf Dich angesichts dessen, was Du sagtest, als verrückt, oder meinten sie, dass Du die Realität einfach noch nicht richtig begriffen hättest?

Niemand glaubte, ich hätte die Realität noch nicht begriffen. Sie betrachten mich als jemand mit Verstand im Kopf und wissen, dass ich nicht dumm bin. Ihrer Ansicht nach bin ich eindeutig ausgerastet, aber nicht verrückt. Sie wissen, dass ich intelligent bin, eine von den Guten, können aber nicht mit mir umgehen. Ich habe sie frustriert, geärgert, empört, habe inakzeptable Dinge gesagt. Sie fanden, was ich sage, sei lebensgefährdend. Zum Beispiel verstehe ich die palästinensische Seite; ich sage ,Palästinenser' nicht ,Araber'. Ich persönlich, Ayelet Roth, gefährde die Existenz Israels; denn wenn es noch viele wie mich gäbe, würde Israel nicht mehr existieren; ich bin der Feind, eine fünfte Kolonne. Das ist so mies, so hart. Leute meinten gegenüber meinen Eltern, wenn die mir das nochmal richtig sagen würden, dann würde ich meinen Irrtum schon erkennen. Eine sehr gute Freundin von mir wurde orthodox; sie wurde religiös, während ich den Prozess in Neve Shalom begann. Die zwei Entwicklungen kann man hinsichtlich der gesellschaftlichen Reaktionen darauf gut vergleichen. Mein Prozess führte jedoch nicht zu äußerlichen Zeichen wie einem Kopftuch oder einem langen Rock. Doch auch wenn man einen anderen Weg als das Umfeld zu gehen beginnt, dann gibt's Kritik. Dabei bin ich bin nicht einmal nach Shfaram gezogen; ich blieb mit meinen Kindern hier, sie gingen weiter in Nahalal zur Schule, und doch …

Das Füllen der Leere

Aber Du hast mich nach dem Abgrund gefragt, nach der Leere ; die Frage ist, wie man die Leere füllt.
Zunächst einmal brauchte ich angesichts dieser Leere in meiner Identität einen Verband und Heilsalbe … Ich studierte Friedenspädagogik, das hatte ich bereits vorher gewollt, geplant und lange daran gearbeitet. Bereits bevor ich nach Neve Shalom ging, war klar, dies würde mein nächster Schritt sein; den MA in Friedenspädagogik wollte ich um jeden Preis. Damals glaubte ich noch, dass das, was ich wollte, auch geschehen würde; das hat vielleicht geholfen. Im Kurs in Neve Shalom erhielten wir einen Artikel, der mich stark beeinflusst und mir bei der Identitätsfindung geholfen hat. Auf diesen Artikel konnte ich aufbauen. Wir erhielten ihn gegen Ende des Kurses, und ich entdeckte, dass ich nicht allein war. Andere Menschen, die nicht in dieser kranken Situation leben, erleben das Gleiche. Ich war also doch normal. Wenn ich mich nicht irre – und ich habe den Artikel fast auswendig gelernt – gibt es am Textende eine Beschreibung von jemandem, der die gleiche Transformation durchlaufen hat. So konnte ich mich mit jemandem verbinden, der ein besserer Mensch geworden war beziehungsweise es geschafft hatte, eine Form von Rassismus in sich zu entwurzeln.

Danach nahm ich an dem Ausbildungskurs für Kursbegleiter teil und fand dort die Empathie, die ich wirklich brauchte: jemanden, der mich als menschliches Wesen sah, das besser oder schlechter, mehr oder weniger rassistisch sein konnte; als jemanden, der einige Schläge erhalten hat und eine Umarmung braucht. Ich brachte den ganzen Kurs hierher nach Adi, eine gemischte Gruppe. Ich bin sicher, sie hatten hier keinen Workshop erwartet, aber es war dann einer und ein sehr interessanter.

Bringst Du dieses Thema überall ein, wo Du teilnimmst oder arbeitest?

Oh ja. Sobald ich diese Transformation durchlaufen hatte, gehörte meine neue Identität mir. Heute wissen in meiner Schule von Klasse 7 bis 12 sämtliche Kinder, was die Nakba ist. Nachdem ich hier zu arbeiten begonnen hatte, lernten alle etwas über die Ausweisung aus Tarshiba, mit Zeitzeugen, sodass alle Unterrichtseinheiten über jüdische Identität die Landfrage mit behandelten. Egal, wo ich bin und mit Kindern arbeite, das kommt vor. Das ist jetzt Teil meiner Identität, meiner Agenda. Es gehört zu dem, was ich in dieser Welt fördern möchte; es ist ein Glaubenssatz geworden. Es entwickelt sich noch weiter und schließt mehr und mehr mit ein, doch die Basis ist da.

Ich habe fünf Jahre lang für eine israelisch-palästinensische Organisation gearbeitet und mich bemüht, dem israelisch-jüdischen und -arabischen Bildungssektor Haltungen einzuflößen wie: Wir sind alle Menschen mit von Geburt an gleichen Rechten, die auch so leben sollen; miteinander zu sprechen ist okay und das sollten wir auch tun. Zuerst verließ ich die Schule und arbeitete für die Frauenorganisation Nisan, die gut zu mir passte. Dort arbeitete ich drei Monate lang; doch die Organisation war ziemlich klein und befasste sich vor allem mit Geschlechterthemen, die mich damals nicht so sehr interessierten. Danach arbeitete ich fünf Jahre lang bei IPCRI. Ich betrachtete mich als Gesandte mit der Mission, Dialog und Wandel voranzubringen und die Realität zu verändern.

Viele Menschen, die ich bei IPCRI anleitete oder mit denen ich arbeitete, sind heute auf diesem Gebiet tätig. Die jetzige Schulleiterin der binationalen Misgav-Schule war z. B. in meiner Gruppe. Als ich sie neulich kurz nach ihrem Amtsantritt traf, sagte sie zu mir, *Wissen Sie, das ist wegen Ihnen so gekommen* ... Diese Leute sind bis heute in Kontakt mit mir. Ich habe in ihrem Leben Spuren hinterlassen, die sie verändert haben, manche mehr, manche weniger.

Was sie von mir mitgenommen haben, ist wohl die Fähigkeit, die Situation im jüdisch-arabischen oder sogar jüdisch-palästinensischen Kontext zu betrachten. Und: die meisten von ihnen, der harte Kern sicherlich, aber auch viele andere haben sich bewusst in diesem Arbeitsfeld engagiert. In vielen Organisationen, die in diesem Bereich arbeiten, wird viel über bewusste Wahrnehmung gesprochen und es dann dabei belassen. Was wir im Kurs in Neve Shalom taten, hörte danach nicht auf. Leute, die dazu nicht bereit waren, brachen den Kurs ab, aber viele blieben und engagieren sich bis heute; das hat Wirkung. Sie betrachten ihre Arbeit als Mission. Nicht alle tun ihre Arbeit so und vermitteln Botschaften so, wie ich es gern hätte, doch sie alle hat die Transformation signifikant verändert. Unser damals errichtetes Internet-Netzwerk z. B. funktioniert noch immer.

Eine spezielle Reife

Wie sich meine Transformation in meiner Arbeit als Schulleiterin zeigt? Zunächst mal zu meiner Arbeit während des Kurses und danach, als ich aufhörte als Lehrerin zu arbeiten und Kursleiterin wurde. Neben meiner veränderten Sichtweise des jüdisch-arabischen Themas gab es weitere Veränderungen. Meine Art und Weise, anderen Menschen zu begegnen und ihnen zuzuhören, veränderte sich z. B. im Zuge der Identitätsklärung und des Prozesses während des Kurses. Mehrmals während des Ausbildungskurses sollte ich als schweigende Beobachterin dabei sitzen; das klappte etwa 1 ½ Stunden lang, danach konnte ich kaum noch schweigen und das war sehr erhellend für mich.

Zu Beginn meiner Laufbahn als Schulleiterin hatte ich also bereits Kursleiterqualitäten erworben und konnte viel besser zuhören als vorher. Man entwickelt eine spezielle Reife und entwickelt die Fähigkeit zu akzeptieren, dass es stets noch eine andere Version, einen anderen Standpunkt gibt. Bei jedem kleinen Vorfall, sei es, ein Lehrer hat sich unangemessen verhalten oder einen Fehler gemacht oder gegen die Regeln verstoßen, weiß ich, dass er die Situation auf seine Weise sieht und nehme zunächst einmal an, dass er sein Bestes zu geben versucht hat. Vor meiner Ausbildung [als Kursleiterin] hätte ich das nicht verstehen können. Ich bin kein Engel, doch ich höre den Menschen entschieden besser zu und erkenne Klischees und inhaltsleere Aussagen ohne Substanz viel leichter. Ich spüre es, wenn eine Geschichte nicht bis zu Ende durchdacht worden ist. Trotz unserer Werte gibt es auch unter uns viele Slogans im Bildungsbereich. Wenn mir heute jemand einen Arbeitsplan mit einem Slogan vorlegt, so muss er ihn vollständig durchdenken. Ich will wissen, was hinter dem Slogan steht. Ein Slogan reicht nicht.

Das Prinzip des Kursleiter-Teams hat außerdem meine Sicht auf Förderklassen verändert. In unserer Schule haben wir Schüler(innen) mit mittelschweren Entwicklungsdefiziten. Ich lernte verstehen, dass diese

Schüler(innen) die Welt anders wahrnehmen, dass sie andere Botschaften in einem ganz anderen Kontext aufnehmen. Sie durchreisen dieselbe Realität in derselben Schule, und so, wie jedes Kind individuell etwas anderes erlebt, so erleben auch diese Kinder die Schule ganz anders. Heute begreife ich besser, dass diese Schüler(innen) uns mehr geben als wir ihnen geben. Nicht sie brauchen uns sondern wir brauchen sie – sehr. Ohne sie verhärten wir uns und werden sozusagen steril in unseren Beziehungen. Darin habe ich mich auch verändert.

Ich verwende kein spezielles Lernprogramm zum Thema Juden und Araber. Inzwischen bin ich das dritte Jahr ohne ein solches Programm hier und werde auch in den nächsten Jahren keins anbieten. Der Grund: Ich halte nichts mehr von dem ‚Lasst uns zusammen Hummus essen‘, also von Programmen, die das bestehende System zufrieden stellen sollen. Im ersten Jahr hatte ich noch große Angst davor, sie könnten herausfinden, wer ich war und wie ich wirklich denke. Ich arbeite hier in einer (jüdischen) Gemeinde inmitten arabischer Bevölkerung – oder arabischer Bevölkerung, die von Juden umgeben ist, je nachdem, wie man das sieht –, einer Gemeinde, die auf arabischem Land sitzt; es gibt hier unendlich viele Geschichten über Tarshiha; der Ort hier hat ein hohes Ansehen mit hohen Leistungserwartungen. Ich wusste nicht, wie die so etwas auffassen würden. Sie haben mich eingestellt und wussten über meine früheren Aktivitäten Bescheid, aber ich wusste noch nicht, was ich aus Sicht der Schulbürokratie durfte und was nicht, und brauchte Zeit, um diese Grenzen für mich zu definieren. Zugleich lernte ich, vorsichtig zu sein mit großen Ankündigungen oder Projekten. Ihrer Verlässlichkeit und Bereitschaft misstrauend, beschloss ich, anders vorzugehen; das heißt, ich setzte mir zunächst sehr bescheidene Ziele und tue dies auch jetzt noch. Und ich gehe sehr umsichtig vor. Jedes Jahr kommt Hatem Darawshe (palästinensisch-israelische Hochschuldozentin) zu einer Podiumsdiskussion über jüdische Identität an unsere Schule. Der stellvertretende Schulleiter der Schule in Tarshiha kommt einmal im Jahr und berichtet über die Ausweisung der Bewohner und die Bombardierung von Tarshiha. Alle Kinder in meiner Schule nehmen daran teil. Das hört sich wie sehr wenig an, ist aber sehr viel.

In jeder Klasse spreche ich einmal pro Jahr und erläutere die Konzepte dieser Veranstaltungen. Die Kinder sollen ihr Bewusstsein schulen, sodass sie dann wissen, worüber wir reden. Aber das ist kein Frontalunterricht so wie früher; ich verwende nicht das summarische ‚Ihr‘ und behaupte nicht, mehr zu wissen als die Kinder; auch ich weiß nur einen Teil der ganzen Geschichte. Ich setze mich mit den Geschichtslehrern zusammen und arbeite mit ihnen. Ich bestehe darauf, dass alle diese Dinge Teil des Ganzen sind und sorge dafür, dass Leute mit anderen Sichtweisen ebenfalls eingeladen werden. So, finde ich, muss Lernen aussehen. Mittlerweile ist mir klar, ich kann die Kinder nicht in einen [tieferen] Prozess hineinführen. Viele bi-nationale Projekte soll ich genehmigen: Bildhauern, Reiten. Das sind schöne Ideen, und manchmal denke ich, solche Dinge sind auch wichtig, weil sie auf einer anderen Ebene auch etwas erreichen. Die Realität verhält sich zu uns wohl, wie wir uns zu ihr verhalten, und vielleicht brauchen wir ja auch ein paar von diesen Dingen … Aber ich bin davon nicht mehr überzeugt und genehmige solchen Dinge nur noch, sofern das Kollegium sich verpflichtet, dabei selbst einen Prozess zu durchlaufen.

Ich spreche in den Klassen nicht über die Nakba sondern über den 29. November 1947 [als die UNO das Ende des Britischen Mandats in Palästina und die Teilung verkündete] Zwei verschiedene Sichtweisen zu diesem Datum präsentiere ich und erkläre, wie das eine und das andere Volk dieses Ereignis wahrnahm. Ich spreche über die Balfour Erklärung [Großbritanniens Versprechen einer jüdischen Heimstätte in Palästina] und über den Briefwechsel zwischen McMahon und Hussein [Korrespondenz zum juristischen Status von Land unter Osmanischer Herrschaft]. Ich erkläre ihnen diese Sachverhalte; wie viel sie behalten, weiß ich nicht genau; jedenfalls stellen sie in den 90 Minuten (statt der üblichen 45) viele Fragen. Einen zweiten möglichen Gesprächstermin zu diesem Thema nehmen sie nicht wahr. Als ich jedoch den Mann aus Tarshiha da hatte, dachte ich, der Himmel stürzt ein.

Auf rassistische Äußerungen in der Schule reagiere ich ausgesprochen scharf. Die Schüler(innen) wissen dies und wagen es deshalb nicht. Sie wissen, die Strafe fällt sogar schärfer aus als bei physischer Gewalt. Die Sache geht sofort zur Direktion und die Eltern werden sofort einbestellt, was mit beiden Eltern nicht gerade einfach ist; es gibt heftige Diskussionen. Die Fähigkeit, solche Vorfälle einzudämmen, wirkt als Statement auf die ganze Gemeinde. Und wenn die Schüler in ihrem BarMitzwa-Jahr einen Ausflug nach Safed machen und dort Gräber besuchen, dann gibt es ein Gespräch über die Identität der Drusen-Kinder und über die Bedeutung dieses für sie heiligen und wichtigen Ortes. Es geht um die Anerkennung der Existenz verschiedener Kulturen an unserer Schule.

Aus diesen fünf Jahren, nicht nur aus dem einen SFP-Kurs, habe ich zunehmend eine gewisse innere Entspannung gewonnen; eine Art Schwammigkeit, die ich zuvor nicht kannte. Heute kann ich mir jede Meinung anhören, selbst wenn sie mich vielleicht richtig ärgert; doch während ich früher ein Geschrei darüber gemacht hätte, höre ich jetzt einfach zu, und manchmal sage ich, *okay, Sie haben Ihre und ich bleibe bei meiner Meinung,* und das ist in Ordnung so. Ich will nicht mehr jeden überzeugen, obwohl das für frühere Phasen typisch ist, das brauche ich nicht mehr. …

Harb Amara

Erzieher, Therapiezentrumsleiter, Kursleiter

Er ist verheiratet, Vater von vier Kindern, hat einen MA in Sozialarbeit, ein Diplom in Betriebswirtschaft und einen Abschluss in ‚economic and social design' gemacht und die Ausbildung zum Kursleiter für jüdisch-palästinensischen Dialog durchlaufen. Als erfahrener Therapeut und Manager/Berater sozialer Einrichtungen initiiert, organisiert und leitet er verschiedene Projekte und Programme in Nazareth. Er überwacht den Masterplan zu häuslicher Gewalt und Risiko-gefährdeten Kindern; er hat mehrere Therapiezentren für die Eltern und Kinder der Stadt Nazareth aufgebaut und leitet sie, und gibt den Sozialarbeitern dort Supervision. An der School for Peace (SFP) managt er mittlerweile ein Projekt, das die Reichweite der SFP wesentlich vergrößert. Er leitet SFP-Ausbildungskurse für Kursleiter und Kurse für Multiplikatoren in Betrieben und Verwaltungen. Damit will er den Menschen die Hoffnung geben, dass sich unsere Situation hier verändern kann und dass wir dazu beitragen können. Harb Amara hat an dem Multplikatoren-Kurs für ‚mental health workers' 2008/2009 an der School for Peace in Neve Shalom – Wahat al Salam teilgenommen. Er wurde im Mai 2015 interviewt.

„Es geht darum, den Bunker zu verlassen und anzufangen, anders zu denken. Du handelst nicht nur für andere, sondern bekommst das Gefühl, dass Du einen Beitrag leisten und ganz persönlich davon profitieren kannst; Du entdeckst einen neuen Geschmack. Zwar ist die Angst nicht verschwunden, doch sie ist kleiner geworden. Ich weiß jetzt, ich habe einen Partner. Wir können zusammen handeln, um die Ereignisse in diesem Land zu beeinflussen." *Harb Amara*

Ich habe am Multiplikatoren-Kurs 2008/2009 in Neve Shalom für Fachleute im Bereich psychische Gesundheit teilgenommen. Ein Freund, der am ersten dieser Kurse teilgenommen hatte, erzählte mir davon; er hat mich stark dazu ermutigt, diese Erfahrung zu durchlaufen – und tatsächlich war es eine formative Erfahrung. Bis 2008, bereits im Beruf, war ich hinsichtlich meines Wohnortes, meines nachbarschaftlichen Umfeldes und meines Heimatdorfs ziemlich auf dem Laufenden, aber nicht darüber hinaus.

Während des Kurses erweiterte ich mein Blickfeld und verbreitete meinen Horizont. Ich stellte fest: Nur für die eigene Bevölkerungsgruppe zu arbeiten, die arabische Bevölkerung und Deinen Wohnort, reicht nicht aus.

Es ist notwendig, sich anzuschauen, was im ganzen Land und was zwischen Juden und Arabern vor sich geht. So begann ich mich zu fragen, wie ich stärker zu Lösung von Konflikten, vor allem des jüdisch-palästinensischen Konfliktes, beitragen könnte. Dabei interessierte ich mich sowohl für Vorgänge auf der jüdischen Seite als auch bei den Palästinensern außerhalb und innerhalb Israels. Die Friedensschule zeigte mir die Richtung und versah mich mit den Werkzeugen für eine Betrachtung des Gesamtbildes, und mit dem Antrieb, dieses Bild zu verändern.

Schlüssel dafür war der didaktische Ansatz des Kurses. Als Sozialarbeiter komme ich aus dem Bereich therapeutischer Berufe, und dennoch war der Lernansatz in diesem Kurs neu für mich. Der Kurs zeigte mögliche Richtungen auf. Er leuchtete Aspekte aus, von denen ich allgemein etwas hörte, die ich aber nie in ihrer Tiefe betrachtet hatte, etwa den Aspekt meines Narrativs und des Narrativs der ,Anderen'; den Aspekt meines Standpunktes in diesem Konflikt und des Standpunktes der ,Anderen'. Auch meine Persönlichkeit erhielt einen neuen Fokus. Allmählich verstand ich besser, wo mein Platz in diesem Konflikt ist, was ich bei einer Fortdauer des Konfliktes verliere, und was ich gewinne, wenn der Konflikt gelöst wird oder wir die Ereignisse in diesem Land zum Besseren wenden können. Neben der Methodik profitierten wir auch von guten Materialien, guten Referenten und einer guten Kursleitung, die aufnahm, wie wir diskutierten, wie wir ausdrücken konnten, was mit uns geschah, und wie wir dem zuhören konnten, was mit den ,Anderen' geschah – und welche Wirkung dies auf beide Seiten hatte. All das rief einen allmählichen Wandel in mir hervor; alles, was man mir bisher zu glauben beigebracht hatte, die Werte, die mir zuvor so klar erschienen, all das war auf einmal nicht mehr so klar.

Zum Beispiel hatte ich immer gedacht, ich sei der schwächere Part, der gescheiterte Teil dieser Gleichung; dass ich kaum etwas ändern könnte; dass ich warten müsste, bis irgendwann in der Zukunft jemand die Macht haben würde, diese Gleichung zu verändern. Als Opfer, so dachte ich, konnte ich nichts tun. Dann begann ich, mir die Dinge, die mir [in dem Kurs] durcheinander gerieten, genau anzuschauen. Ich dachte, *halt, in dieser Gleichung kann ich doch etwas tun; ich kann Dinge verändern; ich kann wenigstens protestieren, meine Seite darstellen, den ,Anderen' zuhören, dort etwas verändern, die Dinge aus einem anderen Blickwinkel betrachten.* Ich war nicht länger verzweifelt, konnte in kleinen Ansätzen aktiv werden, ich wusste, dass ich handeln und Dinge beeinflussen konnte.

Das ist eine Persönlichkeitsstärkung, doch was hat Dich dazu veranlasst, aus der Verzweiflung herauszutreten und handeln zu wollen? Was hat Dich in Bewegung gesetzt?

Zuallererst mal das, was Du eben Persönlichkeitsstärkung genannt hast. Damals bestand sie darin, dass meine Identität schärfere Konturen erhielt. Bis dahin hatte ich mich als Opfer, als gescheiterte Existenz ohne Zukunft gesehen. Dann begann ich zu erkennen, dass ich nicht Schuld war, ich war nicht gescheitert; schließlich lebe ich hier, in dieser Situation, habe einiges erreicht; wenn ich dies also trotz der Dinge, die ich durchmachen musste, erreicht habe, so ist das mein persönlicher Erfolg, der mir die Kraft gibt, mein Umfeld in größerem Maße zu beeinflussen. Dazu kam die Interaktion mit der jüdischen Seite. Nach vielen Diskussionen und Vorträgen bekam ich allmählich den Eindruck, dass wir die Situation und das Denken der Menschen tatsächlich verändern können; dass man sogar mit der israelischen politischen Opposition in Dialog treten und einen Kompromiss erzielen kann, bei dem jeder ein Stück auf die andere Seite zugeht. Als mir klar wurde, dass man Menschen und Situationen tatsächlich verändern kann, da begann ich mich für solche Veränderungen zu engagieren.

Wenn Araber im Dialog hier entdecken, dass sie tatsächlich die andere Seite nicht nur oberflächlich und vorübergehend, sondern nachhaltig beeinflussen können, so ist dies eine sehr mächtige Erfahrung.

Genau – vielleicht besonders deshalb, weil wir aus einer Situation hierher kommen, die ich als Scheitern und Verzweiflung beschrieben habe. Damit meine ich, wir kommen aus einer Gesellschaft, die sich selbst als gescheitert definiert. Wir sind durch viele Kriege gegangen; das ist ein zentraler Teil unseres Narrativs. Die Staatsgründung Israels erfolgte auf Kosten der Araber. Der Staat wurde gegründet; die Verlierer, die Gescheiterten waren die Araber. Meine bisherige Erfahrung in diesem sich als jüdisch definierenden Staat ist, dass ich zwar bestimmte Bürgerrechte habe, der jüdische Staat und seine Institutionen mich aber nicht schützen.

Es besteht ein Konflikt zwischen mir als palästinensischem Araber in Israel und dem, was ich sehe, wenn ich einen Juden betrachte: Bei ihm spielt keine Rolle, wo er herkommt, alle staatlichen Institutionen helfen und stärken ihn. Wenn ich als Araber hier vorankommen will, dann muss ich die ganze Arbeit leisten, meine Ressourcen und mein Geld und vieles andere investieren, damit ich wenigstens persönlich vorankomme [ohne all die staatlichen Hilfen für Juden]. Mit dieser Gleichung kam ich her – und bekam das Gefühl, dass die ‚Anderen‘ meinen Schmerz tatsächlich mitempfinden konnten. Zuerst ging es um dies Stigma, alle Juden wollten meine Rechte negieren, oder einfacher gesagt: alle Juden wären gekommen, um mich auszutricksen. In unseren Diskussionen wurde mir allmählich klar, dass aus ihrer Sicht auch die ‚Anderen' ihre Probleme hatten, auch die Juden. Ich und die Juden leben in demselben Raum, und beide Seiten sollten auf gute Weise darin leben. Also bezahle nicht nur ich einen Preis in diesem Konflikt, auch die andere Seite bezahlt einen Preis, aus einer anderen Perspektive. Allmählich wurden mir diese Dinge klarer, und ich begann nachzudenken und den Schmerz der anderen Seite zu spüren. Und ich bekam das Gefühl, dass die ‚Anderen' allmählich meinen Schmerz besser verstanden, meinen Verlust in der jetzigen Situation, und wie vielleicht ein neuer Prozess entstehen könnte, von dem beide Seiten profitieren.

Die Entdeckung: Juden können Partner sein

Vor dem SFP-Kurs hatte ich als Bewohner eines arabischen Dorfes nur beruflich bisweilen mit Juden zu tun. Ich fuhr nicht in jüdische Ortschaften und kannte sie nicht.

Ich wollte stärker mit der arabischen Seite verbunden sein, lernte viel über arabische Geschichte und den Schmerz und das Narrativ der Araber; lernte, dass ich, wenn ich hier leben wollte, härter würde arbeiten müssen und mich würde schützen müssen, weil dieser jüdische Staat mich hier nicht haben will und mich ignoriert. Die Juden glaubten, sie wüssten, was gut für sie ist, und wie sie sich von den Arabern hier befreien können. Mit diesem Bild wuchs ich auf.

Hier im SFP-Kurs fand ich eine andere Ausrichtung vor; dort gab es Leute, die anders waren. Sie möchten leben und sich entwickeln, genau wie ich, und wollen nicht, dass ich als Araber verschwinde. Auch andere Dinge wurden mir bewusst. Sogar während des Universitätsstudiums hatte ich nur zu den jüdischen Hochschullehrern Kontakt, und darunter waren gute und andere wie überall. Auch hier hatte ich eher beruflich bedingten Kontakt zu Juden. Ich hielt mich aus politischen Diskussionen heraus und konzentrierte mich aufs Studieren, doch war ich politisch eher arabisch-nationalistisch eingestellt. Ich glaubte zu wissen, was vor sich ging, und hatte nie das Empfinden, Teil des gemeinsamen Raumes in diesem Land zu sein. Ich glaubte, auf mich und meine Nation und meine Identität aufpassen zu müssen, und dass ich mich nicht intensiv mit der jüdischen Identität befassen oder möglichst nicht so wie die Juden denken sollte. Aber nachgedacht habe ich darüber nicht wirklich. Ich traf strikt beruflich mit Juden zusammen und erwog nie ernsthaft etwas anderes, obwohl es von der anderen Seite wahrscheinlich Versuche dazu gab. Ich hatte eindeutig kein Interesse daran; mich interessierte meine Identität, meine Nationalität und wie ich mich vor der anderen Seite schützen konnte.

Heute kann ich sagen, dass zum einen die Angst zwar nicht verschwunden, aber kleiner geworden ist. Heute weiß ich, dass einen Partner habe. Es gibt Leute, mit denen zusammen ich nachdenken kann, und es gibt Juden, die so denken wie ich, die die Lage ebenso gern verändern wollen wie ich, um sie für alle besser zu machen. Zusammen können wir in Aktion treten um die Entwicklung des Landes zu beeinflussen. Heute investiere ich meine Person in diese Arbeit, setze mich intensiv mit den Partnern auseinander und verändere meine Positionen ein wenig, sodass wir etwas in Bewegung setzen oder Pläne erarbeiten können, um die Lage für alle zu verbessern.

Neulich traf ich eine Teilnehmerin aus Deinem damaligen Kurs, und die sagte, was sie am meisten beeinflusst hat in dem Kurs, das war, als Du erzähltest, wie Du mit Deiner Tochter in der Stadt ein Eis kaufen wolltest. Du sagtest, Du hättest sie nicht einmal in Deiner eigenen Sprache fragen können, welche Sorte sie gern hätte, weil Du nicht wusstest, wie der Eisverkäufer darauf reagieren würde, oder die anderen Kunden in dem Laden, weil das ganze Umfeld so rassistisch war. Deine Beschreibung hat auf die junge Frau eine größere Wirkung gehabt als alles andere während des Kurses.

In manchen Gegenden habe ich auch heute noch Angst, meine Identität zu zeigen. Doch wenn ich mit meiner Familie unterwegs bin, so ist meine Identität ganz offensichtlich, weil meine Frau traditionelle Kleidung trägt und eindeutig arabisch aussieht, und meine Töchter auch. Man sieht sofort, dass wir Araber sind, auch ohne dass ich etwas sage. Doch die Angst sitzt in mir drin, genährt von Krisen-Erfahrungen und Kriegssituationen, und der in den Medien genährten Brutalität und Rassenhetze. Aber heute lasse ich mich davon nicht mehr so beeindrucken. So allmählich weiß ich, dass ich den Preis bezahlen werde, wenn ich muss, oder wenn ich in einem für Araber gefährlichen Viertel bin, das ist mir egal. Ich brauche, dass die Leute sich an meine arabische Identität gewöhnen. Heute versuche ich so gut es geht, ohne Furcht mit all dem zu leben.

Die meisten Juden bemerken die Angst der Araber nicht; sie meinen, dass sie selbst ein Monopol auf die Angst haben.

Das liegt an ihrer grundsätzlichen Angst vor jedem Araber, auch wenn er gar nichts tut. Diese Angst nährt sich selbst. Es ist eine Angst vor jedem anwesenden Araber; egal ob z. B. im Einkaufszentrum, in einem Veranstaltungsort oder in einem Flugzeug; die Juden befürchten, dieser Araber könne ihnen etwas antun.

Einmal ist mir etwas noch Übleres passiert. Ich war zusammen mit Juden in einer Delegation auf dem Weg nach München. Eine jüdische Freundin von mir gehörte auch zur Delegation. Wir hatten uns fast ein Jahr auf die Reise vorbereitet und viel Zeit für gemeinsame Sitzungen investiert. Diese Frau saß also neben mir im Bus und ein Perser oder Araber fragte mich auf Arabisch, an welcher Haltestelle er aussteigen müsse und ich erklärte es ihm. Da sagte die Frau neben mir plötzlich, sie wolle an der nächsten Haltestelle aussteigen und zurück ins Hotel; sie wolle nicht mitreisen. Also stieg sie aus und ich fuhr weiter – und später, nach meiner Rückkehr, entdeckte ich in Gesprächen mit ihr, dass sie Todesangst bekommen hatte, ich könnte mit dem Kerl unter einer Decke stecken und in Berlin würde ihr irgendetwas passieren. Angesichts solcher Dinge wird Dir bewusst, wie sehr verstrickt die Leute in diese Dinge sind, sogar jemand von der anderen Seite, den Du persönlich kennst. Wenn die Angst uns treibt, dann reagieren wir irrational auf die Dinge.

Die Sozialisierung prägt stark, und sie wird von der Regierung, vom Bildungssystem, von der Armee ... gesteuert. Das wurde auch vor der letzten Wahl [17.03.2015] deutlich, als Netanyahu davor warnte, dass die Araber ‚in Massen‘ zur Wahl gehen würden.

Dieses Denkmuster möchten wir verändern. Seit meinem Abschluss des SFP-Kurses 2009 habe ich in vielfältiger Weise in der School for Peace mitgearbeitet. Ich möchte viele Leute ermutigen, miteinander diese Kurs-Erfahrung zu machen. Ich engagiere mich in meinem beruflichen Umfeld und fordere Leute dazu auf, an SFP-Kursen teilzunehmen und SFP-Veranstaltungen zu besuchen, um herauszufinden, worum es hier geht. Auch meinen Beruf übe ich inzwischen anders aus. All das, was ich im Kurs und in den Jahren meiner Berufstätigkeit an der School for Peace gelernt habe, wende ich inzwischen bei meiner sonstigen Arbeit an.
Es geht hauptsächlich um Dialog und um Aktion: wie es gelingt, eine andere Art von Dialog und eine andere Art von Aktion zu erreichen, sogar in Situationen, wo der jüdisch-palästinensische Konflikt keine Rolle spielt. Ich habe hier z. B. anders zu hören und anders zu denken gelernt und wie ich auf andere Art und Weise Einfluss ausüben kann. Diese Instrumente versuche ich auch in meinen Therapiegruppen und bei meinen Trainees anzuwenden sowie bei Fachleuten, mit denen ich zusammenarbeite.
Während des Libanonkrieges z. B. veranlassten diese Instrumente mich, bei meinen Mitarbeitern in Nazareth Veränderungen anzustoßen. Der Hintergrund war: Wir steckten ständig in verzweifelten Diskussionen.

Mein Team arbeitet mit sehr schwierigen Fällen häuslicher Gewalt und mit den Problemen von Eltern. Ich selbst leite den Masterplan für gefährdete Kinder und häusliche Gewalt. Vor allem entwickele und initiiere ich Programme. Ich bin für mehrere Behandlungszentren verantwortlich: ein Zentrum für Fälle häuslicher Gewalt, ein Familien- und Paarzentrum, ein Eltern-Kind-Zentrum und ein beaufsichtigtes Familienzentrum. Ich leite ein Team von Sozialarbeitern, die eine stärkere Achtsamkeit gegenüber häuslicher Gewalt und Risiken für Kinder erreichen, individuelles und familiäres Durchhaltevermögen fördern und Widerstandskraft in möglichen Krisensituationen (z. B. einem Krieg) aufbauen möchten. Mein Team bereitet die Menschen in ihrer Gemeinde darauf vor, mit solchen Situationen umzugehen.

Das Team setzt sich aus 20 Fachleuten zusammen, hauptsächlich Sozialarbeitern aber auch klinischen Psychologen und Kunst- und Musiktherapeuten. Unsere Arbeit ist meist sehr stressig; die Mitarbeiter müssen häufig unter Druck komplizierte Entscheidungen treffen. Primär arbeiten wir mit der komplex zusammengesetzten arabischen Bevölkerung: mit traditionell und religiös denkenden Menschen verschiedener Gemeinschaften und einigen sozialen Gruppen – in dieser Hinsicht ähnelt unser Klientel der jüdischen Bevölkerung.

Als also während des Libanonkriegs (2006) diese Diskussionen begannen, merkte ich, dass die Gespräche von verzweifelten Fragen bestimmt waren: Was tun wir eigentlich hier? Was können wir überhaupt tun? Wozu sollen wir das Problem einer bestimmten Frau bearbeiten, oder die Gewalt gegen ein Kind in einer Familie, wenn gleichzeitig das, was um uns herum passiert, so viel schrecklicher ist? Die Verbrechen und die Gewalt [des Krieges] sind so viel massiver als die häusliche Gewalt und Kindesmisshandlung, mit der wir es zu tun haben. Wie sollen wir da überhaupt weiter machen? Daraufhin initiierte ich Diskussionen in meinem Team zu genau diesem Thema. Ich sagte, *Lasst uns darüber nachdenken, wie wir weiter vorgehen wollen, als Fach-Team beziehungsweise als ein Team, das sozialen Wandel vorantreiben will. Wir wollen die Situation verändern und haben das Gefühl, dass sich in unseren Therapiesitzungen trotz der bewährten Therapiemodelle nicht viel ändert, solange die Gesamtlage von so umfassender Gewalt bestimmt ist, sodass es sehr schwer für uns ist, das Verhalten der Menschen zu verändern. Lasst uns also zuallererst einmal herausfinden, wie wir an uns selbst und an unsere Ziele glauben und Veränderungen erreichen können. Lasst uns darüber nachdenken, was wir tun müssen, um in einen größeren Raum hinein wirken zu können, und dann einen Dialog darüber beginnen, wie wir unseren Einfluss ausüben wollen; erinnern wir uns daran, dass jeder von uns für das verantwortlich ist, was mit ihm und um ihn herum geschieht. Dieses Bewusst-*

sein müssen wir bewahren und dürfen uns nicht der Verzweiflung überlassen. In all den folgenden Diskussionsrunden wollte ich die Instrumente und Methoden der School for Peace anwenden, um meinem Team zu helfen, seine Denkmuster zu verändern. [Wir diskutierten Themen wie:] Das Leben besteht nicht nur aus dem Therapeutenberuf. Meine Erfahrungen beschränken sich nicht auf den Therapieraum. Wie kann ich meinen Klienten anleiten? Ich muss noch genauer nachdenken und noch aktiver sein und aussprechen, was ich jenseits des Therapieraumes noch tun kann. Ich verfüge über Werkzeuge; wie kann ich die so anwenden, dass sie Wirkung entfalten?

Indem ich mich mit der Makro-Ebene verbinde, mit der Realität.

Genau, und indem man den Leuten etwas zu tun gibt, sodass sie aus ihrer Verzweiflung herauszutreten versuchen und sich anschauen, wie sie auf die Ereignisse um sie herum einwirken können, angefangen bei ihren Freunden. Und es funktionierte. Zunächst einmal betrachteten sie die Ereignisse aus verschiedenen Perspektiven. Sie begannen zu begreifen, dass der Erfolg des Einzelnen nicht ausreicht; dass man über das Persönliche und die Familienebene hinausgehen musste, über das eigene Zuhause hinaus. Sie erkannten: Ich muss mich stärker engagieren und in einem größeren Kreis Diskussionen und gemeinsames Nachdenken anstoßen, den gemeinsamen Austausch über die Lage; und gemeinsam muss man Wege finden, Einfluss auszuüben und die Lage zu verändern – man darf sich nicht umwerfen lassen, als ob man nichts tun könnte. So kamen die Leute langsam aus dem Bunker heraus, in dem sie sich nur noch um sich selbst und ihre Kinder sorgen, ihre Türen abschließen und sich verstecken wollten. Einige Frauen in meinem Team begannen sogar, sich persönlich zu entwickeln, auf neue Weise aufzublühen, sich weiter zu bilden und breitere Aktivitäten zu beginnen. Heute bilden einige dieser Mitarbeiterinnen andere aus oder haben weitere Aktivitäten außerhalb ihres bisherigen Arbeitsfeldes begonnen und tun Dinge, die sie noch nie getan haben.

Dieser Prozess ähnelt dem, den Du selbst durchlaufen hast.

Das stimmt. Es geht darum, den Bunker zu verlassen und anders zu denken zu beginnen. Das bedeutet zugleich, Du handelst nicht nur für andere sondern bekommst das Gefühl, dass Du einen Beitrag leisten und auch ganz persönlich davon profitieren kannst; Du entdeckst einen neuen Geschmack. Auf die Marslow'sche Skala angewendet ist das der Inbegriff der Realisierung Deines Selbst auf ganz andere Weise.

Den Bunker verlassen

Was meine Mitarbeiter in Nazareth anbetrifft: Viele von ihnen nahmen Angebote der School for Peace wahr und lernten ihren Ansatz kennen. Sie beteiligten sich an zahlreichen Aktionen gegen den [Libanon-]Krieg [2006], einige dachten auch über eigene Aktionen nach. Nach den Ereignissen des Oktober 2000 veranstalteten sie gemeinsam mit der Friedensschule eine Konferenz für Juden und Araber. Damals wollten die arabischen Aktivisten eher an eigenen Themen arbeiten und die israelische Linke begann ihre eigenen Wege zu gehen; es gab überhaupt keine Verbindung zwischen ihnen; denn die Araber hatten das Gefühl, von der israelischen Linken verraten worden zu sein, als 13 arabische Jugendliche getötet worden waren, und es gab viele Vorbehalte, weil niemand zu den Protestaktionen gekommen war und der Staat sich nicht groß darum gekümmert hatte. Also luden wir die politische Linke und linke jüdische Friedensaktivisten von der einen und arabische Aktivisten von der anderen Seite zu einem Treffen ein, um mit ihnen herauszufinden, warum es keine Kooperation gab. Dies Treffen fand 2010 in Nazareth statt. Einige meiner Mitarbeiter schlossen sich auch Aktionen von Ossim Schalom (Sozialarbeiter für den Frieden) an; andere setzten ihre Erfahrungen in ihrem eigenen Arbeitsfeld ein. Einige Frauen z. B. wollten mehr im Bereich Gewalt in der Familie tun als wir bereits taten; sie wollten auch im Umland von Nazareth arbeiten und schauen, wie sie Sozialarbeiter dort in diesem Bereich weiter bringen konnten. Jede konzentrierte sich auf einen anderen Aspekt. Was ich in diesem Zusammenhang betonen möchte ist: Sobald jemand seine Barrieren überwunden und seinen Bunker verlassen hat, kann er in allen möglichen Richtungen tätig werden. Er kann ein Aktivist für sozialen Wandel sein oder gegen die gegenwärtige Sozialpolitik kämpfen, und beruflich kann er die Dinge aus einer breiteren Perspektive zu betrachten beginnen.

Dieser Punkt mit dem Bunker, den Du da gerade ansprichst, ist ungemein wichtig. Was schätzt Du, wie viel Prozent der arabischen Bevölkerung befinden sich in diesem Bunker?

Die meisten von ihnen. Warum? Teilweise liegt es meines Erachtens daran, dass sie immer abgeschlossen in Dörfern oder anderen Orten gelebt haben, teilweise daran, wie der Staat sie wahrnimmt, teilweise an ihren bisherigen Erfahrungen. All das hat sie dazu bewogen zu denken: Sicher bin ich nur in diesem Bunker. Auch die Politik von oben, die sie ‚an ihrem Platz‘ halten will, spielt eine Rolle. Sie besagt: Wenn Ihr sicher sein und Euren Arbeitsplatz behalten wollt, dann bleibt in Eurem Bunker; brecht lieber nicht aus, denkt lieber nicht anders. Ich denke, die Mehrheit der arabisch[-israelisch]en Bevölkerung befindet in dieser Situation – abgesehen von ein paar politischen Aktivisten oder politischen Parteien, doch von dort ist noch nicht viel an Aktivität gekommen. In den arabischen Kommunen gibt es noch kaum Aktionen im Zusammenhang mit politischen Parteien. In den 1970-er und 1980-er Jahren gab es das, doch seit den 1990-er Jahren gibt es dort nicht einmal ein Ortsbüro einer in der Knesseth vertretenen Partei, auch in Nazareth nicht; das ist geschlossen. So habe ich auch mal gelebt: Es gab politische Parteien, aber die waren nicht in der Knesseth, und auf kommunaler Ebene verfolgten sie alle verschiedene politische Ziele.

Viele Leute engagierten sich z. B. bei der Söhne-des-Dorfes Bewegung oder bei Al Ard (Das Land). Die Söhne-des-Dorfes Bewegung schaffte es nie in die Knesseth. Es gab die PLP mit Mohammed Miari und anderen. Eine neue Bewegung musste erst einmal aufgebaut werden und dann musste sie ihre tatsächliche Wirksamkeit beweisen.

Warum es heute fast keine politischen Bewegungen gibt, das weiß ich nicht. Aus meiner Sicht hat unsere Gesellschaft regrediert. Wenn ich heute junge Leute frage, so sagen sie, für sie ist ihr direktes Umfeld am wichtigsten, ihre Kernfamilie, und danach ihre Großfamilie. Man kann spüren und sehen, dass diese jungen Leute bereit sind, für ihre Familie oder Großfamilie alles zu opfern. Das ist ihr Bunker. Von dort beziehen sie ihre Inspiration und ihre Kraft. Und andere Kreise sind ihnen egal. Politische Parteien interessieren sie nicht; der Staat und was dort passiert, interessiert sie nicht: *Wichtig ist nur, was in meiner Familie oder hamoula (Großfamilie) geschieht.*

Das ist eine Form der Regression. Dieser Bunker ist wie eine Regression zu den ersten Phasen der Menschheitsentwicklung. Sie wird bewusst gefördert, doch vor Schuldzuweisungen an andere sollte jede Gesellschaft beziehungsweise jeder Einzelne in den Spiegel schauen und sich fragen, was sie/er zu dieser Situation beiträgt. Auch ich muss mich fragen: Was zeigt mir der Spiegel über mich selbst, wo muss ich selbst mich ändern? Welche Rolle spiele ich?

Heute arbeite ich an der School for Peace. Aber ich möchte noch mehr geben, mehr Einfluss haben, weil ich davon überzeugt bin, dass die SFP mit ihren Programmen und ihrem Ansatz noch mehr erreichen kann. Die Entwicklung, die ich durchlaufen habe, sollte für jeden zur Verfügung stehen, der Kontakt mit der Friedensschule aufnehmen will. Wenn die Wirkung auf mich so groß war, so muss diese Transformation für jeden möglich sein, der SFP-Programmangebote annimmt. Heute versuche ich mit all meiner Kraft, den Geist der School for Peace in viel mehr Menschen einzupflanzen.

Mein Narrativ war das des Misserfolgs, des Opfers. Heute sehe ich die Dinge anders. Heute fühle ich mich nicht mehr als Opfer. Ich sehe alles aus neuer Perspektive. Und ich kann die Ängste der Juden verstehen, obwohl sie in meinem Narrativ die Aggressoren waren und die Besatzer sind; ich kann dies in einem größeren Zusammenhang sehen und wo es herkommt; ich sehe ihre Angst vor Macht- und Kontrollverlust. Vor meiner Erfahrung mit der School for Peace habe ich mir nicht einmal einen solchen *Gedanken* erlaubt. Ich war das Opfer, welches schon immer den Preis bezahlt hat, und die Juden diejenigen, die mich stets verletzt haben. Ich lebte mit meinen Verletzungen und war damit beschäftigt mich zu schützen. Heute ist meine Sicht der Dinge in der Tat anders. Ich denke, wir haben noch eine Menge Arbeit vor uns. Wir müssen viel mehr Leute erreichen, wenn wir trotz allem weiter hier leben und eine gute Situation haben wollen. Keine der beiden Seiten wird die andere überwinden oder besiegen, weder kurz- noch langfristig. Eine Lösung ist nur erreichbar, wenn beide Seiten in die Lage versetzt werden miteinander leben zu können; die Frage ist, wie die Menschen leben werden. Diese Frage beschäftigt mich heute sehr und ich nehme an, wir werden gemeinsam daran arbeiten. Wollen wir die gegenwärtige Situation irgendwie fortsetzen oder wollen wir sie so verändern, dass sie [für beide Seiten] besser wird? Sie sollte besser werden!

Offenbar muss man sehr stark von der Wirksamkeit des Prozesses überzeugt sein, den – wie Du sagst – die Teilnehmergruppen durchlaufen, wenn man selbst wiederum andere Menschen zur Teilnahme [an SFP-Kursen] überzeugen will.

Das stimmt. Mittlerweile habe ich sehr viel Erfahrung darin, Menschen zur Teilnahme an SFP-Kursen zu ermutigen, Menschen aus dem ganzen politischen Spektrum und der ganzen sozialen Bandbreite der arabischen Bevölkerung. Für die meisten, die diese Erfahrung gemacht haben, war die Teilnahme meinem Eindruck nach erfolgreich. Sie ziehen heute andere Schlüsse aus den Dingen. Die Friedensschule muss ihre Methoden bei der Rekrutierung von Teilnehmern weiter verbessern. Ich befürchte nicht, dass sich keine Veränderung bei ihnen einstellt. Die Frage ist eher, wie man sie hierher bekommt. Wenn sie kommen und sich auf diese Erfahrung einlassen, so wird diese Erfahrung – da bin ich sicher – sie nachhaltig verändern.

Youval Tamari
Erzieher und Aktivist

Youval Tamari ist Kernfach-Lehrer an einer Grundschule in Tel Aviv und hat zugleich an einer Schule mit jüdischen und arabischen Kindern gearbeitet, wo auf seine Initiative hin größere und tiefergehende Gleichheit für beide Gruppen in der Schulgemeinschaft eingeführt wurde. Davor war er als Stadtplaner in einem Kooperationsprojekt mit Sikkuy für jüdische und arabische kommunale Behörden im Wadi Ara tätig. Er arbeitet aktiv bei Zochrot und Hithabut/Tarabut mit. Außerdem verfügt er über zwei akademischen Abschlüsse, einen BA in Middle Eastern Studies und einen MA in Stadtplanung. Youval Tamari hat die Ausbildung für Kursleiter von Konfliktgruppen 1996/1997 absolviert. Sein Interview fand am 11. Dezember 2007 statt.

„Alles, was ich tue, hängt mit dem Israelisch-Palästinensischen Konflikt zusammen. Er bestimmt meine Arbeit, sowohl in der Stadtplanung als auch in der Erziehung und der Politik. Die Arbeit und meine Aktivitäten haben ein großes Spektrum, doch das Kernthema ist stets dasselbe. Meines Erachtens bin ich privilegiert; ich tue das, was mir als richtig erscheint. Das hängt mit meiner Weltsicht zusammen, die sich von der gesellschaftlich akzeptierten unterscheidet; aber ich trage das nicht vor mir her."
Youval Tamari

Meine Entwicklung begann bereits, bevor ich mich an der School for Peace anmeldete, doch während des Kurses beschleunigte sich diese Entwicklung enorm.

Ich bin in einem ausgesprochen zionistischen Elternhaus aufgewachsen, die Mutter Lehrerin, der Vater beim Militär. Während meiner Militärzeit bis 1996 war ich 5½ Jahre Nachrichtenoffizier bei der Luftwaffe. Das war nach den Oslo-Verhandlungen, und damals glaubten viele, dass es Frieden geben könnte. Ich war schon immer an den politischen Ereignissen interessiert und so meinte ich, hier läge meine Berufung; also studierte ich Geschichte des Nahen und Mittleren Ostens. Als erstes fiel mir auf, dass ich nie palästinensische Araber traf. Dann lernte ich, zuerst spontan, einige Araber kennen und dann entdeckte ich zufällig die Ankündigung des SFP-Kurses. Das schien mir eine gute Gelegenheit zu sein, und so kam ich nach Neve Shalom. Bereits am Ende der ersten Sitzung öffnete sich für mich eine neue Welt. Mir wurde plötzlich bewusst, dass ich nicht der rechtschaffenste oder aufgeklärteste Mensch war, und das es Probleme gab, für die ich nicht sofort eine Lösung parat hatte – kurz, dass mir etwas fehlte. Ich hatte das klare Gefühl, dass es ein Problem gab, das zu lösen ich nicht fähig war. An die Zeit zwischen der ersten und der zweiten Sitzung erinnere ich mich noch ganz genau; das Problem trieb mich die ganze folgende Woche um: Ich versuchte, eine Verbindung zu schaffen zwischen der zionistischen Weltsicht und der Forderung nach Gleichberechtigung, die formuliert worden war, und ich fand einfach keine Lösung. Ich merkte, dass ich auf jeden Fall mit einer Antwort in die nächste Sitzung gehen wollte, dass ich Klarheit finden musste, und dass es ethisch nicht okay war, die Antwort im Dunkeln zu lassen. Zu dem Zeitpunkt entschied ich, der Zionismus sei wichtiger und die Gleichberechtigung nachrangig. Das wollte ich ganz klar sagen. Dabei war mir klar, dass dies eine rassistische Äußerung war und das wollte ich auch nicht verbergen; es sollte auf den Tisch, weil diese Klarheit mir richtig erschien. So fuhr ich also zum nächsten Treffen. Ich erklärte, ich müsse der arabischen Teilnehmergruppe etwas sagen, nämlich, dass sie in meiner Fantasievorstellung nicht hier wären. Ich dachte, diese Äußerung sei nicht besonders weltbewegend; doch als ich das sagte, waren alle ziemlich schockiert und diese Bombe war hart für sie zu nehmen. In der darauf folgenden uni-nationalen Gruppensitzung griffen mich die jüdischen Kursteilnehmer(innen) heftig an, aber mich beeindruckte das nicht sehr. Ich meinte, *Das ganze so deutlich zu formulieren ist viel besser als sich zu verstecken und alle möglichen halben Sachen zu machen.*

Ich glaube, irgendwie löste die Tatsache, mich das selbst sagen zu hören und die Reaktion der Kursleiter zu erleben, vielleicht die von Rabah, etwas in mir aus. Lange Zeit hatte ich ein ganz schlechtes Gefühl. Ich brauchte ungefähr sechs Jahre, bis ich eine andere Entscheidung treffen konnte: die gegenteilige Entscheidung. Ja, das war um die Zeit der zweiten Intifada. Was Militärdienstverweigerung aus Gewissensgründen angeht, so meine ich, die Verweigerer sind verantwortungsbewusste Leute. Von jenem Zeitpunkt im Kurs bis ich meine Entscheidung revidierte, durchlief ich ganz allmählich einen ununterbrochenen, schrittweisen Prozess, einen Prozess, der meine zionistische Weltsicht irgendwie aushöhlte.

Von der Ambivalenz zur Militärdienstverweigerung aus Gewissensgründen

Vier Jahre lang von den sechs Jahren dieses kumulativen Prozesses schien mir die Entscheidung klar: Primär war ich weiterhin Zionist. Dann begann die Intifada; ich befasste mich damit, fuhr in die die [Besetzten] Gebiete und arbeitete als Freiwilliger für Ta'ayush. Anschließend begannen die Begegnungen in Neve Shalom. Mein Standpunkt begann Risse zu bekommen und ich versuchte, vor dieser Anfrage davon zu laufen. War ich Zionist oder nicht? Ich war hin- und hergerissen. Die Entscheidung, den Militärdienst aus Gewissensgründen zu verweigern, half mir Klarheit zu finden. Mir wurde klar, dass diese Entscheidung richtig für mich war; wenn ich verweigerte, so bedeutete dies, dass ich mich entschieden hatte. Aus dem Kurs erinnere ich auch noch andere Momente, zum Beispiel ein Gespräch mit Nazih im Flur über seine Behauptungen zu Aktivitäten des ShinBeth in arabischen Ortschaften. Zuerst sagte ich, das könne nicht stimmen, und dachte, er übertreibe schlicht und einfach. Doch es begann in meinem Kopf zu arbeiten; ich begann mich zu fragen, ob es nicht doch wahr sein könnte. Vielleicht stimmte es ja doch, und angesichts der sich in mir bildenden Zweifel begann ich zu verstehen. Ich dachte über das Thema Machtverhältnisse nach und auf einmal schien es mir so, als ob jemand, der die Macht dazu hat, sich natürlicherweise so verhält. Da war mir plötzlich klar, dass die Behauptungen nicht unrealistisch waren, ja dass es logisch war, wenn die Dinge so lagen. Ich forschte nicht einmal nach, ich hatte auch gar nicht die Möglichkeit das zu tun. Schließlich ging ich mit dem Gefühl, dass die Dinge tatsächlich so sind. Ich erinnere mich an Abeer, die junge Frau, die mich mit ihren harschen Reaktionen so interessiert und auch angezogen hatte. Ich bewunderte sie und wollte ihr gefallen. Überhaupt waren es die radikalsten Leute im Kurs, die mich zum Laufen brachten. Yoni aus der jüdischen Teilnehmergruppe verwirrte mich. Bei analytischen Diskussionen zeigte er sich stets zu Kompromissen bereit, bereit, den Zionismus und Nationalismus aufzugeben. Und ich fühlte mich irgendwie bedroht, weil er einen moralischeren Standpunkt vertrat als ich. Im weiteren Verlauf des Kurses jedoch verkehrte sich diese Konstellation ins Gegenteil.

Wir haben auch geschrieben. Das periodische Führen eines Kurs-Journals war ungemein wichtig; das half sehr und machte es mir leichter, meine Gedanken zu ordnen. Während der zweiten Hälfte des Kurses trafen wir auf eine Gruppe an der Universität, die wir noch nicht kannten, und dort traf ich Nadia und vor allem Badriyya; eine großartige Begegnung, weil sie mir die Möglichkeit bot, in einen Dialog mit palästinensischen Frauen einzutreten, die ihre Identität behielten, ohne dies aggressiv zeigen zu müssen, und diese Möglichkeit fühlte sich richtig gut an. Das war eine 180° Wendung, oder vielleicht 160° Wendung, jedenfalls war die Veränderung enorm. In diese Begegnung ging ich sehr selbstbewusst, mir meiner Vorstellungen sehr sicher und mit einem sehr positiven Selbst-Bild, und ich verließ sie mit einer inneren Erschütterung, mit vielen Fragen und mit dem starken Gefühl des Unterminiert-Seins und dennoch dem Eindruck, dass genau diese Unterwanderung meines irgendwie falschen Selbstvertrauens gut war, das ich vorher gehabt hatte – auf jemand anderes' Kosten.

Kannst Du dieses Gefühl des inneren Erschüttert-Seins noch genauer beschreiben?

Bei meiner Persönlichkeitsstruktur fand diese Erschütterung nicht so sehr auf der emotionalen als auf der rationalen Ebene statt, und sie deprimierte mich nicht. Ich erinnere mich an Gespräche mit anderen Teilnehmern, die emotional mit dem Prozess, den sie durchliefen, nicht zurechtkamen. Irgendetwas in mir ermöglichte mir, dies etwas leichter zu nehmen und mich zu schützen; für mich war das Ganze eher etwas Intellektuelles und hatte mit Handeln zu tun. Ich münzte es sofort in die Frage um, was ich damit anfangen konnte: *Okay, in mir hat sich etwas verändert, also muss ich etwas tun.*

Noch zwei Jahre lang nach dem Kurs in Neve Shalom war ich vor allem Student. Mein Interesse an dem Konflikt nahm ständig zu, also wählte ich Kurse, die damit zu tun hatten und weitere Aspekte der Machtverhältnisse behandelten. Die Einsicht in die [Relevanz der] Machtverhältnisse war von gravierender Bedeutung; das konnte ich jetzt ich auch in der Universität sehen und begann zu beobachten, welche Texte sie mir zu lesen gaben, welche Sichtweisen sich entwickelten, wer hauptsächlich die Mainstream-Autoren waren und welche Autoren eine Alternative anboten. Allmählich schaute ich genauer hin und stieß auf immer mehr Fragen. Mein Vertrauen in Texte, Referenten, Curricula und die Medien ging stark zurück. So ging ich auf die Suche nach allen möglichen Begegnungsprogrammen. Eine neue Wunschvorstellung begann sich in mir zu formen, der Wunsch nach Beziehungen zu Palästinensern, und ich suchte ziemlich lange danach. Gleichzeitig begann ich andere Machtverhältnisse für möglich zu halten. Ich befasste mich stärker mit dem Thema der orientalischen Juden (Mizrahim). Ich ging zu Treffen des Mizrahi Rainbow [Protestbewegung von Aktivisten] und las mich in dieses Thema ein, und danach studierte ich Städteplanung, sodass alle meine Studien mit den Themen Diskriminierung, Land und Planung zu tun hatten, Themen, die mich besonders beschäftigten. Bei diesen Studien entschied ich mich für die gleiche Perspektive und leistete dann auch praktische Arbeit für den Rainbow.

Ich sollte einen Masterplan für die Stadt Migdal HaEmeq schreiben. Jede Studentengruppe musste sich für eine Perspektive entscheiden, aus der sie planen wollte, und wir votierten für die Perspektive des Rainbow. Zunächst machten wir uns mit den Aussagen des Rainbow zu allen möglichen Aspekten von Stadtplanung vertraut und dann erarbeiteten wir einen Plan aus der Perspektive von Rainbow. Später machten wir ein Seminarprojekt zur Städteplanung im Kreis Nazareth und das Team, zu dem ich gehörte, definierte den beplanten Raum als arabischen städtischen Raum; meine Auswahl an Studienaktivitäten wurde also von meiner inneren Entwicklung mitbestimmt. Auch die Machtverhältnisse zwischen den Geschlechtern wurden für mich viel sichtbarer. Ich bewegte mich von einem Zustand, in dem ich Dinge in meinem eigenen Verhalten nicht verstand, in einen Zustand, in dem ich mehr und mehr zu erkennen vermochte.

Die Entscheidung, Städteplanung zu studieren

Mehrere Faktoren haben dazu beigetragen, dass ich Städteplanung studiert habe: Ich liebe dieses Land wirklich und wandere sehr viel; ich plane gern, im Sinne von vorausschauen und die Zukunft gestalten. Die Kombination dieser Aspekte faszinierte mich. So beschloss ich, einen MA in Städteplanung zu machen – die voreiligste Entscheidung meines Lebens. Als Kind habe ich viel gelesen, die ganze zionistische Literatur über die Landnahme, die damalige Befreiung des Landes. Ich war in diesen Werten verwurzelt, der Liebe zum Land, zu meiner Heimat, alles Dinge, die mich sehr stark prägten. Auch als ich die Dinge besser zu verstehen begann, blieb diese große Liebe zum Land. Für mich war das kein Widerspruch, einfach nur eine neue Facette. Heute liebe ich das Land, wie es früher war und habe Tel Aviv und Jaffa kennen gelernt.

Ich bin jemand, der in Übereinstimmung handeln möchte mit dem, was er denkt und sagt. Die Disparitäten zwischen diesen Aspekten irritierten mich. Es behagte mir nicht, dass ich in meinem Leben nicht aktiver in dieser Richtung war, und irgendwann 2003 beschloss ich, nach Jaffa umzuziehen, weil ich Partner werden wollte in einer bi-nationalen Stadt. So nannte ich das bei mir. Ich entschied mich gegen Neve Shalom, weil es eine Einheit für sich weg von anderem ist. Vom Studium der Städteplanung hatte ich die Idee urbanen Lebens mitgenommen. Tel Aviv ist mein Zentrum, meine sechs Monate in Haifa waren eine Art Exil. Also war Jaffa die gebotene Option; ich zog dorthin und lebte drei Jahre dort. Doch in diesen drei Jahren war ich erst wenig zu einem Teil dieser Gemeinde geworden. Mein Beitrag war aus meiner Sicht nur marginal.

Die Entscheidung Lehrer zu werden.

Lehrer zu werden, war eine bedeutsame Entscheidung. Irgendwann entschied ich, dass mein Leben bisher nicht die von mir angestrebte Verbindung geschaffen hatte. Ich fragte mich, in welcher Rolle ich diese Verbindung eher finden könnte. So kam ich auf die Idee, Lehrer zu werden, und nach meinem Abschluss suchte ich nach einer Schule mit jüdischen und arabischen Schülern. Während meines Lehramtsstudiums hatte ich ein Praktikum an der städtischen Zayin-Highschool in Jaffa gemacht, doch dort hatten sie gerade keine offene Stelle.

Zwei Jahre später konnte ich eine Stelle an einer Grundschule haben und ich dachte mir, *Okay, das mache ich jetzt erst mal.* Deshalb unterrichte ich jetzt im zweiten Jahr an der Weizmann Schule; hier habe ich eine echte Chance erhalten, einen Veränderungsprozess einzuleiten. Die derzeitige Schulleiterin, die ein Jahr vor meinem Dienstantritt dort anfing, entschied, dass man an einer Schule mit gleich vielen jüdischen und arabischen Kindern nicht einfach so unterrichten kann als wenn alle Kinder jüdisch wären. Sie initiierte einen Denkprozess darüber, wie dieser Ansatz umgesetzt werden könne, und wir beschlossen, unsere Schule zunächst als jüdische Schule zu definieren, die gleichzeitig eine arabische Identität anerkennt. Schnell wurde uns klar, dass wir dies Ziel am ehesten als staatlich anerkannte, experimentelle Schule erreichen könnten, also reichten wir entsprechende Anträge ein. Vergangenes Jahr haben wir nach langen Verhandlungen diesen Status erhalten und dieses Schuljahr mit einer fünfjährigen Experimentalphase begonnen. Bislang ist das sichtbarste Ergebnis unserer Bemühungen die Einstellung von drei arabischen Lehrkräften – zuvor hatten wir nur eine. Es gibt eine Lehrplaneinheit, die jüdische und arabische Kultur und Identität thematisiert; ein paar Unterrichtsstunden darin werden uninational unterrichtet. Vor kurzem haben wir statt Chanukka den ‚Feiertag der Feiertage‘ gefeiert. Eine ganze Reihe von Dingen gehört zu dieser Lehrplaneinheit.

Bist hauptsächlich Du der Initiator und Leiter dieser Neuerungen?

Man hat mich zum Projektleiter des Experiments ernannt, doch auch die Schulleiterin bringt viel ein. Sie gibt mir sehr viel Rückendeckung. Ich habe sehr viel Respekt vor diesem Prozess, der sich eben nicht in einem Labor sondern in einer Gemeinde, einem Stadtviertel vollzieht. Sozio-ökonomisch betrachtet ist das Viertel sehr bescheiden. Eine unserer entscheidenden Herausforderungen besteht darin, wie wir jüdisch-arabische Partnerschaft als etwas vermitteln können, wovon auch die jüdische Bevölkerung profitiert. Was die Dinge betrifft, die ich von der Ausbildung in Neve Shalom in meine Arbeit hier an der Schule mitgenommen habe, würde ich zuerst das uninationale Format nennen; bei uns ist das die Möglichkeit für die arabischen Lehrer, eine Unterrichtsstunde auf Arabisch zu halten. Zugleich habe ich die arabische Bevölkerung besser verstehen gelernt, einschließlich von Dingen, die öffentlich nicht geäußert werden, weil unsere arabischen Schüler(innen) sich sehr stark zurückhalten, sich sehr angepasst verhalten und in der Regel nicht sagen, was sie denken. Nun haben sie die Möglichkeit, sich Gehör zu verschaffen, ohne negative Folgen befürchten zu müssen. Bisweilen kommt der stärkste Widerstand gegen unsere Neuerungen sogar von der arabischen Bevölkerung, die fragt: *Wer hat Euch dazu veranlasst?* Als wir z. B. separaten Unterricht für jüdische und arabische Kinder angesetzt haben, meinten die arabischen Eltern, das sei der Beginn von Diskriminierung ihrer Kinder, dieser uninationale Unterricht sei rassistisch motiviert. Ihnen war der Zweck nicht klar und so sahen sie nicht, wozu das gut sein soll. Wir mussten das Ganze also genauer erklären.

Letztes Jahr, als wir diese Dinge planten, leitete ich eine Elterngruppe, die diese Erfahrung selbst durchlief, bevor die Kinder dann die uninationale Unterrichtsform erlebten. Wir besprachen die Unterrichtsmethode miteinander und überdachten in einem Workshop gemeinsam den Widerstand dagegen. Bei solchen Workshops wende ich einige Elemente der Kursleitung an, wie ich sie in Neve Shalom gelernt habe. Zum Beispiel habe ich Empathie für die jüdische Gruppe als wichtiges Element mit einbezogen; sie beeinflusst, wie ich Dinge initiiere und erinnert mich daran, dass ich einen bestimmten ‚Hut' trage und einer bestimmten Gemeinschaft diene; dass auch hier Machtverhältnisse eine Rolle spielen und dass ich mich im Hinblick auf die jüdische Bevölkerung hier in einer privilegierten Position befinde. Ich versuche, Dinge in einer Weise in Gang zu setzen, die möglichst wenig das Gefühl von Zwang und möglichst viel Dialog hervorruft.

Welches ist das größte Hindernis, dass Du bei dieser Herausforderung zu überwinden hast?

Richtig bedrohlich war, dass vielleicht die jüdischen Eltern ihre Kinder aus der Schule nehmen könnten und die Schule infolgedessen in ihrer besonderen Ausrichtung scheitern könnte. Ohne die Intervention mit den Eltern wäre dies ein realistisches Bedrohungsszenario gewesen, denn es gab mehrere Jahre einen Zermürbungsprozess und, ebenso wie in benachbarten Kindergärten, weniger Anmeldungen. Grund dafür ist ein schwieriges Dilemma. Eine unserer wesentlichen Konzept-Komponenten beziehungsweise eines unsere Ziele war ein Sicherheitsgefühl für die jüdische Bevölkerung. Dabei gingen wir zweigleisig vor: Zuerst führten wir Lehrplaneinheiten über jüdische Identität ein, also über jüdische Kultur und jüdische Feiertage; das war der unproblematische Teil. Dann versuchten wir gleich viele jüdische und arabische Kinder für unsere Schule zu gewinnen, doch dieser Schritt konnte sich nachteilig auf die arabische Bevölkerung auswirken, wenn Anmeldeanträge arabischer Eltern abgewiesen werden mussten. Zunächst waren wir hier sehr unsicher, doch dann entschied ich, dies sei trotz allem der richtige Weg und setzte mich mit all meiner Kraft dafür ein. Ich begann Verhandlungen mit der Stadtverwaltung und versuchte, eine offizielle Genehmigung für unser Projekt zu bekommen. Die Behörden und die Stadt wollten uns jedoch nicht offiziell unterstützen, sie hatten Angst vor Rechtsstreitigkeiten. Wir sagten, *Dieser Schritt ist und bleibt Teil unseres Projektes und wir verlangen die Genehmigung dafür.* Doch die Frage blieb ungeklärt, das Dilemma blieb. Dieses Jahr brauchten wir keine Intervention, weil die Anmeldungen etwa 50:50 ausfielen, doch das Problem wird irgendwann wieder auftauchen.

Politischer Mut

Meine Verbindung zu Bimkom ähnelt eher einer Arbeitsstelle als einer Kooperation. Sie machen sehr interessante Projekte, z. B. eine Planstudie für arabische Viertel von Ramle; sie sollte ein Gegengewicht zu der offiziellen Bauplanung bilden, welche die arabische Perspektive weniger berücksichtigt. Wir wollten eine Alternative vorlegen. Mein Ansatz unterschied sich insofern von anderen, dass ich den Bewohnern die Gelegenheit gab auszudrücken, was sie sahen. Dafür organisierte ich eine ganze Reihe von Bewohner-Versammlungen, bei denen die arabischen Moderatoren sehr stark im Geist von Neve Shalom vorgingen.

Auch bei Zochrot war ich aktiv. Die Aktivisten von Zochrot erforschen die Geschichte der 1948 zerstörten palästinensischen Ortschaften und vermitteln dieses Wissen an die jüdische Bevölkerung innerhalb und außerhalb Israels. Sie stellen mit Hilfe von schriftlichen Quellen und Zeitzeugen-Interviews Informationen zusammen und veröffentlichen dieses Material in Broschüren. Sie organisieren auch Ortsbegehungen, was an sich bereits eine politische Aktion beinhaltet, und hängen Informationstafeln auf, um an die Präsenz der zerstörten Orte zu erinnern. Die Arbeit von Zochrot umfasst lauter Dinge, die mich interessieren: sie ist politisch und bezieht sich auf das Land und die Geografie; sie integriert Geschichte als Alternative zur zionistisch geprägten Geschichte und gibt die Gelegenheit mit Freunden und Wegbegleitern solche Arbeit zu tun. Die Arbeit ist ein Statement, welches einen neuen Weg eröffnet und etwas Neues schafft. Für Zochrot habe ich vor allem Berichte geschrieben, z. B. über Sheikh Muwanis[1] und Ramle.

Du hast nach meiner Militärdienstverweigerung gefragt. Ich hatte die Gelegenheit dafür, als eine Gruppe von Verweigerern einen Brief in den Medien veröffentlichte und ich schloss mich dem an. Das war während der zweiten Intifada, ungefähr zur Zeit der Schlacht um Jenin [April 2002].

---

[1] Sheikh Muwanis: kleines arabisches Dorf bei Jaffa, das laut VN-Teilungsplan von 1947 dem jüdischen Staat zugeschlagen wurde und 1948 auf Druck von jüdischen Truppen von den arabischen Bewohnern verlassen wurde; heute liegt die Universität Tel Aviv auf einem Teil des Dorfareals.

Ich hatte die Verweigerung nicht geplant und auch nicht darüber nachgedacht. Und die Entscheidung war auch nicht so wichtig für mich, weil ich meinen Reservedienst ohnehin nicht in den [Besetzten] Gebieten ableistete; das Dilemma hatte ich nicht. Plötzlich kam der Brief mit einer politischen Aussage heraus. Der politische Mut dieser Soldaten berührte mich tief und sprach mich unmittelbar an. Ich stellte fest, dass auch mein Cousin unterschrieben hatte, bei dem ich nachfragen und weitere Informationen einholen konnte. Ich hatte zwiespältige Gefühle, weil der Brief mit der Weigerung sich auf die [Besetzten] Gebiete bezog und ich dort nicht hingehe. So fragte ich mich, ob meine Unterschrift unter diesen Umständen authentisch wäre. Andererseits dachte und sagte ich, dass für mich der familiäre Aspekt eine Rolle spielte, weil mein Vater bei der Armee war und ich mich mit der Armee verbunden fühlte. Meine Unterschrift unter die Verweigerung des Dienstes in den [Besetzten] Gebieten spielte weniger eine praktische Rolle, sondern wichtig war, dass mein Vater eine leitende Funktion in der Armee gehabt hatte, jedenfalls sah ich das so. Auch gegenüber der Führung der Verweigerer hatte ich zwiespältige Gefühle. Sie suchten eigentlich nicht Leute, die ohnehin keinen Dienst in den [Besetzten] Gebieten leisteten, doch sie erkannten, dass meine Unterschrift eine durchaus erwünschte Wirkung entfalten könnte und ich sah das ebenso.

Dein Vater wurde während des Armeedienstes getötet [in dem Helikopter-Absturz 1994].

[Zur Zeit seines Todes] war er Befehlshaber des Zentralkommandos. Es war kompliziert. Mir ist die Entscheidung nicht leicht gefallen. Vor allem für meine Familie war sie von Bedeutung; ich hoffte interviewt zu werden und meine Mutter wünschte ebenfalls interviewt zu werden. Meine politischen Bestrebungen standen gegen meinen Respekt vor meiner Familie und dem Wunsch sie zu schützen. Politisch betrachtet outete ich mich, als ich diesen Schritt in die Öffentlichkeit tat. Er half mir endlich mit der Zionismus-versus-nicht-Zionismus-Frage zu Rande zu kommen. Offenbar war ich kein Zionist mehr, vielleicht zu 60% ein nicht-Zionist. Ich weiß nicht, ob die Öffentlichkeit oder die Entscheidung selbst die größere Rolle spielte. Auf jeden Fall betrachtete ich meinen Schritt als persönlichen Schritt gegenüber meinen Eltern. Teilweise respektierte oder unterstützte meine Familie den Schritt, sodass ich Ermutigung und Bestärkung erfuhr. Teilweise gab es Widerstand, doch bei jenen Leuten wusste ich sowieso, dass sie anders dachten. Ich wollte sie mit meiner Entscheidung auch herausfordern. Für mich ging es um ein politisches Statement, auch gegenüber meiner Familie. Meine echten Freunde sind Freunde geblieben, und darüber hinaus habe ich durch den politischen Aspekt viele neue Freunde gewonnen.

Alles, was ich tue, hängt mit dem Israelisch-Palästinensischen Konflikt zusammen. Er bestimmt meine Arbeit, sowohl in der Stadtplanung als auch in der Erziehung und der Politik. Die Arbeit und meine Aktivitäten haben ein großes Spektrum, doch das Kernthema ist stets dasselbe. Meines Erachtens bin ich privilegiert; ich tue das, was mir als richtig erscheint. Das hängt mit meiner Weltsicht zusammen, die sich von der gesellschaftlich akzeptierten unterscheidet, aber ich trage das nicht vor mir her. Ja, meine Weltsicht ist etwas anders. Aber das könnte man auch soziologisch betrachten und sagen, es gehe schlicht um Privilegien: Wer kann es sich leisten, sich auf dieses Thema zu konzentrieren? Nur jemand, der sich eindeutig um die Erfüllung seiner Grundbedürfnisse nicht so viele Sorgen zu machen braucht. Man muss das im richtigen Verhältnis sehen.

Rachela Yanay
Organisationsberaterin und Kursleiterin

*R*achela Yanay verfügt über einen BA in Psychologie (Universität Haifa) und einen MA in Stadtplanung (Technische Universität Haifa / Israel Institute of Technology); ihre Abschlussarbeit schrieb sie über Planung im arabischen Sektor. Ferner studierte sie Organisationsberatung am College für Management in Rishon LeZion. Sie hat die Ausbildung zur Kursleiterin an der School for Peace absolviert und danach bis 2009 an verschiedenen Institutionen als Kursleiterin für Konfliktgruppen mit Juden und Arabern gearbeitet. Von 2005 bis 2009 arbeitete sie für Sikkuy – Gesellschaft für die Förderung gleicher Bürgerrechte / Association for the Advancement of Civic Equality – als Ko-Direktorin in der Rechtsabteilung, wo sie hauptsächlich mit staatlichen Behörden zu tun hatte; ihre Aufgabe war, Hindernisse zu beseitigen und Ungleichheiten zwischen der jüdischen und arabischen Bevölkerungsgruppe in Israel zu verringern. Rachela Yanay nahm an dem Kurs ‚Der jüdisch-arabische Konflikt im Spiegel von Theorie und Praxis' teil, der 1996 von der Universität Haifa angeboten und von der SFP durchgeführt wurde, und anschließend, ebenfalls 1996, an einem SFP-Workshop über die Identität der Mizrahim. 1997 absolvierte sie die Ausbildung zur Kursleiterin für Konfliktgruppen in Neve Shalom – Wahat al Salam. Sie wurde am 04. September 2008 interviewt.

„Vor allem habe ich meine arabischen Anteile akzeptiert; ich war nun bereiter dazu. Auf dieser Basis entwickelt sich eine veränderte Verbindung zu der anderen Seite: Nun ist diese Seite nicht mehr außen vor, nicht mehr inakzeptabel. Sie ist nicht mehr ein teuflischer Feind, der nichts mit mir zu tun hat. Zu ignorieren, dass sie Teil meiner Identität ist, kann ich mir nicht mehr vorstellen. Was waren diese Leute davor? Eine Gruppe, von der man festlegt, dass sie nicht hierher gehört und nicht hierher gehören darf; Gott behüte, dass sie hierher gehörte, weil sie uns töten wollen, Sie wollen uns nicht hier."   *Rachela Yanay*

Der School for Peace Kurs an der Uni Haifa fand 1996 statt; das ist schon lange her. Ich kam durch Prof. Ramzi Suleiman im Fachbereich Psychologie noch in letzter Minute in den Kurs, weil ich damals noch im Grundstudium und der Kurs hauptsächlich für Studenten im Hauptstudium war. Ahmad [Hijazi] und Michal [Zak] leiteten als Kursleiter aus der SFP den experimentellen Teil des Kurses. Sie schlugen mir nach dem Kurs vor, die Ausbildung zur Kursleiterin für Konfliktgruppen an der Friedensschule zu machen. Der Kurs an der Uni Haifa war hervorragend gewesen und so meldete ich mich für den Ausbildungskurs in Neve Shalom an.

Danach begann ich mein MA-Studium und verlor eine Weile den Kontakt zur SFP. Sie fragten an, ob ich Begegnungsworkshops für Jugendliche leiten wollte, doch ich hatte zu wenig Zeit. Nach meinem MA-Abschluss leitete ich wieder Jugend-Begegnungen. Diese Arbeit war höchst intensiv und bedeutsam, und ich leitete viele Workshops. Dabei lernte ich von den jungen Leuten sehr viel über mich selbst. Während des Kurses an der Uni Haifa vertrat ich sehr extreme, ausgesprochen zionistische Positionen. Ja, ich hatte viele Fragen, doch meine Weltsicht war eine zionistische und mizrahische, weil ich damit aufgewachsen war. Ich sah die Dinge aus der nationalistischen mizrahi-jüdisch-israelischen Perspektive, die davon ausgeht, dass die Araber immer nur Ansprüche stellen wollen.

All das ist verwoben mit der palästinensischen Geschichte ab 1996, also der Zeit nach Oslo. Die Leute tasteten sich noch vorwärts; solche Kontakte steckten noch in den Anfängen. Erst ganz allmählich wurde die Idee eines palästinensischen Staates akzeptierter Teil der Diskussion. Wenn man heute [2008] auf der Straße danach fragt, akzeptieren die Leute einen palästinensischen Staat – es sei denn, man fragt jemand von der extremen Rechten.

Der Kurs an der Uni machte mir viele Seiten meiner Persönlichkeit bewusst. Eine ist das Außenseiter(in) sein, darüber habe ich damals auch ein Papier geschrieben. Ein Teilnehmer war Druse und passte nicht so recht da hinein. Ich selbst spürte als Jüdin plötzlich meine arabischen Anteile und fühlte mich damit gleichzeitig am Rand der jüdischen Gesellschaft. Das hat in der Folge mein Handeln sehr stark geprägt. Außerdem war die Verknüpfung von mizrahi und arabischer Identität überhaupt nicht gesellschaftsfähig, auch bei meiner Familie zu Hause nicht. Meine Familie konnte das nicht akzeptieren und betrachtet mich bis heute als Extremistin.

Später, als ich den Kreis schloss und zusammen mit Ahmad den Universitätskurs leitete, hörte ich von den Teilnehmer(innen) sehr häufig, wie schwer es war, ihre Erfahrungen im Kurs mit nach Hause zu nehmen und mit ihren Freunden und Familien zu teilen. Vor allem die aus dem jüdischen Mainstream bekamen enorme Probleme. Man muss Barrieren in sich niederreißen und sich an einen Standort begeben, der abgelehnt wird. Übrigens hat Sikkuy, die Organisation, für die ich derzeit arbeite, für solche Fälle ein sehr hilfreiches Rahmenprogramm entwickelt. Probleme erlebe ich eher mit Menschen, die stark ambivalent sind. Da ich mit Organisationen und Leuten zusammenarbeite, die ähnlich denken wie ich, brauche ich mich nicht dauernd damit auseinanderzusetzen. Zu Hause habe ich das Ganze ein bisschen heruntergespielt; da wissen sie sowieso, wie ich denke und wo ich einzuordnen bin.

Die Sprache war von Anfang an da

Ich bin vor allem mit der Familie meiner Mutter aufgewachsen, weil die Verbindung zu der Familie meines Vaters nicht so eng war. Mein Vater stammt aus dem Jemen und meine Mutter aus Libyen. Im Jemen war die Lage der Juden wohl nicht so schlecht. Doch die Geschichten meiner Großmutter über Libyen – vor allem in der Zeit der israelischen Staatsgründung – erzählen von Verfolgung und Ermordung. Danach kamen sie nach Israel. Diese Familiengeschichte hat sich mir tief eingeprägt, eine sehr zionistische Geschichte, sehr patriotisch in Bezug auf den Staat und die Armee. Ich war Offizierin in der Armee, zwar im Bildungskorps, aber eben doch in der Armee – dagegen opponierte man nicht; man leistete seinen Beitrag. Man tilgte seine Schuld gegenüber dem Staat. Mein Großvater stand sozusagen jeden Morgen auf und bedankte sich beim Staat Israel. Er war Mitglied der Rafi- und später der Mapai-Partei mit all ihren Kurswechseln. Einer meiner Onkel erhielt nach der Partei und zu Ehren von BenGurion den Namen Rafi. Araber galten als absolut unmöglich: *Die Araber wollen uns abschlachten – ins Meer werfen. Ein guter Araber ist ein toter Araber. Sobald Du Dich umdrehst, stößt Dir ein Araber das Messer in den Rücken.* Trotz alledem machte mein Großvater mit arabischen Trödlern Geschäfte. Sie kamen mit ihren *alte zachen*. Sie waren häufige Zulieferer, denn mein Großvater sammelte in seinem Betrieb Schrott und Trödel. Sprachlich war das für mich kein Problem. Ich wuchs mit dem nordafrikanischen Arabisch auf, höre es immer noch gern und kann mich gut mit der Sprache verbinden. Meine Mutter und meine Großmutter sprachen Arabisch miteinander. Die Sprache war von Anfang an da.

Abgesehen von der Sprache wurde die arabische Kultur jedoch abgelehnt und war bei uns zu Hause nicht präsent. Wir wuchsen total israelisch auf, ohne arabische Musik – nur meine Großmutter hörte gern Umm Kalthoum. Meine Mutter war bei ihrer Ankunft in Israel erst ein Jahr alt, und so wuchs ich mit lauter israelischen Songs auf, Palmach-Songs und so. Ohne Akzent, ohne auch nur den Hauch arabischer Kultur und mit tiefgehenden Vorbehalten gegenüber Arabern.

Araber waren etwas Schlechtes. Zugleich lag, weil wir in Kfar Yona wohnten, Tulkarm näher als Netanya und alles war dort billiger. Meine erste Schultasche war aus Tulkarm; ich ging in Tulkarm zum Zahnarzt, wir kauften bis zur ersten Intifada [Beginn Dezember 1987], als alles abgesperrt wurde, dort auf dem Markt ein. Bis da fuhren die Leute in diese Stadt. Ich erinnere mich noch an die Leute dort. Ich weiß, das ist ein Stereotyp, dass wir dort bei den arabischen Händlern einkauften und die arabischen Trödler und so weiter, doch wir erlebten das so.

Gleichzeitig waren wir angesichts unserer Erziehung natürlich eine stark

isolierte Gesellschaft. Nur eins von 30 Kindern in der Klasse war ashkenasisch. An der Amal-Schule in Kfar Yona waren wir alle Mizrahim; es gab
nur etwa vier ashkenasische Familien dort. In den 1970-er Jahren zogen
russische Einwanderer ins Dorf, doch manche verließen es wieder. Ich
wuchs also in diesem Umfeld auf und gleichzeitig bekam ich eine völlig
westliche Kultur vermittelt. Wir lasen westliche Literatur; darin kamen
die Araber überhaupt nicht vor. Aus unserer Sicht existierten sie nicht; sie
waren da und wir benutzten sie, doch sie blieben unsichtbar.

Mit all diesem Ballast kam ich an die Universität, in Ramzis Kurs. Das
war nach meinem Militärdienst, ich war Offizierin und dachte zionistisch,
etwa dass dies ein Jüdischer Staat sei, basta, und etwas anderes existiere
nicht. Plötzlich erhob sich die Frage, wo ich eigentlich die ganze Zeit
gewesen war. Das hatte viel mit Leugnen und Verdrängung zu tun, denn
egal, wie man mich zu kategorisieren versuchte, wenn man meinte, ich sei
eine Art Araberin, war das völlig unakzeptabel für mich. *Um Gottes willen!
Ich bin doch keine Araberin.* Als ich mir in der Bibliothek ein Buch auslei-
hen wollte, sprach der Bibliothekar mich auf Arabisch an, weil er mich für
eine Araberin hielt. An der Uni Haifa studieren viele Araber und ich sah
arabisch aus. Ich war empört und zutiefst verstört. Diese Dinge tauchten
in dem Uni-Kurs plötzlich in meinem Bewusstsein auf, und ich schlug
mich damit herum und machte sie zu einer Art persönlichem Projekt.

Das brachte das Thema der Mizrahi-Identität versus Arabisch-sein und
die arabische Dimension meiner Identität auf den Tisch. Mir wurde klar,
wie sehr ich jenen Teil meiner Erfahrungen verdrängt und wie sehr ich
mich davon distanziert hatte; alle möglichen Situationen fielen mir wieder ein. Zum Beispiel, dass ich als Jugendliche meinen Großvater auf der
Straße nicht grüßte, weil er arabisch aussah und das war mir peinlich.
Er sah wirklich wie ein alter Palästinenser aus, obwohl er aus Nordafrika
stammte. Er hatte auch stets seinen Personalausweis dabei, weil er sich
ständig ausweisen sollte. Aus seiner Sicht war das okay, weil aus seiner
Sicht alles, was der jüdische Staat tat, okay war; man müsse schließlich die
arabischen Terroristen finden, und dafür bezahle er eben den Preis. Solche
Dinge fielen mir erst in diesem Kurs wieder ein und das verstärkte sich
noch während der Kursleiterausbildung in Neve Shalom; dort war es noch
schwieriger, weil die anderen im Kurs anderswo herkamen. Nicht nur ich
durchlief einen solchen Prozess, die anderen auch.

Was wurde verstärkt?

Vor allem, dass ich meine arabischen Anteile besser annehmen konnte;
ich war nun bereiter dazu. Auf dieser Basis entwickelt sich eine veränderte

Beziehung zur anderen Seite. Nun ist diese Seite nicht mehr außen vor, nicht mehr inakzeptabel. Sie ist nicht mehr der teuflische Feind, der nichts mit mir zu tun hat. Sie gehört zu mir. Heute weiß ich um Leute wie Jubran oder Nada; sie sind genauso Menschen wie ich, mit denen ich in voller Gleichberechtigung zusammen leben möchte. Zu ignorieren, dass sie Teil meiner Identität sind, kann ich mir nicht mehr vorstellen. Was waren diese Leute davor? Eine Gruppe, von der man festlegt, dass sie nicht hierher gehört und nicht hierher gehören darf; *Gott behüte, dass sie hierher gehörte, weil sie uns töten wollen, Sie wollen uns nicht hier.* Ich glaube, letztlich treibt uns diese Angst an. Meiner Erfahrung nach kommt und geht sie. Ich näherte mich ihr und ging wieder davon weg und erlebte wieder diese Dissonanz, und dann versuchte ich es von Neuem, im Rahmen der Kursgruppe, die sich damit befasste. Schließlich war klar, es geht nicht mehr nur um persönliche Entwicklung sondern auch um Aktion. So bin ich zu Sikkuy gekommen. Weil ich öffentlich machen wollte, es gibt hier eine verleugnete Situation, die nicht hinnehmbar ist, es gibt hier Bürger zweiter Klasse beziehungsweise Bürger, deren nationale Zugehörigkeit ständig an Bedingungen geknüpft wird.

Das Problem der Randexistenz wurde in dem Ausbildungskurs zentral für mich, weil ich mich plötzlich nicht mehr einordnen konnte. Ich war immer so sehr mit der westlichen Kultur, der Prägung als Israelin verbunden gewesen. Die Palmach-Songs gehörten dazu, israelische Lieder, der Unabhängigkeitstag … und auf einmal gab es so eine Entkoppelung und das Gefühl, dass ich irgendwie auf die arabische Seite gehöre; ich saß irgendwo zwischen den Stühlen. Ich glaube, ich war die einzige Mizrahi-Kursteilnehmerin; und der Druse war dabei, der gemäß den Gegebenheiten hier in der Armee gedient hatte. Irgendwie identifizierte ich mich mit ihm, weil ich ausgerechnet mit ihm eine Verbindung spürte. Nicht offen in der Gruppe sondern in mir drin.

Der Andere – ein Teil von mir

Immer, wenn ich nach einem Treffen wieder zu Hause war, dachte ich nach und schrieb im Kurs-Journal meine Erfahrungen auf. Dabei erlebte ich diesen Ort der Verbindung mit dem ‚Anderen', der Teil von mir ist, immer wieder, und meine Verbindung mit der westlichen Kultur wurde unklar. Das ist diese Randexistenz, von der ich gesprochen habe. All dies machte mir auf vielerlei Weise deutlich, was mizrahische Identität bedeutet und was sie mit dem Arabisch-Sein zu tun hat. Hat sie überhaupt mit dem Arabisch-Sein zu tun? Vielleicht ging es ja noch um etwas anderes, vielleicht um eine andere Art Araber. Jedenfalls fuhr ich mit all dem nach Hause und rang damit, weil meine Gedanken so völlig anders waren als

der Konsensus daheim. Und ich entschied mich, diesen Weg weiterzugehen statt all das einfach zu unterdrücken.

Bis dahin hatte ich noch nie Ablehnung von der israelischen Gesellschaft
erlebt; an der Uni gewiss nicht, ein bisschen vielleicht in der Armee. Ich
wurde nicht als Mizrahi definiert. Ich hatte den Akzent nicht, verhielt mich
wie alle anderen auch, besuchte in Netanya ein Gymnasium mit mehrheitlich ashkenasischen Schüler(innen) und hatte dort sehr gute Noten. Mein
Familienname lautet Yanay [ein ashkenasischer Name]. Meine Haut ist
hell außer im Sommer, also wurde ich als halb-halb eingestuft und das
fand ich okay. Der einzige Ort, an dem das anders war, war der Begeg-
nungskurs mit den Arabern. Auf einmal erschien von der anderen Seite
her ein Bild. Es machte sie menschlicher, aber das lag vor allem daran,
dass sie meine andere Seite sichtbar machten, die Seite, die ich immer
verdrängt hatte.

Man bezahlt einen ungeheuer hohen Preis, wenn man diesen Weg im
Alltag geht. Wenn ich in der HiTech-Industrie arbeiten würde, wäre das
nie Thema. Aber ich habe mich für etwas leicht Entflammbares entschieden und treffe Tag für Tag die Entscheidung, diese Arbeit weiter zu tun.
Kann schon sein, dass ich an irgendeinem Punkt sage: *Es reicht.* Manchmal
frage ich mich tatsächlich: *Warum mache ich das eigentlich?* Es verlangt
eine Menge Energie, beschäftigt mich unablässig und manchmal zweifle
ich. Bei der Arbeit für Sikkuy sieht man, wie sich die Regierung verhält,
und auf der anderen Seite sieht man, wie die Araber sich verhalten; nichts
ist ‚rein‘, Du weißt, was ich damit meine. Ich frage mich, wozu ich das
brauche – wo ich doch gehen und woanders arbeiten könnte, ungeachtet
der Intrigen und Probleme anderer Organisationen; nur: auch dort ist die
Arbeit nicht ‚sauberer‘. Ich könnte auch sagen, *Okay, ich gehe ab und an zu
einer Demonstration, mache aber keinen Beruf daraus.* Seit dem Moment,
in dem ich mich für meine jetzige Laufbahn entschied, habe ich mich mit
dieser Frage beschäftigt und das bleibt auch so.

Ich bin Jüdin, ich bin Araberin

Nach dem Uni-Abschluss nahm ich ein Jahr Auszeit vom Studium in
Haifa. Da leitete ich Jugendbegegnungen mit Gymnasialschulgruppen aus
religiösen und säkularen Familien. Dann nahm ich an einem Workshop
in der School for Peace für Mizrahim teil. Das brachte mich sofort wieder
in dieselbe innere Auseinandersetzung. Die wichtigsten Sitzungen in diesem Workshop waren die ‚uni-ethnischen‘. Ich saß mit anderen Mizrahi-
Frauen in einer Kleingruppe, hörte ihre Geschichten und fühlte mich mit
ihnen verbunden hinsichtlich der Weise, in der meine Familie mich sieht,
hinsichtlich ihrer Erwartungen an mich und meiner Überschreitung der

Grenzen, und hinsichtlich meiner Randexistenz und ‚gemischten' Identität. In welche Kleingruppe sollten sich z. B. die Teilnehmer(innen) mit je einem ashkenasischen und einem mizrahischen Elternteil setzen? Ein paar saßen in unserer Gruppe, andere in einer anderen. Das kam mir bekannt vor. Die Frage: Wer bin ich? Und: Ich bin Jüdin, ich bin Araberin. Das hat in Israel große Bedeutung. Damit begann mein Weg zurück nach Neve Shalom, zur Leitung von Kursen mit Jugendlichen [an der School for Peace]. Ich hielt Kontakt, kam zu Konferenzen und bekam eine nähere Beziehung zum Kursleiterteam. Ich betrat eine Gemeinschaft, es ist wirklich eine Gemeinschaft, und man begegnet den Kolleg(innen) auch außerhalb der Kurse, an allen möglichen Orten.

Ein Jahr lang leitete ich zahlreiche Jugend-Workshops und erhielt dann das Angebot der SFP, die Jugendbegegnungen zu koordinieren. Nada und ich machten das zusammen. Die Arbeit der Koordinatoren geschieht in einem größeren Rahmen und ist von größerer Bedeutung, weil man die Dinge aus einer anderen Perspektive betrachtet. Es kann Auseinandersetzungen geben mit dem Management [der SFP], wenn Theorien neu eingebracht werden; außerdem hatten wir viele Kolloquien, alles Dinge, die man als Leiterin eines Kurses nicht tut.

Dazu kam das Projekt mit *Wifaaq*, einer palästinensischen Friedens-NRO, also mit einer ganz anderen Welt.

Nachdem ich auch Workshops für Erwachsene geleitet hatte, gab es ein Projekt mit Amjad Musa für Lehrer, ein faszinierendes Projekt. Die Teilnehmergruppe durchläuft einen langen gemeinsamen Prozess: Lehrer als Multiplikatoren für Wandel. Da geht so ein Lehrer durch diesen Prozess und dann sieht man die Resultate. Ich weiß noch genau, wie sie ihre Projekte in den Kurs mitbrachten. Sie sagten, sie hätten den Lehrplan verändert, hätte neue Materialien eingefügt – und allein das war schon erstaunlich.

Zu der Zeit koordinierte ich die Jugend-Begegnungen, leitete Kurse für Erwachsene sowie einen Kurs an der Universität Haifa, denselben Kurs, den ich vor Jahren selbst durchlaufen hatte: Der Kreis schloss sich mit Ahmad Hijazi. Es war faszinierend, den Prozess der Studenten mitzuerleben und mich selbst dort zu sehen, den Kreis schließend; faszinierend, Kursleiterin zu sein an einem Ort, wo meine eigene Transformation begonnen hatte. Ich konnte verschiedene Aspekte der Prozesse beobachten, durch die ich selbst gegangen war, zum Beispiel nach Hause zu gehen und all die Probleme mit der israelischen Gesellschaft zu erleben.

Erzähl noch mehr von Deiner Arbeit bei Sikkuy.

Sikkuy, die Gesellschaft für gleiche Bürgerrechte in Israel, hat drei Abteilungen: eine für arabische und jüdische Bürgerrechtsaktionen; eine für die Zusammenarbeit mit Gemeindeverwaltungen, und eine dritte, die auf Regierungs- und Bezirksebene politisch für gleiche Rechte eintritt und gelegentlich auch Projekte mit Gemeinderäten durchführt. Sikkuy verlangt von der Regierung sicher zu stellen, dass die Bürger Israels nicht länger der breit angelegten Ungleichheit ausgesetzt sind, die in den 60 Jahren seit der Staatsgründung institutionalisiert worden ist. Die Regierung muss Maßnahmen treffen um diese Ungleichheiten zu beseitigen.

Nach den verbreiteten Protesten der Palästinenser in Israel im Jahr 2000 und dem Bericht der Or-Kommission beantragte Sikkuy bei der Europäischen Union die Finanzierung eines drei-Jahres-Projektes, das die Implementierung der Empfehlungen der Or-Kommission für Wandel überwachen sollte. An diesem Projekt war ich beteiligt. Mein arabischer Ko-Direktor und ich organisieren und leiten alle Aktivitäten unserer Abteilung in der politischen Arbeit auf Bezirks- und Regierungsebene.

Hat Deine Arbeit in der School for Peace mit beeinflusst, wie Du Bürokraten oder Generaldirektoren in Verhandlungen und Gesprächen begegnest?

Meines Erachtens ist jeder Dialog mit Regierungsvertretern, der mit Arabern zu tun hat, davon beeinflusst; denn ich kann wirklich verstehen, wo diese Generaldirektoren gedanklich herkommen; bei Gruppen sehe ich das auch. Ich habe eine jüdische Gruppe, die ,Gruppe der 120', die mit einer entsprechenden Gruppe von Arabern zusammenarbeitet. Ich war so etwas wie eine Katalysatorin oder Mediatorin bei dem Prozess zwischen ihnen. Genau darum geht es bei Sikkuy. Ohnehin tue ich diese Art der Gruppenarbeit jeden Tag, weil Sikkuy so strukturiert ist: jede Sikkuy-Klausur, jede Team-Sitzung ist ein Workshop, weil die gleichen Kräfte am Werk sind. Jedes Mal erlebst Du Dich als Workshop-Teilnehmerin; ich sehe den Prozess von außen und bin gleichzeitig drin, arbeite von außen und von innen her; es ist wie ein Spiel. Manchmal ist mir klar, welcher Prozess sich gerade in der Gruppe vollzieht und ich weiß, wo ich damals an dem Punkt war und was in unserem Kurs damals geschah. Das gleiche sieht man auch bei Sitzungen von Regierungsvertretern und Vertretern der arabischen Bevölkerung. Meist handelt es sich um Abteilungsleiter aus Ministerien, die mit arabischen Gemeinderatsvorsitzenden zusammentreffen und es gibt zahlreiche gegenseitige Beschuldigungen.

Kannst Du ein Beispiel geben für einen Dialog mit einem Regie-
rungsvertreter, in dem Du das Gefühl hattest, wirklich etwas
zu bewegen?

Irgendetwas unmittelbar zu bewegen, ist sehr schwierig; trotzdem ist
Ziona Efrati, die Leiterin des Programmkomitees des Bauministeriums,
vielleicht ein gutes Beispiel; sie arbeitet auf einer der höchsten Entschei-
dungsebenen in dem Ministerium.

Ziona saß bei einer Konferenz [in
Tel Aviv] auf dem Podium, wo ein Film über die Misgav Region [Bezirk
im Norden Israels] gezeigt wurde mit dem Titel ‚Eine andere Familie‘;
der Film porträtierte verschiedene arabische Familien, die versuchten, in
Gemeinden dieser Region zu ziehen. Der Rassismus dort ist unglaublich.
Die Ortsgemeinde hält eine Ortsversammlung ab und im Film erklären
Leute ‚Hier kommt uns kein Araber rein, basta. Wir wollen unsere eigene
Gemeinde, eine jüdische Gemeinde, mit unseren eigenen Feiertagen.‘ Das
ist wirklich blanker Rassismus. Fiona Efrati saß da und sagte, *Ich respektiere*
jeden, egal wen; er hat das Recht zu sagen, was er haben will. Das sagte sie auf
dem Podium. Ich selbst sagte nichts; jemand aus dem Publikum stand auf
und sagte zu ihr, *Hören Sie eigentlich, was Sie da gerade sagen? Sie vertreten*
hier die Regierung. Die Regierung sagt gerade etwas zutiefst Rassistisches. Im
Namen dessen, was Sie Pluralismus nennen, erlauben Sie Unterdrückung und
Rassismus hier.
Es hatte mich einige Anstrengungen gekostet, sie überhaupt zu dieser Veranstaltung zu bekommen. *Wozu denn, wir arbeiten nicht in Tel Aviv, das*
Bauministerium arbeitet im Norden; holt Euch stattdessen Uzi Shamir, der
ist Leiter des Nord-Bezirks … Sie wollte nicht wahr haben, dass es Dinge
gibt, die landesweit relevant sind; die jüdisch-arabische Frage beschränkt
sich nicht auf den Norden, und selbst, wenn es so wäre, müsste die gleiche
Diskussion auch in Tel Aviv geführt werden. Also sagst Du ihr, dass diese
Diskussion jetzt und hier geführt werden muss; die Tel Aviver, die Vorreiter in diesem Staat, müssten sie führen. Bei allem Respekt vor den weiter
weg liegenden Regionen, Tel Aviv sei das Zentrum und diese Diskussion
könne nicht nur an der Peripherie geführt werden; sie werde ständig an
den Rand gedrängt. Ich überzeugte sie und sie kam.
Nach der Diskussion und der Kritik aus dem Publikum … Nun, das Publikum bei solchen Veranstaltungen stellt eine Auslese dar. Die Leute sagten
ihr: *Hören Sie sich doch mal selbst zu; als Regierungsvertreterin können Sie*
hier nicht solche rassistischen Reden führen. Ich dachte, damit wäre der Kontakt zum Bauministerium geplatzt. Zu wissen, wie weit man den Bogen
spannen kann, ist wirklich schwierig. Ich musste am nächsten Tag weiter
mit ihr arbeiten, musste versuchen, Unterstützung vom Bauministerium

zu bekommen, und sie konnte mich jederzeit rauswerfen, weil ich kein Recht auf Zusammenarbeit mit ihr hatte. Ich steckte also in dieser Sache mit drin, und beschloss, sie anzurufen. Ich sprach mit ihr und sie sagte mir, dieses Erlebnis hätte etwas mit ihr gemacht, sie müsse darüber nachdenken. Es gebe da offenbar ein Problem. Vorher hatte sie einfach aus einem eindeutig zionistischen Ethos heraus über die Judaisierung Galiläas gesprochen.

Das Ministerium für Soziales teilt uns in ähnlicher Manier mit, dass wir nichts infrage stellen dürfen, was mit der Aliyah zu tun hat. Bei genauem Hinsehen stellten wir fest, dass jede Gemeinde, die Einwanderer aufnimmt, besondere soziale Zuschüsse erhält. Das Ergebnis? Jüdische Kommunen sind viel besser gestellt als arabische, brauchen weniger Sozialhilfe und haben mehr Sozialarbeiter. Diese Sozialarbeiter sollten nicht nur für jüdische Einwanderer eingesetzt zu werden; sie sollten für alle Bewohner eingesetzt werden. Die arabischen Kommunen haben nur wenige Stellen und bekommen wegen dieses Aliyah-bezogenen Systems auch nicht mehr. Dies berichteten wir einer Beamtin bei ihrem Besuch bei uns und sie erwiderte, *Das ist politische Absicht. Dies ist der Staat Israel, der Jüdische Staat, und er nimmt Einwanderer auf und das ist unantastbar, basta.* Da kommen wir also nicht weiter; wenn Leute so reden, dann kann man sie von nichts überzeugen. Mittlerweile benutzen wir den Spruch: ein Bürger ist ein Bürger ist ein Bürger. Es ist noch ein weiter Weg, bis der Durchschnittsbürokrat so denkt und der Gleichberechtigung Priorität einräumt.

Was dabei hilft, durchzuhalten

Sikkuy gibt mir als Organisation viel Energie weiterzumachen; wir erhalten viel Unterstützung, wie in einer Familie. Manchmal feiern wir kleine Erfolge. Wir können in ein Ministerium gehen und man hört uns tatsächlich zu. Wir werden als Fachleute betrachtet, auch von der arabischen Bevölkerung. In der Organisation lernen wir auch sehr viel; unsere Kollegen sind Freunde, mit denen man wirklich gut arbeiten kann.

Da dies mein Hauptberuf ist, spüre ich den Preis, den ich zu bezahlen habe, weniger. Meine Familie hat ihre Ansicht von mir, und dennoch hat sich auch dort manches gewandelt und die Situation ist heute anders. Meine Schwestern verstehen mich jetzt besser; ich habe sie zu vielen Veranstaltungen mitgenommen und sie haben sich verändert. Sogar meine Mutter äußert sich inzwischen manchmal etwas anders. Sie sieht, dass nicht alles heute okay ist, dass es Unterdrückung gibt und dass Araber ebenso Bürger sind wie andere auch; und doch kann sie die Idee eines Jüdischen Staates wegen ihrer Ängste nicht aufgeben.

Ich habe gelernt, dass Dialog gleichberechtigt stattfinden muss; das war für meine Entwicklung von zentraler Bedeutung. Mit paternalistischen Verhaltensweisen von Leuten, die einem beibringen wollen, sie wüssten alles besser, habe ich stets große Schwierigkeiten. Das geschieht sehr häufig. Einmal bei einem Seminar in Aqaba[1] gab es einen riesigen Eklat in der Gruppe. Meinem Empfinden nach verhielten sich einige jüdische Teilnehmer äußerst herablassend und das machte mich wütend. Die Araber ihrerseits hatten bereits an Selbstbewusstsein gewonnen und begannen sich wirklich aggressiv zu verhalten, und solche Aggressivität stößt mich ab. Ich will nicht, dass die Seiten einfach ihre Positionen wechseln. Ich will, dass fair kommuniziert wird, sodass wir auf Augenhöhe miteinander sprechen können. Solange wir nur die Rollen tauschen, bleiben die Probleme. Dieses Spiel vollzieht sich die ganze Zeit; für mich ist das sehr wichtig. Ich sage immer, dass ich keinen Staat will, in dem nach der Lösung der nationalen Frage und mit einer Situation, in der beide nationale Gruppen einander respektieren, irgendwelche anderen Gruppen keine gleichen Rechte haben. Das ist für mich stets das schwierigste Problem. Ich kann nur schwer aushalten, wenn ein Araber beispielsweise sagt, es gehe zu allererst einmal um die nationale Frage und um gleiche Rechte für beide Seiten, aber Homosexuelle und Lesben seien inakzeptabel, oder irgendwelche andere nationalen Minderheiten seien nicht akzeptabel. Aus meiner Sicht geht es bei allen diesen Dingen um dieselbe Frage.

---

[1] Aqaba: Jordanische Hafenstadt am Roten Meer.

Nazih Ansaari

Aktivist in der kommunalen Entwicklung,
Pädagoge, Berater und Kursleiter

N azih Ansaari stammt aus einer Jerusalemer Familie, deren religiöse und
historische Wurzeln mehr als 1.300 Jahre in dieser Stadt zurückreichen;
1970 wurde er in diese Familie hinein geboren. Er ging in Jerusalem zur Schule,
machte während der ersten Intifada [1987-1993] sein Abitur und absolvierte
die Ausbildung zum Kursleiter für Konfliktgruppen an der School for Peace;
danach arbeitete er als Kursleiter an der SFP und in Givat Haviva. Seinen
BA in Bildungspolitik & Management sowie Arabische Literatur machte er an
der Universität Tel Aviv, seinen MA in ‚public policy & administration‘ an der
Hebräischen Universität Jerusalem. Außerdem verfügt er über einen Abschluss
in Organisationsberatung von der Bar Ilan Universität [Tel Aviv], hat eine
Ausbildung am Adler-Institut durchlaufen und große Berufserfahrung in der
Eltern-, Paar- und Familienberatung sowie speziell der Beratung von gefähr-
deten Jugendlichen gesammelt. Er hat das Beratungsprogramm für Palästinen-
ser in Ost-Jerusalem entwickelt, welches in Not geratene Bevölkerungsgruppen
unterstützt, wie Frauen, genesende Süchtige und junge Menschen. Über zwölf
Jahre lang hat er das kommunale Entwicklungszentrum im A-Tur-Viertel
geleitet, welches Persönlichkeitsstärkung und Bewusstseinsbildung fördert und
die kommunalen sozialen Dienste, u.a. in den Bereichen Bildung und Kultur,
entwickelt und verbessert hat. Heute erhält dieses Viertel als einziges der arabi-
schen Viertel über das staatliche Programm für gefährdete Kinder und Jugend-
liche Zuschüsse von der Stadt Jerusalem. Nazih Ansaari geht es vor allem um
Gleichberechtigung und soziale Gerechtigkeit, deshalb gehört er auch zu den
Gründern der Organisation ‚Spring of Democratic Education Association‘, die
unter seiner Amtsführung über ein Dutzend Lern- und Weiterbildungszentren
in benachteiligten Stadtvierteln Jerusalems eingerichtet hat. Nazih Ansaari
absolvierte die Ausbildung zum Kursleiter für Konfliktgruppen an der School
for Peace 1994/1995. Sein Interview fand am 10. Oktober 2012 statt.

„Da die Mütter der dominante Faktor im Stadtviertel waren, wollte
ich im Gemeindezentrum einen Kurs anbieten, wo Mütter im Alter
über 35 Jahre dazu ausgebildet wurden, andere Mütter zu beraten. Jede
Kursteilnehmerin musste sieben jüngere Mütter ‚adoptieren‘, die sie
beraten würde, und erhielt dafür einen Stundenlohn. Als wir keine
Zuschüsse für diese Frauen mehr bekamen, wollten sie als Freiwillige weiterarbeiten." *Nazih Ansaari*

Ich bin Nazih Ansaari aus Ost-Jerusalem. 1994, als ich an der Universität Tel Aviv studierte, hörte ich von der School for Peace-Ausbildung zum Kursleiter. Zunächst war ich, ehrlich gesagt, skeptisch, ob sie mich annehmen würden, weil ich nicht Israeli sondern Bürger von Ost-Jerusalem war. Doch letztlich wurde ich angenommen.

Ich wollte unbedingt in diesem Bereich arbeiten. Kurz zuvor, nach der ersten Intifada, d.h. 1988, als ich in Ost-Jerusalem lebte, hatte ich an einer Begegnung teilgenommen, die mich sehr bewegt hatte. Bei dieser jüdisch-arabischen Begegnung bekam ich zum ersten Mal Kontakt mit der israelisch-jüdischen Gesellschaft, auf die ich schon lange neugierig war. Ich wollte mehr darüber wissen, vor allem, weil ich an einer Universität studieren wollte, wo ich sowohl jüdische als auch arabische Israelis kennen lernen konnte.

Der Kurs veränderte meine Sicht der Dinge entscheidend. Er veränderte meine Vorurteile gegenüber Juden – leider hatten meine ersten Kontakte mit Juden während der ersten Intifada stattgefunden. Damals erlebte ich nur jüdische Soldaten, die entweder Check-Points errichteten oder auf dem Heimweg von der Arbeit meinen Ausweis sehen wollten. Folglich hatte ich ein negatives Bild von den Juden. Meine Begegnung mit anderen Juden während des Kurses veränderte dieses Bild ganz allmählich. Es wurde realistischer und komplexer. Allmählich erkannte ich, dass Israelis wie andere Leute gute und schlechte, oder auch extremistische Menschen sind.

Ich wurde viel offener

Ich erinnere mich an Yossi aus Tel Aviv. Er sagte bei seiner Vorstellung, er sei homosexuell, und hinterließ bei mir einen nachhaltigen Eindruck, weil er anders war als die anderen jüdischen Männer im Kurs, in seinem Denken, in seiner Offenheit und seinem Verständnis für andere. Ich glaube, nicht alle jüdischen Kursteilnehmer verstanden uns Araber wirklich, obwohl sie wirklich versuchten, sich in unsere Lage hineinzuversetzen. Sie waren hochgebildet und nachdenklich, doch trotz all ihrer Anstrengungen würde immer eine Barriere bestehen bleiben. Yossi überraschte mich immer wieder; er konnte sich sehr gut mit der anderen Seite identifizieren. Ich versuchte, ihm nachzueifern, doch ich schaffte es nie, die andere Seite so gut zu verstehen wie er uns verstand. Insgesamt habe ich mich persönlich stark verändert und wurde viel offener. Ich brachte mich ganz ein.

An der Universität lernte ich meine Frau kennen. Ein Teil ihrer Eltern war jüdisch, der andere christlich und sie waren erst kürzlich eingewandert. Der Kurs hatte eine Wirkung auf unsere Beziehung; nach langem Überlegen entschieden wir uns zu heiraten und eine Familie zu gründen. So zeigte sich auf der persönlichen Ebene meine tiefere Wahrnehmung und mein tieferes Verständnis für die Komplexität der [israelischen] Gesellschaft. Für mich hieß das noch mehr als für einen palästinensischen Israeli. Und es ist noch immer anders, denn meine Forderungen an das Establishment und die Gesellschaft unterscheiden sich von seinen; er lebt in dieser Gesellschaft. Ich lebe in Ost-Jerusalem, das für mich besetztes Gebiet ist, welches irgendwann ordnungsgemäß an diejenigen zurückgegeben werden muss, die in einen zukünftigen Staat Palästina zurückkehren. Das war auch eine neue Erkenntnis für mich in dem Kurs. Manchmal forschten die Kursleiter sehr tief mit uns nach; sie halfen mir, Aspekte meiner tatsächlichen Identität zu entdecken.

Zentrale Fragen waren: Wer bin ich? Was denke ich? Was will ich? Das verwirrte mich teilweise. Ich kam aus einer palästinensisch-arabischen Bevölkerung unter Besatzung, integrierte mich in die israelische Gesellschaft mit Juden und Arabern und studierte in Israel an der israelischen Universität Tel Aviv. Ich lebte auch in Tel Aviv, also lernte ich die israelische Gesellschaft dort kennen. Ich befürchtete, eigentlich eine ‚Besatzungsidentität‘ – ich weiß nicht recht, wie ich das ausrücken soll – zu haben, hatte Angst davor, die andere Seite zu akzeptieren. Selbst heute noch mache ich diesen feinen Unterschied, den anderen als Person zu akzeptieren, obwohl er Jude ist, weil mir klar ist, dass man überall in der Welt den Anderen respektieren muss. Ich habe in Deutschland Deutsche und in den USA Amerikaner zu respektieren gelernt. Für mich gibt es diesen Unterschied zwischen dem Menschen, der vor mir steht und mit mir lebt und arbeitet, und dem Besatzer, der mit der politischen Führung verknüpft ist. Manche meiner Brüder und Schwestern machen diesen Unterschied nicht; sie haben Vorurteile gegenüber Juden, ich jedoch nicht. Meine Frau und ich machen diesen Unterschied auch in der Erziehung unserer Kinder; sie lernen, einen Menschen als die Person zu respektieren, die er ist; sie lernen, mit ihm/ihr auf dieser persönlichen Basis eine Beziehung einzugehen und ihn/sie nicht in erster Linie als Jude oder Araber zu sehen.

Kritische Selbstbeobachtung

Diese Fragen wühlten mich unablässig auf, unaufhörlich versuchte ich, sie zu beantworten, nach dem Kurs noch viel stärker als vorher. Das hat mein Verhalten signifikant beeinflusst; ich beobachtete mich ständig aus vielerlei Perspektiven, um zu verstehen, warum ich mich gegenüber einem jüdischen Kollegen so und so verhielt. Manchmal rief das wütende Reaktionen hervor. Bei meiner ersten Planstelle bei der Stadt waren einige Araber wütend über meine Offenheit und mein Verständnis gegenüber den jüdischen Kollegen. Auch die Juden mochten mein Verhalten nicht; sie glaubten, ich sei ein Heuchler, als ob ich mich verstellen würde – das war während der Zeit mit den Selbstmordattentaten in Jerusalem, und jedes Mal nach einem solchen Anschlag gab es starke Spannungen unter den Mitarbeitern. Die Juden meinten, alle Araber begrüßten die Anschläge und ich auch, ich würde es nur nicht zeigen. Lauter solche Sachen. In diesen Situationen konnte ich testen, ob mein Verhalten Teil meiner Identität war oder nicht. Zum Beispiel sagte ich sofort, dass ich gegen jeden Anschlag war, der unschuldige Menschen tötet, egal ob Juden oder Araber. Das war für mich eine ganz tiefe innere Gewissheit, die ich unmittelbar aussprechen konnte; doch meine Kolleg(innen) akzeptierten das nicht – und mir war klar, dass mein Umfeld ganz anders war als die Gruppe im SFP-Kurs; dort hatte ich Verständnis und Zurückhaltung gegenüber dem ‚Anderen‘ erlebt. Die Realität ist anders: Sie ist viel mächtiger als der Einzelne. Es gab einige sehr schwierige Momente, in denen ich mich fragte: *Warum können die sich nicht respektieren so wie ich das tue; vielleicht habe ich ein Problem.* Auf diese Weise beobachtete ich mich ständig.

Ich kam zu dem Schluss, dass ich, wenn ich der bin, der ich bin, und wenn ich liebe, was ich liebe, dass ich mich dann tatsächlich verändert habe; dann aber kann ich mich weiterhin so äußern und verhalten, wie ich wirklich bin, und mich ganz einbringen. Das war eine sehr, sehr starke Erkenntnis, Nava. Eines Tages machte ich auf dem Nachhauseweg nach Ras El-Amud in einer Pizzeria halt, weil ich für meine Familie Pizza mitbringen sollte. Gerade hatte der Lynchmord in Ramallah stattgefunden. Ich war also in dieser Pizzeria, in meinem Wohnviertel, und ich bin dort recht bekannt. Sie waren gerade mitten in einer Diskussion und ich sagte zu den Burschen, *Ich verstehe nicht, wie Ihr Euch darüber freuen könnt, sowas wie das da in den Fernsehnachrichten lehne ich ab.* Inzwischen kamen viele Leute in die Pizzeria um sich begeistert diese Bilder anzuschauen, und ich sagte, *ich lehne das ab* – das schockierte die Leute außer den Pizzeria-Besitzer, der meinte, diese Bilder würden uns zeigen, als wären wir keine Menschen; aber so seien wir nicht, wir seien ein zutiefst human denkendes Volk und da wir von dem abgestoßen seien, was man uns antut, könnten wir auch nicht rechtfertigen, wenn solche Dinge den Anderen angetan würden; das sei nicht in Ordnung. Das war ein aufwühlendes Erlebnis; ich konnte meine Pizza nicht mehr anrühren und nahm sie mit nach Hause, völlig in Anspruch genommen von dem, was geschehen war. Es löste ein negatives Gefühl in mir aus, erwies sich dann jedoch als gut. Ich entschied, das sei eine Art Test gewesen, und ich müsse meine wahre Identität erforschen und dürfe trotz der so mächtigen Realität nicht aufgeben.

Du hast sicherlich einen Preis dafür bezahlt.

Oh ja. Eine Zeit lang ignorierten mich die Leute in meinem Viertel, selbst wenn ich Hallo sagte und fragte, wie es geht; sie taten so, als hätten sie mich nicht gesehen. Jugendliche beschimpften mich und rannten dann weg. Obwohl ich sehr präsent und aktiv im Viertel war und zu vielen jungen Leuten Kontakte hatte und für meine Ansichten bekannt war, blieb ich bei meiner Haltung. Etwa vier oder fünf Monate später traf ich drei Jugendliche; einer davon sprach mich an und sagte, *Ustaaz [Herr Lehrer]* – ich war sein Kursleiter bei einem Jugendleiter-Programm gewesen – *ich möchte mich entschuldigen.* Er war siebzehn. Ich wollte wissen, warum, und er sagte, er sei damals in der Pizzeria meiner Meinung gewesen, hätte sich aber nicht getraut, das laut zu sagen. Da fragte ich ihn, warum er Angst gehabt hätte, er sei doch aus einer großen Familie in den Hebroner Hügeln, was ihm denn Angst gemacht hätte. Ich selbst gehöre nicht zu einer so großen Familie und hatte trotzdem offen gesagt, was ich denke. Er antwortete, er habe auf den richtigen Moment gewartet, mir zu sagen, wie sehr ihn das belastet hätte. Da erklärte ich ihm, *Du musst herausfinden, wer Du wirklich bist; das Leben ist erst lebenswert, wenn wir dies herausgefunden haben; und dann musst Du das, was Du als richtig erkennst, und das, was Du als notwendig erkannt hast, auch tun.*

Du hast drei Dinge genannt, die Du aus dem Kurs mitgenommen hast: Du hast Deine Identität gefunden und definiert; Du hast gelernt, den ‚Anderen‘ zu respektieren, und das dritte war, dass Du auch dann bei Deiner Haltung bleiben kannst, wenn die Menschen um Dich herum anderer Meinung sind, und den Mut hast, Deine Meinung offen zu vertreten.

Ich bin auch bereit, den Preis dafür zu bezahlen. Übrigens, ohne, dass ich es damals merkte, beeinflusste diese Entwicklung auch mein Verhalten im Beruf. Ich hatte stets eine klar umrissene Haltung, auch wenn das nicht gerade bequem war, beispielsweise als ich die Stadtverwaltung verließ um in dem Nachbarschaftszentrum zu arbeiten. Innerlich war ich immer auf der Suche nach Gerechtigkeit. Diese Gerechtigkeit müssen wir erreichen. Und ja, ich habe einen hohen Preis dafür bezahlt – übrigens an beide Seiten; auch auf unserer Seite gibt es Parteien, die daran interessiert sind, Dinge auf Kosten von anderen zu bekommen. Zwar werfen die Leute mir vor, ein Repräsentant des Establishments zu sein, doch wenn sie etwas wollen, irgendeine Dienstleistung, so kommen sie und bitten mich, das für sie zu regeln. Das kommt und geht, je nachdem.

Manche Leute waren zornig, weil ich die Stadtverwaltung dafür kriti-
sierte, dass sie an einem Stück Land festhielt, wo sie, mitten in einem
Teil unseres Viertels, ein neues [jüdisches] Baugebiet wollte; diese Kritiker
wollten den Widerstand dagegen nur der PLO auf die Fahnen schreiben.
Unser örtliches Komitee, in dem ich mitarbeite, sagte, *Moment mal, wir
haben das gemacht, unser Komitee, mit diesem Burschen, der Direktor des
Nachbarschaftszentrums ist.* Also leitete ich das Ganze weiterhin, machte
keine Vorgaben sondern ermutigte einen Dialog, lud sie zu den Komitee-
Sitzungen ein und arbeitete mit ihnen zusammen, obwohl ich wusste, dass
dies eine Belastung sein würde, weil ich mit dem Komitee hart daran gearbeitet hatte, professionell vorzugehen und im Dialog mit dem [jüdischen]
Establishment persönliche Überlegungen und Interessen zurückzustellen.
Die Leute, die sich beklagen, versuchen gleichzeitig, finanzielle Vorteile
für sich herauszuschlagen, und deshalb bezahle ich auch einen Preis. Es ist
also nicht immer die israelische Seite, die findet, dass ich mehr Schaden als
Nutzen verursache. Das geschieht auf beiden Seiten. Dies Gefühl, ständig
beurteilt zu werden und sich manchmal hilflos zu fühlen, ist schrecklich.
Die Erfahrung hat mich gelehrt, dass ich in diesem Fall weitermachen und
an der Sache festhalten muss; dann wird dies zur neuen Richtung: So kann
man durch positive statt negative Energie sein Umfeld beeinflussen.
Dies ist ein Beispiel für das, was ich damals in unserem Viertel erlebte; und
ich habe es erzählt, weil es nicht einfach war.

Einen Beitrag zum Wohl meines Volkes leisten

Nach meiner Ausbildung zum Kursleiter an der School for Peace wusste
ich, dass ich so viel wie möglich für mein Volk tun wollte; das war für
mich eine tiefgreifende Erkenntnis aus dem Kurs. Und ich wollte dies auf
verschiedenen Ebenen tun. Also entwarf ich einen Kurs, den ich Kurs für
junge Führungskräfte nannte, in dem es aber eigentlich um Identitätsfindung durch Erfahrung ging. Solche Kurse gab ich drei Jahre lang als
Volontär und suchte nach Sponsoren dafür. Ansprechpartner war leider
die Stadtverwaltung, doch ich klopfte ohne Zögern an jede nur denk-
bare Tür und alle lehnten ab. Manche meinten, sie würden gern Geld für
den Kurs aufbringen, woraufhin ich ihnen sagte, ich bräuchte Garantien
für Kurse für alle Teenager in Ost-Jerusalem, es gehe also um eine hohe
Summe. Manchmal leitete ich mehrere Kurse gleichzeitig, weil die Nach-
frage so groß war.
Die Kurse waren für jeweils 25 junge Männer und Frauen. Sie waren
beliebt, weil sie ko-edukativ waren; normalerweise sind bei uns solche Programme nach Geschlechtern getrennt. Doch die Rekrutierung von Teilnehmern lief über das Prinzip ,Bring einen Freund / eine Freundin mit',

die jungen Männer brachten also Männer und die jungen Frauen brachten Frauen mit. Heute freut es mich zu sehen, wie sie sich weitergebildet haben; einer ist Lehrer, eine andere Ingenieurin. Ich habe mit ihnen viel an ihrer zukünftigen Identität gearbeitet, was sie werden wollen, wie sie zu unserer Gesellschaft beitragen können. Das erwärmt mein Herz. Einmal ging ich zur Bezeq Telefongesellschaft an der Salah ed-Din Straße, um einen Internetzugang für meinen Sohn einzurichten und ein modernes Modem zu kaufen – völlig überrascht stellte ich fest, dass drei der Kundenberater dort in meinen Kursen gewesen waren. Jeder wollte mich unbedingt sofort bedienen, doch ich wollte keine Vorteile und holte mir wie alle anderen eine Nummer; ich sagte ihnen, Vorteile zu verschaffen sei nicht das, was wir zusammen gelernt haben. Es war wunderbar, sie dort in ihrem Dienst für die Öffentlichkeit zu sehen. Im Kurs hatten wir sehr viel über Identität und im Leben wichtige Fähigkeiten nachgedacht, über Kommunikation und die Bedeutung eines persönlichen Beitrags für unser Volk.

Es gibt also einige hundert Kursabsolventen wie diese.

Oh ja. Ich treffe sie überall. Manche haben als Jugendberater oder Kurskoordinatoren bei mir im Nachbarschaftszentrum gearbeitet; ich habe sie dazu ermutigt. Manchen gefiel die Arbeit als Kursleiter und Berater, also entwarfen wir einen Kurs für Kursprogrammkoordinatoren und Jugendberater, die heute in vielen Vierteln arbeiten – das Bildungsministerium sponserte ihn, leider das einzige Ministerium, das uns unterstützte. Diese jungen Leute beeindrucken mich sehr. Sie sind ständig in Kontakt mit mir. Damals war ich verantwortlich für die Jugendprogramme, später dann Direktor des Nachbarschaftszentrums; sie kommen bis heute und fragen mich um Rat.

Der vom Bildungsministerium finanzierte Kurs hat zurzeit 24 Teilnehmer(innen). Alle sind in der Praxis tätig. Alle leiten ein Jugendzentrum in ihrem Viertel. Sie bieten dort ganz unterschiedliche Dinge an, doch der gemeinsame Nenner ist der Grundkurs für junge Führungskräfte mit denselben Inhalten, die sie selbst bearbeitet haben. Manchmal, wenn sie mich darum bitten und ich die Zeit habe, gebe ich gern einen Workshop zum Thema Identität oder Kommunikation. Das ist prima, reicht aber nicht. Ich setzte mich mit einem guten Freund, Guy Ehrlich, zusammen. Wir haben uns bei meiner Arbeit in Givat Haviva kennen gelernt, als er eine Gruppe junger Juden begleitete, und wir wurden Freunde. Er stammt auch aus Jerusalem. Zusammen mit noch einem Partner gründeten wir die non-Profit Organisation ,The Spring of Democratic Education' [*Manbaa al-ta'alim al-democrati* in Arabisch – *maayan hachinuch hademocrati* auf Hebräisch]. Wir waren voller Elan; wir wollten Datenverarbeitung und Englisch unterrichten, Hausaufgabenhilfe anbieten und überall in den armen Vierteln Jerusalems Computerzentren aufbauen.

Wir richteten in Ost-Jerusalem vier und in West-Jerusalem noch einmal fünf solche Zentren ein. Unser Plan wurde Wirklichkeit! Kinder, die keine Ahnung von Computern hatten, saßen voller Freude an den Geräten und entdeckten, dass Computer nicht nur zum Spielen sondern auch zum Lernen da sind. Das ganze funktionierte mit Volontären, und wir hatten viele Volontäre. Zunächst war es schwer, in Ost-Jerusalem Volontäre zu finden, doch allmählich wurde ich unter den Absolventen des Kurses für junge Führungskräfte fündig. Ich versuchte, an der Al Quds Universität darauf zu dringen, dass sie für Studenten im Grundstudium bestimmter Fächer einen obligatorischen Freiwilligendienst einführten.

Wir versuchten es auch in Silwan, einem der ärmsten Viertel Jerusalems, doch die Kinder dort hatten nicht einmal genug zu essen. Es war zum Staunen, der Höhepunkt unserer Aktivitäten. Wir boten ein Sommerprogramm über Kultur und Identität an, und dann genehmigte uns die Universität Givat Ram zusätzliche Stunden sowie anfallende Transportkosten, und wir brachten die Kinder aus diesem Viertel einen Monat lang jeden Tag an die Universität zu einem Kurs, der Frühstück, Mittagessen und alle Aktivitäten umfasste. Das war eine sehr, sehr intensive Zeit; alle möglichen arabischen und jüdischen Kursleiter(innen), die ich kannte, machten dabei mit – in einer sehr schwierigen Zeit mit zahlreichen Anschlägen (1998-1999).

Guy und ich leiteten dieses Projekt als Volontäre; außerdem hatten wir zwei Koordinatoren und einen bezahlten Mitarbeiterstab. Erstaunlicherweise konnten wir ein paar Stiftungen von dem Projekt überzeugen. Schon allein das Sommercamp kostete hunderte von Shekel für den Bustransport, der die Kinder jeweils von Tür zu Tür brachte, und die Mahlzeiten. Eine ganz tief in mir sitzende Erkenntnis aus meiner SFP-Erfahrung ist die, dass es in jeder Konfliktsituation verschiedene Alternativen gibt, damit umzugehen. Wir können wählen, was wir erreichen und wie wir die Konfliktsituation und die Realität draußen nutzen wollen. Ich bin ein Optimist und glaube, dass wir uns ändern, Erkenntnisse haben und optimistisch bleiben können, und das habe ich befolgt. Einmal hatte ich eine heftige Diskussion mit Guy darüber, ob wir [Ehud] Olmert das Camp besuchen lassen sollten, weil Olmert als Bürgermeister von Jerusalem das Camp in den Medien als ‚völlig normal‘ rüberbringen wollte. Ich war total dagegen; damals war ich noch städtischer Angestellter. Guy meinte, wenn er käme, würden wir später vielleicht Zuschüsse von der Stadt bekommen. Ich fand, der Besuch würde unser Projekt entwerten; für Olmert seien wir nur Handlanger, er würde ein TV-Kamerateam mitbringen und so tun, als ob wir zur Stadt gehören würden; und das wollte ich nicht. Es war eine sehr, sehr harte Diskussion und ich weigerte mich, Teil einer solchen Sache zu sein. Ich weiß gar nicht mehr, ob Olmert dann kam oder nicht; ich weigerte mich dort zu sein. Auf jeden Fall war Zuheir Ashkar der arabische Leiter des Camps; er hat ausgezeichnete Arbeit geleistet.

Initiative und Engagement in Konfliktsituationen

Du hast mich nach Beispielen für mein grundsätzliches Verhalten in Konfliktsituationen gefragt. Aus meiner Sicht tendieren Menschen in Konfliktsituationen dazu, passiv zu sein und nach innen zu schauen, weil die Atmosphäre schwierige Gefühle mobilisiert und die Motivation nachlässt. In dem School for Peace Kurs tat ich genau das Gegenteil: wenn ein langes Schweigen mit knisternder Spannung eintrat, wollte ich von dem jüdischen Burschen im Kreis neben mir hören, ob er genau das wirklich verurteilt, was ich von ihm verurteilt haben will, oder dass etwas den Palästinensern gehört und nicht den Juden. Solche langen Schweigezeiten veranlassten mich zu dem Gedanken: *Und jetzt? Alles implodiert gerade. Und weiter? Wollen wir nicht weiter sprechen, nicht weiter daran arbeiten, wollen wir diesen Prozess, der uns weiter bringt und neue Erkenntnisse bringt, abbrechen?* Es war jedes Mal dasselbe: Genau diese Schwierigkeit half uns tatsächlich, die dynamische Entwicklung fortzusetzen.

Ich habe gelernt, dass diese Dynamik auf die Realität einwirken und eine dynamische Realität erzeugen kann, mit all den damit verbundene Problemen; und genau das habe ich immer angewendet. Ich schwieg nicht. Als ich für mein Nachbarschaftszentrum kein Geld hatte, fragte ich, was wir noch tun könnten. Ich leitete Aktivitäten mit Volontären, Kurse, bei denen Dutzende von Kindern aus der Nachbarschaft mitmachten. Ich konnte keinen Basketball-Trainer bezahlen, aber ich hatte einen Burschen, weder Star noch lizensierter Trainer, der wusste, wie man Leuten Basketball beibringt und ein Basketballteam leitet. Also holte ich ihn und er leitete eine Basketballgruppe. Die Leute wunderten sich immer, wie ich das alles zuwege brachte, doch ich sagte, *Geld ist nicht alles; man kann auch mit Volontären viel erreichen.* Mit dieser Vorgehensweise kann man die Durchhaltefähigkeit der Bevölkerung nachhaltig stärken; wir können sie in uns selbst entwickeln.

Als ich sah, dass die Mütter der dominante Faktor im Stadtviertel waren, wollte ich im Gemeindezentrum einen Kurs anbieten, wo Mütter dazu ausgebildet würden, andere Mütter zu beraten. Viele heiraten sehr jung, mit 17 oder 18. Also wollte ich etwas ältere nehmen (ab 35 Jahren), die mindestens bis zur Klasse 8 oder 9 die Schule besucht hatten; ich wollte sie in einem dynamischen Kurs intensiv betreuen und ‚aufwecken‘; sie würden an sich selbst arbeiten und ihre Persönlichkeit entwickeln, und dann würden wir sie in frühkindlicher Erziehung ausbilden. Als Ausgleich für die Teilnahme an diesem kostspieligen Kurs musste jede Teilnehmerin sieben jüngere Mütter ‚adoptieren‘ und beraten, sie daheim besuchen und ihnen beibringen, wie man ein Baby wäscht und wickelt und so weiter. Leider unterstützte nur die Jerusalem Stiftung das Projekt mit einem Teilzuschuss. Ich setzte die Zuschüsse sehr sparsam ein, doch dann ging uns das Geld aus und wir stoppten den Kurs – ich träumte davon, ihn weiterzuführen. Einige Mütter erklärten, wenn Geld das Problem wäre, würden sie als Volontärinnen weitermachen – wir hatten den Beraterinnen einen Stundenlohn bezahlt.

Mit diesem Einkommen (solange die Mittel da waren) konnten sie ihren Lebensstandard etwas heben und andere Frauen ausbilden. Sie machten begeistert weiter. Mittlerweile bekommen wir über das staatliche Programm für gefährdete Kinder und Jugendliche den gesamten Kurs finanziert; derzeit ist jeden Sonntag eine Ausbildungssequenz, wie in einer Art Frauenakademie.

Zwölf Jahre lang habe ich das Nachbarschaftszentrum und seine Arbeit aufgebaut. Ich war davon überzeugt, dass, wenn man wirklich will, es in jeder auch noch so schwierigen Situation möglich ist, eine tonangebende Präsenz und Dynamik zu entwickeln. Meine Mitarbeiter habe ich stets selbst entscheiden lassen, was sie für das Richtige halten. Insbesondere in brisanten Situationen, z. B. als Sheikh Ahmad Yassin ermordet wurde. Alle waren hier bei der Arbeit, als das geschah. Was sollte geschehen? Sie schauten mich an und ich sagte, *Tut, was Ihr für richtig haltet.* Sie hatten Angst vor negativen Konsequenzen. Ich sagte, *Habt keine Angst, ich verantworte, was in der Stadtverwaltung und den Nachbarschaftszentren davon herauskommt. Als Direktor des Zentrums bin ich verantwortlich.*

Dann rief mich mein direkter Vorgesetzter, Tvika Tchernekhovsky, an und fragte: *Was geschieht bei Ihnen im Viertel?* Und ich erwiderte, *Wir streiken, genau wie alle anderen, drei Tage.* Daraufhin meinte er, *Ich bin mit Ihren Entscheidungen einverstanden, solange sie keine Menschenleben gefährden und es keine Störungen gibt.* Ich antwortete, *Wir stören nichts, es geht um eine Demonstration und Solidarität ist keine Störung.*

Das entsprach dem Gefühl aller und das wurde gemacht. Als wir dann wie alle anderen streikten, konnten wir unsere Gefühle zum Ausdruck bringen. Ich erklärte, jede/r habe seine eigene Wahrheit und tue, was er/sie in dieser Lage als richtig erkannt habe. Die jungen Leute hatten darüber diskutiert und gemeinsam entschieden, dass sie mitmachen wollten. Diese Vorgehensweise war wirklich eine zentrale Erkenntnis aus dem SFP-Kurs;

dass man im Dialog bleiben und die Dinge auf den Tisch bringen und ausdiskutieren muss, statt sie unter den Teppich zu kehren. Ich erinnere mich gut an die ersten Kurssitzungen; jedes Mal fragte ich mich, ob ich etwas Bestimmtes sagen oder nicht sagen sollte. In der vierten oder fünften Sitzung war bereits sichtbar, dass ich genau das sagen würde, was ich dachte und fühlte, und nichts unter den Teppich kehren würde.

Heute gelingt das innerhalb einer halben Stunde. Die Dinge kommen sehr schnell auf den Tisch.

Ja, das stimmt. Früher einmal haben wir alles als ausgesprochen heikel empfunden und erst nachgedacht und uns entschuldigt, bevor wir etwas sagten. In der ersten Kurssitzung wollten wir mit den jüdischen Teilnehmern Hebräisch sprechen – warum Arabisch sprechen? Muhammad Marzuk, Mervats Ehemann, war einer der beiden Kursleiter [und ermutigte uns, Arabisch zu sprechen]. Heute möchte ich in meinen Kursen für junge Führungskräfte in gemischten Kursen, dass sie die Anderen auf Augenhöhe kennenlernen, nicht in Feindschaft, und ohne dass eine Gruppe die andere dominiert. Bevor ich sie zu einem solchen Projekt mitnehme, setzen sich mein Jugendkoordinator und ich mehrfach mit ihnen zusammen und alles kommt auf den Tisch. Wenn sie fragen, *Dürfen wir das und das zu ihnen sagen?*, dann erkläre ich ihnen, *Ja, sagt es ihnen, sagt ihnen, was Ihr denkt und fühlt; so funktioniert's. Wenn Ihr das nicht tut, dann bringt das ganze nichts.*
Mein Sohn Shadi ging bis zur 4. Klasse in die bilinguale Schule in Neve Shalom – Wahat al Salam und danach in die Hand-in-Hand-Schule in Jerusalem. Als er dort ein Projekt machen musste, wollte er etwas zum Thema Palästinenser und Identität machen. Das war während des Eindringens in den Gazastreifen und nach Ramallah und all dem Aufruhr darum herum. Er fragte mich, *Warum sagst Du nichts?* und ich fragte, *Was willst Du tun?* Da meinte er, ich wolle nicht, dass er etwas tut, doch ich erklärte ihm, *Natürlich möchte ich, dass Du etwas tust, aber ich möchte von Dir hören, was Du gern tun willst.* Er gestaltete eine PowerPoint Präsentation über die palästinensische Geschichte und die Nakba. Ständig fragte er mich, wo er bestimmte Informationen finden könne. Nun, die halbe Schulbibliothek besteht aus Büchern über die palästinensische Geschichte und den Konflikt. Er lieh Bücher aus, fotokopierte und scannte Materialien ein und stellte eine Präsentation zusammen, es war fantastisch. Dann wollte er seine Arbeit meiner Frau und mir vorstellen, bevor sie in der Schule präsentierte. Doch ich sagte, *Zeige sie uns nicht jetzt, wir möchten in der Schule dabei sein.* Als er den Grund dafür wissen wollte, sagte ich, *So wie Deine Präsentation geworden ist, ist sie gut.* Wir gingen also mit in

die Schule und Amin Khalaf [Direktor des Hand-in-Hand-Vereins], der einige Jahre vor mir ebenfalls die Kursleiterausbildung an der School for Peace gemacht hatte, saß neben mir.

Amins Frau Ranaa, Amin, meine Frau Anna und ich hörten uns also die Präsentationen der Kinder an. Dann war Shadi an der Reihe und während seiner Präsentation senkte sich vollkommenes Schweigen über den Raum. Die jüdischen Eltern sahen die arabischen an und die arabischen Eltern schauten zurück, und Amin flüsterte scherzend, *Was hast Du hier vor, Revolution?* Ich flüsterte zurück, *Nein, das ist einfach Shadi, Du kennst ihn doch.* Sein Sohn und Shadi gehen die dieselbe Klasse. Er flüsterte, *Hut ab, Nazih, Du hast ihn offensichtlich gut unterstützt.* Doch ich erklärte ihm, ich wäre an der Erstellung der Arbeit nicht beteiligt gewesen. *Diese Präsentation ist Shadis Werk. Ich habe ihn lediglich in dieser Richtung erzogen und er hat das aufgenommen.* Auf diese Weise habe ich meine Kinder erzogen, das heißt so, dass sie authentisch sind und sagen, was sie denken und fühlen.

Deine Kinder sind stolz auf ihre Identität.

Oh ja. Mehrfach hat Shadi mir von Auseinandersetzungen an der Schule erzählt. Er wollte z. B. Kleidung und Sachen für bedürftige Palästinenser sammeln. So schlug er das in der Schule vor und daraufhin wollten ein paar jüdische Kinder nicht mit ihm befreundet sein und es gab Streit. Daraufhin bat ich Alaa Khatib, den Schulleiter, Kursleiter in die Schule einzuladen und die Sache zu bearbeiten, bevor diese Gelegenheit vorübergeht; denn sonst würde niemand aus dieser Sache etwas lernen. Er hatte bereits ein paar der jüdischen und arabischen Lehrkräfte darum gebeten. Shadi war tief enttäuscht. Seiner Meinung nach wollten die jüdischen Kinder nicht verstehen, warum er tun wollte, was er tun wollte. Ich fragte ihn, ob er denn versucht hätte, es ihnen zu erklären, und er sagte, *Oh ja, ich habe ihnen gesagt, dass ich zum palästinensischen Volk gehöre und Mit-Palästinensern helfen wolle. Und außerdem habe ich gesagt, dass ich, wenn Juden in Not wären, dann für die Juden Sachen spenden würde. Man muss Menschen in Not grundsätzlich helfen.* Diese Art der Erziehung will ich meinen Kindern mitgeben: Man hilft den akut Bedürftigen, egal, welchem Volk sie angehören. Ihre Augenfarbe spielt keine Rolle. Wenn Du ihnen heute hilfst, dann müssen sie Dir, wenn Du einmal Hilfe benötigst, auch helfen. Diese Erkenntnis war ungemein wichtig. Danach lebe ich, in jeder Hinsicht, auch wenn es ständig Fragezeichen und ambivalente Situationen gibt; einfach ist das nicht.

Meine Frau Anna ist DV-Chefin bei Kravitz, der Papierwaren-Kette. Einmal lud ein Typ von der Firma alle am Unabhängigkeitstag zu einer Party bei sich zu Hause ein. Ich sagte zu ihr, *Ich habe kein Problem, mit dahin zu gehen, aber ich werde nicht schweigen. Wenn es eine politische Diskussion gibt, dann werde ich sagen, was ich denke, das weißt Du.* Sie wollte, dass ich mitgehe und glaubte nicht, dass es politische Diskussionen geben würde; sie wollte gern, dass ich die Leute kennenlerne. Also gingen wir alle zu der Grillparty. Dort war ich der einzige Araber. Die Männer saßen zusammen, und ich wunderte mich, dass die Frauen ebenfalls für sich saßen. Dann fingen die Männer an zu reden und gerieten in eine politische Diskussion. Ich sprach ganz offen und die Atmosphäre war sehr angespannt. Ich erklärte ihnen, dass ich ganz offen spreche und nicht von ihnen erwarte, dass sie akzeptieren, was ich sage; dass ich mich aber freuen würde, wenn sie zu verstehen versuchen würden, woher das, was ich sage, kommt. Der Gastgeber versuchte, das Thema zu wechseln, weil die Situation für mich so schwierig war. Anna kam, gab mir einen Kuss und flüsterte, das sei ihr unangenehm. Ich sagte ihr, ich sei auf ihren Wunsch mitgekommen, obwohl ich diesen Tag lieber innerlich begehe, weil er für uns eine andere Bedeutung hat. Doch das Problem war nicht sie, das waren die anderen.

Die nächste Phase

Ich habe immer davon geträumt zusammen mit einem palästinensischen Team eine Jugendorganisation zu gründen, die im palästinensischen Ost-Jerusalem für Jugendliche verschiedene Dienste, Weiterbildung, medizinische Behandlung, berufliche Ausbildung und Persönlichkeitsentwicklung anbietet. Das möchte ich als nächstes tun.

Ich habe noch etwas Wichtiges zu erwähnen vergessen. Nach unserer Heirat lebten wir zuerst mit der Familie in einem sehr kleinen Haus. Als wir Shadi und Sami bekamen, mussten wir uns ein größeres Haus suchen. Ich wollte ein Haus oder eine Wohnung kaufen, doch in Ost-Jerusalem bekommt man keine Baugenehmigung, also hat man eine Wohnung, die ständig von einer potenziellen Abrissorder bedroht ist. Am liebsten wollte ich etwas kaufen in einem der ursprünglich arabischen Viertel, die heute jüdisch sind. So kaufte ich ein Haus im Pisgat Ze'ev Viertel – eine äußerst schwierige Entscheidung. Du weißt: Das hieß mitten in einem Wohngebiet zu leben, das für mich eine Siedlung ist, so wie Neve Yaacov, obwohl Pisgat Ze'ev als normales Jerusalemer Viertel gilt. Nun, wir entschieden uns dafür. Als Bewohner von Pisgat Ze'ev habe ich eine mir bis dahin unbekannte Realität kennengelernt, einen anderen Lebensstil. Dort gibt es viel Rassismus, viel Gewalt und Jugendliche, die mehr als nur einen drauf machen. Kürzlich haben sie eine neue Synagoge gebaut und jetzt feiern sie noch mehr. Während den letzten Feiertagen habe ich kaum geschlafen. Derzeit überlegen wir uns, ob wir ausziehen.

Mein Sohn Shadi spielt gern draußen, doch es gab ein paar Vorfälle mit anderen Kindern, in die er und sein Bruder Sami hineingerieten. Es war nicht einfach. Einmal haben die Nachbarn sogar im Internet unsere Wohnung zum Kauf angeboten und dort erklärt, die Wohnung würde verkauft, weil wir das Land verlassen müssten. Es ist wirklich nicht leicht dort zu leben.

Es gibt so viel Rassismus und die Kinder müssen jeden Tag damit umgehen.

Mir ist klar, dass in einem solchen Zusammenhang konsequent zu bleiben ein bisschen verrückt klingt. Mittlerweile habe ich jedoch herausgefunden, dass es – wegen der Wohnungsnot – eine ganze Menge arabische Familien in Pisgat Ze'ev und anderen Vierteln im Norden Jerusalems gibt, auch in Neve Yaacov, eine überraschende Entdeckung.

Eigentlich möchten wir hierher [nach Neve Shalom] ziehen, aber das geht nicht so einfach. Die einzige Alternative ist, in ein arabisches Viertel zu ziehen; so sieht die Realität aus für die Palästinenser in Ost-Jerusalem – eine sehr, sehr harte, sehr komplizierte Realität.

Ich meldete meine Kinder auch in der bilingualen Schule in Jerusalem an, weil ich ihnen die Chance geben will, die ich selbst nicht hatte: die Anderen bereits als Kinder kennen und respektieren zu lernen. Ich habe erst mit 17 oder 18 Jahren Juden kennengelernt, als ich meiner Mutter bei der Arbeit zur Hand ging – mal abgesehen von den Soldaten, die mir während der Intifada begegneten, und das war eine Ausnahmesituation. Die Realität ist viel komplexer und vielgestaltiger. Hinsichtlich der Erziehung meiner Kinder habe ich nicht gezögert. In der arabischen Gesellschaft – nicht einmal der gebildeten Gesellschaft, da schon gar nicht – versteht es sich nicht von selbst, dass man die Anderen akzeptiert. Kinder werden normalerweise nicht so erzogen, und wenn man sie so erzieht, dann ist die Akzeptanz an bestimmte Bedingungen geknüpft. Insgesamt war die Hand-in-Hand-Schule eine gute Idee; denn sie hat unsere Kinder gelehrt, dass es wichtig ist, die andere Seite zu respektieren und zu verstehen. So Gott will, werden meine Kinder auf diesem Weg, in diese Richtung weiter gehen.

Sebastian Wallerstein

Stadtplaner und Gemeindeaktivist

Sebastian Wallerstein ist Forschungsdirektor des Israelischen Zentrums für Sozialwohnungsbau an der Juristischen Fakultät der Universität Tel Aviv. Zuvor hat er einige Jahre im Stadtplanungsamt der Stadt Bat Yam gearbeitet, wo er für städtische Entwicklungsplanung und Wohnungsbaupolitik zuständig war. Sebastian Wallerstein hat einen BA in Wirtschaft & Politik an der Universität Tel Aviv und einen MSc in Stadt- und Regionalplanung an der Technischen Universität Haifa abgeschlossen. Seit 2013 gehört er zum Vorstand von Bimkom – Stadtplaner für Planungsrechte. Sebastian nahm am Change Agents Kurs der School for Peace für israelische und palästinensische Stadtplaner, Architekten und Ingenieure 2008 – 2009 in Neve Shalom – Wahat al Salam teil. Er wurde am 11. November 2009 interviewt.

„In diesem Land gibt es rassistische und repressive Einstellungen gegenüber allen möglichen Bevölkerungsgruppen. In diesem Umfeld leben wir. Ich habe nicht aufgegeben, und engagiere mich so stark ich kann. Es gibt keine andere Wahl. Das Leid und die Probleme werden sich nicht in Luft auflösen. Das Leid in Jaffa wird sich gewiss nicht von selbst verringern."

Sebastian Wallerstein

Der Kurs in Neve Shalom hat vor allem meine Wahrnehmung geschärft, und diese schärfere Wahrnehmung ist stets präsent; sie hilft mir Einstellungen zu erkennen, sobald sie auftauchen, z. B. Kolonialismus oder Unterdrückung. Diese Wirkung war die wichtigste, das ist mir zutiefst bewusst. Der Kurs hat mir eine Art Dekodierungsapparat gegeben, der in allen möglichen Sitzungen und Situationen funktioniert, wenn Leute auf bestimmte Weise sprechen. Nicht, dass die Dinge dadurch leichter würden; doch ich kann, was ich höre, dann benennen und einordnen.

Beispielsweise bin ich derzeit an einem Prozess beteiligt, wo es um Wohnraum in Jaffa geht. Das ist ein professioneller Vorgang, zu dem auch Mediation oder Beratung gehört; er betrifft die arabische Bevölkerung in Jaffa; sämtliche relevanten Behörden sind beteiligt, einschließlich der Israelischen Landbehörde, dem Wohnungsbauministerium, der Tel Aviver Stadtverwaltung und so weiter. Wenn ich bei so einer Sitzung mit jemandem von der Stadtverwaltung bin, dann höre ich dort, die arabische Bevölkerung sei invasiv oder kriminell, als wollten die Araber illegal bauen; und die Ausdrucksweise legt nahe, Araber seien einfach nicht okay. Warum aber gibt es an manchen Orten einen so starken Anstieg illegaler Bauten? Das Establishment glaubt, Araber wollten die Gesetze nicht befolgen. Solche Beamte haben schlicht keinen breiteren oder komplexeren Blick auf die reale Situation. Inzwischen bin ich mir dieser Dynamik viel bewusster – ob das nun an dem SFP-Kurs liegt oder nicht. Sie löst bei mir eher so etwas wie ein blinkendes Warnsignal aus. Wenn man zu so einer Sitzung kommt und solche Dinge hört, dann will man die Diskussion in eine neue Richtung bringen statt sich ständig Dinge anzuhören, die nur den Status quo fortsetzen.

Wohnungsbau in Jaffa

Als Zweierteam berieten wir die Mitarbeiter der städtischen Technikabteilung und der Abteilung Langfristige Planung zum Thema illegales Bauen. Eine Stadträtin meinte, *Die [arabische] Bevölkerung ist gewohnt, in eingeschossigen Häusern zu leben, und zieht dies vor; wenn die Leute ein leeres Grundstück sehen, dann bauen sie darauf an und haben ein Zimmer mehr.* Meine Beraterkollegin erwiderte, *Die Juden scheinen mir ebenfalls gern in eingeschossigen Häusern oder großen Wohnungen zu leben, und wenn sie die Chance sähen anzubauen, dann würden sie das auch tun, besonders wenn lange niemand etwas dagegen sagt.* Das ist nur eins von vielen alltäglichen, ständig vorkommenden Beispielen.

Letztlich geht es darum, herauszufinden, was wir gemeinsam haben, und zu einem Konsens zu finden – und das birgt viele Probleme. Oft muss ich in solchen Sitzungen meine Gefühle zurückstellen und die Dinge so formulieren, dass sie konstruktiv wirken und neue Wege öffnen, statt irgendetwas anzuprangern. Dann sage ich zum Beispiel, *Wir wissen, dass illegales Bauen zugenommen hat; doch das scheint mit dem verbreiteten Wunsch aller Einwohner zu tun zu haben zu bauen oder anzubauen, und es hängt mit weiteren Faktoren zusammen.* So muss ich bei solchen Leuten meine Aussagen filtern; anders geht es nicht, jedenfalls nicht da, wo ich jetzt tätig bin. Wenn ich eine Protestkampagne leiten würde, wäre das anders.

Ich arbeite in Jaffa in der Dienststelle *Mishlama Jaffa*, einer Körperschaft unterhalb der Tel Aviver Stadtverwaltungsebene. Nachdem ich einen Bericht für die Stadtverwaltung geschrieben hatte, wurde ich zusammen mit Dr. Emily Silverman dafür engagiert, einen Runden Tisch zwischen der arabischen Bevölkerung und den anderen Akteuren in der Stadtplanung zu moderieren. Ich empfahl, alle am Wohnungsbau beteiligten Persönlichkeiten zusammenzubringen und auszuloten, was durch bessere Koordination erreicht werden kann. Die Behörden verfolgten separat alle ihre eigenen Interessen und das funktionierte nicht. Inzwischen sind wir an einem interessanten, komplizierten Punkt angelangt. Die Entscheidung des

Mishlama-Direktors uns hinzuzuziehen ist interessant. Er weiß, dass wir langjährige Beziehungen hierher haben und hier Vertrauen genießen; das macht es uns leichter, als neutral angesehen zu werden, doch es ist zugleich kompliziert; denn es ist die Stadt, die uns engagiert hat und bezahlt.

Ich betrachte als sehr positiv, dass wir auf meinen Bericht hin für das Projekt eingestellt wurden und der Bericht nicht einfach in einer Schublade liegt. Die Erstellung des Berichts schien bereits zu einer Annäherung der Positionen innerhalb der *Mishlama* zu führen und die Ansicht zu verstärken, dass man die Dinge anders organisieren kann. Mittlerweise sind etliche konfligierende Interessen im Spiel und manchmal ist es schwer, noch das Licht am Ende des Tunnels zu sehen. Ich wünschte, wir hätten hier eine authentische Entwicklung. Die Einwohner argwöhnen, das sei nur Hinhaltetaktik und letztlich würde sich nichts ändern. Das ist eine zutiefst legitime Sorge. Die Wahrheit liegt wohl irgendwo in der Mitte; denn unter den Beteiligten gibt es ein ganzes Spektrum von Meinungen. Je ein Vertreter des Wohnungsbauministeriums, der Israelischen Landbehörde, von Amidar [staatliche Wohnungsbau-Gesellschaft], von Halamish [landesweites/kommunales Bauunternehmen], sowie Vertreter der Stadt Tel Aviv und von *Mishlama* und ein Vertreter der Bevölkerung sind dabei: insgesamt zehn bis zwölf Leute.

Leider dürfen diese Leute nicht selbst Abriss-Befehle aufheben. Sie sind Beamte von der Bezirksebene. Mir ist klar, selbst wenn wir hier Aktionen beschließen, muss jeder aus der Runde zu seinem Vorgesetzten gehen und Forderungen stellen oder Veränderungen verlangen. Der Generaldirektor der israelischen Polizei sagte zum Beispiel, dass, wenn die politische Landkarte günstiger aussähe, ein engagierter Minister mit entsprechender Bereitschaft entscheiden könnte, dass dies Problem gelöst wird, also so-und-so-viele Wohnungseinheiten gebaut werden, und eine Kampagne starten könnte, die tatsächlich zu einer Lösung für die Bewohner führt. Doch so sieht die Lage nicht aus, bei weitem nicht. Also arbeiten wir ernsthaft an einer Lösung in der Hoffnung, dass die Beamten auf einer höheren Ebene etwas bewegen können. Das ist schonmal gut. Ich bin Optimist und sehe, dass es an anderen Orten vorangeht; zugleich handelt es sich um ein sehr heikles Thema; jederzeit ist ein Eklat möglich.

In der arabischen Bevölkerung gärt es auch seit dem Versuch, innerhalb von Jaffa eine religiöse Siedlung mit Leuten aus der jüdischen Siedlung mitten in Hebron und mit anderen Siedlern zu errichten. Die haben gemischte Städte zu ihrem neuen Flaggschiff-Expansionsprojekt erkoren. Ausgerechnet im Herzen des Ajami-Viertels, einem alten Viertel, zu dem die arabische Bevölkerung aus historischen Gründen eine besonders große Affinität hat, haben sie durch ein höheres Preisangebot der *Emunah*-Baugesellschaft eine öffentliche und offene Ausschreibung für 20 Hauseinheiten gewonnen; daneben gab es ein arabisches Preisgebot für ein Sozialwohnungsprojekt, doch das konnte preislich nicht konkurrieren. Der Verein für Bürgerrechte in Israel hat im Namen von arabischen Bewohnern und von Bimkom und anderen Organisationen eine Petition eingereicht mit der Forderung, die Entscheidung aufzuheben, weil *Emunah* erklärt hatte, sie würden keine Wohnungen an Araber verkaufen.

Eine neue kommunale Koalition

Die Chancen stehen nicht schlecht, dass dieser Widerspruch etwas bewirkt. Außerdem ist in der arabischen Bevölkerung von Jaffa etwas sehr Positives geschehen. Sie war früher zerstritten und durch innere Querelen geschwächt; nun aber stehen alle zusammen; sie haben einen gemeinsamen Gegner, den sie gemeinsam bekämpfen können. Sie haben eine neue Organisation gegründet, den Bund der Organisationen und Komitees für Wohnungsrechte in Jaffa. Dieses Forum ist nun an dem Runden Tisch beteiligt. Wenn ich von einer möglichen Explosion spreche, so bezieht sich dies sowohl auf die innerhalb des neuen Bundes versammelten Meinungen als auch auf den neuen Bund als Ganzes und den gesamten Prozess.

Bei der ersten Sitzung des Runden Tisches gaben alle Beteiligten eine Absichtserklärung ab und präsentierten ihren Anteil an dem beginnenden Prozess. Dann setzten Emily und ich uns in separaten Gesprächen mit jeder Partei zusammen um eine konsensfähige Vorlage zum Thema Wohnungsbau in Jaffa zu entwerfen. Einfach ist das nicht, aber auf dieser Basis kann weiter gearbeitet werden. Manche meinen, dies sei sehr schwierig, aber eigentlich sind alle bis auf den Vertreter von Halamish vernünftige Leute. Sie hören zu und sind bereit etwas zu tun. Ich finde gut, dass sie eine Lösung des Problems wollen. Natürlich haben sie alle ihre spezifischen Interessen. Für die Stadt ist es nicht gut, wenn juristische Streitigkeiten sich ewig lange hinziehen. Alle beteiligten Akteure haben ihre eigenen Gründe dafür, das Problem lösen zu wollen, auch wenn sie nicht immer aus der gleichen Richtung kommen.

Meine Erfahrung in Neve Shalom – Wahat al Salam hat mich vielleicht sensibler gemacht. Sowohl Emily als auch ich stammen aus dem Ausland, Emily aus den USA und ich aus Uruguay – und wir befinden uns in Kontakt mit einer Bevölkerung, die in Jaffa geboren wurde und sehr starke Bindungen an die Stadt hat. Bei den Sitzungen sprechen sie Arabisch und viele Diskussionen laufen auf Arabisch. Emily kann etwas Arabisch, ich jedoch leider nicht – das ist ein Hindernis, das mich zugleich dazu anhält, besonders sensibel hinzuhören, um die Positionen der verschiedenen Beteiligten besser zu verstehen. Das ist als von außen Kommender nicht leicht.

Ich hatte schon zu Beginn des SFP-Kurses eine relativ gut ausgebildete Wahrnehmung, aber ich hatte davor noch nie die Möglichkeit gehabt, mit Palästinensern aus Palästina in einem solchen Rahmen zu sprechen. Das geschah dort zum ersten Mal, und die erste Sitzung erschütterte mich zutiefst. Das war heftig. Es katapultiert Dich an einen schwierigen Ort. Es gibt Fragen, die Du Dir dann ständig stellst. All das half mir, den nächsten Schritt zu tun. Vor dem Kurs konnte ich über manche Dinge nicht offen sprechen; nun fällt es mir leichter, Dinge zu benennen und klar zu formulieren. Wir wissen, wie schwierig die Dinge sind, aber es ist sehr hart, das auch zu erfahren. Irgendwie sind wir an diesem Konflikt beteiligt, einfach weil wir hier sind; wir wissen, dies ist ein Problem.

Sehr seltsam und besorgniserregend finde ich, was geschieht, wenn ich im Ausland bin. Wenn ich Freunde und Verwandte im Ausland besuche, ist alles tausend Mal schlimmer. Wenn ich dort so offen spreche wie hier, ist das eine Katastrophe. Ich werde zum ‚ocher Yisreal' [jemand, der Israel in Miskredit bringt]; man wirft mir vor, in der Öffentlichkeit ‚dreckige Wäsche zu waschen'. Wenn man sich in einer Gesprächsrunde mit Juden und nicht-Juden so äußert, so wird man mehr oder weniger als Verräter betrachtet. Die meisten Leute im Ausland haben sehr festgefügte Meinungen. Sie sagen dann, *Was, Du kommst hierher und machst Israel runter? Attackieren und hassen uns nicht schon genug Leute? Musst Du noch mehr Hass säen?* Ich verstehe, was sie damit meinen, aber das bedeutet nicht, dass unser Verhalten immer gut ist. Meine Freunde in Israel teilen meine Meinung. Meine Partnerin arbeitet beim Verein für Bürgerrechte in Israel, wir vertreten die gleichen Werte. Im Umfeld gibt es jedoch ein Meinungsspektrum und manche Leute opponieren gegen Dich. Diesen Aspekt sollte man vielleicht in den Kurs mit aufnehmen. Genau besehen, betrifft das Deinen Arbeitsplatz und Deine Freunde, und manchmal heizt sich die Stimmung auf und es kommt zu schweren Konfrontationen. Ein Freund von mir war Offizier bei der israelischen Armee während des Krieges; mit ihm war kaum noch ein Dialog möglich.

Wandel an der Basis

Seit zwei Wochen arbeite ich mit Guri zusammen, der ebenfalls den Kurs durchlaufen hat und damals städtische Entwicklungsprojekte betreute. Nach dem Kurs sind einige von uns in Kontakt geblieben; wir diskutieren diese Frage seit über einem Jahr; ich hatte nicht viel Zeit, weil ich viel Papierkram erledigen musste, aber jetzt arbeiten wir daran. Gleichzeitig versuche ich meine Abschlussarbeit fertig zu schreiben; der Jaffa-Bericht wird ein Teil davon sein. Jetzt möchte ich praktische berufliche Erfahrung sammeln.

Mein Interesse am Wandel auf der Graswurzel-Ebene ist eine Art Dauerbaustelle. Ungefähr als ich den Kurs in Neve Shalom begann, hatte ich auch den ersten Kontakt mit dem Wohnungsbauproblem in Jaffa. Emily sprach mich an und ich erwog, vielleicht ein paar Seiten über Jaffa zu schreiben; so hat es eigentlich angefangen – mir einer Art doppelgleisigem Aufbruch. Vielleicht hat mir der SFP-Kurs die Inspiration und den Drive gegeben, mein Interesse an diesem Themenbereich zu entwickeln und so stark zu vertiefen. Das hat etwas … Wenn man sich tatsächlich an die Arbeit macht, so ist manches daran sehr ermüdend, ja sogar langweilig. Der SFP-Kurs und das ganze Umfeld haben mich dazu veranlasst, genauer hinzuschauen, sodass die Arbeit mehr Bedeutung bekam. Ich erkannte, dass ich die Situation für Wohnungskäufer dort unter Umständen tatsächlich verbessern konnte. Es ging nicht nur um etwas Trockenes wie geschütztes Eigentum; durch den Kurs erkannte ich die größeren Dimensionen des Problems: Wir haben hier eine arabische Bevölkerung, eine Minderheit, und in diesem Kontext hat geschütztes Eigentum eine tiefere Bedeutung. Wäre ich damals nicht in dem Kurs gewesen, hätte ich diese Unterscheidung kaum machen können. Die beiden Prozesse befruchteten einander: der Kurs und meine Arbeit in Jaffa.

Die Motivation hatte ich wohl sowieso, ich bin auch im Umweltbereich und anderen Politikfeldern aktiv. Gleichzeitig hat der Kurs meine Bereitschaft verstärkt, mich Problemen um den arabisch-jüdischen Konflikt zu stellen, und mir zu erkennen geholfen, dass jeder, der in dieser Region lebt, die Nase voll davon hat. Es reicht!

Die meisten Leute sind keine Aktivisten; Du hast Dich sehr stark engagiert.

Der Konflikt bestimmt meine Wahrnehmung nun viel stärker. Wieder umzukehren und zu vergessen geht fast nicht mehr. Gefühle spielen jetzt auch eine Rolle. Wenn ich mir unsere Gesellschaft heute anschaue und sehe arabische Bürger, die wütend auf das Establishment sind, dann finde ich diesen Zorn ganz natürlich. So etwas sehe ich nun und kann es nicht mehr einfach ignorieren.

Zum Beispiel wurde in Tel Aviv ein Komitee für Sozialwohnungsbau gegründet, das von einem Likud-Stadtrat geleitet wurde. Da Emily zu diesem Komitee gehörte und das Thema Jaffa einbringen wollte, wurde eine Sondersitzung zu diesem Thema anberaumt und Einwohner wurden dazu eingeladen. Bei der Sitzung spielte dieser Likud-Stadtrat das Thema herunter und verhielt sich geringschätzig gegenüber den anwesenden Arabern, die ihre Sicht der Lage darstellten; er sagte z. B., es gebe zu wenig Juden in Jaffa.

Ich sagte nichts. Weil ich so jung war, fiel es mir schwer, mich zu äußern; heute denke ich, dass es damals Verrat von mir war, den Mund zu halten. Die Araber hielten sich zurück und blieben ruhig, doch ich verließ die Sitzung voller Zorn und setzte mich danach mit ihnen zusammen. Wenn man bei Sitzungen von Leuten auf eine Weise angegriffen wird, welche die anderen Anwesenden als legitim betrachten, und man mit Leuten ganz verschiedener Parteien, auch von Meretz, am Tisch sitzt, scheint es okay zu sein zu erklären, es gebe zu wenig Juden in Jaffa. Was besagt dieses Statement? Was ist damit gemeint? Man hält es für legitim, sowas zu sagen und zu hören, und niemand steht auf und ohrfeigt denjenigen, der das sagt. Nach der Sitzung war ich nicht nur auf mich wütend, sondern auf alle, die nichts dazu gesagt hatten, denn niemand sagte etwas und die Araber mussten dasitzen und sich das anhören; sie taten auch nichts. Sie dachten wohl, wenn sie angefangen hätten rumzuschreien, dann hätte man ihnen gesagt, *Da sieht man's mal wieder, Euch kann man nicht einladen, denn Ihr schreit sowieso nur herum*, und dann wäre gar nichts erreicht gewesen. In der Zwischenzeit sagte die Anwältin des Volkskomitees (popular committee) in Jaffa, mit der zusammen ich viel Arbeit in diese Sache gesteckt hatte – mich in ihre Lage versetzend wäre ich am liebsten sofort gestorben – sie sagte zu mir, *Wenn ich den anschreie, bin ich sofort eine Querulantin, und wenn ich ruhig bleibe, dann ermögliche ich es dem Kerl, mich mit einer solchen Aussage zu demütigen – darauf gibt's keine Antwort; es ist schlimm.* Heute kann ich mit solchen Situationen allmählich besser umgehen, doch selbst jetzt ist es häufig noch schwer. Diese Art Herausforderung thematisiert der Kurs noch zu wenig – hin und wieder schon, z. B. wenn Du Referenten eingeladen hast, die Dilemmata am Arbeitsplatz vorstellten, dann gehörte das zu diesem Thema, aber das muss meines Erachtens noch stärker bearbeitet werden; es muss sehr genau betrachtet und analysiert werden. Diese Herausforderung ist Teil des Problems, denn auch wenn man selbst über die erforderliche Wahrnehmung verfügt, so gilt dies nicht für die anderen Anwesenden. Wie kann man in einer solchen Situation etwas anderes sagen? Außerdem birgt das Risiken; ist es also besser zu sprechen oder zu schweigen? Solange es nicht um einen zentralen Punkt geht, ist es leichter. Solange ich zu meinen Prinzipien und Überzeugungen stehe, fühlt es sich gut an. Aber es geht auch darum, Verständnis und einen Konsensus aufzubauen und herauszufinden, wie man am besten handelt. Dieses Dilemma gilt auch für die arabische Bevölkerung: Ist jetzt der richtige Zeitpunkt, sich zu wehren und zu schreien, *Sie tun seit 40 Jahren nichts; wofür wollen Sie jetzt noch weitere Daten? Was für Daten wollen Sie? Sie wissen genau, was Sie tun müssen. Wenn Sie es dennoch nicht tun, dann weil Sie nicht wollen.* Und so weiter. Diese Dinge kommen vor. – Oder ist es am besten zu sagen, *Okay, wir befinden uns in einem Prozess und ein paar Leute sind neu im kommunalen System, warten wir erstmal ab.* Man muss ständig entscheiden, welche Strategie wohl eher Erfolg verspricht.

Ein vielleicht weniger gutes Ergebnis des Kurses ist, dass ich mittlerweile etwas weniger kompromissbereit bin; jede Bemerkung löst eine Reaktion in mir aus. Wenn sie z. B. rassistisch ist, werde ich wütend. Wir leben in diesem Land mit Leuten zusammen, die sich gegenüber allen möglichen anderen Bevölkerungsgruppen rassistisch und unterdrückerisch verhalten, und damit will ich nichts zu tun haben; Du verlierst auf die Dauer die Energie einzuschreiten, weil Du es leid bist. Vielleicht ist das ein anderes Thema, aber irgendwie gehört das zusammen; in diesem Milieu leben wir. Ich habe nicht aufgegeben, und engagiere mich so stark ich kann. Ich glaube, dass unsere Generation hier etwas anderes erreichen will. Wenn ich von der Zukunft das erwarte, was jetzt ist, dann wird es nicht gut sein. Also gibt es keine andere Wahl, nicht wahr? All das Leid und die Probleme werden sich nicht in Luft auflösen. Das weiß ich genau; ich sehe das Leiden in Jaffa und weiß, dieses Leid in Jaffa wird sich gewiss nicht von selbst verringern.

In komplexen Dilemmata manövrieren

Wir müssen diesem komplexen Dilemma mehr Aufmerksamkeit schenken, diesem ständigen Manövrieren zwischen persönlichen Überzeugungen und den Chancen, Wandel anzustoßen. Letztlich verdienen viele von uns ihr Geld bei verschiedenen zionistischen Organisationen; dort ist es hart. Für jemanden, der ein Stipendium hat oder von einer Nicht-Regierungsorganisation bezahlt wird, die sich für Gleichberechtigung einsetzt, ist es vielleicht leichter; dann fühlt man sich gut, kann problemlos sagen, was man denkt. Doch anderswo ist es nicht so leicht für jemanden, die Dinge voranzutreiben, und das hat noch nicht einmal unbedingt damit zu tun, wo das Geld herkommt. Vielleicht sollte man neutrale Leute mit [in den Kurs] reinbringen, Leute aus dem öffentlichen Sektor mit einer öffentlichen Position, die unserem Ziel nicht so sehr verpflichtet sind, und sollte sie fragen, was da geschieht. Vielleicht könnte man eine Gruppe von Leuten aus allen möglichen Berufen und mit allen möglichen Positionen zusammenbringen. Ich denke, das könnte etwas bringen.

Manchmal fühle ich mich allein, abgesehen von ein paar Leuten, zu denen ich eine sehr enge Beziehung habe. In jedem Fall ist es kein angenehmes Gefühl, hier zu leben und ständig den Zionismus einzuatmen. Es ist, als hätte man keine andere Wahl, und jedes Mal, wenn man frei davon wird, gibt es Probleme, egal worum es geht; sie beschimpfen Dich als Kommunist oder als irgendwas anderes. Alles außerhalb des Mainstream wird als problematisch betrachtet. Die ganze Situation ist problematisch.

Meinem Gefühl nach haben wir in der LHBT Gesellschaft [lesbisch-homosexuell-bisexuell-transsexuell] so ein bisschen die Orientierung verloren … Es gab einmal eine Zeit, in der es einen echten Kampf um gleiche Rechte und einen authentischen Diskurs über Rechte gab; das gibt es heute nicht mehr. Kürzlich gab es diesen fürchterlichen Videoclip mit dem Slogan *Wir sind alle gleich, nieder mit der Homophobie,* der im Grunde die These vertrat, dass die Homosexuellen genauso chauvinistisch und militaristisch seien wie alle anderen. Ich fand das furchtbar, ekelhaft. Heute gibt es so viele interne Differenzen in der Gesellschaft; es macht mich traurig zu sehen, wie die Dinge sich entwickelt haben. Trotzdem gibt es weiterhin alle möglichen anderen Stimmen, auch kritische Stimmen.

Wassim Biroumi

Klinischer Psychologe und pädagogischer Psychologe

Wassim Biroumi ist klinischer und pädagogischer Psychologe und leitet Kurse für Konfliktgruppen, multikulturelle Begegnungen und friedenspädagogische Programme. Er wuchs in Akko auf, engagierte sich in der bi-nationalen Sedaka-Reut (Freundschaft)-Jugendbewegung, wo er zwei Jahre lang einem jüdisch-arabischen Team vorstand. Er hat Gruppen für Zochrot geführt und gehört zu dessen Vorstand. Biroumi hat in der Leitung des Causeway Instituts für Friedens- und Konfliktforschung gearbeitet, dort etliche Konflikte in der ganzen Welt erforscht, insbesondere den Konflikt in Nordirland, und Mediation und Studienreisen angeboten. Er engagiert sich auch bei PsychoActive: Fachleute im Bereich psychische Gesundheit für Menschenrechte. Biroumi spricht Arabisch, Hebräisch und Englisch. Erstmals war er 2001 bei einem Workshop in der School for Peace; 2004 nahm er am binationalen SFP-Universitätskurs an der Uni Haifa teil und begann ebenfalls 2004 die Ausbildung zum Kursleiter für Konfliktgruppen in Wahat al Salam – Neve Shalom. Sein Interview fand am 03. Juni 2010 statt.

„In meiner Kindheit waren manche Dinge verboten und andere selbstverständlich: Du bist ein israelischer Araber, kein Palästinenser; ein Palästinenser ist jemand da drüben [in der Westbank]. Du darfst nicht selbstbewusst auftreten, du darfst nicht mit Soldaten reden; das macht Angst. Ein Soldat ist ein Tier, kein Mensch, also pass auf, denn der Shabak ist überall. Der Kurs in Neve Shalom stellte all das auf den Kopf. Okay, es gibt den Shabak, na und – rede trotzdem; ja, wir können aussprechen, was ein Palästinenser ist, und sagen, ob diese Identität auch die Deine ist oder nicht. Das schockierte mich – und transformierte mich zugleich." *Wassim Biroumi*

Meinen ersten Workshop in Neve Shalom erlebte ich 2001; 2004 nahm ich dann gleichzeitig an zwei Kursen teil: dem Universitätskurs an der Uni Haifa und der Ausbildung zum Kursleiter für Konfliktgruppen in Neve Shalom. Das kam so: Als ich Gharda (meiner späteren Frau) zum ersten Mal begegnete, sprach ich meist Hebräisch mit ein paar Brocken Arabisch zwischendrin. Sie war eine der wenigen unter meinen Bekannten, die nicht gern sahen, dass ich so viel Hebräisch sprach. Sie empfahl mir den Kurs in Neve Shalom. Zuvor hatte ich bereits bei Dan Bar-On in Beer Sheba an einem Kurs über Narrative teilgenommen. Dort ging es eher darum, ein Narrativ mitzuteilen, als um eine Entwicklung; dort empfand ich mich eher als ein Instrument: Du sagst, was Du zu sagen hast und die anderen hören zu.

Ein oder zwei Jahre nach dem Oktober 2000 kam ich nach Neve Shalom. Ich kannte ein paar von den Todesopfern [bei den damaligen Demonstrationen] und wusste, was sich danach entwickelte. Der Kurs war ein Schock-Erlebnis für mich, denn dort war es zum ersten Mal völlig in Ordnung, Arabisch zu sprechen und ganz offen zu reden. In all den ‚Koexistenz‘-Programmen zuvor war es stets mehr um das Gemeinsame, Verbindende gegangen, um das *Lasst uns schauen, was wir zusammen tun können, lasst uns über Alternativen sprechen*, statt die anstrengenden Meinungsverschiedenheiten zwischen uns zu bearbeiten. Das hatte mir stets gefehlt. Immer war ein Teil der Diskussion außen vor geblieben.

Hier in Neve Shalom war das anders. Auf einmal war die arabische Sprache ein mächtiges Instrument. Die palästinensische Identität wurde nicht als Schande betrachtet. Viel mehr Dinge bekamen Raum; jeder konnte tatsächlich offen sprechen und über alle möglichen Dinge nachdenken. Für mich war das eine große Überraschung. Meine Reaktion überraschte mich ebenso, denn ich ergriff diese Chance sofort und nutzte sie bereits nach wenigen Monaten. Dabei musst Du berücksichtigen, dass ich nicht in einem politischen Elternhaus aufgewachsen bin. Wir hatten politisch sehr bewusste Nachbarn, doch meine Eltern waren ängstlich, insbesondere mein Vater.

Nach dem Ende meines Kurses in Neve Shalom interviewte ich meinen Vater; dieses Interview wurde in Dan Bar-Ons letztem Buch veröffentlicht. Dort kommuniziere ich anders als vor dem Kurs: Ich bin kühner, selbstbewusster, und weiß, wer ich bin; ich brauche mein unpolitisches Elternhaus nicht zu verbergen. Meine Frau kommt aus einem sehr politischen Zuhause, wo man die Politik sozusagen mit den Genen aufnimmt, ganz anders als bei mir. Innerhalb des palästinensischen Diskurses war ich geächtet, ich war der, der sich noch nicht ausreichend entwickelt hatte. Also war ich innerhalb meiner eigenen palästinensischen Gesellschaft sehr vorsichtig und blieb freiwillig im Zwielicht. Unter den Juden war ich immer *der Araber*, und unter Arabern war ich immer irgendwie weniger wert.

Der Kurs verstärkte auch mein politisches Bewusstsein. Diese Stärkung ist ein natürlicher Prozess, einer, der von dem Ort bestimmt ist, wo wir sind; es gibt keine exklusive palästinensische Identität. Damit meine ich, niemand hat das Recht zu behaupten, ich sei nicht palästinensisch genug, oder nicht stark genug.

Darüber in dem Kurs sprechen zu können, hat mich verändert. Die Diskussionen waren sehr tapfer, sehr stark. Doch entscheidend war vor allem, dass ich alle möglichen Dialoge erlebte, die ich vorher noch nie erlebt hatte, eine völlig neue Art von Dialog. Durch den Kurs konnte ich erhobenen Hauptes ins Leben gehen und wusste, das ist legitim. Irgendwann spürst Du, Du hast eine Grenze überschritten, doch bereits davor hat mir der Kurs sehr stark geholfen, denn ich hörte auf Angst zu haben. Ich befasste mich mit allem, wovor meine Eltern mir Angst eingeimpft hatten, *Tu's nicht, das ist gefährlich; halt lieber den Mund; widersprich dem und dem nicht.* Der Kurs stärkte die andere Seite. Die Furcht durfte offen da sein. Der Kursleiter sagte, *Ja, die Angst ist immer vorhanden, doch wir stehen ohnehin immer auf der schwarzen Liste, egal was wir tun oder nicht tun.* Der Theorieteil des Kurses war ebenfalls wichtig. Zum ersten Mal hörte ich etwas über [Janet] Helms [und ihre Theorie der Rassen-Identität]; das gab mir eine Art Gerüst, eine Art Legitimation meines eigenen Standortes und das war wichtig für mich. In der Zeit davor, als ich mir vieler Dinge noch nicht bewusst war, und selbst, als mit dann vieles klar wurde, hatte ich keinen Ort, wo ich darüber sprechen konnte. Viele Dinge, die ich tat, betrachtete ich nicht als politisch. Ich verdrängte eher Teile meines Selbst, ich internalisierte den Unterdrücker – heute weiß ich das und kann es so formulieren. Damals fühlte ich mich dabei unbehaglich, wusste jedoch nicht, warum. Nach dem Kurs engagierte ich mich. Ich führte drei Touren für Zochrot in gemischten Städten, eine in Haifa, eine in Akko und eine in Ramle. Aus meiner Sicht wandte mich damit an meine Gesellschaft und sagte, *Ich bin mit einem Mangel aufgewachsen. Dessen schäme ich mich, doch jetzt ist die Zeit reif, voranzuschreiten und mich dazu zu bekennen.* Ich wollte vermitteln, dass es eine Alternative gibt. Meine Eltern nahmen an der Tour in Akko nicht teil, weil sie gegen diese Aktivitäten waren. Sie sagten, *Das ist sehr gefährlich; warum tust Du das?* Nach dem SFP-Kurs verstand ich bereits besser, wo in diesem Kontext meine Verantwortung liegt, und allmählich war ich auch weniger wütend auf meine Eltern. Während des ersten Kurses war ich noch aggressiver und gab ihnen die Schuld an meinen Ängsten. All die Diskussionen, die Dialoge, öffneten den Raum für die wirklichen Streitfragen. Dass anstrengendes Streiten legitimer Bestandteil des Kurses war, war wichtig. Aggressives Streiten heißt nicht, dass ich alles in Frage stelle, womit ich aufgewachsen bin. Dies mit Anderen zusammen zu erleben, die sich ebenso wie ich vieler Dinge noch nicht bewusst waren, half mir ebenfalls.

Kindheit und Jugend in Akko

Meine Mutter stammt aus Nazareth und mein Vater aus Haifa. Wir haben in meiner Kindheit immer jüdische Nachbarn gehabt. Am Shabbat stellte ich für eine jüdische Nachbarin z. B. den Heißwasser-Boiler an und übernahm alle möglichen Botengänge für sie. Ich weiß, dass es für meinen Vater unglaublich wichtig war uns zu beschützen. Die Nachbarn redeten über einen

Vorfall mit Flugblättern der Kommunistischen Partei, die mein Bruder hatte. Jemand kam zu meinem Vater und sagte, *Hör' mal, es wäre doch sehr schade, wenn Dein Sohn wegen politischer Aktivitäten ins Gefängnis käme.* Sofort setzte mein Vater solchen politischen Ansätzen unter uns nachdrücklich ein Ende. In unserer Familie jagten sie uns Angst vor allem ein. Wie in Russland befahlen sie uns, gegenüber den Nachbarn vorsichtig zu sein; es könnte uns jemand denunzieren. Ich ging zur arabischen Terra Sancta Schule, und ich weiß noch, dass wir uns nach der Helikopter-Katastrophe (1997 in Nord-Israel) einmal darüber unterhalten haben und das war's. Wir Kinder hatten viel dazu zu sagen, doch wurde uns schnell klar gemacht, dass wir uns nicht darüber äußern sollten. Damals lebte ich einer Gesellschaft, in der ein nationalistischer Standpunkt zu gut wie gar nicht vorkam.

Während meiner Kindheit gab es Drogensüchtige in unserem Viertel. Die Leute sorgten sich um Arbeitsplätze und darum, wie sie ihre Familien ernähren sollten. Sie zu kontrollieren, war leicht, heute ist es nicht mehr ganz so leicht. Dann kam ich an die Universität, wo ich allein unter Juden war. Dort war mir wichtig, keine nationalistischen Gedanken zu äußern. Manchmal schickten Aktivisten mir Emails, und ich weiß noch, wie mich solche Mails über die Westbank oder den Gazastreifen geärgert haben. Dann begann ich den Kurs bei Dan Bar-On und sollte die Geschichte meines Vaters erzählen, was ich in einem Workshop auch tat. Ihnen gefiel meine unaggressive, sanfte Erzählweise, weil sie das Zuhören leicht machte. Und dann traf ich Gharda, die so ungeheuer politisch dachte und sich in ihrer Familie auch so verhielt. Es tat mir gut jemand so Verwurzeltem zu begegnen. Sie schickte mich in den Kurs in Neve Shalom, wo ich über all diese Dinge nachdenken und reden könnte. Also kam ich für ein Gespräch und konnte teilnehmen.

Die Transformation – ein Schock-Erlebnis

In der ersten Kurssitzung sagte ein Kursteilnehmer, *Ich möchte auf Arabisch sprechen* – ich war schockiert. Warum sollten wir denn Arabisch sprechen, wenn wir einander verstehen wollten; doch dann begriff ich auf einmal und dachte, warum auch nicht, das ist meine Muttersprache, hier ist meine Heimat und hier fühle ich mich wohl. Arabisch zu sprechen, schien nicht mehr so absurd zu sein. So begann es. Dieser offene Workshop tat mir richtig gut, weil er mich dazu brachte, personenbezogen zu denken. Jüdische Teilnehmer sagten z. B. *Man muss loyal sein;* und ich weiß noch, dass ich sagte, *Wir sind keine Hunde.* Es ging also weder um ein 'nettes Gespräch' des *Wir sind doch alle gleich,* wie bei anderen Workshops noch um eine politische Debatte über politische Parteien wie bei Hadash; die Psychologie spielte eine viel größere Rolle.

Nach dem Kurs wurde ich viel aktiver und interessierte mich mehr für andere Konflikte. Dadurch war ich weniger ich-bezogen. Dieser Dialog über den Unterdrücker und die Unterdrückten, über Opfer und Täter und über Unterdrückung, all das half mir, über den Tellerrand des israelisch-palästinensischen Konfliktes hinauszublicken. Zurzeit arbeite ich mit Israelis, Palästinensern und Japanern. Zuvor habe ich auch mit Israelis, Deutschen und Palästinensern gearbeitet.

Vorhin sagtest Du, der Kurs habe eine Grenze überschritten; was hast Du damit gemeint?

Das war eine bedeutsame Grenzüberschreitung im Hinblick auf den Staat und meine Familie. Zwei Jahre zuvor hatte der Staat dreizehn Palästinenser ermordet, und zehn Jahre vorher hatte eine Intifada stattgefunden; ich war also in einer turbulenten Zeit aufgewachsen. Ich will das mal so ausdrücken: In meiner Kindheit waren manche Dinge verboten und andere selbstverständlich, z. B. *Du bist ein israelischer Araber, kein Palästinenser; ein Palästinenser ist jemand da drüben [in der Westbank]. Du darfst nicht selbstbewusst auftreten, du darfst nicht mit Soldaten reden.* Das macht Angst. *Ein Soldat ist ein Tier, kein Mensch, also pass auf, denn der Shabak ist überall.* Der Kurs in Neve Shalom stellte all das auf den Kopf. Okay, es gibt den Shabak, na und – man kann trotzdem reden; ja, wir konnten aussprechen, was ein Palästinenser ist, und sagen, ob diese Identität auch die Deine ist oder nicht. Das schockierte mich – es überschritt die rote Linie kühn und rücksichtslos. Anders gesagt, es gab eine halb-und-halb Gruppe. Halb und halb was? Nun, wir sprachen ständig Hebräisch, obwohl es legitim war, Arabisch zu sprechen; es gab einen offenen Dialog und man konnte über alles sprechen. Neve Shalom durchbrach diese Grenze, diese ‚Glasdecke‘ (glass ceiling), die ich selbst installiert hatte. Ich war ein Araber, doch hier gab es so etwas wie Gleichberechtigung, und manchmal schienen wir sogar moralisch überlegen wegen der Situation, in der wir leben. Diskussion ist legitim, also wurde ALLES diskutiert. Solche Dinge schüren Wandel, der nahelegt, dass der ‚Dämon‘ doch nicht so furchtbar ist. Ich konnte mich offen äußern und kam dafür nicht ins Gefängnis. Das probierte ich auch anderswo aus, und es funktionierte. Manchmal folgten ein paar unangenehme Situationen, doch ich lebe immer noch, und die tödliche Angst in mir hat sich aufgelöst. Damit meine ich nicht existentielle Furcht, sondern die Tatsache, dass Deine Art, Dinge einzuordnen, alles, womit Du aufgewachsen bist, das Du aufzubauen versucht hast, plötzlich auf dem Müll landet, wenn Du mit Politik zu tun hast.
Außerdem gefiel mir in dem Kurs, dass es darum ging, Aggression zu widerstehen. Wenn mich Leute persönlich angriffen, so schritten die

Kursleiter nicht ein; es wurde klar: Hier kann man auch (verbal) kämpfen, daran stirbt niemand. Das durchbrach ganz klar von diesem Staat gesetzte Grenzen: Drei Jahre zuvor konnte man ermordet werden, nur weil man demonstrierte. Hier galt das nicht. Hier gab es eine Ebene, auf der man Dinge durchdenken durfte. Ich überprüfte meinen eigenen Nationalismus-Standpunkt und die Definition palästinensischer Identität und fragte mich: *Kann ein Palästinenser nicht gegen die Besatzung sein? Wenn ich Steine werfe, bin ich Palästinenser, wenn ich das nicht tue, bin ich keiner?* Ich begann eine palästinensische Identität zu entwickeln; zuvor war ich ein israelischer Araber gewesen.

Zwei Dinge geschahen gleichzeitig: Ich baute meine palästinensische Identität auf und entwickelte meine Wahrnehmung, meine Reaktionsfähigkeit von innen her. Das führte zu Differenzen zwischen mir und anderen Kursleitern. Manchmal [in den Kursteamsitzungen] schienen mir die [arabischen] eine Art ‚Lynchjustiz‘ gegen die jüdischen Kursleiter zu üben. Dagegen opponierte ich, und das gefiel den palästinensischen Kursleitern nicht und sie kritisierten mich hart. Ein solches ‚Lynchszenario‘ gibt es z. B., wenn ein jüdischer Kursleiter in einer Teamsitzung ist, sie Arabisch sprechen, er dann um eine Übersetzung bittet und sie ihm dann vorwerfen, *Was, Du kannst kein Arabisch?* Oder jemand könnte sagen, Tali Fahima sei eine Hure, obwohl sie einen sehr hohen Preis für ihre [vom Mainstream] abweichende Einstellung zahlt. Da der Jude immer schuldig ist, wird er immer der Schuldige sein, weil es eine ewige Zuordnung von Opfern und Tätern gibt.

Der Kurs hat mir klar gemacht, dass ich sowohl Opfer als auch Täter sein kann. Irgendwann wurde dies ein integraler Bestandteil meines Bewusstseins, ich kann z. B. auch Opfer und gleichzeitig jemandes Vorgesetzter sein. Die Auflösung meiner Angst – durch die Botschaft von Neve Shalom – veranlasste mich zu handeln. Die School for Peace gibt es schon lange und niemand ist nach solchen Diskussionen je ins Gefängnis gekommen; hier kann man auch kritische Dinge sagen.

Ein weiterer Kurs

Ich kam zu einem weiteren Kurs nach Neve Shalom, weil ich unbedingt noch mehr herausfinden wollte. Ich war mutiger geworden, hatte aber noch nicht die Fähigkeit entwickelt, mein Gegenüber wirklich zu sehen. Nach dem ersten Kurs konnte ich zionistischen Juden standhalten, aber ich wollte mehr. Ich verstand noch nicht richtig, welche Ansprüche ich gegenüber den Juden hatte, die ihrerseits manchmal ebenfalls Forderungen stellten. Die Vorstellung, ein starker Palästinenser zu sein und mit nationalistischen Juden auskommen zu können, und zugleich dasselbe zu tun wie sie, schien mir noch ein paar Löcher zu haben.

Draußen begegnete mir dasselbe bei hebräischer Musik, die ich mochte: Diese Musik wird aktiv weggedrückt, weil sie als zu wenig palästinensisch gilt. Nur weil ich Palästinenser bin, soll ich kritiklos alle möglichen Sitten und allen möglichen Unsinn übernehmen, und soll alle anderen Teile von mir, mit denen ich aufgewachsen bin und die zu meinem Erfahrungsschatz gehören, aufgeben um palästinensischer zu sein. Das ging mir allmählich gegen den Strich. In der Kursgruppe erwarteten sie von mir, dass ich Arabisch spreche, und wenn ich das nicht tat, so hieß es, *Du bist eben unterdrückt und internalisierst Deinen Unterdrücker.* Um zu diesem Thema noch mehr herauszufinden, wollte ich noch in einen anderen Kurs. Ich war regelrecht süchtig nach den Workshops. Überall sonst, am Telefon, im Bus hatte man Angst Arabisch zu sprechen; wenn man also in einen Workshop kam, wo das problemlos möglich war, so schenkte einem das viel Kraft und gab einem dort ein gutes Gefühl in der Gruppe. Als ich merkte, dass die Workshops eine Art Sucht wurden, wollte ich diese neue Kraft außerhalb der Workshops anwenden, in Aktionen und Diskussionen.

Zunächst wollte ich lernen, mit der anderen Gruppe umzugehen; denn oft war ich wütend und diese Wut konnte ich in den Workshops loswerden – um dann in die Realität zurückzugehen und festzustellen, dass sich nichts geändert hatte; aber wenigstens konnte ich nachts besser schlafen.

Und dann wolltest Du mit anderen Teilen Deines Selbst Frieden schließen?

Ich bin nicht in einem Dorf oder an einem rein palästinensischen Ort aufgewachsen. In der Ausbildungsgruppe zum Kursleiter konnte ich nicht sagen, dass ich auch Israeli bin; das konnte man dort nicht sagen, weil man sonst sofort erklärt bekam, man internalisiere den Unterdrücker und das strangulierte einen innerlich. Man stellt fest, dass die eigene Gruppe sich auch nicht besser verhält als die andere Gruppe. Wenn ich hebräische Musik mag, so macht mich das weder weniger palästinensisch noch zu einem Verräter. Ja, ich wollte mit anderen Teilen in mir Frieden schließen. In meinem zweiten Kurs zeigte ich mein Palästinensisch-Sein bereits selbstbewusster; es war nicht mehr so leicht mich umzuwerfen, weil ich wusste, wer ich war. Es wurde leichter für mich, weitere Teile von mir zu erforschen, und es fiel mir leichter zu sagen, *Ja, das gehört zu mir,* und mit diesen Dingen in einem bi-nationalen Kontext umzugehen. Damit muss ich ständig umgehen.

Wir erwarten ein Kind und haben erwogen, in eine palästinensisch-jüdische Wohngemeinschaft zu ziehen, doch wegen der allgemeinen Lage wurde nichts daraus. Die Leute haben keine Lust mehr. Dabei ist mir bewusst, dass das Kind sich weder in einem rein palästinensischen noch in einem rein jüdischen Umfeld wohl fühlen würde. Das würde ich für das Kind nicht wollen – nach 130 Jahren des Zusammenlebens [mit Juden]. Wir haben viel voneinander profitiert, und obwohl wir es nicht gern zugeben: Wir sind einander ziemlich ähnlich. Der Konflikt und die bestehende Unterdrückung tragen dazu bei, dass dies nicht anerkannt wird. Dann schloss ich mich einer dritten Seminargruppe an, weil ich aktiv werden wollte. Aktiv zu werden, bringt Dich ebenfalls voran.

Durch Aktion die Furcht überwinden

Zuerst war es ganz ähnlich wie in dem Kursgruppenprozess: Ich ging mit zu Demonstrationen um zusammen mit den anderen deutlich zu machen, *Ich bin Palästinenser; ich bin hier.* Irgendwann hielt ich vor Juden Vorträge über die Frage, warum Palästinenser keine Wehrpflicht leisten wollen und welche Folgen das für sie hat. Dann leitete ich Gruppen für Palästinenser in Israel. Und war Kursleiter an der School for Peace. Eine Zeit lang war ich aktiv bei Sedaka-Reut. Dort leitete ich zwei Jahre lang ein jüdisch-arabisches Team. Ich gab regelmäßig Supervision für Aktivisten, unter anderem mit politischen Diskussionen über politische Aktionen, welche die Palästinenser gern machen wollten und die Juden weniger gern. Diese Supervision betraf Leute, die nah beieinander lebten und nach den Diskussionen gemeinsam dort weiterleben würden.

Für Zochrot führte ich Touren [zu zerstörten palästinensischen Ortschaften] und arbeitete auch im Vorstand mit. Wir entwickelten auch Touren durch gemischte Städte, einer meiner Schwerpunkte, weil ich selbst aus einer gemischten Stadt komme. Wenn Zochrot-Leute über die Nakba oder die Jahre davor sprechen, so geht es meist um Dörfer, und sie zeigen den Leuten eine Dorfbewohnerin mit Kopftuch neben einem Olivenbaum. Meine Familie war anders.

Mein Großvater war Schulleiter in Haifa. 1948 warfen sie ihn hinaus: keine Schule mehr, nichts. Er besaß ein zweistöckiges Haus und war ein passionierter Stadtbewohner. Mir war wichtig, dies in den palästinensischen Diskurs mit einzubringen. Auf dem Weg nach dem Libanon, nach Beirut, auf Booten wurden sie von britischen Soldaten beschossen und so ankerten die Boote in Akko. Sie stiegen aus und mein Onkel wurde mit anderen jungen Männern zusammen inhaftiert. Meine Großmutter sagte, *Ohne meinen Sohn gehe ich nirgend woanders hin.* Davon erfuhr ich erst, als ich danach fragte. Und als ich es dann wusste, wurde es in Dan Bar-Ons Buch und in die Broschüre von Zochrot aufgenommen. Mir war wichtig, dass diese Geschichte bekannt wird.

Die Zochrot-Touren richteten sich sowohl an Araber als auch an Juden. Ja, es gibt viele Palästinenser, die von Geschichte keine Ahnung haben. Das klingt belehrend, denn ich hatte vorher auch keine Ahnung davon. Für mich ging es [bei dieser Arbeit] darum, meine Furcht aufzulösen und draußen sagen zu können, was ich denke. In Haifa begleiteten uns zwei Polizeiautos. In Akko gab es eine vom Ober-Rabbi von Akko gegen uns veranlasste Demonstration. In Akko hatte ich auch Angst, sie würden mich als Sohn meiner Eltern erkennen. Davor fürchtete ich mich, nicht weil ich nicht den Preis bezahlen wollte, sondern weil ich nicht wollte, dass sie darunter leiden.

Heute befasse ich mich mit Konflikten anderswo in der Welt. Ich arbeite in der Leitung des Causeway Instituts für Friedens- und Konfliktforschung, einem Institut, das neben anderen vor allem den Konflikt in Nordirland erforscht. Wir sind eine non-profit Organisation, bieten Mediationskurse an und nehmen auch Gruppen an, die den [Nahost] Konflikt erforschen und aus den Forschungsergebnissen lernen wollen. Das hilft uns ein wenig aus unserem Ethnozentrismus heraus. Wir meinen immer, wir seien die einzigen auf der Welt, die so leiden; andere Konflikte zu betrachten führt zu einer anderen Form des Diskurses über Aktivismus und ermutigt Engagement.

Manchmal träume ich davon, in 30 Jahren ein Zentrum für Opfer von Terror und israelischen Militäroperationen und für aus ihrer Heimat vertriebene Palästinenser zu gründen, einen Ort, an dem Juden wie Araber individuelle und gruppentherapeutische Behandlung erhalten können. Auch bei Psycho-Active engagiere ich mich, den Fachleuten im Bereich psychische Gesundheit für Menschenrechte. Ich würde gern in eine jüdisch-arabische Stadt ziehen oder nach Neve Shalom, weil ich dort nicht ständig dieselben Diskussionen führen müsste; ich müsste mich und meine Entwicklung nicht ständig von neuem erklären. Schon das Wissen um einen solchen real existierenden Ort hilft mir in diesen Zeiten. Wenn es diesen Ort nicht gäbe, so würde ich vielleicht emigrieren.

Yoav Lurie

Psychotherapeut, Arbeitspsychologe, Kursleiter

Zurzeit arbeitet Yoav Lurie als Psychologe und Arbeitspsychologe mit Kindern, Jugendlichen und Erwachsenen in einer privaten Praxis in Tel Aviv; gleichzeitig leitet er zwei Therapiegruppen für sexuell missbrauchte Homosexuelle und sexuell missbrauchte Männer und Frauen. Er gehört zu den erfahrenen Supervisoren beim Kursleiterprogramm an der Universität Tel Aviv und ist psychologischer Koordinator der Feldforschung am Fachbereich Arbeitspsychologie der Uni Tel Aviv. Außerdem ist er Kandidat für das israelische Gruppenanalytische Institut, gehört zum Vorstand der israelischen Gesellschaft der Gruppenanalytiker und ist Mitglied einer arabisch-jüdischen Psychotherapeutengruppe, welche die Wechselbeziehungen zwischen Psychotherapie und Politik untersucht. Davor war Yoav Lurie 13 Jahre lang in der Psychiatrischen Abteilung des Medizinischen Zentrums von Beer Sheba beschäftigt und hat als klinischer Psychologe am Ramat Gan Institut für Psychoanalytische Psychotherapie sowie an der Be'eri Tagesstätte der Clalit Gesundheitsdienste ein Praktikum gemacht. Yoav Lurie hat den Multiplikatorenkurs für israelische und palästinensische Fachleute im Bereich psychische Gesundheit 2007/2008 an der School for Peace in Neve Shalom – Wahat al Salam absolviert. Er wurde am 30. Juli 2008 interviewt.

„Seinen politischen Aktivismus gibt man sehr schnell auf, wenn das Leben ruft: das Zuhause, der Beruf, Freunde. Irgendwann merkte ich, dass therapeutisches und politisches Denken zusammengehören. Oft bin ich isoliert, sogar bei der Arbeit. Doch der Kurs in Neve Shalom und das Forum ähnlich denkender Menschen verhalfen mir zu einer Plattform für Aktivitäten, die mir vorher fehlten." *Yoav Lurie*

Zunächst kam ich zu einem Wochenendworkshop an die School for Peace. Zufällig hatte ich die Ankündigung bei einem Gruppentherapie-Forum gesehen. Davor hatte ich lange nichts mit dem arabisch-jüdischen Thema zu tun gehabt. Als Jugendlicher hatte ich mich stark in der Bewegung ‚Jugend singt ein anderes Lied' engagiert, doch mein Leben war zu vollgestopft und ich ging. Bald vermisste ich diese Gruppe, fand jedoch nichts Vergleichbares. Der Wochenendkurs an der SFP war wie eine Einführung in den Multiplikatoren-Kurs für Fachleute im Bereich psychische Gesundheit.

Während des Workshops hörte ich hauptsächlich zu. Ich weiß noch, dass ich angesichts dessen, was dort gesagt wurde, Scham und Verzweiflung empfand. Kurz vor oder nach dem Workshop begann ich zu PsychoActive Treffen zu gehen.

Danach nahm ich erstmals an einer bi-nationalen Begegnung teil, wo ich zum ersten Mal Palästinenser(innen) aus den [Besetzten] Gebieten traf. Das war anders als eine Begegnung mit 1948er-Palästinensern [Palästinenser, die 1948 zu Flüchtlingen innerhalb Israels wurden], die auch in Israel leben und uns nicht ganz unbekannt sind.

Eine der schwierigsten Erfahrungen ist vielleicht die, jemandem Auge in Auge gegenüber zu sitzen, seine persönliche Geschichte zu hören und gleichermaßen Schuld und Verantwortung zu spüren. Zuerst kommt wohl das Schuldgefühl und dann erst die Verantwortung gegenüber diesem Menschen. In einer Situation während der bi-nationalen Begegnung erzählte Adnan, wie er mit seiner Mutter an einem Checkpoint war. Sie hatte einen Herzanfall gehabt, aber sie ließen die beiden nicht durch. Da dachte ich auf einmal, dass nicht jemand anderes ihnen dies antat, sondern dass ich selbst das tat und dafür verantwortlich war. So etwas stellt alles auf den Kopf. Zu erklären, es sei ja die Armee, die das tue, oder es seien die Siedler, oder der Staat – das kann man dann nicht mehr sagen. Das wäre, als würde man sagen, man habe damit nichts zu tun.

Ich frage mich unablässig, wie sehr meine eigenen Aktivitäten es mir nur leichter machen sollen und wie wichtig sie wirklich für einen Wandel sind. Letztlich bin ich ein Teil dieses Staates, ich zahle Steuern, habe mich dazu entschieden, israelischer Staatsbürger zu sein und lebe hier, also bin ich Teil davon, das kann ich nicht vermeiden. So etwas konnte ich vor dem Workshop leichter sagen. Im Laufe des Workshops wurde mir aber klar, dass diese Vermeidung eine Illusion ist, dass ich da nur rationalisiere. Ungefähr damals merkte ich auch, dass gemeinsame Aktivitäten mit Palästinensern vielleicht sogar die weniger wichtige Aufgabe sind. Die erwarten eher, dass ich zu meinen Leuten zurückkehre und dort Wandel vorantreibe.

Was machte die bi-nationale Begegnung schwieriger? Die Anwesenheit der Palästinenser? Was sie sagten? Die Diskussionsleitung?

Ich glaube, es war, dass ich in ihren Augen jener Soldat war, selbst wenn ich das nicht so sah. Aus ihrer Sicht war das so. In der israelischen Teilnehmergruppe gab es drei Leute, die eher politisch-rechte Positionen vertraten, und sie waren für mich sehr wichtig, weil sie den Teil in mir verstärkten, der angeblich nicht zu mir gehört. Ich bin anders, aber die Aggressivität und der Rachewunsch stecken auch in mir. Für mich ist es bequem, dass bestimmte Teile der Bevölkerung Aggressionen und Rachedurst zeigen. Zugleich kann ich, sobald ich diese Teile in mir sehen kann, mit dieser Erkenntnis auch etwas tun und mehr Verantwortung übernehmen. Diese Erkenntnis hat mich seit jenem Workshop begleitet und sie beschäftigt mich immer noch, zum Beispiel in vielen Diskussionen, wo die Leute mich einen ,Linken mit blutendem Herzen' nennen. Dann gerate ich eher in die Defensive, doch innen drin weiß ich, dass ich diese Dinge auch in mir habe. Auch während der binationalen Begegnungen staunte ich über das, was mit meinen aggressiven Anteilen geschah und wie sehr ich sie leugne. Doch selbst wenn ich sie leugne, lassen die Palästinenser mir diese Option nicht; sie glauben mir nicht. Ich denke da an Sami und all die Gespräche mit ihm. Er konnte all meine Geschichten von Liebe, Frieden und Glück skeptisch betrachten, weil er mich erkannte und wusste, dass es in mir auch weniger freundliche Impulse gab.

Seit neun Jahren arbeite ich als Arbeitspsychologe in der Psychiatrie. Seit zwei Jahren leite ich den arbeitspsychologischen Dienst in meinem Wohnort und mache gleichzeitig anderswo ein Praktikum in klinischer Psychologie. Beide Einrichtungen richten sich an homogene Zielgruppen. In diesen neun Jahren bin ich nur zwei arabischen Klienten begegnet. Die arabischen Reinigungskräfte agieren mehr oder weniger unsichtbar, sind als Zeitarbeiter(innen) ohnehin jeweils nur für kurze Arbeitseinsätze da und haben keinen Kündigungsschutz. Im medizinischen Stab gibt es keine Araber. In anderen Abteilungen gibt es ein paar arabische Pfleger, aber das war's. Morgen habe ich ein Gespräch mit einer arabischen Bewerberin für eine arbeitspsychologische Stelle, vielleicht ändert sich nun etwas. Zugleich frage ich mich, was das vielleicht im derzeitigen Team auslösen würde. Viele unserer Klienten haben mit dem Verteidigungsministerium zu tun, und die würden sich wohl provoziert fühlen.

Zugang zum Leben

Der Kurs wirkte sich zunächst einmal auf mein Denken als Therapeut aus. In der Theorie ist der arbeitspsychologische ein ganzheitlicher Ansatz; er betrachtet die Person, was sie tut und ihr Umfeld. (Keinen) Zugang zu haben ist heute eines der heißen Themen. Letzten Sommer hieß das Thema der Jahrestagung der Arbeitspsychologen ,Zugang zum Leben'. Der Zugang zu einigen Bereichen für alle möglichen Bevölkerungsgruppen wurde thematisiert. Manche Tagungsworkshops waren beeindruckend, z. B. der über die zentrale Bedeutung des Zugangs und unsere Rolle als Arbeitspsychologen auch auf der sozialen und der politischen Ebene, nicht nur im Behandlungsraum. Es ging um unsere Rolle bei sozialem Wandel und unsere Beteiligung an dem Ringen ausgegrenzter Bevölkerungsgruppen und der Menschen, denen Zugang verwehrt wird. Diskutiert wurde, ob Unfähigkeit eher mit einem unerreichbaren Umfeld als mit persönlicher Unfähigkeit zu tun hat. Es erstaunte mich, dass niemand erwähnte, dass weniger als eine Stunde vom Tagungsort entfernt, in Shefayim, 1 ½ Millionen Palästinenser leben, die entweder keinen oder kaum Zugang zu Arbeitsplätzen, Bildungs-, Freizeit- und Sozialeinrichtungen haben – also zu all dem, mit dem wir uns als Arbeitspsychologen befassen.

Also schrieb ich einen Artikel über den Zugang zum Leben und veröffentlichte ihn in einer bekannten arbeitspsychologischen Therapiezeitschrift. Ich erhielt sehr harsche Reaktionen, weil ich das Thema in diesem Forum öffentlich gemacht hatte; so etwas wäre dort nicht gewünscht und sei auch bisher vermieden worden; mir sollte verboten werden, diesen Ansatz zu ruinieren, und dies Thema habe sowieso keine Priorität – niemand jedoch nahm Bezug auf den Inhalt. Die Thematisierung an sich wurde de-legitimiert, man erklärte, zuerst müsse man sich um seine eigenen Leute kümmern. Diese Erfahrung zeigt, dass therapeutisches und politisches Denken miteinander verknüpft sind; seither kann ich beides nicht mehr voneinander trennen.

Nach dem zweiten Workshop habe ich zusammen mit Nissim zwei Seminarsitzungen für Studierende im klinisch-psychologischen Praktikum durchgeführt. Man lud uns ein, über den Prozess, den wir durchlaufen hatten, zu berichten. Insgesamt war das Setting sehr positiv. Die Seminarleitung unterstützte uns und es gab viele neugierige Fragen; sonst werden diese Dinge im Arbeitskontext eben so gut wie nie thematisiert, und es gibt auch wenig Anreiz, dies zu tun, weil der Ort so ‚steril' ist – ein scheußlicher Ausdruck. Es gibt wegen des geografischen Standortes dort keine arabischen Klienten.

Vor fünf oder sechs Jahren arbeitete ich mit einem Klienten aus der Region des Kleinen Dreiecks, der Sanitäter bei der Armee war (medical paraprofessional). Heute würde die Behandlung zwischen mir als jüdischem Therapeut und ihm als arabischem Klient gänzlich anders aussehen. Damals wurde das nicht thematisiert, obwohl es natürlich im Raum stand. Heute würde ich so etwas nicht zulassen. Das gleiche gilt übrigens auch für andere Klienten, nicht nur für Araber. Ich denke zum Beispiel an einen orthodoxjüdischen Klienten [Haredi]; wir unterhalten uns über religiöse Dinge. Ich rege auch politische Diskussionen an. Die Politik ist da und wird stärker einbezogen als früher. Einer meiner Klienten gehört z. B. zu einem rechtsradikalen Siedler-Außenposten-Kreis. Er beteiligt sich an allen möglichen Aktionen und wir sprechen darüber. Vor einigen Jahren geriet ich bei einem Klienten in ein therapeutisches Dilemma. Er war schizophren, was sich bei ihm negativ in sozialem Rückzug und eingeschränkter Berufsfähigkeit manifestierte. Er engagierte sich stark bei der Kach, einer sehr extremen Organisation; seine Schädigung zeigte sich in seinem Rückzug aus deren Aktivitäten. In der Therapie erklärte er seinen Wunsch, dort wieder aktiv zu werden, und das konfrontierte mich mit einem ernsthaften Dilemma, d.h. der Frage, wie weit ich ihn ermuntern sollte, seinen Standpunkt zu vertreten. Doch es kam nicht dazu; ich konnte distanziert bleiben. Heute kommt so etwas viel weniger vor.

Seinen politischen Aktivismus gibt man sehr schnell auf, wenn das Leben ruft: das Zuhause, der Beruf, Freunde. Doch der Kurs in Neve Shalom und das Forum ähnlich denkender Menschen haben mir eine Plattform für Aktivitäten gegeben, die mir vorher fehlte – selbst auf der einfachsten Ebene des Networking, einem sozialen Netzwerk, in dem ich handeln kann. Ich kann Dich z. B. anrufen und Informationen bekommen.

Einreise-Genehmigungen

Das erinnert mich an eine einschneidende Erfahrung nach dem Kurs. Einer von uns sollte die Frage der Einreise-Genehmigungen nach Israel für die palästinensische Teilnehmergruppe regeln und ich hatte mich dazu bereit erklärt. Ein paar Tage nach dem Ende des Kurses erhielt ich einen Anruf von Adnan: Ein Bursche aus seinem Ort war in Beit Eba verhaftet worden und seine Familie wusste nicht, warum, und wo er war. Plötzlich wurden die Diskussionen Realität. Ich war gerade an der Uni und steckte plötzlich mitten drin. Ich verstand sein furchtbares Ohnmachtsgefühl in dieser Lage sofort. Selbst ich als jüdischer Israeli, der Hebräisch kann, verirrte mich in dem Sumpf des Sicherheitssystems. Ich rief alle möglichen Verbindungsleute und Gefängnisse an und erkannte fassungslos, dass man in diesem Apparat kaum eine Chance hat; dass man kaum etwas tun kann, wenn jemand eines Tages einfach verschwindet und niemand weiß, wo er ist und wie man ihn finden kann. Das war eine einschneidende Erfahrung für mich; sie konfrontierte mich mit der Verantwortung, die ich urplötzlich hatte. Vor ein paar Wochen gab es eine Fortbildung, die wir organisiert hatten, und als wir Einreise-Genehmigungen für die Burschen aus Gaza brauchten, bekam ich das gleiche Gefühl. Die Macht, die Du bei der Interaktion mit solchen Leuten erhältst, kann Dich auch berauschen. Plötzlich fühlst Du Dich wie ein Aufseher, der mit seinen Schlüsseln entscheiden kann, ob er die Zellentür für den Gefangenen aufschließt oder nicht. Nach endlosen Telefonaten fand ich ihn schließlich – mit einer langen Geschichte. Er war im Gefängnis in Ofer. Die ganze Zeit war ich mit Adnan in Kontakt, der die Familie informierte. Dann ging es lange um die Frage der juristischen Vertretung und so weiter. Da schien seine Familie sich zurückzuziehen und nicht mehr an Hilfe von meiner Seite interessiert zu sein. Sie misstrauten mir und hatten Vorbehalte.

Was meintest Du, als Du sagtest, die Macht als ‚Aufseher' könne auch ‚berauschen'?

Wenn ich morgens das Haus verlasse, so kann ich entscheiden, ob ich mich heute mit dem Konflikt befassen will oder nicht. Kristin hat dies während des Workshops für mich verkörpert. Wenn sie das Haus verlässt, so hat sie diese Wahl nicht, und in diesem Sinn vergiftet mich die nur mir offene Alternative. Ich kann Kontakte und mein Hebräisch nutzen, und wenn ich jemanden anrufe, so werde ich anders behandelt, weil ich Jude bin. So schlüpfe ich ganz leicht in die Rolle des Hausbesitzers und entscheide, wie weit ich mich einsetzen will.

Grenzüberquerungen

Man kann eine Grenzüberquerung auf der emotional-psychologischern Ebene nicht von der Grenzüberquerung auf der physischen Ebene trennen. Als ich die palästinensische Kursteilnehmergruppe in Aqaba und Istanbul traf, wurde mir klar, dass ich auch physisch die Grenze zu ihnen überqueren musste; ich war noch nie in jenem Gebirge der Dunkelheit gewesen. Ich glaube, als Kind sind meine Eltern einmal mit mir zu meiner Tante nach Ma'ale Adumim gefahren. Weiter war ich nie gekommen; dahinter gab es ein Gebiet, das zu betreten mir verboten war. Auf einmal verstand ich, dass nicht dorthin zu gehen Teil des Verleugnens war; als ob das, was ich nicht sehe, auch nicht geschieht – eine sehr infantile Vorstellung.

Also kontaktierte ich jemand von Machsom Watch und meldete mich für eine Checkpoint-Führung rund um Nablus an. Diese Erfahrung hinterließ in mir einen tiefen Eindruck von diesem Niemandsland, in dem sich verschiebt, was als rechtmäßig gilt. Nach dieser tiefgreifenden Erfahrung, zu der auch die Benutzung einer Apartheid-Straße gehörte, beschloss ich, mehr Menschen dieser Erfahrung auszusetzen. Als Fachmann für psychische Gesundheit erwog ich, beide Dinge zu verbinden und mich auf meine eigene Berufsgruppe zu konzentrieren. Hagar von Machsom Watch setzte mich mit einer palästinensischen Therapeutin in Verbindung, die Hagar an einem Checkpoint kennengelernt hatte, und wir trafen uns mehrfach um die Tour zu organisieren. Bislang haben zwei Touren stattgefunden, die erste mit Mitarbeitern des Therapiezentrums in Kafr Azzun, das an das örtliche palästinensische Beratungszentrum angegliedert ist. Wir, eine israelische Therapeutengruppe, besuchten das Therapiezentrum und hörten anschließend Erfahrungsberichte über die Auswirkungen der Besatzung auf das Alltagsleben und die Arbeit der Therapeuten.

Selbst die einfachsten Dinge waren betroffen. Ein Therapeut wusste morgens nicht, ob er einen Termin mit einem Klienten einhalten konnte, weil er durch einen Checkpoint musste. Wenn die letzten vier Ziffern auf seinem Ausweis zufällig mit dem Ausweis einer von den Behörden gesuchten Person überein stimmte, so wurde er am Checkpoint festgehalten. Da ist auf einmal alles Psychologisieren über die innere Welt und emotionalen Raum irrelevant; es geht um die Grundbedürfnisse von Menschen. Im Kurs sah ich die Dilemmata und Probleme, mit welchen die palästinensischen Therapeuten im Unterschied zu den israelischen beschäftigt waren. Wenn etwa eine Sozialarbeiterin in einem Dorf jemanden besucht, dessen Haus auf der anderen Seite der Trennmauer steht, um der Familie eine Ziege für den Lebensunterhalt zu bringen, so ist das eine therapeutische Maßnahme palästinensischer Art. Die zweite Checkpoint-Tour verlief um Nablus herum. Sie ähnelte der ersten, doch ohne einen Therapiezentrumsbesuch, da es dort bei den Mitarbeitern oder der Organisationsleitung Vorbehalte gegenüber uns Israelis gab. Ich hoffe auf eine weitere Tour im kommenden Monat.

Besonders auffällig bei diesen Touren ist, dass die Teilnehmer völlig überrascht und sprachlos sind – wie unter Schock. Alle möglichen Abwehrmechanismen fallen in sich zusammen, auszuweichen ist nicht mehr möglich und sie brauchen Zeit, all dies zu verdauen und ein neues Denken aufzubauen. Nach einer solch einschneidenden Erfahrung erlaubt die Möglichkeit, sich PsychoActive anzuschließen, solchen Leuten, ihre Erfahrung zu bearbeiten und etwas damit zu tun. Manche Teilnehmer haben sich nach ihrer Tour PsychoActive angeschlossen. Ich glaube, viele Menschen brauchen einen solchen Rahmen; teilweise brauchen sie ihn, weil sie sich isoliert fühlen. Insgesamt sind wir eine winzige Minderheit.

Die Gründung von PsychoActive

Ich fühle mich oft isoliert, wie der ewige Party-Verderber – sogar bei der Arbeit. Als ich Kollegen die Gelegenheit bot, einen ‚thera-politischen‘ Workshop zu besuchen, waren sie von der Idee nicht begeistert. *Warum denn so was!* Ich weiß nicht, wie viel Energie ich habe, ständig derjenige zu sein, der die Party verdirbt. Ich mag Partys auch.

Manchmal befriedigt mich die politische Arbeit aber auch sehr. Ohne diese Befriedigung könnte ich nicht weitermachen. Die beiden Touren haben bei den Teilnehmern großen Erfolg gehabt und in diesem Sinne tatsächlich Wandel bewirkt. Und die Palästinenser, die mit uns zusammentrafen, hatten nach der Tour das Gefühl, sie seien nicht vergessen: Jemand weiß um sie. Die bisher von uns organisierten Konferenzen haben nachhaltig gewirkt. Unsere Gruppe, PsychoActive, wurde vor einigen Jahren von Leuten gegründet nach der Verhaftung eines Klinische-Psychologie-Praktikanten in einer medizinischen Einrichtung in Jaffa. Er sollte an den Feind Informationen weitergegeben haben. Psychologen-Kollegen organisierten zusammen mit Anderen die Unterstützung für ihn. Das war die erste Aktion.

Seither ist PsychoActive gewachsen und hat seinen Aktionsradius erweitert. Die erste von bisher drei Konferenzen mit jeweils etwa 300 Teilnehmer(innen) fand in Neve Shalom statt; es gab Vorträge zum Thema Friedensbarrieren mit jüdisch- und palästinensisch-israelischen Referenten und palästinensischen Referenten aus Palästina. Die Konferenzen waren insofern ein Erfolg, als der PsychoActive Ansatz viele Therapeut(innen) zum ersten Mal mit einer neuen Weise, therapeutische Fragen zu betrachten, konfrontierte. Einzelworkshops befassten sich mit den Auswirkungen der Besatzung auf die psychische Gesundheit von Palästinensern sowie auf unsere Gesundheit, also die der Israelis. Inzwischen haben zwei weitere Konferenzen zur Verknüpfung von Therapie und Politik stattgefunden. Einige Teilnehmer(innen) hatten von all dem noch nie gehört, unter anderem politisch rechts-stehende Therapeuten, einige von ihnen Siedler.

ProActive beginnt gerade erst und entwickelt noch weitere Projekte. Eins ist ein Fortbildungskurs für palästinensische Therapeut(innen), mit einer Gruppe in Kafr Azzun und einer zweiten in Hebron. Wir trafen uns mit einigen von ihnen, um Wissen und Erfahrungen auszutauschen und sie fortzubilden. Das ist nicht so einfach; alle Schwierigkeiten und Dilemmata kommen auf den Tisch, einschließlich der ungleichen Machtverteilung in dieser Interaktion.

In Kafr Qaddum bin ich an einem weiteren Projekt beteiligt. Solche Seminare wirken vor allem durch die persönliche Begegnung, man setzt sich den Geschichten einzelner Menschen aus. Adnan hatte mir gesagt, dass sein Dorf zwei grundlegende brennende Probleme hat: zum einen die Blockade der Verbindungsstraße zwischen Kafr Qaddum und Nablus, die Voraussetzung für funktionierenden Warentransport, Berufspendler, Schüler und den Zugang zum Krankenhaus. Ursprünglich von Siedlern aus Kedumim blockiert, war diese Straße für Palästinenser immer noch gesperrt und verursachte gravierende Probleme für die Dorfbewohner. Wenn z. B. jemand schwer krank war oder bei Frauen die Wehen begannen, hingen von dem rechtzeitigen Erreichen der Klinik die Gesundheit und das Wohlbefinden der Menschen ab. Einige Universitätsstudenten mussten nach Nablus ziehen und dort Miete bezahlen, Betriebe mussten schließen und so weiter. Das zweite Problem war eine Dachkonstruktion im Dorf zum Schutz der Stromzentrale, die mit finanzieller Hilfe aus dem Ausland endlich errichtet worden war – vorher gab's nur Einzelgeneratoren. Sobald der Bau stand, erließ die unter der Leitung von örtlichen Siedlern stehende Zivilverwaltung von Kedumim eine Abrissorder, weil sie – soweit ich mich erinnere –

auf Boden der Zone C stand. Unmittelbar, nachdem Adnan uns informiert hatte, organisierten einige von uns eine Exkursion zu dem Dorf; der Knesseth-Abgeordnete Zair Tzaban war dabei.

Auf dieser Tour sahen wir die unzumutbaren Rahmenbedingungen für das Dorf: die blockierte Straße und die Stromzentrale, die fertig war und nun nicht in Betrieb gehen durfte. Also versuchten wir in unzähligen Schreiben, den Knesseth-Abgeordneten Chaim Oron davon zu überzeugen, eine Aufhebung der Abrissorder zu veranlassen; der schickte uns zum Verteidigungsminister. Wir schickten auch drei Protestschreiben an den stellvertretenden Verteidigungsminister.

Schließlich ernannten sie ein Komitee, welches bestimmte Bedingungen festlegte; wenn das Dorf alle erfüllte – einschließlich des Abrisses der bestehenden Konstruktion – würde das Komitee den Bau einer neuen Stromzentrale erlauben. Das Dorf musste alle möglichen Pläne vorlegen und ein anderes Stück Land kaufen, und das Dorf erfüllte sämtliche Bedingungen. Inzwischen versuchte die Zivilverwaltung die Sache zu verschleppen. Zuletzt sollte das Dorf in einem Schreiben an die Zivilverwaltung begründen, warum es eine Stromzentrale braucht. Es ist doch verrückt, von einem Dorf mit 4.500 Einwohnern im Jahre 2007 eine Begründung dafür zu verlangen, dass es Strom braucht! Es gab noch weitere Verzögerungen und täglich Telefonanrufe, mit denen die zuständigen Verwaltungsangestellten und der leitende Beamte der Elektrizitätsversorgung von Beit El unter Druck gesetzt wurden. Nach langem und ermüdendem Hin und Her erhielt das Dorf endlich die schriftliche Genehmigung. Wir hatten auf der schriftlichen Form bestanden; derzeit steht die neue Stromzentrale kurz vor ihrer Fertigstellung. Außerdem volontierten wir vor zwei Jahren bei der Olivenernte im Dorf, weil die Dorfbewohner sonst Schikanen von Siedlern aus Kedumim ausgesetzt gewesen wären.

Motivation erhalten und Burn-out vermeiden

Solche Aktivitäten geben mir Energie und ein Gefühl der Vitalität. Ich unterwerfe mich der Realität nicht sondern tue etwas in meiner kleinen Ecke dieser Welt. Ich weiß: Das ist ein Tropfen auf einem heißen Stein. Je mehr ich lerne, desto mehr sehe ich, wie viel getan werden muss. Wir brauchen mehr Projekte mit Palästinensern aus Israel und Palästinensern aus Palästina. Und auch im therapeutischen Bereich kann viel mehr getan werden.

Einige Projekte befinden sich bereits in der Planung, zum Beispiel unsere Zukunftswerkstatt. Insgesamt hat nur ein winziger Teil der israelischen Bevölkerung von diesen Dingen gehört und will auch davon hören. Wenn ich davon anfange, sind die Leute nicht gerade begeistert. Wir entwickeln auch Projekte, die weitere Segmente der Gesellschaft betreffen, also andere ebenfalls ausgegrenzte Gruppen. Das ist vielleicht nicht so relevant für unser Thema, doch man kann nicht das eine tun und das andere lassen. Man lernt, die Dinge grundsätzlich anders zu sehen, z. B. Asylsuchende aus Afrika. Zurzeit versuchen wir einen Besuch im Saharinim Internierungslager in der Negev-Wüste zu organisieren, um uns über die Lage der dort internierten Kinder zu informieren.

Ich denke, mittlerweile ist klar, dass der Kurs in Neve Shalom mich grundlegend und nachhaltig geprägt hat. Wir nahmen an einer Demonstration gegen die Trennmauer im Ost-Jerusalemer A-Ram-Viertel teil. Wir demonstrierten gegen ein Stück Mauer, das eine Schule von ihren Schüler(innen) trennte; da gingen einige von uns bei PsychoActive zusammen hin. Das war ein fröhlicher Protest, bei dem die Kinder in Reihen zusammen marschierten. Ich war vorn an der Spitze; uns stand Grenzpolizei gegenüber, manche auf Pferden, manche in Jeeps. Es war eine friedliche Demonstration, es waren Kinder dabei und die Aktion war explizit als gewaltfrei deklariert. Plötzlich begannen die Grenzpolizisten Blendgranaten und Tränengas auf uns abzufeuern. Ich weiß noch, dass ich einige Minuten brauchte, bevor ich meine Augen wieder öffnen und sehen konnte, was um mich her geschah. Die Straße war vollkommen leer. In den wenigen Minuten war die alte Unterscheidung zwischen wer für und wer gegen mich, was richtig und was falsch ist, völlig über den Haufen geworfen. Soldaten, die, wie ich vorhin gesagt habe, ein Teil von mir sind und ich ein Teil von ihnen, griffen mich an. Die Karten waren neu gemischt.

Als ich meine Augen wieder öffnen konnte und die Straße leer vorfand, wurde mir klar, ich muss Schutz suchen, und lief zu einem Haus an der Straße. Wortlos bat mich eine alte Frau ins Haus. Sie gab mir eine Zwiebel [gegen das Tränengas]. Die Leute kennen das offensichtlich schon und wissen, dass die Zwiebel das Atmen erleichtert. Drinnen fühlte ich mich endlich sicher. Plötzlich stand Muhammad Abu Tir [ein palästinensischer Hamas-Aktivist] vor mir. Ich brauchte ein paar Sekunden um zu kapieren, dass es wirklich Abu Tir war und nicht Tal Friedman, der ihn in der TV-Sendung ‚Wonderful Country‘ spielte. Auch der frühere Knesseth-Abgeordnete Uri Avnery war da; er war offensichtlich ebenfalls vor dem Tränengasangriff dorthin geflohen. Das war eine völlig absurde Situation. Ich versteckte mich zusammen mit einem Hamas-Minister vor der israelischen Grenzpolizei. Mit jemandem, den ich als Dämonen ansah und dem ich nicht auf einer dunklen Straße begegnen wollte, verbarg ich mich vor Soldaten meines eigenen Landes. Ich war völlig durcheinander. Meine Augen wurden noch einmal geöffnet. Ich spürte einen Verlust, aber auch einen Gewinn. Sowohl der Kurs als auch die Erfahrungen danach öffneten mir die Augen und verursachten in mir großen Schmerz und Kummer. Und doch wurde mir gleichzeitig die Chance geschenkt etwas zu tun. Ich kann mir jene Situation jetzt kaum noch vorstellen, aber ich weiß noch, dass ich das ganz starke Gefühl hatte, in Sicherheit und in guten Händen zu sein. In Aqaba (Jordanien) hatte ich ein ähnliches Erlebnis. Ich war zum ersten Mal in einem arabischen Land. In Aqaba betreuten mich Araber; nicht ich sondern ein Araber trug die Verantwortung für mein Wohlergehen. Das fühlte sich sehr gut an. Ich bin vollkommen sicher, dass ich von meinen politischen Aktivitäten profitiere. Doch ich verliere auch viel. Nun entscheide ich, ob ich an einem Freitagnachmittag ins Café gehe oder an einer Aktion teilnehme. Manchmal verwende ich täglich ein paar Stunden auf ein Projekt, besonders wenn es im Mittelpunkt des Interesses steht. Viele Aktivitäten finden am Computer statt, er erleichtert die Kommunikation. Und manchmal hat dies Spannungen zuhause zur Folge, weil anderes in den Hintergrund rückt. Mich beschäftigt die Frage, wo die Grenze meiner Opposition verläuft. Spielt dabei eine Rolle, dass ich weiterhin in der Reserve diene, wenn auch nicht in den [Besetzten] Gebieten – hat das Auswirkungen auf meine Sicht der Dinge? Wenn sie mich einberufen, gehe ich. Ab und zu werde ich auch als Arbeitspsychologe eingesetzt; manche meiner Soldaten-Klienten haben Konfrontationen mit Palästinensern erlebt. Ich erinnere mich an einen Soldaten, der mir stolz erzählte, er habe sich die Hand verletzt, als er einem Palästinenser auf dem Tempelberg einen Schlag versetzte. Die Frage, wo ich die Grenze ziehe, treibt mich um. Letztlich ist es die Frage nach dem Preis, den zu bezahlen ich bereit bin. Es macht mich sowohl traurig als auch glücklich sagen zu können, dass, obwohl der Leugnungsmechanismus in mir immer noch funktioniert, ich das Bedürfnis habe, die Reservedienst-Offizierin anzurufen und ihr mitzuteilen, dass ich meine Reservedienstpapiere zurückgebe, wenn ich höre, dass in Na'lin ein Kind getötet wurde. Das ist bisher noch nicht geschehen. Wenn es passiert, so wird es nicht wegen eines spezifischen Vorfalls passieren sondern als Schritt und Ergebnis einer inneren Entscheidung.

Dina Zarega
Sozialarbeiterin

*D*ina Zarega (Pseudonym) stammt aus einer US-amerikanischen jüdisch-orthodoxen Familie, mit der sie im Alter von fünf Jahren nach Israel kam. Heute lebt sie in Jerusalem und arbeitet dort als klinische Sozialarbeiterin und Psychotherapeutin, die in englischer und hebräischer Sprache mit Jugendlichen und Erwachsenen arbeitet. Ihr Interesse und Ihr Einsatz für Frieden und Gerechtigkeit zwischen Juden und Palästinensern, ihr jüdisch-orthodoxer familiärer Hintergrund und ihre Ausbildung an der School for Peace haben dazu geführt, dass sie sich selbst und ihre Arbeit als Brücke zwischen der jüdischen religiösen Siedler-Gemeinschaft, säkularen politisch linken Israelis und Palästinensern versteht. Dina Zarega absolvierte den Change Agents Kurs für Fachleute im Bereich psychische Gesundheit in Neve Shalom – Wahat al Salam. Sie wurde im November 2014 interviewt.

„Ich bin eine Brücke zwischen der religiösen (jüdischen) Welt und der Welt des säkularen Aktivismus. Wir sollten die religiösen Siedler nicht außer Acht lassen. Ich verstehe, dass die Palästinenser nicht mit ihnen reden wollen, doch die Israelis sollten das tun. Wir sollten jüdische religiöse Quellen dabei nutzen. Jeder weiß, dass der Buddhismus so etwas sagt. Ich möchte diese Stimme von innerhalb des Judentums hörbar machen."   *Dina Zarega*

Ich heiße Dina Zarega. Vor einigen Jahren habe ich an einem Langzeit-Kurs für Fachleute im Bereich psychische Gesundheit in Neve Shalom teilgenommen.
Ich komme aus einer jüdisch-orthodoxen amerikanischen Familie. Meine Eltern sind aus zionistischen Motiven nach Israel eingewandert, als ich noch klein war. In meiner Kindheit kam der Konflikt mit den Palästinensern so gut wie gar nicht vor. Doch später bezeichnete mich das Jahrbuch an meinem Gymnasium als ‚die einzige Linke' in meinem Jahrgang. Ich wunderte mich darüber. Wie waren sie nur zu dieser Ansicht gekommen? Es stimmt schon: Ich dachte immer, ich würde später links wählen. Doch erst nach dem Kurs an der School for Peace fiel mir wieder ein, dass ich an der Uni ein paar Monate an einem israelisch-palästinensischem Dialog in einer reformjüdischen Gemeinde teilgenommen hatte. Sonst hatte ich eigentlich keinen Bezug zu diesem Thema. Als ich mit einem der Welt geöffneten Herzen von meiner Indienreise zurückkam, schickte mir

jemand eine Beschreibung des SFP-Change Agents Kurses. Es war Zeit für mich herauszufinden, warum ich politisch links bin und was das bedeutet. Der Kurs war genau das Richtige für mich – eine formative, mir die Augen öffnende Erfahrung, die mich an einen völlig neuen Ort brachte und mein Denken umkrempelte.

Was meinst Du damit?

Ich kannte das palästinensische Narrativ nicht, weder das der arabischen Israelis noch das der Palästinenser jenseits der Grünen Linie. Ich war ein freundlicher, offener Mensch und diskutierte gern, doch diese Diskussionen blieben stets recht oberflächlich. Und ich sprach mit Palästinensern nicht offen, weil ich noch nie in meinem Leben solche Gespräche geführt hatte. Ich geriet in eine Art Schockzustand, als ich kapierte, dass in diesem Kurs das palästinensische Narrativ möglicherweise viel Raum einnehmen würde, und erst nach einer Weile verstand ich das Setting des Kurses und warum das Setting so war. Zuerst war ich frustriert: Warum ging es ständig um Ungleichheit und Asymmetrie?

Der Kurs begann dramatisch. In der ersten Sitzung war eine Teilnehmerin da, die eine Stunde lang wütende Reden in Arabisch hielt und dann nie wieder kam. Mir kam das vor wie ein Lied in einer fremden Sprache, dessen ungeheure Wut ich spüren konnte, das ich aber überhaupt nicht verstand. Es war wie eine Art Programmvorschau. Jetzt darüber zu sprechen ist seltsam, weil es bereits so sehr Teil meines Narrativs geworden ist. Heute unterscheide ich da nicht mehr. Damals habe ich zwischen den einzelnen Gruppensitzungen die Dinge immer mit einer Freundin durchgesprochen, die ebenfalls in dem Kurs war. Bereits vor der ersten Sitzung bekam ich vor lauter Stress, Schmerz, Schuldgefühlen und Angst Bauchschmerzen. Die Spannung war für uns wirklich schwer auszuhalten. Es geschah etwas sehr, sehr Wichtiges. Jeden Monat zwei Wochen die nächste Sitzung auf uns zukommen zu sehen, war keine Kleinigkeit.

Die Bauchschmerzen reflektierten: Ja, das wird eine wirkliche Begegnung, wo wir unangenehme Bilder von uns gespiegelt bekommen werden. Unser bequemes, privilegiertes, normalerweise angenehmes Leben wird weniger angenehm sein. Es wird schmerzen, von den Erfahrungen der anderen zu hören.

Palästinenser von hier und von dort

Unsere monatlichen Treffen fanden mit Palästinensern aus Israel statt, doch ein paar Mal trafen wir in anderen Formaten auch mit Palästinensern von 1967 zusammen, die ganz andere Dinge berichteten. Bei einem

Treffen in Aqaba erzählte uns ein solcher Palästinenser zum Beispiel, dass wir vor ihren Gewehren wie Mäuse seien, und ich war in Gedanken sofort beim Holocaust, aber sowas kann man unmöglich sagen, ohne das sofort ein Vergleich gezogen wird. Ich weiß nicht, ob man das vergleichen kann. Doch das ist meine Erinnerung an Aqaba. Ich weiß noch, wie unangenehm es mir damals war, meine Assoziation einzugestehen. Sein Gesicht habe ich noch vor mir, aber den Namen weiß ich nicht mehr. Das war vor ungefähr sechs Jahren. Ich stellte ihm eine Frage und er sagte, *Ich bin hier nicht bei einem* Shabak-*Verhör, ich muss Deine Fragen nach meinen Absichten nicht beantworten.* An so etwas bin ich nicht gewöhnt, und das hier einzugestehen, ist mir unangenehm. Normalerweise sind Palästinenser nicht gleichberechtigt und treten nicht so selbstbewusst auf. In Aqaba, einem für beide Seiten neutralen Ort, gab es plötzlich die Möglichkeit, sich wirklich partnerschaftlich zu begegnen. Für mich als Therapeutin war das eine Überraschung. Ich wusste schon, dass dieser Ort im Ausland richtig gewählt war, obwohl ich ihn zunächst als unbequem empfand und obwohl ich von der unrichtigen Situation unseres normalen Lebens profitierte. Das waren grundlegende Elemente der Begegnung mit den Palästinensern von 1967 in Aqaba.

Auch hier mit den Palästinensern von 1948 gab es viele formative Erlebnisse. Eine Sache erzähle ich oft. Ein Palästinenser aus Nazareth erzählte uns zwei Erlebnisse. Im ersten beschrieb er, wie er in einem jüdischen Ort für sein Zuhause ein Klavier kaufen wollte. Er wusste nicht recht, ob er seine kleine Tochter dorthin mitnehmen sollte. Verblüfft stellte ich fest, dass Araber Angst vor Juden haben. Wir denken das immer andersherum. Das war eine Offenbarung für mich, ein unangenehmes Bild von mir im Spiegel, doch eine Diskussion war an dieser Stelle nicht möglich. Dieser Mann ist ungemein glaubwürdig, freundlich und integer; er sagt schlicht die Wahrheit. Sein anderes Erlebnis erzählte davon, wie er mit seiner Tochter ein Eis kaufen wollte – wir diskutierten gerade das Thema Sprache. Er sagte, wenn er seine Tochter in Arabisch fragt, ob sie Schokoladen- oder Vanilleeis möchte, glauben Israelis, es gebe gleich einen Terroranschlag. Als ich dieses Bild von mir im Spiegel sah, sah ich den verdeckten und nicht so verdeckten Rassismus auch unter den Linken – der meint, die Angst der Juden sei verständlich; aber die Araber hätten nicht wirklich Angst vor den Juden. Wir nutzen alle möglichen Denkmechanismen um uns zu schützen, doch manche sind falsch. Der Kurs hat uns gelehrt, dass wir in einer Welt leben, in der man diese Dinge einfach auf den Tisch legen kann. Das verändert die eigene Wahrnehmung grundlegend.

Weißt Du noch, dass Du in diesem Kontext mal vom ‚sich Outen' gesprochen hast? Als Linke, die versteht, wo die Araber herkommen.

Ja, das habe ich gesagt. Im Kurs konnte ich viele Dinge in Worte fassen. Obwohl ich mich als Linke sah, konnte ich das vorher nicht wirklich erklären. Frieden fand ich gut. Aber ich konnte weder gut argumentieren noch Dinge aus der palästinensischen Perspektive beschreiben. Im Kurs begann ich das zu lernen. Der Kurs, die Teilnehmergruppen und die SFP-Kursleitung halfen mir, mich [als Linke] zu outen, sodass ich klarer und selbstbewusster formulieren konnte. Wenn ich nun sage, *Ich glaube die Palästinenser denken ... oder Ich glaube, die Palästinenser fühlen ...*, dann kann ich auf die gehörten Erfahrungsberichte zurückgreifen, dann spekuliere ich nicht; ich sage die Wahrheit.

Manche Argumente, die ich gern vorbringen würde, entsprechen dem Denken der Araber nicht. Manche denken vielleicht so, aber nicht die im Kurs in Neve Shalom. Der Kurs war meines Erachtens gerade deshalb glaubwürdig, weil die Diskussion nicht immer angenehm war; es ging nicht um *Wir wollen einander kennen lernen. Wir sind alle nett zueinander.* Man spürte, dass die Leute ganz offen, oder fast ganz offen, ihre Gedanken äußerten. Es ging nicht um Araber, die in Israel ein unproblematisches Leben haben, in Ruhe gelassen werden und nicht ständig an ihr Araber-Sein erinnert werden wollen; im Kurs waren auch Araber, die ihre arabische Identität offen zum Ausdruck bringen wollten. Auch sie outeten sich in gewisser Weise – und dadurch erhielten wir eine glaubwürdigere Grundlage (für unsere Einstellungen).

Streit mit Familienmitgliedern und Freunden

Ich war schon immer Individualistin; Anpassung ist für mich nicht so wichtig. Sonst wäre ich wohl nicht in den SFP-Kurs gekommen. Vielleicht hätte mich nicht einmal die Email erreicht.

Doch es gab auch eine Zäsur zwischen der Zeit vor der ‚Operation Gegossenes Blei' (Dezember 2008 – Januar 2009) und danach. In der Zeit nach dem Kurs bis zum Dezember hatte ich nicht das Gefühl, meine Beziehungen in meinem Umfeld seien ernsthaft in Gefahr; denn ich bin sowohl in der religiösen Welt als auch unter säkularen Aktivisten gut verwurzelt. Eine Linke, ja, aber auch eine durchaus willkommene Brücke zwischen den beiden Welten. ‚Gegossenes Blei' führte zum ersten Mal zu einer sehr, sehr tiefen Kluft, als ob meine Gedanken und Gefühle andere Menschen belasten und bedrohen, ja sogar wütend machen – auch meine Freunde und meine Familie. Ich glaube, alle Linken, die sich damals offen äußerten, erlebten ebenso harsche Reaktionen wie ich. Ich wurde auf Facebook verurteilt und denunziert und erhielt Posts wie ‚Man sollte Dich verbrennen' oder ‚Geh' doch nach Gaza'. Deine Facebook posts gehen in die ganze Welt und schlagen auf Dich zurück. Ich war indirekt oder sogar direkt zwischen den Stühlen und fühlte mich sehr stark mit der Gruppe verbunden, die abgestraft wurde. Gleichzeitig stieß mich der Krieg so ab, dass ich ein bisschen weniger auf die üblen Sprüche der Leute achtete. Was hier vor sich geht, finde ich sehr Besorgnis erregend, sozial wie politisch, aber ich finde okay, wenn sie mich verfluchen. Den Menschen in Gaza und im Süden Israels, die bombardiert werden, geht es zurzeit viel schlechter als den Linken anderswo, denen man auf der Straße ein paar Flüche hinterherschickt.

Mit meinen Freunden war es anders. Es gab heftige, schmerzliche, mich prüfende Diskussionen. Dabei fand ich meine Linie. Während des Krieges fühlten sich die Leute hilflos, alles schien sich auf einer anderen Ebene abzuspielen und man konnte offenbar nichts tun. Man kann demonstrieren, doch die meisten Demonstrationen fanden am Shabbat statt. Mir fiel die Aufgabe zu, auf Diskussionen mit meinen Freunden über den Krieg zu beharren. Eine meiner besten Freundinnen ist eine Siedlerin, ich geb's zu. Durch meinen Hintergrund kann ich mit ihrer Familie Kontakt haben, und ich mag sie immer noch sehr. Ich besuche sie nicht daheim, weil ich ungern in die [Besetzten] Gebiete fahre. Doch mit dieser Freundin bin ich in Kontakt geblieben und erkläre ihr beharrlich meine Sicht der Dinge – in der ihr vertrauten Sprache. In der Sprache religiöser Juden spreche ich über Menschen, die von *Elohim* nach seinem Bilde geschaffen worden sind, von *Ihm*, der unmöglich Menschen dazu geschaffen haben kann, einander zu töten; das glaube ich nicht. Man kann das religiös ausdrücken, oder auch psychologisch: Ich glaube nicht, dass es von Geburt an schlechte und gute Menschen gibt. Ich glaube, Menschen werden nicht ohne Grund gewalttätig, und diesem Grund sollten wir nachgehen. Zuhören kann Wandel hervorrufen; etwas kann tikkun (repariert) werden. Wenn man zuhört, so entsteht ein Dialog, kein Streit, plötzlich gibt es eine Art Brücke. Ich gebe mein Bestes; ich möchte gern eine Brücke sein zwischen diesen Welten, in Zukunft eine noch bessere als ich es jetzt bin. Das ist für mich sehr wichtig. Während des Krieges hörte ich auch, dass mein geliebter Arabisch-Lehrer Medikamente und Lebensmittel für den Gazastreifen sammelte. Ein Verwandter von ihm ist ein bekannter Arzt in Gaza, ein wunderbarer Mensch. Also versprach ich, auch Sachen zu sammeln und sie zum Sammelpunkt an der Notre Dame Kirche in Jerusalem zu bringen. Meine Bitte postete ich an Tisha B'Av, einem symbolträchtigen Tag, auf Facebook. Ich bat um Lebensmittel und Medikamente und schrieb, hier sei die Chance Bedürftigen zu helfen, z. B. Menschen mit Augeninfektionen. Ich bat um Augenbalsam; außerdem hatten die Leute wegen der Hitze und gleichzeitigem Wassermangel Kopfschmerzen und brauchten Aspirin. Ich schrieb, wir müssten sicher stellen, dass an der Front nicht unsere Humanität auf der Strecke bleibe. Natürlich gab es viel Kritik; doch wenn man die Dinge so vorbringt, wer kann etwas dagegen haben, dass Menschen dringend nötigen Balsam für Augen und Aspirin bekommen?

Und die Leute spendeten. Unbekannte und Freunde kamen und Freunde von Freunden; ständig wurden Dinge gebracht, fantastische Sachen; man sah, dass die Leute Geld in die Hand genommen und sich überlegt hatten, was sie im Supermarkt kaufen wollten. Sie wussten nicht, dass die Sachen später sortiert würden. Sie stopften eine Babydecke, eine Babyflasche und Aspirin und Augensalbe und Windeln in eine Einkaufstasche. Religiöse Männer klopften an. Ich hatte das Gefühl, dass es in mitten in diesem furchtbaren Krieg für einen Moment etwas zutiefst Gesundes gab, einen Moment des Wohlwollens.

Es kamen also Leute, mit denen Du stundenlang heftigste politische Diskussionen gehabt hattest.

So würde ich es nicht ausdrücken. Unbeteiligte Außenstehende wünschten mir Erfolg oder auch nicht. Die Spender kamen jedoch eher aus linken Kreisen. Es gibt ein paar wenige religiöse Linke, doch man hört nur wenig von ihnen. Wir hören insgesamt sehr wenig von der Linken, und die religiöse Linke ist vollends unsichtbar. Doch sie existiert; es sind Hunderte oder sogar ein paar Tausend. Ich denke, sie waren froh, auf diese Weise in Erscheinung treten zu können.

Ehrlich gesagt, war jeder Tag ein Drama. Ich schlief nicht mehr, stand in der Nacht auf, um online Nachrichten zu lesen und zu sehen. Das waren komplizierte 1 ½ Monate. An einem Tag schrieb ein Kerl aus Beit El, seinen Namen weiß ich nicht mehr, er sei kein Linker und werde jetzt meine Freunde ärgern, und dann schrieb er, was wir in Gaza täten sei unmoralisch, und das rassistische Verhalten auf Israels Straßen würde sich in Zukunft sowohl auf linke Juden als auch Araber richten, die zufällig die Straße entlang kämen. Dann erwähnte er den Holocaust. Ich dachte, diese Zuschrift sollte ich weiterleiten, weil der Schreiber jemand aus Beit El war. Also postete ich das Schreiben.

Noch ein Beispiel. Ein Bursche schrieb zum Vandalismus gegen die Straßenbahn in Jerusalem etwas über die palästinensischen „Barbaren". Er fand, den Bewohnern Ost-Jerusalems sollte die Nutzung der Tram verboten werden. Also schrieb ich ihm, um ihn an den Kontext dieser Sachbeschädigung zu erinnern; bei ihm klang es so, als ob Araber die Tramlinie aus purer Zerstörungslust beschädigten.

Das löste eine ganze Debatte aus. Eine Frau schrieb, die Araber sollten endlich erwachsen werden und akzeptieren, dass sie die Kriege verloren hätten;
sie meinte, wir würden diesen Leuten Dienstleistungen bieten, und die
hätten mehr Privilegien als wir. Ich erwiderte, der Mangel an Privilegien
für die Ost-Jerusalemer Bevölkerung schreie zum Himmel, weil sie durch
die Maschen des Systems fallen und keine Seite sich um sie kümmert. Sie
können z. B. nicht einfach ins Ausland fliegen – das wusste sie nicht. Diese
Diskussionen dauern an, doch ich spüre noch immer eine Kluft.

Beobachtung meiner Facebook-Seite

Dieser Diskurs, Palästinenser seien Barbaren, muss einfach aufhören. Deshalb reagiere ich grundsätzlich auf solche Posts. Das erschöpft Dich auf die
Dauer sehr, es nagt an Dir. Manchmal werden diese Mühen auch unterminiert, z. B. wenn der IS plötzlich seine verwünschten Fotos veröffentlicht
und man seine Glaubwürdigkeit und Kraft ein Stück weit verliert. Wenn
Hamas angebliche Kollaborateure auf offener Straße exekutiert, ist das
auch brutal. Ich weiß auch nicht, ich dachte: *Was für ein lausiges Timing.*
Es war während des Krieges nicht leicht, ständig auf die Hamas-Perspek-
tive über die Rechtmäßigkeit militärischer Aktionen hinzuweisen, doch
es war wichtig, religiösen und politisch rechts stehenden Leute zu sagen,
dass unter den Menschen, die ihnen lieb sind, einige mit Palästinersern
sprechen und ganz anders fühlen und denken als sie selbst.

Manche Religiösen halten mich wahrscheinlich für verrückt. Dagegen
kann ich nicht viel sagen. Andere finden jedoch, dass ich sehr mitfühlend
bin, und können sich zumindest mit diesem Aspekt identifizieren. Leider
ist der Diskurs mit den Siedlern schwierig; für sie ist ein Leben in Würde
und Sicherheit mittlerweile Teil ihrer jüdischen beziehungsweise religiösen Identität; es ist ein eigener moralischer Wert geworden. Die jüdischen
Schriften sagen nicht, dass die Juden auf Kosten von anderen Einwohnern
in Würde und Sicherheit leben sollen, doch die Siedler erklären einzelne
Textstellen als heilig, und ich argumentiere dagegen: Meines Erachtens
haben Barmherzigkeit und Frieden einen höheren Stellenwert in den jüdischen Texten als die nationale Unabhängigkeit. Die Idee der nationalen
Unabhängigkeit ist erst nach der Formulierung dieser Texte entstanden.

Der Krieg veränderte mich noch in anderer Weise. Vorher wurde ich sofort
wütend, wenn die Siedler erklärten, die Juden wollten Frieden; von Frieden reden und gleichzeitig in Siedlungen leben – das passt doch nicht
zusammen! Während des letzten Jahres wurde mir jedoch bewusst, dass
diese Stimmen auch gut und wichtig sind, und dass sie gehört werden
sollten. Vielleicht können sie, wenn wir sie erlauben, ja sogar unterstützen,

eher ihre Freunde in den Siedlungen erreichen, als ich oder Du es könnten, obwohl ich dorthin Kontakt habe.

Hätte Bibi (Netanyahu) ein faires Abkommen mit den Palästinensern erreicht, so hätte ich mich für ihn gefreut: Wir müssen jeden unterstützen, der etwas tun will. Leider scheiterte Bibi vollkommen. Doch damals dachte ich, *Wow, wenn er Frieden schließt, dann bin bereit, das Abkommen zu begrüßen.* Manchmal bin ich das selbst-gerechte und arrogante Verhalten der Linken leid, als wären sie die einzigen Hüter der Wahrheit. Ich freue mich über jeden vernünftigen Beitrag; woher er kommt, spielt für mich keine Rolle. Auch das hat sich für mich verändert.

Würdest Du gern noch mehr sagen über Deine Rolle als Brückenbauerin?

Sie ist alles andere als einfach; denn ich habe nur wenig Erfolg, weil ich eine religiöse Individualistin bin, d.h. sehr, sehr liberal. In keiner Gemeinschaft bin ich gut verankert. Ich fing an, Posts von meinen früheren Rabbis an allen möglichen Frauen-Hochschulen zu beantworten. Kurz vor Rosh Hashana, schrieb z. B. ein sehr bekannter national-religiöser Rabbi, es habe ihn sehr berührt, dass nach dem Mord an den drei Jungen die drei Täter, welche die Jungen entführt und ermordet hatten, von israelischen Sicherheitskräften liquidiert worden seien. In meiner Antwort schrieb ich, sein Beitrag am Vorabend des Neujahrsfestes sei zutiefst deprimierend gewesen.

Die meisten Leute haben auf meine Antwort-Posts nicht reagiert. Doch gab es auch Dutzende andere Posts von religiösen Juden wie *Du sollst nicht jubeln, wenn ein Feind fällt* oder *Rabbi B---, haben Sie ein wenig Mitgefühl für das menschliche Leben.* Solche Posts zu lesen, war wirklich interessant; und es tat gut, zu einer solchen Gemeinschaft zu gehören, aktiv zu werden und sich öffentlich zu äußern, damit solche Stimmen Gehör finden.

Also setzt Du den Dialog fort, Du gibst das Gespräch mit religiösen Juden nicht auf sondern suchst nach Wegen, sie weiterhin zu erreichen.

Genau. Ich liebe diese Gemeinschaft. Das ist die Krux – weder in Neve Shalom noch bei PsychoActive habe ich Freunde gefunden, die die Dinge so sehen wie ich; bei PsychoActive arbeite ich viel ehrenamtlich. Niemand dort sieht die Dinge so wie ich. Einige meiner gutherzigsten Bekannten leben in Siedlungen. Die Dissonanz ist groß, sie ist seltsam, unlogisch, und doch würde ich lügen, wenn ich etwas anderes sagen würde. Wie also kann man da ansetzen? Trotz allem bin ich da zuversichtlich; denn wenn es unter den Siedlern nur böse Leute gäbe, die andere hassen, dann wären wir ernsthaft in Schwierigkeiten. Doch das stimmt nicht; ich weiß es einfach. Das gibt mir Hoffnung. Wenn es den politischen Konflikt nicht gäbe … weißt Du, das sind Leute, die in Konflikten im Ausland stets auf der Seite der Schwächeren stehen. Hier bei uns hat sich ein problematischer religiöser Diskurs entwickelt. Und gleichzeitig gibt es den politischen Konflikt. Wir haben Leute in bestimmte Gebiete geschickt und heute versuchen wir ihnen zu erklären, *Das ist jetzt vorbei, kommt zurück.* Inzwischen haben sie sich jedoch nicht nur ein schönes Haus gebaut sondern auch eine Ideologie entwickelt und Selbstachtung, und sie haben ein Narrativ, mit dem sie sich wohlfühlen. Dieses Narrativ irgendwie aufzuknacken lohnt sich. Wir sollten es nicht einfach abtun; denn möglicherweise verlieren wir dabei mehr als wir gewinnen. Ich werfe den Palästinensern nicht vor, nicht mit den Siedlern reden zu wollen, aber die Israelis sollten hier Verantwortung übernehmen und sie nicht einfach fallen lassen.

Zurück schießen

Der Kurs in Neve Shalom hat mich definitiv entscheidend geprägt. Das werde ich wahrscheinlich noch mit 80 sagen, je nachdem, was bis dahin noch passiert.

Als Therapeutin kann ich, glaube ich, sagen, dass die größte Wirkung innerlich geschehen ist. Während des Kurses sagte ich damals, ich säße nun anders auf meinem Stuhl. Heute sitze ich in dieser Welt in der Tat anders auf meinem Stuhl. Ich kenne meine Nachbarn und liebe sie und empfinde Mitgefühl für sie; ich möchte die jetzige Realität verändern und weiß, dass dies Rückwirkungen auf meine eigene Realität haben wird. Ich glaube, dass spiritueller Wandel das Leben am stärksten verändert und dass sich dieser Wandel auch nach außen manifestiert.

Du sitzt anders auf Deinem Stuhl? Wie hattest Du vorher dagesessen?

Es gab eine Zeit, in der ich blind war, vor allem gegenüber den Palästinensern. Mir haben fremde Identitäten immer gefallen, besonders orientalische Identitäten interessierten mich, angefangen beim ‚Hummus Orientalismus‘. Ich weiß nicht genau, wann das eine aufhörte und das Neue begann. Ich finde palästinensische Stickerei immer noch wunderschön. Auch Indien mag ich gern, aber wohl nicht ganz so gern. Jedenfalls gab es da eine Verbindung. Inzwischen bin ich mit allen Teilen der hiesigen

Gesellschaft verbunden und kenne sie besser. Ich bin achtsamer und sehe mehr – das ist ein anderes Leben.

Was geschah? Warum konntest Du all das vorher nicht sehen?

Ich denke, das lag am Rassismus. Das war die interessanteste und wichtigste Veränderung; jetzt sehe ich, wie sehr die Palästinenser hier Bürger zweiter Klasse sind und wie sie darum kämpfen müssen dazu zu gehören. Selbst wenn er überaus erfolgreich ist, wird ein Palästinenser als minderwertiger Bürger in dieser Gesellschaft behandelt. Heute sehe ich, was das für die Betroffenen bedeutet, wie man so etwas zu verinnerlichen beginnt. Fanon hatte recht. Die Unterdrückten internalisieren, was der Unterdrücker auf sie projiziert. Ich bin mit seiner Unterstützung des bewaffneten Befreiungskampfes nicht einverstanden. Doch ich sehe, wie stark die Internalisierung das Selbstbild der Menschen beeinflusst, sowohl kollektiv als auch persönlich. An praktischen Aktivitäten habe ich in den vergangenen sieben Jahren sehr viel getan, z. B. für PsychoActive, welches aus den SFP-Kursen für Fachleute im Bereich psychische Gesundheit entstanden ist. Zwei Mal im Monat fahre ich nach Hebron und besuche zwei (palästinensische) Familien, die mir sehr ans Herz gewachsen sind, und – nach dem was dort passiert ist – nicht nur sie sondern die ganze (palästinensische) Gemeinschaft dort und das Zentrum.

Vor ein paar Jahren begannen wir mit B'Tselem ein Projekt namens ,Zurück schießen', in dem wir Kameras sozusagen als alternative Waffen an Palästinenser verteilten, damit sie Gewalt-Vorfälle dokumentieren und veröffentlichen konnten. Sie produzierten ein paar sehr wichtige Zeugen-Dokus, die zur Hauptsendezeit im israelischen Fernsehen gezeigt wurden, unter anderem einen berühmten Videoclip, der in den sozialen Medien verbreitet wurde mit einem (jüdischen) Siedler, der eine Palästinenserin als *sharmouta (Hure)* beschimpfte. PsychoActive wurde dorthin eingeladen, weil es Angst macht, Soldaten mit einer Kamera gegenüber zu stehen. Woher sollten die Leute den Mut und die Kraft dazu nehmen? Mittlerweile betraf der Vorfall auch alle möglichen Aspekte der Familie, z. B. die Geschlechterrollen. Wer soll die Dokus machen? Dürfen auch Frauen oder nur Männer solche Dokus drehen? Sie luden uns ein, die Familien bei der Diskussion dieser Themen zu unterstützen. Allmählich begannen die Leute die Kameras einzusetzen, doch der Einsatz war für das Projekt dann gar nicht so wichtig. Wichtiger war die Überschreitung von Grenzen: nach Palästina zu fahren, palästinensische Familien zu besuchen, von ihren Erfahrungen zu hören und Zeugen dessen zu sein, was sie erleben. Wichtig war auch, der Gesellschaft in Israel klar zu machen, dass es hier Menschen gibt, welche die Besatzung ablehnen und sich von der Gewalt, der Erniedrigung und dem Rassismus distanzieren, welche die palästinensische Bevölkerung erlebt. Das ist ungeheuer wichtig und aus meiner Sicht sogar das Wichtigste. Also fahre ich nach Hebron, wohl hauptsächlich um meiner selbst willen; ich möchte mit dem verbunden sein, was dort geschieht, wovon ich sonst abgeschnitten wäre. Seit fünf Jahren mache ich diese monatlichen Besuche und in dieser Zeit sind sehr starke Beziehungen gewachsen.

Wie ist das, wenn gleichzeitig ein Krieg im Gange ist?

Wir wurden zum ersten Abend im Ramadan eingeladen. Die Menschen dort wünschen sich den Kontakt sehr; sie möchten das Gefühl spüren, dass wir sie nicht hassen und keine Angst vor ihnen haben; dass wir sie wahrnehmen, und dass sie im Kontakt mit uns auch etwas zu geben haben. Dann brach der Krieg aus. Wir gingen runter zum Auto und sahen überall Soldaten. Irgendetwas war los; meine Freundin schaute in Facebook nach und stellte fest, dass es eine Entführung gegeben und die drei Jungen verschleppt worden waren. Da Hebron durchsucht wurde, fuhren wir nicht dorthin. Wir erklärten immer wieder, wir würden kommen, und Ramadan ging langsam vorüber und war plötzlich vorbei, und immer noch war Krieg. Nur eine von uns besuchte ihre Familien in Hebron. Wir hatten mehr Angst vor dem Weg dorthin als vor Tel Rumeida selbst, wo es offenbar weitgehend ruhig geblieben war; wir hatten Angst, unterwegs würde uns etwas passieren.

Nach dem Krieg fuhren wir wieder hin. Vor ungefähr zehn Tagen waren wir das letzte Mal dort. Es schmerzte und berührte uns zutiefst, Freunde zu sehen, die wir so lange nicht gesehen hatten. Wir sprachen über den Krieg, wie das für sie gewesen war und wie für uns. Ich befürchtete, sie könnten meinen, dass, sobald ein Krieg ausbrach, wir sie als Feinde betrachten würden. Wir waren aber nicht deshalb weggeblieben.

Die Frauen, die wir besuchen, sprechen Arabisch mit uns und ich verstehe ziemlich viel, spreche aber nicht so gut. So spreche ich etwas Arabisch, etwas Englisch und etwas Hebräisch und unterstütze dies mit Gesten. Ich habe ein paar Jahre Arabisch studiert und dort etwas Arabisch gelernt, genug um mich mit jemandem auf der Straße zu verständigen, aber ich möchte mehr lernen.

Diese Besuche sind meine Hauptaktivität bei PsychoActive. Als Mitglied nehme ich auch an manchen Diskussionen teil, doch ich schaffe es nicht immer zu den Treffen, weil die meisten am Shabbat stattfinden und ich da nicht reise.

Außerdem habe ich zusammen mit verschiedenen Kolleg(innen) in einem Forschungsteam mitgearbeitet, das gewaltfreie Kommunikation entwickelt, vor allem innerhalb der israelischen Gesellschaft. Das Team trifft sich seit zwei Jahren alle zwei Wochen, doch derzeit bin ich dort nicht so aktiv. Eine Zeit lang habe ich gemeinsame Gedenktage für Juden und Palästinenser organisiert. In dem Jahr, als ich im SFP-Kurs war, wollte ich den Unabhängigkeitstag nicht feiern und ging stattdessen zu einer seit mehreren Jahren stattfindenden zwei-tägigen Unabhängigkeit/Nakba Veranstaltung mit einer unabhängigen Aktivistengruppe, welche linken Aktivismus und Spiritualität miteinander verband – Leute, die aus dem portugiesischen Ort Tamera stammen. Dort gibt es jeweils einen Vortrag über historische Perspektiven von Hillel Cohen oder einem anderen Historiker und einen Gesprächskreis zum gegenseitigen Austausch, und danach geht man gemeinsam Essen. Es handelt sich also weniger um eine Feier als um zwei Tage, die dem gemeinsamen Nachdenken gewidmet sind. Nach ein paar Jahren versuchten wir mehr Leute zu erreichen und veranstalteten in verschiedenen Städten solche Gedenktage. Ich gehörte z. B. zu einer Gruppe, die drei Jahre lang gemeinsame Gedenkzeremonien im YMCA-Zentrum in Jerusalem veranstaltete.

Wir entwickelten diese Zeremonie selbst. Sie bestand aus verschiedenen Segmenten und war ziemlich kompliziert, mit Zeugenberichten von Menschen aus trauernden israelischen und palästinensischen Familien. Manche der palästinensischen Zeugen lebten in Israel, manche in der Westbank. Für die Palästinenser war das nicht leicht; für sie ist ein Gedenktag etwas Israelisches. Es war nicht leicht, gemeinsame Themen zu finden, doch wir fanden jedes Mal etwas Neues. Manchmal ging es um (palästinensische) Flüchtlinge 1948, manchmal kam jemand vom ‚Bereaved Family Forum‘, damit es gleichberechtigtes Trauern gab. Es wurden auf Hebräisch und auf Arabisch spirituelle Lieder gesungen. Es gab Gesprächskreise, wo die Leute erzählen konnten, warum sie zu dieser Zeremonie gekommen waren und mit welchen Gefühlen sie den Gedenktag oder den Unabhängigkeitstag oder den Nakba-Tag erlebten. Es gab eine Zeremonie, bei der Angehörige Kerzen für ihre getöteten Lieben oder für den Frieden oder so etwas entzünden konnten. Es gab einen spirituellen Kreis und einen Kreis, in dem die Anwesenden Hand in Hand miteinander tanzten. Meinem Empfinden nach war das eine zutiefst berührende Zeremonie. Natürlich waren weniger Araber als Juden da, doch mir wurde allmählich klar, dass eine gleiche Anzahl nicht das Entscheidende ist. Die Halle war gestopft voll. Von zunächst etwa 80 wuchs die Teilnehmerzahl auf über 100 und dann auf über 200 Gäste an. Für mich ist besonders wichtig, dass wir als Juden hier an einen anderen

Ort gehen können, wo es Raum gibt für unsere Gedanken und wo wir nicht über die Rache Gottes oder über ‚nie wieder Holocaust' oder so etwas diskutieren müssen. Letztes Jahr hatten wir wieder nur ein zweitägiges Forum in Nazareth. Ich hoffe, dass wir dieses oder im kommenden Jahr wieder solche Zeremonien in Jerusalem abhalten können; ich finde, das ist der geeignetste Ort dafür.

Empathie und Mitgefühl

Für mich als Therapeutin beinhaltet die Arbeit mit Empathie und Mitgefühl nach [Heinz] Kohut eine ganze Weltsicht und Werte, mit denen ich mich verbinden kann. Diese Werte sind meiner Meinung nach sowohl in der Begegnung zwischen Einzelnen als auch zwischen Gruppen oder Nationen relevant. Wenn wir uns mit Palästinensern [aus den Besetzten Gebieten] zusammensetzen und uns ihnen gegenüber empathisch verhalten können, und wenn sie sich mit uns zusammensetzen und sich uns gegenüber empathisch verhalten können – egal, wo wir innerlich herkommen, aus der Angst oder aus dem Holocaust-Kontext – dann, und das glaube ich, gäbe es wenige Dämonisierung und weniger Entmenschlichung, und es würde möglich zu sagen, *Du bist ein Mensch und es gibt triftige Gründe für Dein Verhalten.* Dies gehört zu den Dingen, die mir in meiner klinischen Arbeit wichtiger werden. Das andere ist: zuhören.

Ich glaube, Empathie ist der Schlüssel zum Verständnis aller Ideen. ISIS ist in dieser Hinsicht eine große Herausforderung für mich, doch vielleicht wird jemand auch da herausfinden, wo das Denken von ISIS herkommt, und wie man damit umgehen kann. So sehe ich nun die Welt.

Heute, einige Jahre nach dem Kurs in der School for Peace, kann ich nur wiederholen, dass er mich maßgeblich geprägt hat. Das zeigt sich in vielen kleinen, einfachen Dingen. Dazu eine kleine Geschichte. Ungefähr am Ende des Kurses flogen eine Freundin und ich miteinander nach Indien. Während des Fluges drehte ich mich auf einmal zu ihr um und sagte: *Weißt Du was? Ich glaube, ich bin der rassistischste Mensch der Welt. Ich bin Jüdin und religiös und ashkenasisch und in einem national-religiösen Elternhaus aufgewachsen. Stell' mich Obama gegenüber und, obwohl ich natürlich aufgeregt und ehrfurchtsvoll vor ihm stehen würde, ein Teil von mir würde sich ihm überlegen fühlen.* Das weiß ich noch ganz genau. Gott sei Dank bin ich eine Frau, in der sich diese Tendenz nicht vollständig herausgebildet hat. Es hatte vielleicht mit der Vorbereitung auf die Indienreise zu tun, wo wir herumstromern und uns als Weiße fühlen – eine Haltung, die ich sehr, sehr, sehr gern in mir bearbeiten möchte. Wenn Neve Shalom mich dem nicht ausgesetzt hätte, könnte ich dies nicht einmal versuchen, weil ich nichts davon wüsste. Es erstaunt mich selbst, wie sehr ich diese Herausforderung annehme. Heute habe ich jenes Gefühl nicht mehr. Auch Menschen gegenüber, die viel weniger hochgeschätzt und viel weniger vornehm sind als Obama, fühle ich mich nicht überlegen. Es ist, als würde in dem Moment, in dem Du das formulierst, eine Grenze fallen, an die Du dann nicht mehr glauben kannst, weil Du, wenn Du Dich das sagen hörst, merkst, wie lächerlich diese Grenze ist. Sie ist das Produkt Deines wohlmeinenden und Gutes tuenden Elternhauses. Meine Eltern möchten gern liberal sein, doch vielleicht sind sie gar nicht so liberal. Wir wuchsen auf als Kinder des Auserwählten Volkes, und Ashkenasim wurden gesellschaftlich etwas höher eingestuft als Sephardim, und religiösen Juden wurde viel mehr Respekt entgegengebracht als säkularen Juden, und Männer genossen mehr Respekt als Frauen. Auch ich komme aus dieser Welt, und deshalb kann ich diese Dinge wahrnehmen und sehe, wie sehr alle diese Themen, auch z. B. die Geschlechterfrage, miteinander verknüpft sind.

Diese Wahrnehmung verändert das Leben grundlegend. Du siehst auf einmal eine andere Welt. Das ist das eine. Das andere ist, dass ich merke, wie bescheiden mein eigener Beitrag ist in Bezug auf die Dinge, denen ich ausgesetzt bin. Mein Leben ist sehr privat, ich arbeite in einer Privatklinik, meine Arbeit ist nicht öffentlich, und ich bin – vielleicht leider – keine öffentliche Persönlichkeit. Und doch spüre ich, dass eine abweichende Stimme sich in aller Stille allmählich Gehör in ihrer Gesellschaft verschaffen kann, dass sie trotz allem wirkt. Ich gebe Dir ein Beispiel zu vor Rosh Hashana. Meine Brüder und Schwestern sind alle orthodoxe Juden und politisch eher rechts, und ihre Kinder wachsen dementsprechend auf. Wenn sie rassistische Sachen sagen, dann protestiere ich. Sie sind erst vier oder fünf. Sie hören, was die Leute sagen und sagen es nach. Also erkläre ich ihnen, dass man so nicht über andere redet.

Das ist nur ein kleines Beispiel. Ich weiß, dass ich, um mit den Familien in Verbindung zu bleiben, manchmal auch den Mund halten muss. Ich muss die richtige Dosis einsetzen. Während des Krieges war es wirklich schwierig, weil die kleinen (israelischen) Kinder Angst haben. Sie laufen bei Alarm in den Bunker und es ist nicht einfach ihnen zu erklären, dass die Araber gerade Raketen auf uns schießen, weil Gaza unter Belagerung steht. Das sind noch kleine Kinder, nicht einmal sieben oder acht.

Ich weiß noch, dass sie etwas über die Entführung sagten. Also erzählte ich ihnen etwas über die palästinensischen Jugendlichen, und meine schlauen kleinen Neffen sagten, *Du hast recht, die haben angefangen.* Meine Nichte jedoch erstaunte mich. Vor Rosh Hashana hatte sie ihrem Bruder etwas Bamba (einen Snack) stibitzt. Ich erklärte ihr die Bedeutung des Vorabends von Rosh Hashana und das Gebot ‚*Du sollst nicht stehlen*‘. Stehlen sei etwas sehr Ernstes, sagte ich, und wenn man stehle, dann käme man bald auch an das Gebot ,*Du sollst nicht töten*'. Daraufhin erklärte sie, *Nein, dieses Jahr müssen nur die Soldaten bereuen, dass sie getötet haben.* Ich schaute sie an und sie fügte hinzu, *Sie haben Leute getötet.* Das erstaunte mich sehr – letztlich hatte meine Stimme sie doch erreicht. Sie meinte damit nicht, dass die Soldaten gemordet hatten und böse waren, doch sie erkannte, dass da Soldaten und andere Leute waren, und dass diese Leute vielleicht auch Kämpfer waren, dass die Soldaten aber Leute getötet hatten. Da wird plötzlich die Relevanz einer einzelnen kleinen Stimme sichtbar, auch wenn sie nur langsam durchdringt. So etwas zu hören, ist sehr aufregend und berührt mich zutiefst.

Du fährst nun seit fünf Jahren nach Hebron, eine lange Zeit. Hast Du noch weitere, andere Pläne?

Ich möchte so gern einen Dialog innerhalb der religiösen Welt aufbauen. Bislang ist das noch sehr schwer, weil es unglaublich viel Energie erfordert und man ständig gegen den Strom schwimmen muss. In Hebron mussten wir das nicht; die Menschen dort wollten, dass wir kommen, und wir wollten wirklich dorthin. Aber es war schwierig, man muss reisen und das macht manchmal Angst, aber das ist okay. Ich weiß nicht, wie es mit Hebron weitergeht, aber ich möchte in dieser Richtung weitermachen. Außerdem möchte ich das Konzept von Empathie und Mitgefühl stärker in meine klinische Arbeit und meine Arbeit mit Gruppen integrieren. Darüber würde ich auch gern mehr schreiben oder es anderswie verbreiten. Irgendwann möchte ich den religiösen Diskurs auch dort einbringen: nicht nur der Buddhismus, auch jüdische Quellen können hier etwas sagen. Alle Menschen wissen, dass der Buddhismus friedlich ist. Ich möchte diese Stimme aus dem Judaismus hörbar machen.

Slieman Halabi

Kognitiver Psychologe, Kursleiter, Universitäts-Associate

Slieman Halabi wuchs in einem Drusendorf in Galiläa auf. Nach dem Abitur zog er nach Ariel um, um Verhaltenswissenschaften zu studieren. Er machte 2014 seinen MA in Kognitiver Psychologie an der Universität Tel Aviv (TAU). Derzeit lebt er in Berlin und arbeitet als Universitäts-Associate an der Jacobs-Universität Bremen. Während seines MA-Studiengangs an der TAU nahm er an dem von der School for Peace entwickelten Universitätkurs ,Der Arabisch-Jüdische Konflikt im Spiegel von Theorie und Praxis' teil, den er rückblickend als eine Wende in seinem Leben betrachtet, die seiner politischen Identität eine neue Richtung gegeben hat. Danach absolvierte er die Ausbildung zum Kursleiter für Konfliktgruppen an der School for Peace und arbeitete dort und in anderen Organisationen, die sich mit dem Dialog zwischen Israelis und Palästinensern befassen. Als Aktivist engagiert sich Halabi auch in der Salaam – Shalom Initiative in Berlin, einer Gruppe mit Schwerpunkt auf Minderheiten-Mehrheiten-Themen. Er plant weitere Forschung und möchte promovieren. Halabi absolvierte den oben genannten Universitätskurs an der TAU 2011/2012 und absolvierte die Ausbildung zum Kursleiter 2012. Er wurde im September 2014 interviewt.

„Ich betrachtete mich als Drusen. Ich war weder Palästinenser noch Israeli; ich wusste nicht, was ich war. Ab einem gewissen Zeitpunkt begann ich mich Palästinenser zu nennen, aber ich brauchte lange, um mich mit dem Begriff anzufreunden. Ich wollte alle Identitäten, die ich in mir trage, behalten. Mit der Zeit lernte ich, dass Identität sich verhält wie eine Spirale, und dass man stets viele Identitäten in sich hat, je nach den Umständen, in denen man lebt, und den Menschen, denen man begegnet. Deine drusische Identität wird auftauchen und Deine arabische Identität wird auftauchen, und all Deine anderen Identitäten auch. Diese Erkenntnis hat in mir zu einer denkwürdigen Klärung geführt. Meiner Meinung nach sollte jeder so einem Workshop mitmachen." *Slieman Halabi*

Noch während meines Studiums der kognitiven Psychologie habe ich als Kursleiter gearbeitet. Vor zwei Jahren, 2011/2012, habe ich an dem Unikurs über den jüdisch-arabischen Konflikt der School for Peace teilgenommen, dessen experimenteller Teil von Dir [Nava] und von Maya geleitet wurde. Ich wollte eigentlich gar nicht teilnehmen, doch die Abteilungssekretärin empfahl ihn mir dringend. Das Thema machte mir Angst. Doch sie bestand auf meiner Teilnahme; sie brauchten offenbar noch arabische Teilnehmer. Sie brachte einen Doktoranden zu einem Gespräch mit mir zusammen und schließlich meldete ich mich an.

Erzähl mir von Deinen Erfahrungen in diesem Kurs.

Zu Beginn war es sehr schwer für mich. Zwischen all den schreienden Arabern fühlte ich mich fehl am Platz. Mit Dir zu sprechen schien mir okay zu sein, weil ich offenbar ein Problem mit meiner Identität hatte. Ich wusste nicht, ob ich Araber oder Jude oder vielleicht eher Israeli war. Ich wusste nicht, was ich in dem Kurs wollte. Ich konnte mich immer an jemanden wenden – zum Beispiel ging ich immer zu meiner Mutter, wenn ich ab und zu heim ins Dorf kam, und erzählte ihr von wichtigen Erlebnissen. Was sie in dem Kurs sagten, war ungeheuer interessant, aber oft glaubte ich ihnen nicht und manchmal sagte ich das auch. Das machte mir Spaß. Später, als ich anfing mehr zu lesen, fiel der Groschen. Die ganze Zeit über war ich total damit beschäftigt, lesend herauszufinden, wer ich war, was für eine Identität ich hatte. Und so las ich mehr über drusische Identität. Ich steckte zwischen zwei sehr frustrierenden Dingen fest. Einerseits sagte die palästinensische Teilnehmergruppe viele harsche Dinge und ich hörte zu, verstand aber nicht richtig, wohin ich in diesem Kontext gehöre. Ich blieb immer an einem bestimmten Punkt stecken: Ich hatte keine Nakba erlebt. Wenn die Nakba erleben Palästinenser zu sein bedeutete, wo war da mein Platz? Es erforderte Zeit und sehr viel Lesen von Fachliteratur um zu verstehen, wo ich da hineinpasste.

Zugleich muss ich sagen, dass ich verloren gewesen wäre, wenn die palästinensische Teilnehmergruppe mich nicht mit offenen Armen aufgenommen hätte. Einige von ihnen, gute Leute, waren wirklich für mich da. Sie sagten: Wir erwarten von Dir nicht, Dich als Teil von uns zu fühlen, doch Du musst Deine Geschichte kennen und wer Du bist und wie Israel Dich manipuliert hat, bis Du so geworden bist, wie Du heute bist. Zusammen mit dem Kursprogramm trug dies zu meiner Entwicklung bei. Zugleich erinnerte mich Maya daran, dass ich nicht in dem Kurs war um meine eigene Identität zu leugnen. Offensichtlich fühlte ich mich schuldig an meiner Identität oder fühlte mich schlecht angesichts der Komplexität der Identitäten in mir. Ich höre sie immer noch sagen, Identität sei so etwas wie eine Spirale, und dass man stets viele Identitäten in sich hat, je nach den Umständen, in denen man lebt, und den Menschen, denen man in dieser oder jener Situation begegnet. Deine drusische Identität wird auftauchen und Deine arabische Identität wird auftauchen, und all Deine anderen Identitäten auch. Diese Erkenntnis hat in mir zu einer denkwürdigen Klärung geführt.

Meine erste Begegnung mit der Nakba

Am Ariel College, wo ich meinen ersten akademischen Abschluss gemacht habe, befasste ich mich zum ersten Mal mit der Nakba. Ich ging aus verschiedenen Sachzwängen heraus dorthin, kannte den Ort nicht und wusste nicht, was kam. Eine Erfahrung dort hatte mit Identität zu tun. Ich war mir meiner arabischen Identität wohl wenig bewusst, jedenfalls nicht solange ich in Ariel studierte. Bis ich achtzehn war, lebte ich in unserem Haus im Dorf und begann dann das Studium. Dort traf ich zum ersten Mal Israelis. Ich hatte keine Ahnung von Siedlern und wusste überhaupt nicht, wer sie waren. Sie verhielten sich stets ambivalent mir gegenüber – was ich nie verstanden habe und auch heute nicht verstehe. Mir kam nie die Idee, das könnte daran liegen, dass ich Araber bin; ich sah mich nicht als Araber. Ich sah mich als Druse und wollte nicht, dass die Leute meine arabischen Anteile wahrnehmen. Ich kultivierte diesen israelischen Akzent, und das war in Ariel besser so, weil ich nicht wollte, dass die Leute hörten, dass ich Araber war. Das war ein Geheimnis, und ich wollte auch nicht, dass mich jemand als Mizrahi-Jude einstufte. Ich wollte nicht einmal in der Sonne braun werden. Ich wollte als ashkenasischer Typ durchgehen, wusste aber nicht warum. Das habe ich nie jemandem erzählt, aber offensichtlich war es wichtig für mich.

Arabische Identität war mir unbekannt; ich hielt mich komplett für einen Israeli. Ich wurde zionistisch erzogen, aber unpolitisch. Naturwissenschaftlichen Unterricht erhielt ich in einer drusischen Privatschule. Der Schulleiter schuf eine Atmosphäre, welche die Schüler dazu anhielt Armeedienst zu leisten, eine ausgesprochen israelische Atmosphäre. Bei uns Zuhause wird überhaupt nicht über Politik diskutiert, sie interessiert nicht; wir hängen nie eine Fahne heraus, weder die israelische noch die brasilianische – wegen Fußball. Mein Vater hasste solche Diskussionen und wir Kinder begannen solche Gespräche gar nicht erst. Doch unsere Erziehung hatte immer so einen Unterton, der besagte, dass man vor Arabern Angst haben muss und dass sie uns hassen. Und dass die Israelis besser seien und wir uns so weit als irgend möglich von den Arabern fernhalten müssten. Meine Familie hatte nur wenige arabische Freunde. Aber das vermittelte mir nicht nur mein Zuhause, meine gesamte Bildung tat das. Und außerdem legt der drusische Religionsunterricht nahe, dass die Araber uns ständig verraten haben und uns vor tausend Jahren getötet haben, weil wir den Islam verlassen haben, das ganze Narrativ. Ich füge also hinzu, dass es auch ein interessantes drusisches Narrativ gibt, das zu erforschen sich lohnt: ein verzerrtes Geschichtsbild.

Als ich meinen MA an der Uni Tel Aviv machte, befand ich mich ganz woanders; ich erkannte, dass ich weder Araber noch Israeli bin und wusste erneut nicht, wer ich war. Ich wollte Forscher werden, eine sich-selbst-realisierende Person ohne persönliche Beteiligung an der Forschung. Ich wollte ein guter Bürger sein und Forschung treiben. Von den Hindernissen, die wegen meiner spezifischen Identität auf mich warteten, hatte ich keine Ahnung. Ich glaubte, ein Recht auf eine solche Laufbahn zu haben. Obwohl das eine Illusion war, fühlte es sich zunächst gut an. Man könnte es als ein ‚Gesetz der Anziehung‘ bezeichnen, das zu vielen guten Dingen führt, weil man sich für einen guten Menschen mit berechtigten Ansprüchen hält. Man lebt nicht in einer Opferrolle. – Und dann konfrontierte mich der Kurs an der TAU mit dem gesamten Konzept meiner Person und meiner Identität.

Hattest Du bei den uninationalen Gruppensitzungen ein Problem?

Das weiß ich nicht mehr, doch ungefähr vor einem Monat erinnerte sich Miyada, eine Kursteilnehmerin, daran, dass ich mit den Juden gehen wollte. Ich selbst erinnere mich nicht daran. Vielleicht war es so, aber es war auch kein Dilemma für mich, mit den Juden zu gehen. Ich dachte nicht in der Kategorie Nationalität; ich dachte nicht an Araber. Ich ging mit denen mit, deren Sprache ich verstand. Manchmal treffe ich mich mit Maya und kürzlich bat ich sie, mir zu erzählen, wie sie mich damals gesehen hat, was für einen Prozess ich aus ihrer Sicht durchlief. Sie sagte, meine Stimme sei eine sehr menschliche gewesen, die gesagt habe, es gebe unter den Kursteilnehmern eine inhumane Haltung; ihr Eindruck war, dass dies zu sagen sehr wichtig für mich war. Ich weiß noch, dass jemand über den Holocaust sprach, und ich sagte, *Warum reagieren sie [die Araber] so? Vielleicht geht es um eine sehr schwierige persönliche Geschichte.* Heute verstehe ich den Kontext besser.

In dieser Kursphase war ich ziemlich frustriert und deprimiert und konnte mich nicht konzentrieren. Ein Jahr saß ich nur herum und konnte nicht wissenschaftlich arbeiten, ein ganzes Jahr saß ich wegen Euch von der School for Peace herum und konnte mich zu nichts aufraffen. Mein ganzes Denken kreiste nur um das Thema Identität und Kursleitung. Ich rang verzweifelt um ein tieferes Verständnis dieses Themas; meine anderen Studien an der Uni interessierten mich nicht.

Die Entwicklung der Identität

Nachdem ich einige Bücher über das gelesen hatte, was die Drusen in ihrer Geschichte mit Israel durchlitten haben, hatte ich meinem Gefühl nach gar keine Identität mehr. Darin ging stets darum, wie die Drusen behandelt worden waren, denn mein Lebensmittelpunkt liegt in Israel bzw. in Palästina, je nachdem wie man es betrachtet. Also las ich z. B. das Buch von Nabih al-Qasem über die Geschichte der Drusen in Israel, ein für mich und Rabah [Halabi] sehr wichtiges Buch, und ein bisschen über die historischen Ereignisse von 1948 und wo die Drusen damals waren; für mich war es sehr wichtig, das zu verstehen. Ich fragte mich, wer diese merkwürdigen Leute, die Drusen, denn waren. Ich meine, wir sind Araber und gehören zu den Palästinensern, und – okay – unsere Beziehungen waren nicht die besten. Die Beziehungen unter den Arabern waren nie großartig, das ist völlig eindeutig. Mit der Frage nach den Drusen und den Arabern hat die ganze Sache für mich begonnen. Doch ich definierte mich nie als Palästinenser, bis ich Leuten aus der Westbank begegnete, die mich so bezeichneten. Da ich keine Nakba erlebt hatte, wollte ich von einem Burschen aus Bethlehem wissen, warum. Er sagte, *Du brauchst keine Nakba durchlebt zu haben, das spielt keine Rolle. Du bist Teil der Geschichte hier, mit palästinensischen Führern und palästinensischer Kultur. Ob Du ein Opfer der Nakba wurdest, ist dabei nicht wesentlich. Außerdem bist Du trotzdem ein Opfer wegen der Dinge, die Ihr Drusen seit der Staatsgründung Israels bis heute in erleidet.* Da begann ich mich als Palästinenser zu bezeichnen, brauchte aber noch lange, bis ich mich mit dem Begriff angefreundet hatte.

Der Neve Shalom-Kurs hat mein Interesse an Identität entzündet. Ein Teil befasste sich mit den jüdisch-arabischen Beziehungen, einschließlich der Nakba. Erstmals hatte ich während meines BA-Studiums bei Moshe Levy davon gehört. Nach dem eigenen Entwicklungsprozess schaut man zurück auf seine Erfahrungen mit Rassismus in der Vergangenheit, die mir nie als solche bewusst geworden waren. Tatsächlich habe ich mehrfach darunter zu leiden gehabt. Zum Beispiel stellte der Dozent für Strafgesetzgebung – ich habe ein bisschen Kriminologie studiert – eine Studie vor über Kriminalität bei Juden und Arabern und fragte, *Warum werden wohl weniger Juden wegen einer Straftat angeklagt als Araber?* Ein Student, der in meiner Nähe saß, meinte, *Weil sie Idioten sind* – mitten in der Vorlesung, als wäre das völlig legitim. Ohne an mich selbst zu denken, dachte ich, *Wie kannst Du es wagen, so über Araber zu reden!* Ich dachte dabei wirklich nicht an mich selbst, ich fand das einfach inhuman. Vielleicht hatte ich zu dem Zeitpunkt schon gemerkt, dass ich Araber bin; denn nach der Vorlesung von Moshe Levy verstand ich, dass ich kein Israeli war und auch nie wirklich einer werden würde. Das soziologisch zu begreifen war sehr frustrierend für mich.

In einem anderen Kurs am Ariel College über ‚das israelische Erbe‘ musste man zwölf Punkte erreichen. Es war ein Kurs über den zionistischen Gehalt von hebräischer Lyrik. Damit habe ich innerlich nichts zu tun und verstehe es auch nicht. Mein Hebräisch reicht nicht für das Lesen von Literatur, und ich fragte die Dozentin, ob sie berücksichtigen könnte, dass meine Muttersprache nicht Hebräisch war. Sie war einverstanden; ich sollte einfach meine erste schriftliche Arbeit mit einer entsprechenden Notiz versehen, und sie gab mir eine 80%-Bewertung. Als ich meine zweite Arbeit ebenfalls mit dieser Notiz versah – dass meine Muttersprache nicht Hebräisch sondern Arabisch sei und ich um Berücksichtigung bitte – erhielt ich eine 53%-Bewertung. Die zweite Arbeit wurde von einem Student im Hauptstudium Hebräische Literatur korrigiert. Da habe ich mich zum Beispiel rassistisch diskriminiert gefühlt.

Das alles war frustrierend und deprimierend; ich hatte das Gefühl eine privilegierte Position aufzugeben – eine Illusion. Als ob Druse zu sein Dir irgendeine privilegierte Position verleihen würde. Es wirkte sich auf meine Art und Weise aus, mich anderen Leuten vorzustellen. Wenn ich einer israelischen Jüdin begegne, stelle ich mich dann als Druse oder Araber vor? Meinem Gefühl nach gab ich als ‚Araber‘ ein gewisses Privileg auf, weil ihr ganz klar lieber ist, wenn ich ‚Druse‘ bin. Damals arbeitete ich in Tel Aviv in einem Laden – da arbeite ich immer noch; die Leute fragen mich dort wegen meines Akzentes, ob ich Franzose bin. Sie können den sehr leichten Akzent nicht zuordnen und denken, ich sei Franzose. Wenn ich antworte, meine Muttersprache sei Arabisch, so sagen sie, *Oh, Sie sind Araber.* Ich weiß noch, dass ich vor dem SFP-Kurs gesagt hätte, ich sei Druse, und danach sagte, ich sei Araber. Konzeptionell gesehen fragte ich mich auch, ob ich mir zumuten sollte, mich als Angehörigen einer leidenden, diskriminierten Gruppe zu definieren – doch meinem Gefühl nach hatte ich keine andere Wahl. Ich gehörte schlicht dazu. Allmählich wurde mir klar, dass wir Drusen furchtbar unter Diskriminierung, unter Beschlagnahmung von Land und finanzieller Benachteiligung leiden. Wir dienen in der Armee, doch als Veteranen werden wir genauso behandelt wie andere Araber [die nicht dienen]. Wir sind überhaupt nicht privilegiert; am Flughafen sind sie vielleicht ein bisschen netter zu uns Drusen und filzen mich nicht so stark, aber das ist auch schon alles. Vielleicht haben manche Juden auch eine andere Haltung zu uns, weil die Drusen vertrauenswürdig und loyal gegenüber dem Staat sind.

Der Abschied von diesem illusionären Privileg hat mich ungemein gestärkt. Ein solcher Prozess ist eng mit psychologischen Faktoren wie Besorgnis und Selbstwertgefühl und anderen sensiblen Dingen verknüpft; die Ablösung hat meinem Selbstwertgefühl erheblichen Auftrieb gegeben.

Bei einem Vergleich vor und nach dem Kurs ist das ganz eindeutig festzu-stellen. Und nun durchlaufe ich nicht nur weiter diesen Prozess sondern arbeite selbst als Kursleiter.

Die Ausbildung zum Kursleiter an der School for Peace

Direkt nach dem SFP-Universitätskurs begann ich die Ausbildung zum Kursleiter – Ihr, Du und Maya, hattet mir das geraten und gesagt, ich hätte ein gutes Verständnis für psychologische Prozesse. Ich sagte gerne ja, weil sich das für mich cool anhörte; das war ein Beruf mit Prestige, und ich konnte den Dialog fortsetzen – für mich war es hart gewesen, als der Dialog im Unikurs kurz zuvor zu Ende gegangen war. Ich wollte diesen Prozess sehr gern fortsetzen, weil meine Geschichte noch nicht zu Ende war; das ist er für einen Kursteilnehmer nie. Ich wollte also mehr. Mein Fokus lag nun darauf, Leute aus der Westbank besser kennen zu lernen, und ich begann Kontakte zu knüpfen. Die meisten meiner Freunde waren nun Araber und ich wollte den Dialog fortführen. So entschied ich mich für die Ausbildung zum Kursleiter.

Während des Kurses wurde mir klar, dass ich bereits eine ganze Menge relevanter Erfahrung mitbrachte. So fühlte es sich jedenfalls für mich an. Meinem Eindruck nach äußerte ich mich in dem Ausbildungskurs so, als wäre ich ein Kursbeobachter. Ich verstand, was zwischen den Gruppen geschieht, weil ich schon den Inter-Gruppen-Dialogkurs durchlaufen hatte, und deshalb äußerte ich mich kritischer als ein bloßer Kursteilneh-mer. Dennoch war der Kurs eine Herausforderung für mich. In dieser Gruppe war ich ein arabischer Kursteilnehmer; meine Stimme war nicht mehr so sehr eine Drusen- als vielmehr eine palästinensische Stimme; ich opponierte beharrlich in der Begegnung und kämpfte und gab nie auf. Das ist meine Erinnerung an den Kurs.

Im weiteren Verlauf der Formierung meiner Identität war nicht mehr nur der Kurs von Bedeutung sondern auch mein Kontakt zu Palästinensern. Wegen der Teilnehmer war der Ausbildungskurs anders als der Unikurs. Alle Teilnehmer(innen) am Unikurs waren starke Persönlichkeiten. Im Ausbildungskurs zum Kursleiter war das anders. Dort erklärte ich: *Leute, seid stärker, seid Palästinenser, ich kann Euer Gerede nicht mehr hören. Ich bin mit einer starken palästinensischen Identität hier her gekommen und Ihr nicht.* Die anderen waren zu diesem Zeitpunkt vielleicht schon über diese Phase hinaus, schon post-nationalistisch oder so, und das respektiere ich. Doch für mich war deren Haltung damals sehr schwer zu akzeptieren, weil ich so gern wollte, dass sie so sind wie ich.

Du hast nie davon gesprochen, dass Du über die Art und Weise wütend warst, wie Du früher warst; warst Du nie wütend darüber?

Ich war nicht über meine Erziehung wütend oder über Wissen, das man mir vorenthalten hatte. Ich war einfach allein mit meinem Lesen und meinem Leiden an den Dingen, die man mir nie gesagt hatte. Wem ich die Schuld dafür geben sollte, wusste ich nicht; der Grundschule, die ich gehasst hatte, oder dem Gymnasium, in dem so unterrichtet worden war, oder den Drusen, die mich so erzogen hatten. Später wollte ich dann einfach wissen, wie die Geschichte mit Minderheiten funktioniert, und was wir als Minderheit für Israel bedeuten: nichts. Davon habe ich in der Schule nichts erfahren.

Interessanterweise hat sich Deine Wut auf die Schule gerichtet und nicht auf Dein Zuhause.

Zuhause gab es dafür keinen richtigen Grund. Meine Eltern waren stets nett zu allen. Sie haben nie Sachen gesagt wie: *Die Araber haben uns als nationale Gruppe verraten.* So etwas habe ich zuhause nie gehört. Ich finde, ich bin in einem sehr menschlichen Haushalt aufgewachsen. Meine Mutter behandelt alle sehr nett und wird anderen stets Gutes tun. Und außerdem wuchsen wir ja in einem Dorf mit rein drusischer Bevölkerung auf, ohne Muslime und Christen. Ich ging zum Studium an das Ariel College, weil ich an den Universitäten nicht angenommen wurde, und aus finanziellen Gründen. Manche meinten, Ariel sei in den ‚Gebieten‘, doch davon verstand ich nichts. Als ich das erste Mal dorthin kam, war so eine Art Stacheldraht an der Straße. Und am ersten Studientag hörte ich, dass es am Eingang nach Ariel einen Terroranschlag gegeben hätte. Der Groschen fiel bei mir erst, als ich etwa ein Jahr später auf der Karte sah, wo der Ort Ariel liegt, und merkte, dass meine Vorstellung von der Lage Ariels eine sehr israelische war, welche Ariel und die anderen Siedlungen als Teil Israels betrachtete. Damals verstand ich nicht, wo ich war. Mein Gehirn konnte wohl nicht begreifen, dass um Ariel herum lauter Araber lebten, die noch ärgere Feinde Israels waren als die Araber in Israel selbst. Was das bedeutete, wusste ich auch nicht. Dann wurde mir klar, dass Nablus ganz in der Nähe [von Ariel] lag. Und ich weiß noch, wie wir während der Intifada [Oktober 2000] die ganze Zeit Bilder von dort im Fernsehen sahen, aber begriffen habe ich den Kontext nicht. Erst nach Jahren wurden mir die Zusammenhänge klar. Eigentlich erst, nachdem ich meinen Identitätsfindungsprozess durchlaufen hatte.

Mitten in diesem Prozess musste ich zurück nach Ariel, weil ich aus meiner Wohnung in Tel Aviv raus musste und nicht wusste, wo ich sonst hingehen sollte. Das war ungeheuer hart. Am 28. Dezember zog ich um, kurz vor dem Ende des Ausbildungskurses. Es war so unglaublich hart, weil ich jetzt verstand, was Nablus und was Ramallah und wo ich war und was eine Siedlung war, und ich stellte mir Fragen und klärte einige Dinge in mir. Damals hat Miyada, eine der arabischen Kursteilnehmerinnen aus der Ausbildung, mich ganz stark und liebevoll unterstützt; sie erklärte mir, was es mit den Siedlungen auf sich hat, und dann verstand ich den Kontext in seiner ganzen Komplexität. Ohne diese Hilfe wäre ich vielen Dingen bis heute blind gegenüber und hätte bis heute nichts verstanden. Wir alle haben durch den gemeinsamen Dialog einen tiefgehenden Prozess durchlaufen, mit Leuten, die uns politisch motivieren und bei der Identitätsklärung unterstützen konnten. Sonst hätte ich es nicht geschafft. Der Prozess veränderte mein ganzes Leben und hat mich zu dem gemacht, der ich heute bin. Ich konnte an meinen Illusionen nicht festhalten, an jenem Traum, ein guter Israeli zu sein, den der Staat willkommen heißt und akzeptiert, und den dieser Staat bei seiner Entwicklung und in seiner Laufbahn unterstützt. Dieser innere Wandel ist vielleicht nicht nur positiv, weil er einen in die Realität wirft und der Traum zerplatzt. Doch es geht kein Weg daran vorbei. Es ist besser zu wissen, dass die Haltung der Leute Dir gegenüber von dem abhängt, was Du bist, und nicht von einer Situation, in der Du vielleicht unhöflich warst.

Verschiedene Träume

Irgendwann habe ich den Traum, ein guter erfolgreicher Israeli zu werden, aufgegeben. Ich habe nicht mehr davon geträumt, an einer Uni als Forscher angenommen zu werden. Wovon ich jetzt träume, das hat sich auch verändert; jetzt träume ich von sozialem Wandel. Ich träume von dem, was ich gern verändern möchte; das hat für mich inzwischen größere Bedeutung. Ich möchte Energie und Motivation entwickeln, und nicht mehr aus einer naiven sondern aus einer realistischen Perspektive heraus Wandel bewirken; das bedeutet für mich jetzt viel mehr. Ich habe viele Träume, doch nun drehen sich alle um sozialen Wandel.

Wodurch versuchst Du jetzt sozialen Wandel zu fördern?

Nach dem Kurs und dank Eurer Kontakte konnte ich ein paar Jahre in dem Jugend-Begegnungsprogramm *Mifgashim* von Givat Haviva arbeiten. Wenn ich nicht die Ausbildung zum Kursleiter bei Euch in der School for Peace gemacht hätte, hätten sie mich nicht genommen. Auch die Kursleiter und nicht nur den Gruppenprozess kritisch zu beobachten, wie Ihr es uns in Neve Shalom gelehrt habt, erhöht die Qualität der Kurse beträchtlich. Als ich dort zu arbeiten anfing, fragte ich mich, wie ich die Dinge über Kursleitung, die ich gelernt hatte, umsetzen wollte; wie ich den Wandel, den ich selbst durchlaufen hatte, wirksam in die Begegnung hinein bringen könnte. Natürlich gab es in Givat Haviva ein bestimmtes Setting und ein bestimmtes Programm, doch in der Durchführung gab es stets einen Hauch dessen, was ich bei Euch gelernt hatte; wie man gut reflektiert, wie man Gedanken mitteilt und wie man die Mikro- mit der Makroebene verknüpft, eben alle die Grundlagen für gelungene Kursleitung. Zuerst fiel es mir schwer wegen der Unsicherheit, die man zu Beginn in der neuen Umgebung durchläuft, doch dann wurde ich, das darf ich in aller Bescheidenheit wohl sagen, ein sehr guter Kursleiter; alle im Team wollten mit mir zusammen Kurse leiten und ich konnte bedeutende Erfolge verzeichnen.

Das vergangene Jahr [2013] hat mich im Zuge meines inneren Dialogs darüber, ob ich ein nationalistischer Palästinenser sein, oder ein post-Nationalist sein und mit harscher Kritik aufhören wollte, in meinen Grundfesten erschüttert. Ich will in diesem Konflikt kein Nationalist mehr sein, das macht mich krank. Das hatte auch Auswirkungen auf die Gruppen. Also kam mein Boss zu mir und sagte, *Ich verstehe Deine Haltung schon; aber wenn Du als Kursleiter arbeitest, verlangt die Gruppe von Dir, dass Du Palästinenser bist, wie ein Palästinenser aussiehst und sprichst und eine palästinensische Identität hast. Als Kursleiter kann Du kein post-Nationalist sein. Die Gruppe kann das nicht brauchen, sie durchläuft einen Prozess.* Mir wurde klar, dass eine nationalistische Identität in dem Prozess eine Aufgabe erfüllt und nicht per se wichtig ist, nur weil ich davon träume, dass wir in Zukunft mal statt zwei einander zutiefst kritisch gegenüber stehenden Nationalismen einfach nur die Menschenrechte haben, unter denen wir normale Bürger und nicht nur Palästinenser oder Israelis oder sonst was sein können. Die nationalistische Identität ist notwendig für die Gruppe. Die Arbeit in Givat Haviva mit den Teenagern war wichtig, obwohl es jeweils nur ein zwei-Tage-Workshop war. Dies Kurzzeit-Konzept ist frustrierend, aber es gibt dennoch Ergebnisse, weil die Jugendlichen die Begegnung mit einem kleinen Spalt verlassen, der sich in ihnen geöffnet hat. Es gab bessere und weniger gute Gruppen. Bei den Gruppen, die bereiter waren hinzuhören, und bei Gruppen mit starken palästinensischen Teilnehmer(innen) gelang es eher, diesen Spalt zu öffnen, den wir gern sehen möchten.

Du sprachst von den Juden. Welchen Prozess durchliefen die palästinensischen Jugendlichen?

Wenn Du zum ersten Mal vor einer jüdischen Gruppe Deine Stimme erheben kannst, so erfährst Du dies als einschneidende Zäsur, als unglaubliche Stärkung. Das liegt auch an der Kursleitung, welche die palästinensische Teilnehmergruppe bestärkt und Raum dafür schafft. Selbst wenn deren Aussagen nicht ganz korrekt sind, betonst Du, wie wichtig es ist, dass sie sich äußern. Es geht mehr um das, was sie empfinden und ausdrücken möchten; Du musst sie solange darin unterstützen, bis sie sich selbst erlauben können, kritisch zu betrachten, was sie sagen. Solange die Palästinenser sich bedroht fühlen, können sie nur mit viel Unterstützung den Juden von der ständigen Ungerechtigkeit der Juden gegenüber den Palästinensern erzählen.

Und worin besteht genau der Wandel, den die Juden durchlaufen?

Sie beginnen ihre Augen zu öffnen und zu begreifen, was die palästinensische Minderheit in Israel durchmacht. Sie erkennen die vielschichtigen Stereotype, an denen sie festhalten um ihren Rassismus gegenüber den Palästinensern rechtfertigen zu können. Sie beginnen ihre eigene Verantwortung in diesem Kontext wahrzunehmen, vor allem, wenn sie demnächst zur Armee gehen. Wie wollen sich dazu verhalten? Wir erreichen nicht immer alle unsere Ziele. Aber es gibt diese kurzen Momente der Unsicherheit und Frustration in den Teilnehmer(innen). In dem Abschnitt ‚Der Konflikt und ich‘ mit der Diskussion der Nakba, wenn die Kursleiter der Teilnehmergruppe ihre Diskussion spiegeln und die Gruppe damit arbeitet, geschieht etwas mit ihr. Leider ist der Workshop viel zu kurz. Seit dem SFP-Ausbildungskurs habe ich auch hier an der School for Peace Kurse geleitet und derzeit arbeite ich auch am ‚David Yellin College of Education‘ in einem Kurs mit vierstündigen Seminarsitzungen – jeweils Vortrag und anschließende Diskussion. Mein Selbstbewusstsein als Kursleiter ist gewachsen. Ich arbeite mit der großartigen und außerordentlich erfolgreichen Michal Levine zusammen und mit Revital Yanay, unserer Supervisorin. Hier sehe ich die Qualität meiner Arbeit viel deutlicher als in den Jugendprogrammen. Sie fordert mich mehr und wir sehen die Resultate – wenn auch vielleicht nicht deutlicher als bei den Jugendprogrammen, weil junge Leute viel transparenter sind als Erwachsene. Aber man spürt, dass die Arbeit ernsthafter ist, und muss nicht so viel Arbeit ins Organisatorische stecken.
Ich will unbedingt weiter in diesem Beruf arbeiten. Auch meine Examensarbeit beschäftigt sich damit. Mein Betreuer, Professor Yechiel (Hilik) Klar, erforscht mit einer Skala namens FENCE, wie Menschen den Konflikt wahrnehmen. Wir haben miteinander darüber gesprochen, wie man

diese Forschung weiterentwickeln kann. FENCE stellt fest, wie stark rechts oder links Leute eingestellt sind; doch meines Erachtens braucht man dazu weitere Variable, zum Beispiel Identität. Hilik übersah, dass es Araber mit einem niedrigen FENCE-Wert gibt, deren Verbindung zu ihrem eigenen Narrativ ebenfalls gering ist. So schlug ich ihm vor, die Drusen zu untersuchen. Ich selbst hätte z. B. angesichts der Komplexität meiner Identität keinen hohen FENCE-Wert. Daraufhin wurden die Faktoren Identität und Integration verschiedener Identitäten in die Forschung mit einbezogen; es wurde auch gefragt, mit welcher Identität man sich am meisten identifiziert.

Meine Examensarbeit untersucht, welche Variablen zu einem kompletteren Bild des Konfliktes führen – dazu gehören: Identität, die Identifikation mit bestimmten Gruppen, die Integration verschiedener Identitäten und die FENCE-Skala. Sie verdeutlicht in etwa die Verbundenheit mit einem Narrativ, etwa einem rechten oder linken. Sie erfragt z. B. in wieweit jemand sagt, *Was immer mein Volk sagt, ist richtig. Wenn jemand mein Volk kritisiert, dann schwächt er es.* Es gibt einen anerkannten Fragebogen, und inzwischen werden auch Drusen befragt, die eine sehr interessante neue Zielgruppe sind. Den Fragebogen haben wir auch an palästinensischen Colleges eingesetzt wie Al Qasemi [in Israel], ganz bestimmt keine zionistische Einrichtung, um die dortigen Einstellungen zu erforschen. Ich schätze mal, den Leuten dort wird es schwer fallen, verschiedene Identitäten zu integrieren. Das stelle ich übrigens auch bei Kursleitern fest. Ich selbst habe meine Identitäten inzwischen recht gut integriert, d.h. ein recht gutes Gleichgewicht gefunden zwischen meinen Identitäten als Israeli, Druse, Araber und Palästinenser.

Wie erreichst Du dieses Gleichgewicht?

Keine Ahnung. Ich wollte mich von keiner dieser Identitäten in mir trennen. Jede sollte ihr eigenes Daseinsrecht haben. Die Aussage, an die ich mich stets erinnere, ist, dass wir alle ein Produkt der hiesigen Realität sind und es deshalb keinen Sinn macht, sich dafür zu schämen und zu meinen, etwas in mir sei schlecht. Nein, ich bin einfach so sozialisiert worden. Von den Israelis habe ich viele gute Dinge übernommen. Ich kann nicht sagen, meine ganze israelische Erziehung, auch an der Hochschule und anderswo, sei schlecht; denn das stimmt nicht. Auch israelische Teile meiner Identität und meines Verhaltens sind nicht unbedingt schlecht. Meine Sozialisation hilft mir heute zum Beispiel, andere Menschen nicht in Schubladen zu stecken. In gewisser Weise bringt mich das zurück zu dem unschuldigen und menschlichen Weltbild, das ich in meiner Kindheit hatte. Durch die

Integration verschiedener Identitäten in Dir lernst Du die Welt als komplex wahrzunehmen statt sie als Dichotomie zu sehen. Etwas Israelisches ist nicht automatisch unmenschlich. Drücke ich mich verständlich aus?

Du repräsentierst in der Tat eine große Komplexität.

Das glaube ich auch. Zu Beginn war das vielleicht schwerer, weil ich mit meinen israelischen Anteilen nichts zu tun haben und stattdessen als Palästinenser gesehen werden wollte. Doch dann erkannte ich zu meiner Freude, dass es in der Tat ein Gleichgewicht zwischen den verschiedenen Identitäten in mir gibt und dass das prima so ist. Man muss sich nicht an etwas Kleines klammern. Außerdem war ich gar nicht zu einem Palästinenser erzogen worden. Ich werde nie ein Palästinenser sein, der in einer palästinensischen Familie aufgewachsen und fundamental in dieser Kultur verwurzelt ist. Natürlich sind meine palästinensischen Wurzel ein Teil von mir, aber es ist trotzdem nicht dasselbe. Auch war mein Zuhause nicht ausschließlich israelisch; es war eine Mischung.

Politisch bin ich nicht aktiv; dazu habe ich keinen Bezug; früher bin ich zu Demonstrationen gegangen, aber wichtig war mir das nicht. Und ich habe nicht in der Armee gedient. Ich empfand sie als ein sehr gewalttätiges Umfeld, habe deshalb alle möglichen Gesundheitsbeeinträchtigungen angeführt und bin glücklicherweise ausgemustert worden.

Teil des Diskurses sein

Ich finde, jeder – egal in welcher Gesellschaft – sollte einen Prozess wie den in den SFP-Kursen durchlaufen. Es geht nicht darum, Israeli oder Palästinenser zu sein. Es geht um den sozialen Diskurs und eine daraus entstehende neue Wahrnehmung; statt einer Wahrnehmung über die Medien oder durch Bücher bist Du selbst Teil des Diskurses. Besonders für Drusen sind solche Kurse wirklich hilfreich; denn sie leben in einer abgeschlossenen Welt, aus der sie nur schwer herauskommen. Ich selbst habe durch meine komplexe Identität als Druse und durch die SFP-Kurse einen sehr tiefen Wandel erfahren, den ich jedem Menschen wünsche.

Im Übrigen ist eine gute Kursleitung sehr wichtig; ohne sie gelingt vieles nicht. Ich habe schon in einer ziemlich schlechten Einrichtung gearbeitet und konnte das dort nicht mit ansehen. Ein guter Kursleiter betrachtet die Dynamik in der Kursgruppe; er kann formulieren, was dort geschieht, und reflektieren, was die beiden Gruppen am besten voranbringt. Eine gute Kursleiterin sieht, wo sie in dem Kursprozess steht und wo sie – parallel zur Teilnehmergruppe – selbst einen Prozess durchläuft. Eine gute Kursleitung kann sicherstellen, dass beide Gruppen Raum in dem Dialog einnehmen und sich authentisch und lebendig daran beteiligen, und gleichzeitig so viel Abstand vom Gruppenprozess halten, daß eine gewisse Objektivität erhalten bleibt.

Vielleicht hilft Dir die Integration all Deiner Identitäten auch, mit Menschen umzugehen, die sich gerade in einer Konfrontation befinden.

Ja, das erlebe ich in Kursleiter-Teams. Oft bin ich im Team mit einer Person, die sich über alles ärgert, was vor sich geht. Ich ärgere mich nicht, weil ich den Prozess als ganzen mit verschiedenen zu analysierenden Schritten sehe. Mein innerer Frieden hilft mir, friedlich mit der Gruppe zu arbeiten und mich nicht über sie zu ärgern. Auch wenn man angesichts von manchen jüdischen Stimmen wütend ist, kann man, statt sich über jene Stimmen zu ärgern, wütend darüber sein, dass man erschüttert ist oder dass man mit etwas furchtbar Heiklem umgeht. Durch meine Arbeitsweise kann ich mit solchen Konfrontationen umgehen, doch inwendig frage ich mich nach all den Jahren meiner Kursleitertätigkeit, ob man nicht allmählich verstehen sollte, dass ein Kurs ein Prozess ist. Wir sehen ja auch die Veränderungen. Oft manipulieren wir auch, um einen Prozess in der Gruppe anzustoßen. Ich selbst schaue nicht so sehr auf die Ergebnisse, ich genieße vor allem die Momente, in denen Wandel sichtbar wird. Eigentlich entspricht mein Kursleitungsansatz sehr stark der Bion-Methode: Am Ende des Kurses sage ich der Gruppe, *Hey, das habt Ihr selbst erreicht, ich habe Euch nur begleitet. Ich bin weder ganz traurig noch ganz glücklich. Ich weiß, dass ich meine Arbeit geleistet habe. Nun seid Ihr dran.*

Norma Musih

Kuratorin, Gelehrte, Aktivistin

Norma Musih wurde in Buenos Aires, Argentinien, geboren und wuchs in Israel auf. Sie hat an der Bezalel Kunst- und Design-Hochschule Kunst studiert und einen MA an der Hebräischen Universität in Jerusalem gemacht. 2002 gründete sie zusammen mit Eitan Bronstein Aparicio die Organisation Zochrot, wo sie Leiterin der Bildungsabteilung, Kuratorin der Galerie, Redakteurin des Journals ‚Sedek' sowie Filmaufnahmeleiterin und Geschäftsführerin war. Heute lebt sie mit ihrem Partner und den drei Töchtern in den USA und schreibt an der Indiana University ihre Doktorarbeit. Sie erforscht den Schnittpunkt zwischen Fotografie und Staatsbürgerschaft in Palästina-Israel; ihre Arbeit baut auf ihren Erfahrungen als Kuratorin und ihren Aktivitäten als Aktivistin bei Zochrot auf. Norma Musih absolvierte die Ausbildung zur Kursleiterin für Konfliktgruppen an der School for Peace in Neve Shalom – Wahat al Salam 1997. Sie wurde im November 2007 interviewt.

„Nach dem Kurs der School for Peace hatte ich das Gefühl – und das habe ich noch immer – dass ich, wenn ich hier bleibe, unbedingt etwas tun muss. Ich kann nicht hier sein ohne aktiv zu werden. Ich kann nicht hier sein und meine Augen vor der Realität verschließen. Wenn ich nicht etwas Konkretes tue, dann werde ich noch mehr Teil dessen, was hier vor sich geht."   *Norma Musih*

Denke mal an Deine Erfahrungen mit Gruppenbegegnungen zurück, an den Ausbildungskurs in Neve Shalom. Wie hat dieser Kurs Dein Leben beeinflusst?

Damals war ich erst 21 und habe mich zum allerersten Mal so tiefgehend mit politischen Fragen beschäftigt. Das war genau vor zehn Jahren, direkt nach meinem Armeedienst. Der Kurs erschütterte meine inneren Strukturen, und die Wirkungen spüre ich bis heute; er war ein Wendepunkt, ein Meilenstein. Es passierte etwas mit mir. Viele Leute fragen mich heute, warum ich so geworden bin; sie haben große Mühe Juden zu verstehen, die sich mit der Nakba befassen und mit dem [palästinensischen] Rückkehrrecht. Das hat Neve Shalom bei mir bewirkt.

Davor hatte ich mich intuitiv oft ähnlich verhalten, wusste es aber nicht. Ich kam mit 14 Jahren nach Israel und lebte dann in einem Hashomer Hatzair Kibbutz, sozusagen Zionismus erster Klasse, doch es gab viele Dinge, die mir nicht gefielen, die ich aber nicht ausdrücken konnte. Intuitiv kam ich mit vielen Dingen nicht zurecht, mit Ideen, die ich nicht vertreten oder auch nur ausdrücken und mir erklären konnte. Als ich das erste Mal wählte, schon vor dem Kurs, wählte der ganze Kibbutz Meretz, doch ich konnte nicht Meretz wählen und wählte schließlich Chadash. Danach musste ich mich in Gesprächen ständig dafür rechtfertigen, das war ganz schön hart. Denn auf der einen Seite hatte ich diese demografische Angst und auf der anderen Seite passte das nicht mit meinem Wertesystem zusammen. Später, an der School for Peace, fand ich auf einmal Worte für solche Gefühle; ich konnte sie erklären und meine zionistischen Anteile zum Ausdruck bringen. Einer nach dem anderen fielen sozusagen die Groschen. Nehmen wir z. B. den demografischen Faktor, die demografische Gefahr. Ich begann ihre fürchterlichen Implikationen zu verstehen und die furchtbare darin verborgene Angst. Aus jüdischer Perspektive verstand ich das leicht. Einmal brachte ich das Thema Demografie in den Kurs ein und Ahmad [Ahmad Hijazi, der arabische Kursleiter] sprach über die Bevölkerungszahl des Gazastreifens und die Übervölkerung dort. Das beunruhigte mich sehr; ich sah die Enge dort und das machte mir auch Angst. Ich erinnere mich auch noch sehr gut an das Thema arabische Sprache; einerseits wollte ich Arabisch hören, andererseits machte mir das große Angst. Der Kurs half mir diese Angst zu verstehen, sie zu benennen und anzuschauen – und dann aufzulösen. Das nicht sofort, aber ihr Legitimität zu geben, zu akzeptieren, dass sie existiert. Wenn Du Dinge benennen kannst, kannst Du sie ausdrücken, erklären, darüber nachdenken und sie verstehen.

Warum gibt es z. B. den Zionismus? Warum bin ich hierhergekommen? Warum bin ich hier? Diese Fragen haben an Wichtigkeit verloren. Es gab auch Fragen wie: Ich bin nicht einmal hier geboren, welche Rolle spiele ich also hier? Die hier geborenen Juden sagten, *Okay Du bist hier, aber Du hast einen anderen Pass; Du könntest woanders leben.* Diese Fragen konnte ich während des Kurses noch nicht beantworten, das konnte ich erst etwas später. Aber der Kurs endete für mich mit dem Gefühl – das ich noch immer habe, dass ich, wenn ich hier bleibe, unbedingt etwas tun muss. Ich kann nicht hier sein ohne aktiv zu werden. Ich kann nicht hier sein und meine Augen vor der Realität verschließen.

Die Frage ist, welche Rolle ich hier spielen will

Im Kurs zu hören, was wir hier tun, zu verstehen, dass wir es tun, und dass ich ein Teil davon bin, das trieb mich um. Wenn ich nicht etwas dagegen unternehme, so bin ich noch mehr ein Teil davon. In jedem Fall bin ich ein Teil des Ganzen, und die Frage ist, welche Rolle ich dabei spielen will. Nach dem Kurs, als ich an der Bezalel Kunst-Hochschule studierte, empfand ich eine abgrundtiefe Kluft zwischen meiner Erfahrung in Neve Shalom und meinem Studium an der Hochschule. Diese Kluft zu überbrücken ist mir sehr schwer gefallen. An der Bezalel erkannte ich, was geschieht, wenn man sich raushält. Es fühlte sich schrecklich autistisch an, fern der Realität: Kunst um der Kunst willen, Ereignisse an New Yorker Galerien, nichts von dem, was hier geschieht. Von der Cafeteria an der Bezalel aus konnte man [das arabische Dorf] Issawiya sehen; ich sah ich sogar, wie Häuser dort zerstört wurden; man sieht, wie die Staubwolke aufsteigt. Espresso trinkend in dieser Cafeteria zu sitzen, mich über konzeptuelle Kunst zu unterhalten und gleichzeitig zu sehen, wie in Issawiya Häuser abgerissen wurden, diesen Kontrast konnte ich nicht aushalten. Meine Versuche, an der Bezalel politische Kunst zu machen, waren wenig erfolgreich; das war nicht ‚in‘, und niemand wollte mitmachen. Dann traf ich Oren von B'Tselem, der auch in dem Kurs gewesen war; zusammen versuchten wir eine Studentengruppe auf die Beine zu stellen, die Issawya unterstützen und eine Beziehung zwischen Dorfbewohnern und Kunststudenten aufbauen sollte, damit die Studenten die Häuserzerstörungen sehen und dadurch eine Verpflichtung spüren könnten. Aber das Projekt wurde ein Flop. Warum weiß ich nicht. Die Dorfbewohner hatten, glaube ich, das Gefühl, wir wollten nur eine Show dort abziehen. Dennoch fiel mir der Kontakt durch die vielen Besuche dort immer leichter; ich ging jeden Sonntag dorthin. Danach arbeitete ich in einem Haus für schwangere Frauen und Mädchen. Das war etwas Neues für mich und hatte nicht direkt mit dem Konflikt zu tun, aber dort waren jüdische und palästinensische Mädchen. Die ganze Zeit versuchte ich den einen mit dem anderen Bereich zu verbinden. Politische Arbeit an der Bezalel und die Issawiya-Gruppe hatten nicht funktioniert. Im Frauenhaus für Schwangere entdeckte ich unter den jungen Bewohnerinnen viele Elemente von Mehrheit-Minderheit-Machtstrukturen. Dabei ging es weniger um Israelis und Palästinenser. Mir wurde dieser Aspekt in der ganzen israelischen Gesellschaft bewusst und ich sprach z. B. in Team-Besprechungen darüber. Die Methode aus dem Ausbildungskurs, Machtstrukturen zu analysieren und den soziopolitischen Kontext zu verstehen, nutze ich seither, um zu analysieren, was geschieht, in welchem Maße und warum – auch wenn es um Männer und Frauen geht. Ich kann sie nutzen und weiterentwickeln, doch kennengelernt und gelernt habe ich sie in Neve Shalom.

Politisches Kuratieren

Letztes Jahr habe ich zusammen mit Ariella Azoulay an der Minshar-Kunstschule politisches Kuratieren unterrichtet. Als Abschlussprojekt erstellten wir mit den Studenten eine Foto-Ausstellung zum Thema Besatzung. Dabei konnte ich, anders als an der Bezalel, Kunst und Politik verbinden. Die Ausstellung sollte zeigen, dass Kunstfotografien und Fotografien von Journalisten gleichermaßen eine Berechtigung in diesem Kontext haben. Entscheidend ist, was mit diesem Fotografien gemacht wird.

Im Kurs mussten die Studenten zu jeder Sitzung Fotografien mitbringen; sie mussten erklären, was sie in diesen Fotografien sahen und warum sie sie ausgewählt hatten. Alle suchten sich je nach Interesse einen Aspekt aus, z. B. Kinder unter Besatzung, oder Soldaten. Alle fanden eine solche Nische und stellten Fragen dazu. Zusammen befassten wir uns mit diesem Raum, mit den ‚Gebieten‘.

Gemeinsam dachten wir viel über die die besetzten Gebiete nach – als eingemauerter Raum, aufgeteilt und zerstückelt: Was geht dort vor? Was geschieht mit uns? Was geschieht den Palästinensern? Wer ist dargestellt? Wann entstand das Bild? Wer war der Fotograf? Wer schaut wen an? Was für Beziehungen werden sichtbar? Wir lernten viel aus diesen Fotografien.

Erzähl mir von Deiner Arbeit bei Zochrot.

Meine Rolle dort hat sich gewandelt. Zuerst war ich in der Bildungsabteilung. Wir haben Lehrergruppen eingerichtet. Im ersten Jahr hatten wir eine, dann zwei und dieses Jahr haben wir drei Gruppen; sie lernen, wie sie in jüdischen Schulen das Thema Nakba behandeln können. Das Programm habe ich entwickelt und leite die Gruppen auch. Dieses Jahr haben wir Unterrichtsmaterialien für die Lehrer mit didaktischen und theoretischen Hinweisen erstellt. Sie vermitteln, wie und wann man was unterrichtet und was man dabei beachten sollte.

Es gibt viele Widerstände, aber es macht auch Spaß, weil man Veränderungen sehen kann. Man erlebt den Prozess mit. Ein bisschen ist es wie im Kurs in Neve Shalom: verstehen, was wir in uns verschließen, z. B. die Schwierigkeit, das Wort ‚Nakba‘ zu verwenden; auch wenn ich selbst erst richtig nach dem Kurs mit diesem Wort konfrontiert war. Der Kurs war der Anfang, und obwohl er die Ereignisse von 1948 nicht ausdrücklich thematisierte, entstanden die dazu gehörigen Fragen dort in mir. Antworten fand ich dort noch nicht.

Mit den Lehrern in den Zochrot-Gruppen spüre ich die Scham, die ich damals empfand. Sie hat mit unserer inneren Kluft zu tun zwischen unserem Selbstbild und unserem Verhalten. Wenn wir uns als offene, liberale Menschen betrachten, wie können wir dann die Nakba ignorieren und negieren? Wenn uns Geschichte so wichtig ist, wie können wir dann die palästinensische Geschichte von 1948 ausklammern? All diese Fragen tauchen im Kurs mit den Lehrern wieder auf. Sobald sie diese Kluft zu sehen beginnen und sich damit konfrontieren, geschieht etwas Grundlegendes. Letztes Jahr waren zwei Frauen in der Gruppe. Beide durchliefen einen tiefen Wandel und begannen ehrenamtlich für Machsom Watch zu arbeiten. Sie gehörten zum Salz der Erde israelischer Frauen. Eine war mit einem Piloten verheiratet und alle ihre Kinder waren ebenfalls Piloten. Als wir uns mit dem Rückkehrrecht befassten, fing sie zu weinen an. Sie sagte, *Ich kann es einfach nicht sagen. Die hatten recht, und ich kann das nicht sagen.* Ich spürte, wie sie innerlich zerrissen war – zerrissen zwischen allem, womit sie aufgewachsen war und was sie ihre Kinder gelehrt hatte, und der klaren Erkenntnis, dass es hier etwas gab, das moralisch anerkannt werden muss. Solche Momente bringen mich immer wieder zum Staunen. Es war zutiefst berührend.

Es gibt ständig auch schwierige Momente, weil ich viele Antworten nicht habe. Die Teilnehmer sind mit der Kluft zwischen den offiziellen Lehrplänen und dem, was sie in dem Kurs lernen, konfrontiert, und diese Dissonanz wächst ständig. Sie bekommen Probleme mit ihren Schulleitungen und Kollegen, sogar mit Schülern in ihren Klassen und deren Eltern. Viele Fragen kann ich nicht adäquat beantworten. Oft sagen die Lehrer, dass wenn sie über die Nakba und 1948 sprechen, alle möglichen Wahrheiten ans Licht kommen, und die belasten sie: Entweder finden sie, sie belügen ihre Schüler, wenn sie das Thema nicht unterrichten, oder sie haben das Gefühl, ihre Schüler bereits belogen zu haben, weil sie das Thema in der Vergangenheit nicht unterrichtet haben. Wie sollen sie damit umgehen?

Ich sage den Betroffenen, es gehe dabei nicht um alles oder nichts; sie müssen ihren Unterricht nicht sofort komplett umstellen. Sie können erst einmal Fragen einstreuen, welche die Klasse zum Nachdenken bringen. Ein Lehrer, der inzwischen Gruppen in Jerusalem führt, erzählte, wie er vor ein oder zwei Jahren mit einer Schülergruppe zum Kibbutz Netiv HaLamed-Heh fuhr; und während den Schülern die zionistische Sicht der Geschichte erklärt wurde, wollte er die ganze Zeit etwas dazu sagen und schaffte es nicht. Schließlich, nachdem die Gruppe einen Rundgang durch den Kibbutz gemacht und ganz viele Feigenkakteen gesehen hatten [welche von den palästinensischen Bauern traditionell als Umfriedungen von Feldern und Höfen gedient hatten], fragte er die Schüler nach den Kakteen und konnte so in den Schülern ein paar Fragezeichen hervorrufen. Auch wenn die Frage nicht beantwortet wurde und er nicht die ganze Geschichte dazu erzählte, war dies aus meiner Sicht ein Erfolg, weil jemand die Kakteen wahrgenommen und sich Fragen dazu gestellt hatte.

Hast Du in Deinen Zochrot-Kursen Dinge angewendet, die Du in dem Kurs vor zehn Jahren gelernt hast? Hat Dir der Kurs Instrumente in die Hand gegeben und Möglichkeiten, damit zu arbeiten?

Oh ja. Vor dem Kurs in Neve Shalom hatte ich von Kursleitung keine Ahnung und danach habe ich noch viel dazu gelernt. Bei IPCRI habe ich Erfahrungen sammeln können; dort habe ich Gruppen mit Lehrern und Schulleitungen geleitet und später habe ich in Givat Haviva mit Jugendlichen gearbeitet. Die Methodik der School for Peace ist einzigartig: Wie man mit einer Gruppe zusammen sitzt, wie man mit den Teilnehmern spricht und mit ihnen arbeitet, all das habe ich aus dem Kurs in Neve Shalom. Viele Themen behandele ich jetzt auch, z. B. Mehrheit-Minderheit-Machtstrukturen, Rassismus; das sind Dinge aus dem Kurs. Manches kam später bei Zochrot hinzu. Zochrot ist in vieler Hinsicht ein ‚Ableger‘ der School for Peace. Nicht zufällig hat Eitan [Bronstein, der Zochrot Mitgründer] viel Zeit dort verbracht, und der Kern von Zochrot sind Leute aus SFP-Kursen. So ist Zochrot eine Art Fortsetzung der School for Peace. Wir wollten auf die vielen im Kurs selbst noch unbeantworteten Fragen Antworten finden. Meines Erachtens kannst Du, sobald Du Deine Perspektive verändert hast, dies nicht mehr umkehren; die neue Perspektive wird Teil Deiner Art zu sehen. Ich kann die Dinge jetzt nicht mehr unkritisch betrachten. Wenn Du die Palästinenser als besetztes Volk betrachtest, so siehst Du die Wirkungen der Besatzung überall.

Nach dem Oktober 2000, als die [erste] Intifada begann, wohnte ich in Abu Tor [Jerusalem]. In der einen Hälfte des Viertels wohnen reiche Juden, in der anderen sehr arme Palästinenser. Meine Wohnung lag ganz am Ende der jüdischen Hälfte, auf ehemals jordanischem Gebiet; es war so etwas wie ein Außenposten, ein mehrstöckiges Gebäude an der Grenze, in dem es Drogenhändler gab. Ein Nachbar war drogensüchtig, eine Frau über mir war Prostituierte, und auf der anderen Straßenseite begann das palästinensische Wohngebiet. In ‚meinem‘ Haus wohnten Juden und Palästinenser, und als die Angriffe begannen, fand ich Grenzpolizisten im Hof vor, die dabei waren, Munition abzuladen. Ich war empört. Mehrfach rief ich die Polizei an und beschwerte mich; es war wirklich furchtbar, aber sie befahlen mir einfach nur, im Haus zu bleiben.

Ständig sah ich, wie Grenzpolizisten Palästinenser verhafteten, in Jerusalem selbst und im Umland. Jedes Mal wollte ich einschreiten, und ein paar Mal tat ich es tatsächlich. Zusehen zu müssen, war wie ein Messer in meinem Bauch. Ich konnte es einfach nicht mit ansehen; ich fand, ich tue nichts, und fühlte mich schuldig und ohnmächtig – ein schlimmes Gefühl. Einmal, als ich dazwischen ging, war es auch schwer, sich von den Grenzpolizisten anbrüllen lassen zu müssen. Ich wusste nicht einmal, ob der betroffene Palästinenser überhaupt verstand, was ich zu tun versuchte. Ich bin dann nach Tel Aviv umgezogen. Da bin ich vielleicht abgehauen, doch ich konnte einfach nicht bei dem zuschauen, was in Jerusalem geschah.

Ehrlich gesagt, fand ich es zuerst schwer, öffentlich zu sagen, dass ich das Rückkehrrecht der Palästinenser unterstütze. Doch je klarer mir die Zusammenhänge werden, desto leichter fällt es mir und ich habe weniger Angst davor. Wenn man es sagt, so neutralisiert es auch die Angst auf der anderen Seite. Sie spüren, dass Du es laut gesagt hast und nicht mehr tun kannst. Du beginnst mit der Nakba und endest beim Rückkehrrecht; darum sage ich heute gleich, ich bin für das palästinensische Rückkehrrecht, und dann brauche vor nichts weiter Angst zu haben, denn das Entscheidende ist bereits gesagt, und das befreit.

Bei meinem letzten Besuch in den USA nahm ich Materialien mit. Am Flugplatz wurde ich einer Sonderbehandlung unterzogen; sie nahmen mir den Pass ab, öffneten meinen Koffer, riefen einen zweiten Befrager und noch einen dritten, und jedes Mal wurde die Prozedur intensiver; es war zutiefst erniedrigend. Ich dachte daran, dass Araber das ständig durchmachen müssen und merkte, dass meine Empörung auch einen rassistischen Aspekt hatte: *Wie könnt Ihr es wagen ...!* Die hatten kein Problem damit; sie betrachteten mich als gefährlich. Das war hart. So hatte ich mich noch nie gefühlt. Ich finde mich nicht besonders radikal; meine Eltern sind ziemlich bourgeois. Zu wissen, dass man eine rote Linie überschritten hat, und ‚draußen‘ ist, als ob man nicht mehr dazugehört – das ist ein schwieriges Gefühl. Sowohl persönlich als auch mit meiner Arbeit für Zochrot beharre ich darauf, dass ich dazu gehöre, dass ich mich nicht aus der israelischen Gesellschaft ausgrenzen lasse; ich bin ein Teil dessen, was hier vor sich geht, und Zochrot ist ein Teil dessen, was in der israelischen Gesellschaft vor sich geht. Wir sind nicht extrem, wir gehören in die Mitte der Gesellschaft. Ich will Mitglied der israelischen Gesellschaft sein. Man kann leicht sagen, okay, dann gehöre ich eben zur palästinensischen Gesellschaft, ich spreche auch palästinensisches Arabisch; aber ich bin keine Palästinenserin und ich äußere mich auch nicht aus der gleichen Perspektive. Ich werde irgendwie mit den Menschen um mich herum und mit meinen Studien fertig werden müssen.

Kulturelle Kreativität für politischen Wandel

Politischer Wandel geschieht stets sehr stark auch durch kulturelle Einflüsse, und in diesem Bereich habe ich das Gefühl, trotz der Situation etwas Wirksames tun zu können. Kultureller Wandel kann politischen Wandel hervorrufen. Über diesen Kanal kann ich besser agieren.

Zum Beispiel befasst sich *Sedek*, das von Zochrot herausgegebene Journal, dessen Name ‚Spalt‘ oder ‚Riss‘ bedeutet, mit kulturellen Themen und der Nakba, und das ist in der israelischen Kultur etwas Neues: in hebräischer Sprache über die Nakba sprechen und dabei den arabischen Terminus ins

Hebräische integrieren, das ist bereits ein Wandel.

In der dritten Ausgabe von *Sedek* zum Thema Rückkehrrecht waren bereits mehr arabische Begriffe ins Hebräische integriert. Genau eine solche Entwicklung möchte ich sehen; Hebräisch soll arabische Worte aufnehmen, es soll ‚Risse‘ bekommen… Arabisch soll ins Hebräische und in die israelische Kultur allgemein Eingang finden. Das ist noch schwer umzusetzen, weil Zochrot und das *Sedek* Journal sich noch im Aufbau befinden. Daran möchte ich weiter arbeiten. Über die Kultur können wir politische Ideen und Projekte entwickeln.

Sedek behandelt die Nakba hier und jetzt; es wird der Versuch gemacht, darüber zu schreiben und nachzudenken. In der Galerie versuche ich Denken und Kreativität zu integrieren. Je mehr Nachdenken und Kreativität diesem Thema gewidmet wird, über desto mehr Werkzeuge werden wir nachzudenken haben. Mit neuen Werkzeugen wird auch eine neue Sprache entstehen. Eine solche ‚Werkzeugbox‘ für uns selbst und andere entwickeln wir gerade; das ist eine große Herausforderung. Zum Beispiel bereite ich in der Zochrot Galerie eine Ausstellung vor, die zeigt, was heute an den Orten zu sehen ist, wo sich einmal palästinensische Dörfer befanden. Diese Dörfer wurden 1948 zerstört, doch jede Zerstörung hinterlässt Spuren. Wir können lernen, solche Spuren z. B. durch Fotografien sichtbar zu machen. Diese Verknüpfung von Schrift und Bild ist mir sehr wichtig. Ich glaube auch, dass diese Verknüpfung eine große Kraft hat – wie bei dem Lehrer, der seine Schüler auf die Feigenkakteen aufmerksam machte, weil sie sonst weder von den Schülern noch vielleicht von dem Lehrer selbst wahrgenommen worden wären. Die Verbindung zwischen dem Gesagten und dem Gesehenen ist sehr kraftvoll. Ich glaube nicht, dass ein Bild mehr sagt als tausend Worte; im Gegenteil: man muss mindestens tausend Worte sagen um ein Bild zu verstehen. Und: Jeder wird andere tausend Worte dafür finden. Man braucht nur das Gespräch darüber in Gang zu setzen. Was die Menschen sehen und wie sie es sehen eröffnet neue Möglichkeiten: betrachten, betrachten können und das Auge trainieren, noch andere Dinge zu sehen. Dieses Training ist ungemein wichtig für uns. Es gibt uns den Raum, zusammen diese Fotografien von 1948 anzuschauen. Zurzeit arbeite ich mit Ariella Azoulay und bereite unter ihrer Leitung zugleich meine Dissertation vor. Die Zusammenarbeit mit ihr hat mir enorm geholfen, Kunst und Politik miteinander zu verbinden. Ich schreibe über ‚Märtyerinnen‘. Ich will sie als kulturelles Phänomen betrachten. Die Videos anschauen, die sie hinterlassen haben. Indem ich die Videos anschaue, versuche ich sie wahrzunehmen; ihnen zuzuhören, hinzuhören, was sie zu sagen haben. Zugleich betrachte ich Kunstwerke, die weibliche Terroristen thematisieren: Filme, literarische Werke usw., um sie als Ganzes zu verstehen, als Teil ihrer Kultur.

Roi Silberberg
Politischer Pädagoge

Roi Silberberg beschreibt sich selbst als politischer Pädagoge. Er forscht und arbeitet in der Friedenserziehung. Nach einem MA in Biochemie und einem MA in Menschenrechten absolvierte er die Ausbildung zum Kursleiter für Konfliktgruppen in Neve Shalom und hat seither in verschiedenen Bildungseinrichtungen Projekte initiiert und durchgeführt, z. B. im Peres Friedenszentrum, bei der israelischen Bürgerrechtsvereinigung und bei Zochrot. 2009 gründete Silberberg die Organisation Amal, die 'Vereinigung zur Förderung von gesprochenem Arabisch', welche den Arabisch-Unterricht an jüdischen Schulen fördert; außerdem hat er mehrere Artikel zu diesem Thema veröffentlicht. 2015 hat er seine Promotion über philosophische Probleme in der Friedenserziehung abgeschlossen. Roi Silberberg absolvierte 2005 den Kurs 'Der jüdisch-arabische Konflikt in Theorie und Praxis' an der Universität Tel Aviv und 2006 die Ausbildung zum Kursleiter für Konfliktgruppen in Neve Shalom – Wahat al Salam; 2008 nahm er an dem SFP-Change Agents-Kurs für Fachleute aus dem Bereich psychische Gesundheit teil. Er wurde am 13. Dezember 2011 interviewt.

„Der School for Peace-Kurs zeigte mir, wo meine Verantwortung liegt und wo ich in meiner Gesellschaft Verantwortung übernehmen will. Irgendwann erkannte ich meine Berufung: sichtbar zu machen, wie wichtig es für hier lebende Menschen ist, Arabisch sprechen zu können."
Roi Silberberg

Ich möchte zunächst beschreiben, wie ich nach Neve Shalom und in die School for Peace gekommen bin. Das geschah eher zufällig. Ich begann einen Kurs über Gender-Identität bei Prof. Ariella Friedman, der mich stark beeindruckte und mir viele neue Erkenntnisse vermittelte. Sie ließ einmal die Bemerkung fallen, der Kurs nutze das didaktische Modell der School for Peace für die Arbeit mit Juden und Palästinensern. Ich fragte nicht einmal nach, warum sie diese Bemerkung gemacht hatte. Im darauffolgenden Jahr sah ich im Vorlesungsverzeichnis die Ankündigung eines [SFP-]Kurses über den Jüdisch-Palästinensischen Konflikt und wollte sofort daran teilnehmen. Natürlich ist nicht meine gesamte Entwicklung eine Folge dieses Kurses, als ob ich vorher blind gewesen wäre. Doch von da an lernte ich z. B. ernsthafter Arabisch als zuvor.

Den Dialogkurs, den Du, Nava, geleitet hast, habe ich besucht, weil ich etwas zusammen mit meinen Freunden aus den biologischen Laborkursen tun wollte. Danach habe ich als einziger von uns weiter gemacht. Auch meiner Arabisch-Lehrerin hatte ich den Kurs empfohlen. Der Kurs zeigte mir, wo meine Verantwortung liegt und wo ich in meiner Gesellschaft Verantwortung übernehmen will. Irgendwann erkannte ich, dass ich gebraucht wurde, weil ich Dinge verstand, die andere nicht verstehen. Das veränderte mich und machte mich zu einem besseren Menschen. Mir wurde klar, dass ich handeln musste, und das hat mir nicht nur einen Standort sondern noch viel mehr gegeben.

Die Berufung

Ich wurde zu einer Aufgabe gerufen. Für mich war es eine wichtige Aufgabe: etwas für die Gesellschaft zu tun; ihre Blindheit, ihren Mangel an Achtsamkeit, die Gewalttätigkeit und den Rassismus zu lindern. Dazu fühlte ich mich berufen. Ich versuche ständig zu formulieren, was genau in unserer Gesellschaft nicht okay ist, und zu verstehen, was genau geschieht, wenn sich etwas verändert. Wie ich das als 24-Jähriger formuliert habe, weiß ich nicht mehr genau, aber ich hatte ein klares Bild im Kopf. Ich wollte, dass meine Kinder in einer besseren Gesellschaft aufwachsen, einer, die mehr der entspricht, die ich anstrebe. Heute wünsche ich mir, dass meine Kinder mir nicht die Schuld an der Gesellschaft geben, in die sie hineingeboren wurden. Heute denke ich etwas anders als vor sechs Jahren. Meine Aktivitäten haben die Realität nicht drastisch verbessert, aber wenigstens möchte ich so viel wie möglich getan haben, damit ich mich vor meinen Kindern rechtfertigen kann.

Ich fühlte mich also gerufen. Während des Dialogkurses wolltest Du wissen, ob ich anschließend den Ausbildungskurs machen wollte. Das kam scheinbar aus dem Nichts, obwohl es in meiner Familie durchaus so etwas gibt: meine Mutter ist Organisationsberaterin, leitet viele Gruppen und bildet Gruppenleiter aus. Trotzdem hatte mir so etwas bis dahin eher fern gelegen. Meine Zusage hatte weniger politische Gründe, es ging eher um das, was ich in meinem Leben tun wollte. Ich wollte aus dem biochemischen Labor heraus und mit sozialer Arbeit gesellschaftliche Wirkung erzielen.

Dieser Sinneswandel war keine direkte Folge des Kurses. Gut, ich konnte der Welt helfen, indem ich einen Artikel über Krebs schrieb. Aber das war nicht meine Zielvorstellung; Artikel zu veröffentlichen und Vorlesungen zu halten interessierte mich überhaupt nicht, ich kam mir bereits lächerlich dabei vor. Ich führte meinen MA in Biochemie weiter, nahm gleichzeitig an dem Dialog-Kurs teil und suchte nach einem Ausweg. Eigentlich habe ich großes Glück gehabt, weil mir der Ausbildungskurs einen neuen Beruf beschert hat.

Am besten kann ich lernen. Der beste Zugang für mich zu diesem neuen Berufsbereich war zu studieren; Projektmanager zu sein, hätte mir dabei z. B. nicht geholfen. Stattdessen erhielt ich die Chance, in einem Programm mit arabischen Studenten ein Jahr lang das Thema Menschenrechte zu bearbeiten, und ich dachte: *Jetzt oder nie!* Eine Woche nach dem Abschluss meines MA in Biochemie begann ich meinen Master in Menschenrechten.

Von der Biochemie über die Menschenrechte zu gesprochenem Arabisch

Das Thema Menschenrechte entwickelt sich rasant. Mein Studienjahr fand an der Universität von Malta statt. Es ging um einen interdisziplinären akademischen Grad. Die meisten Teilnehmer(innen) hatten bereits einen BA in ,human studies', Literatur oder ähnlichen Fächern. Einerseits fand ich, dass ich mit dem Beruf des Kursleiters einen für die Menschenrechte ausgesprochen relevanten Beruf hatte, und als Kursleiter arbeitete ich mit Arabern. Fast alle meine Mit-Studenten waren Araber und das war mir sehr recht; vielleicht wäre ich nicht einmal angenommen worden, wenn ich mich nur mit meinem Biochemie-MA beworben hätte. Andererseits merkte ich, dass nur Kursleiter sein für mich zu wenig ist, weil ich vor allem Menschen erziehen will; das kann ich als Kursleiter aber auch tun. Auf Malta durchlief ich einen tiefgreifenden persönlichen Prozess. Ich glaube, dass der SFP-Kurs mir die theoretische Seite des jüdisch-arabischen Konfliktes nahe gebracht hat und mir gezeigt hat, wie ich Beziehungen zu Palästinensern und zu Arabern aus anderen Ländern aufbauen kann; davon gab es viele in dem Programm. Mit einer damaligen Mit-Studentin bin ich bis heute gut befreundet. Den ganzen ersten Monat dort saßen wir bis in die Nacht zusammen, sprachen über den Konflikt und weinten – das war ein steiniger Weg.

Nach dem Jahr in Malta meldete ich mich für den Change Agents-Kurs für Fachleute im Bereich psychische Gesundheit in Neve Shalom an und konsolidierte meine Identität als Pädagoge. Ich wurde Lehrer für Naturwissenschaften mit einem entsprechenden akademischen Abschluss – und stellte sehr schnell fest, dass das formale Schulsystem nichts für mich war. Diese Entdeckung bereitete sowohl mir als auch der Schule Probleme. Heute weiß ich, dass die meisten jungen Lehrer bereits nach weniger als einem Jahr wieder aussteigen. Damals war ich seit fast einem ganzen Jahr in dem Change Agents-Kurs. Dort spielte das Thema Sprache eine zentrale Rolle. Während dieses Jahres lernte ich vier bis fünf Mal pro Woche gesprochenes Arabisch. Ich hatte in Malta festgestellt, dass Arabisch äußerst wichtig ist. Nach meiner Rückkehr brachte ich diese Sprache sehr stark in den Change

Agents-Kurs in Neve Shalom ein. Mir wurde klar, wie wichtig es für die hier lebenden Menschen ist, Arabisch zu sprechen.

Wie bist Du zu dieser Sichtweise gekommen?

Dazu hat sowohl positive wie auch negative Verstärkung beigetragen. Viele Leute sehen eher die negative Verstärkung. Araber erklären oft wütend, Juden könnten sowieso kein Arabisch. Ich selbst habe sehr stark positive Verstärkung durch Menschen um mich herum erfahren, von guten Freunden wie von entfernten Bekannten. Rabah und Ranin sind zwei Beispiele. Als Ranin mit im Kurs war und sie zu den ersten Gruppensitzungen kam, und Rabah in der School for Peace mit uns Arabisch sprach und ich auf Arabisch antwortete, da stellte ich staunend fest, wie mein Arabisch sprechen etwas in ihnen entschärfte. Sie konnten – jedenfalls mir gegenüber – zwar noch nicht freundlich sein, und sind natürlich nur ein Beispiel; doch obwohl ihre Einstellung zu mir sich nicht veränderte, schien mir ihre Feindseligkeit nicht mehr so stark zu sein. Nachdem ich mit ihnen Arabisch gesprochen hatte, mussten sie etwas anderes finden, um mich ablehnen zu können. Dies ist ein sehr zugespitztes Beispiel. Doch die, mit denen ich leicht kommunizieren kann, meine guten Freunde, begrüßen, was ich tue. Für mich ist die emotionale Ebene bei der Arbeit sehr wichtig; wenn die Kommunikation fehlt, fehlt für mich Wesentliches. In einem Langzeit-Projekt mit dem Jugendparlament des ‚Citizens Accord Forum‘ hatte ich Mühe damit, dass es den Aspekt ‚Erlernen der arabischen Sprache‘ nicht integrierte; das fehlte mir. Ich weiß nicht recht, wie ich damit umgehen soll. Ich bin als Kursleiter eingesetzt, doch eigentlich ist etwas anderes nötiger. In dem SFP-Jahr lernte ich viel Arabisch und auch in der Change Agents-Kursgruppe spielte Arabisch eine große Rolle. Sechs oder sieben Leute aus der Gruppe beschlossen, Arabisch zu lernen – besonders Tamar, die das auch organisierte. Sie wollten viele Unterrichtseinheiten und kamen mindestens zwanzig Mal zusammen; da wurde mir klar, welches Potenzial darin liegt. Es ist nicht leicht, doch als ich Arabisch lernen wollte und nicht wusste wo, hat mich das auch nicht davon abgehalten. Damals wollte ich einfach das tun, was mir am nötigsten schien. Ich rief potenziell geeignete Leute an und schlug ihnen vor an einem Arabisch-Kurs teilzunehmen. Schließlich war mein Kalender voll und ich hatte nicht das Gefühl überlastet zu sein. Im Gegenteil: wenn ich montags frei hatte, wollte ich selbst weiter Arabisch lernen.

Doch als die Gruppe aus dem Change Agents-Kurs Arabisch lernen wollte, kapierte ich, dass ohne Tamars persönliche Initiative und Betreuung diese Arabisch-Lerngruppe nicht stattgefunden hätte. Tamar stellte für den Fall, dass kein anderer Raum gefunden werden könnte, ihr eigenes Wohnzimmer zur Verfügung, und half bei der Raumsuche. Im schlimmsten Fall würden sie in einem leer stehenden Haus zusammenkommen. Ohne ein solches Engagement funktioniert so etwas nicht. Mir wurde klar, dass es einen großen Bedarf gab, und wollte mich dort engagieren – wie, wusste ich noch nicht. In der Zwischenzeit kam die Idee auf, eine gemeinnützige Organisation dafür zu gründen. Zwei Jahre brauchte ich, bis sie registriert war, und in dieser Zeit entstand ein dazu passendes Projekt. Wir haben übrigens für unsere Organisation erst vor zwei Wochen ein Bankkonto eröffnet. Die bürokratischen Hürden hier sind wirklich hoch.

Die Gründung von Amal

Die Organisation sollte Amal d.h. ‚*Vereinigung zur Förderung von gesprochenem Arabisch*' heißen. Der Change Agents-Kurs der Fachleute im Bereich psychische Gesundheit hatte mit einem Aufruf sich zu engagieren geendet. Dazu gehörten ein kleines Projekt zum Gaza-Krieg und ein, zwei weitere Aktionen. Mehr Erfahrungen mit Aktivismus hatte ich nicht. Zum Beispiel hatte ich keine Ahnung von Fundraising, wusste nichts über die New Israel Foundation, Shatil und andere Stiftungen. Daran arbeite ich zurzeit. Ich habe ein Training von Shatil für Organisatoren auf Kommunalebene und einen Kurs des British Council mit dem Titel ‚Interkulturelle Navigatoren' durchlaufen. Von vornherein wollte ich das Gelernte nutzen um Projekte zu initiieren. Gleichzeitig nahm ich über EuroMed regelmäßig an Seminaren im Ausland teil, um Projekte mit überseeischen Partnern zu entwickeln. Dort lernte ich Leute kennen, die so ähnlich dachten wie ich, und gemeinsam beschlossen wir, uns mit dem Thema Arabisch zu befassen. Bei mehreren Treffen überlegten wir, wie wir gesprochenes Arabisch fördern könnten. Ich fand, wir sollten in einer Schule anfangen. Ismail, der auch in dieser Gruppe war, hatte mal für *Perach* gearbeitet [ein Tutoren-Projekt für benachteiligte Jugendliche]; er hat bis heute gute Beziehungen dorthin. Ich ging zu einer ihrer Teambesprechungen. Das Team schlug vor, wir sollten vier arabische Uni-Studenten nehmen und die sollten mit Kindergruppen arbeiten. Doch wir hatten keine Kindergruppen. Wir wollten in die Schulen gehen. Also besprachen wir uns erneut mit den *Perach*-Leuten, und durch deren Beziehungen riefen allmählich Leute von Schulen an. Wir interviewten die arabischen Uni-Studenten und ordneten je einen einer Schule zu. Wir hatten festgestellt, dass die Uni-Studenten nicht wussten, wie man Arabisch als Fremdsprache unterrichtet, doch wir sagten ihnen, das wüssten wir und das wäre okay. Letztes Jahr haben wir ein Programm mit sechs arabischen Studenten an drei Schulen abgeschlossen, jeweils zwei an einer Schule. Bis zum Ende des Jahres wussten sie, wie sie Arabisch als Fremdsprache unterrichten können. Nun sind wir im zweiten Jahr des Programms und wissen, dass unsere arabischen Studenten teilweise Arabisch als Fremdsprache unterrichten können. Sie studieren alle möglichen Fächer, von Medizin über Literatur bis zu ‚African and Ethiopian Studies'. Sie unterrichten Arabisch in jüdischen Grundschulen in der vierten bis sechsten Klassenstufe.

Wir wollen das, was die *Perach*-Studenten möchten, mit den Bedürfnissen der Schulen in Einklang bringen. Deshalb geben wir den Studenten viel Freiraum hinsichtlich der Unterrichtsinhalte und sind, was die Rahmenbedingungen angeht, flexibel gegenüber den Schulen. Wir verlassen eine Schule nicht, nur weil die Unterrichtszeiten oder die Klassen nicht passen. Letztes Jahr hatten wir Unterricht in jeweils zwei Klassen der 5. und 6. Klassenstufen in drei Schulen, d.h. in jeder Schule erhielten vier Klassen mit insgesamt 360 Schüler(innen) Arabisch-Unterricht. Dieses Jahr haben wir mehr arabische Uni-Studenten und mehr Kinder, insgesamt bis zu 390. Der Zugang über das formale Schulsystem ist ein guter Trick. Die Schule ist der Arbeitsplatz der Kinder; sie müssen dorthin. Die Klassen sind groß, also teilen wir sie; sehr große Klassen teilen wir in drei Gruppen zu je ca. 10 Kindern auf. Inzwischen gibt es auch das *New Horizon*-Programm. Wenn es gelingt, da reinzukommen, kann man das ganze Schulsystem nutzen. *New Horizon* ermöglicht Unterricht in Kleingruppen und mit Einzelbetreuung; der Unterricht geht bis weit in den Nachmittag hinein. Der Name *Amal* ist ein Akronym im Hebräischen, welches für ‚*aravit meduberet lekulam*' (‚gesprochenes Arabisch für alle') steht.

Hast Du in Neve Shalom Dinge gelernt, die Du bei Amal einsetzt?

Der Schlüssel, den ich stets nutze, ist über politische Dinge zu reden. Das ist Teil unseres gesamten Lehrer-Trainings. Da habe ich z. B. den Videoclip *Nakba Charta* (‚*Nakba Nonsense*'), [ein provokantes Video der rechtsextremen *ImTirtzu* Organisation] verwendet. Wir bilden die arabischen Uni-Studenten in einem zwei-Tage-Workshop für ihre Arbeit in den Grundschulen aus. Manche von ihnen finden den Clip zuerst schockierend; von *Amal* haben sie noch nie gehört und sie wissen nicht, wie man Arabisch als Fremdsprache unterrichtet. Auf meine Veranlassung geht es am zweiten Tag des Workshops um politische Themen, z. B. wie eine Klasse sich verhält, wenn sie mit der arabischen Identität ihrer neuen Arabischlehrer(innen) konfrontiert ist. Ich sagte ihnen, das beste Demonstrationsmaterial dafür sei der *Nakba Charta*- Videoclip. Das war ein harter Bissen für sie, und für meine Partner (bei *Perach*) ist das auch nicht einfach; den arabischen Studenten fiel es schwer, all das zusammenzubringen.

Du hast also die Erkenntnis aus dem SFP-Kurs mitgenommen, dass die Lehrer ihre politische Wahrnehmung stärken müssen, damit sie damit arbeiten können, wenn sie die Kinder unterrichten.

So hoch würde ich das nicht hängen. Es geht darum, die politische Dimension mit einzubringen; Politik muss eine wesentliche Rolle spielen. Du beginnst erst einmal mit einer Diskussion und siehst dann, dass ihre politische Wahrnehmung wenig ausgebildet ist. Also leitest Du sie auch in diesem Bereich an. Aber man braucht kein sehr differenziertes politisches Bewusstsein um ohne Angst sagen zu können, was man denkt. Das hat auf beiden Seiten eher mit Selbstbewusstsein zu tun. Auch meine jüdischen Partner möchten das Thema nicht gern ansprechen, weil sie Angst davor haben.

Aus dem SFP-Kurs habe ich mitgenommen, dass ich jetzt ständig an meine Kinder denke. Oft frage ich die Lehrer, *Wie wollt Ihr, dass Eure Kinder aufwachsen?* Das frage ich auch immer im ersten Gespräch mit einem Schulleiter. *Nehmen wir mal an, Ihr Kind geht in die 1. Klasse: was für ein Mensch soll es werden?*

Genau diese Frage habe ich mir während des SFP-Kurses gestellt. Das hat einen tiefgreifenden Prozess in mir in Gang gesetzt, an den ich mich nur teilweise erinnere. Aber ich erinnere mich an viele Momente in der Gruppe. Auch während meiner Übungszeit als Gruppenbeobachter in dem Kurs geschah sehr viel in mir. Und das Thema spielte in dem Change Agents-Kurs, in dem ich war, eine brisante Rolle. Damit umgehen zu üben stärkt Dein Selbstbewusstsein, weil das Thema Dich persönlich betrifft. In Malta hatte ich das dank der Gruppe auch schon erlebt, und später noch verstärkt. Die Menschen fragen sich immer, was passieren wird. Das ist mir in meiner Arbeit als Kursleiter häufig begegnet, besonders in Grundschulen. Man könnte annehmen, dass erfahrene Lehrer besser dafür ausgebildet sind, eine Begegnung verschiedener Kindergruppen durchzuführen als ein Kursleiter, aber die Lehrerin fürchtet sich davor. Sie verfügt über viel mehr Werkzeuge und hat viel mehr Fähigkeiten, und doch kann sie das nicht. Es zieht eben niemand in Erwägung, Lehrer so etwas selbst durchführen zu lassen.

Willst Du damit sagen, dass Du aus den SFP-Kursen das Selbstvertrauen mitgenommen hast, diese Dinge zu tun? Dass es möglich ist, das Unmögliche zu tun?

Ich habe mitgenommen, dass der Himmel nicht einstürzt, wenn wir verschiedener Meinung sind.

***Anfangs hast Du gesagt, der Kurs hätte Dir die Augen geöffnet.
Was hast Du damit gemeint?***

Ich gehöre nicht zu den Juden, die behaupten, sie würden nicht politisch denken oder wüssten von vielen Dingen gar nichts. Schon als kleiner Junge habe ich ständig Fragen gestellt und auch Antworten darauf bekommen. Und zu Hause hörte ich immer wieder die Sätze *Das ist ungerecht.* oder *So sollte das nicht sein.* Als älterer Junge habe ich sehr politisch gedacht. Ich wollte alles wissen, was es zu wissen gab. Und noch bevor ich zur Armee eingezogen wurde, wollte ich dies Thema für mich geklärt haben. Ich las auch sehr viel und diskutierte bis tief in die Nacht sehr ernsthaft mit Freunden über die Armee und die Rolle der Armee, und was richtig und was falsch ist; wir informierten uns aus den Zeitungen und verglichen unsere Notizen. Dabei ging es nicht so sehr um bewusste Kenntnis von Dingen, als um andere Ebenen. Wahrnehmung hat zunächst mit der emotionalen Ebene zu tun. Und die emotionale Ebene wird unter den von der Armee einberufenen Männern immer marginalisiert, obwohl sie zentral ist. Direkt vor dem Armeedienst wurde dies Thema dringend, es war plötzlich viel wichtiger. Bereits vor dem School for Peace-Kurs begann meine Wahrnehmung sich zu verändern. Ich war vier Monate in einem Biologie-Praktikum für meinen BA in Deutschland. Das war die schönste Zeit meines Lebens, und ich fragte mich, wo ich leben wollte. Ich dachte daran, eine andere Sprache zu lernen. Ich wollte ein Weltbürger sein mit einer ganz offenen Zukunft. Doch irgendwann zog es mich zurück nach Israel und ich sagte zu mir, *Moment mal: Wie kann das sein? Wie passt das zusammen?* Ich verstand, dass, wenn ich die Chance in Deutschland zugunsten von Israel aufgeben wollte, ich offenbar stark in Israel verwurzelt war und höchstwahrscheinlich den größten Teil meines Lebens dort verbringen würde. Ich beschloss, mich mit den Dingen zu befassen, die dort passierten. Hier kann ich mich nicht einfach auf universelle, kosmopolitische Dinge zurückziehen. Diese Erkenntnis hat mich bislang noch nicht von den Naturwissenschaften weggebracht, doch mittlerweile ist eine Verpflichtung für mich entstanden, mich sozial zu engagieren. Deshalb habe ich all die anderen Kurse auch gemacht. Nicht nur für mich, für jeden, der seinen Lebensmittelpunkt hier sieht, ist dies vielleicht die wichtigste Entscheidung seines Lebens: sich mit diesen zwei Kulturen, nein, eigentlich mehr als zwei Kulturen, und mit der multi-lingualen Realität zu befassen.

Deine Entscheidung fokussiert Dein Leben auf dieses Projekt; das war sehr wichtig. Sonst säßest Du heute vielleicht in einem Genetik-Labor.

Ja, die Entscheidung war zentral. Ich treffe ständig Leute aus jener Zeit meines Lebens. Seit ihrer Promotion arbeiten sie im Ausland. Ich hingegen bin hier und das ist gut so. Ich werfe meinem Beruf nichts vor. Jenseits aller Ungewissheit und Instabilität hat meine Welt viele Dinge zu bieten wie Arbeit, Lebensunterhalt, Menschen und Freunde.

Selbstverpflichtung und Gewissen

Meine Entscheidung beinhaltete auch eine Selbstverpflichtung. Meines Erachtens verstehe ich, wohin die Dinge sich entwickeln werden. Ich denke gern voraus und sage voraus, wohin es geht. So habe ich nicht nur darüber nachgedacht, wie meine Kinder mich einmal beurteilen würden, sondern ich weiß, dass dieser Tag gar nicht mehr fern ist, er ist absehbar, und es wird bis dahin einen Prozess geben. Wir werden Schritt für Schritt in eine Situation gehen, in der die Wertigkeit bestimmter Dinge sichtbar wird. Man wird sehen, welchen Preis wir für heute bezahlen: den Preis für die Armee und die Beteiligung an Kriegen. Ich glaube, der Tag wird kommen, an dem es mir sehr, sehr leid tun wird, dass ich Armeedienst geleistet habe, sogar noch stärker als heute. Deshalb weigere ich mich, weiteren Armeedienst zu tun. Das habe ich nicht mit einem formellen Schreiben getan sondern in Befragungen. Sie sagten, *Was sollen wir jetzt mit dir machen?* Man befragte man mich um zu entscheiden, ob ich vor einem *Conscience Committee* der Armee aussagen dürfte; die Erlaubnis erhielt ich; danach, in den vergangenen eineinhalb Jahren, wurde ich nie wieder eingezogen. Irgendwann werden sie mich vor das Komitee vorladen, oder auch nicht, es ist mir egal. Ich habe gesagt, was ich zu sagen hatte. Inzwischen habe ich das Ganze auch schriftlich formuliert, habe also, falls nötig, ein fertiges Schreiben. Da steht alles Nötige drin. Das Formulieren war stressig, doch jetzt habe ich alles klar im Kopf. Während den Begegnungen in der School for Peace habe ich gewusst, dass man meinen Armeedienst als negativ bewerten oder zumindest bedauern würde, dass ich Armeedienst geleistet habe, und selbst, wenn die arabische Kursgruppe nichts dazu sagen würde, weil jeder [jüdische Israeli] bei der Armee war, würde die Tatsache, dass ich gedient habe, als unvorteilhaft angesehen werden.

Damit formulierst Du ein tiefgehendes Verständnis von Verant-
wortung. Die meisten Leute sagen ,Ich habe verweigert; das habe
nicht ich getan, das lag an der (nationalen) Gruppe, nicht an mir',
doch Du sprichst zwar von der Gruppe, formulierst aber trotzdem
Deine eigene Verantwortung.

Ja, das ist mir auch ernst; ich weiß, dass es am Tag der Beurteilung keine oberflächlichen Bewertungen geben wird. Auch ich frage meine Eltern,

Wo wart Ihr? Wie konntet Ihr erlauben, dass die Situation sich so sehr verschlechtert? Euer Verhalten und Euer Lebensstil haben mich geprägt. Damit will ich sie nicht beschuldigen, sondern ich will sie verstehen. Wenn der Zeitpunkt kommt verstehen zu wollen, dann werden Leute mich fragen, wer ich war und warum ich was getan habe. Nicht nur meine Kinder, die mich lieben und mich und sich selbst verstehen wollen, jeder. Ich glaube, die Menschen sind auf der Suche … Ich arbeite vom Ziel eines Ideals her, das ich manchmal stark vereinfache, um dies Ziel klarer und verständlicher zu machen.

Für einen solchen Weg wie Deinen muss man mehr als nur einen Preis bezahlen.

Das *Citizens Accord Forum* hat mir eine 50%-Stelle angeboten, in der ich zwei Mal pro Woche in Jaffa und Akko das Jugendparlament leite; ich denke, ich werde sie annehmen, weil sie mir erlaubt, aus meinem Elternhaus in eine eigene Wohnung zu ziehen. Ich bezahle also einen Preis, aber ich gebe niemand anderem die Schuld, weil es vielleicht zu meinem Charakter gehört und viele Menschen in diesem Berufsfeld zur Miete wohnen. Ich könnte das auch anders handhaben. Aber ich wollte unbedingt meine Dissertation zum Thema ‚Die post-modernen Herausforderungen in der Friedenspädagogik‘ abschließen.

Sowohl der Wandel, den ich durchlaufen, und der Weg, den ich gewählt habe, als auch das, was in den drei Neve Shalom-Gruppen passierte, zeigt, wer ich bin. Ich erinnere mich, dass auch einer von den palästinensischen Teilnehmern später Kursleiter wurde; er sprach als einziger von der palästinensischen Gruppe sehr offen, und in einer Gruppensitzung geschah etwas Bedrohliches; er sagte, *‚Irgendwann werden wir die Mehrheit sein und dann wirst Du aufpassen müssen, daran solltest Du schon jetzt denken‘* und noch andere solche Sätze. Ich dachte an meine Kinder und fragte mich, was geschehen würde, wenn sie in einem ‚Staat für alle Bürger› leben und in einen gemischten Kindergarten gehen würden; vielleicht würde man ihnen Gewalt antun, weil sie Juden waren. Innerlich schaute ich mir diese Gedanken an und fragte mich, woher diese Ängste kamen. Was veranlasste mich dazu anzunehmen, dass man meine Tochter im Kindergarten zusammenschlagen würde, nur weil sie meine Tochter war? Damals beschloss ich, diese Frage auf die Seite zu legen. Das damit verbundene Gefühl begleitet mich seither. Damals war das ein einschneidender Moment für mich und ich sprach in der Gruppe darüber, war jedoch noch so durcheinander, dass mich niemand verstand.

Ich glaube, es geht darum, die Angst zu verstehen: zu verstehen, dass es für diese Angst ebenso wenig eine Grundlage gibt wie für unsere Hoffnung.

Wenn aber die Angst keine Grundlage hat, warum hältst Du Dich dann noch daran fest? Warum glauben wir, dass sie uns zusammenschlagen? Wir reden über einen Staat für alle Bürger und über die Besatzung und denken, sie werden unser Kind im Kindergarten zusammenschlagen. Ein Grund ist sicher, dass die Araber sich leidenschaftlich und klar mitteilen. Das bringt Dich dazu zu glauben, dass die Dinge sich vielleicht wirklich ändern. Du spürst Ihre Kraft. Das wirkt manchmal bedrohlich, und selbst wenn es nicht bedrohlich wirkt, bringt es Dich zum Nachdenken. Deshalb habe ich gesagt, dass die Dekonstruktion der Furcht eine zusätzliche Herausforderung darstellt. Sie ist wichtig für mich, weil ich gern in die Zukunft denke. Ich habe gesagt, dass ich mich darauf verlasse, dass meine Kinder und meine Gesellschaft mich später einmal anders beurteilen werden als heute. Ich habe durch die leidenschaftlichen und klaren Aussagen der arabischen Kursteilnehmer(innen) gelernt, die Realität anders wahrzunehmen. Was die Dekonstruktion der Angst anbelangt, so weiß ich noch nicht, wie das gehen kann.

Die existentiellen Ängste der anderen Gruppe

Es gab noch andere formative Momente, die mich stark beeindruckt haben; einer war, als jemand [ein Araber] angeblich absichtlich mit dem Auto Juden überfahren hatte und der Fahrer erschossen worden war, obwohl nicht klar war, ob er die Kontrolle über den Wagen verloren hatte oder einen Terroranschlag verüben wollte. Jedenfalls wurde er erschossen. In der Gruppe erzählte eine arabische Teilnehmerin, dass sie sich mit dem Auto nicht mehr auf die Straße traute, weil sie Angst hatte, dass man sie erschießt. Das kam so authentisch, dass ich auf einmal die existentiellen Ängste der Araber verstehen konnte. Wenn ich heute mit arabischen Studenten arbeite, weiß ich um diese Ängste. Ich kann nichts dagegen tun, aber ich kann sie verstehen und das prägt den Dialog. Ihre Leidenschaft und Direktheit sollte uns nicht täuschen; ihre gesamte Interaktion mit Juden ist von existentieller Sorge bestimmt.

Manchmal vermittelt mir das ein Gefühl der Ohnmacht. In den Gruppensitzungen erläutere ich manchmal etwas und sage, *Ich möchte, dass Ihr Euch sicher hier fühlt und Euch offen äußert, aber wir können es auch in der nächsten Sitzung wieder versuchen.* Das klingt angeberisch. Wenn ich in einer Ausbildungssequenz von den Teilnehmern will, dass sie offen über ihren Platz in der Gesellschaft sprechen, so wirkt es angeberisch. Das passiert mir sogar mit arabischen Freunden, aber selten. Das hat mit dem Kultur-Clash zu tun – wenn Juden etwas sagen, so hat es für Juden und Araber verschiedene Untertöne. Mein Selbst-Ausdruck ruft die damit verknüpften Implikationen hervor.

Ich möchte noch ein Beispiel aus dem Ausbildungskurs für Kursleiter 2006 erzählen. Eine Zeitlang fühlte ich mich stark zu arabischen Frauen hingezogen, und stellte mit der Zeit fest, dass viele in diesem Berufsfeld tätige Männer so etwas erleben. Während des Kurses war das sehr stark. Eine junge Frau aus Ost-Jerusalem sagte plötzlich, ohne dass dies zwischen uns in irgendeiner Weise zur Sprache gekommen war: *Die Tatsache, dass es zwischen uns eine sexuelle Anziehung gibt, heißt nicht, dass Du mir nicht mehr zuzuhören brauchst.* Wir hatten nie darüber gesprochen; ich war völlig schockiert. Dass diese Themen so wichtig sind und zugleich kaum angesprochen werden, fiel mir erst später auf. Mich traf wie ein Schock, dass sie fähig war, so etwas offen zu sagen. Intuitiv wusste sie Dinge über mich, ohne dass ich sie jemals gesagt hatte. Sie fühlte ebenfalls etwas. Und was mich am meisten schockierte: Sie forderte mich politisch heraus. Solche Dinge bearbeiten wir nicht wirklich.

Dass Du Dich sexuell von einer Araberin angezogen fühltest, heißt, dass Du das Hindernis Rassismus überwunden hattest.

Auf mich trifft das zu. Es gibt aber auch junge Männer, die Frauen anziehend finden, weil sie Orientalinnen sind; das kommt für mich nicht in Frage. In der Gruppe ging die Diskussion damals einfach weiter; niemand reagierte darauf. Ich erkannte, wie zentral das Thema ‚persönliche Anziehung auf der interpersonalen Ebene [über die nationalen Grenzen hinaus]‘ in unserem Leben ist. Zahllose Forscher haben sich mit der Erotik im Konflikt befasst. Das ist ein wesentlicher Teil des Lebens, wenn man mit Menschen interagiert.

Es ist Teil des Prozesses der Dekonstruktion von Dehumanisierung, den Menschen durchlaufen – die Entwicklung der Fähigkeit einfach als gleichberechtigte Menschen miteinander umzugehen.

Der Dialoggruppe mit ihrem Fokus auf dem palästinensisch-jüdischen Konflikt fiel es sehr schwer, die Grauzonen verschwommener Identitäten zu betrachten. Eine zu enge Beziehung führt zu einem Verschwimmen der Identitäten. Das stört das vorgegebene Setting, in dem es sehr schwer ist, die Möglichkeit einer Hybridisierung (Kreuzung) in den Blick zu nehmen. Bereits das Erweitern unserer Grenzen ist eine Leistung.
Ich will noch ein bisschen genauer zu erläutern versuchen, was zu was geführt hat. Zurzeit versuchen die philosophischen Erziehungstheoretiker über die Annahme hinauszugehen, dass eine bestimmte Unterrichtsstunde bestimmte Dinge vermittelt; sie sehen, dass nur vorgegeben wird, jemand

könnte wirklich wissen, was im Kopf eines Kindes im Klassenraum geschieht. Der Versuch zu definieren, welche pädagogischen Methoden wirksamer sind, ist sinnlos. Eine Bildungserfahrung heißt, dass mit Dir etwas in Deinem Leben geschehen ist, dass Du dies erlebt und diesem Erlebnis eine bestimmte Bedeutung gegeben hast, und dass auch andere dabei waren. Der Versuch zu verstehen, was dort geschehen ist, ist legitim, doch führt er eigentlich zu einer weiteren Frage, nämlich der nach den Konsequenzen. Ich glaube, der Versuch mit Hilfe dieser Interviews herauszufinden, was unser Erleben in der School for Peace mit uns gemacht hat, wirft eine wichtige Frage auf: die nach seiner Bedeutung. Im Rückblick empfinde ich zuallererst Dankbarkeit: Ich bin den anderen, die beteiligt waren, zutiefst dankbar; auch mir selbst bin ich dankbar, und der Welt da draußen, die mich dazu veranlasst hat, diesen Weg zu gehen.

Und ich verstehe rückblickend, dass es uns manchmal schwer fällt zu erkennen, warum wir Dinge tun und welche verborgenen Faktoren dabei mitspielen, welche unerkannten Motive. Oft sage ich mir, vielleicht ist es meine Persönlichkeit oder es sind all die Leute, denen ich auf meinem Weg begegnet bin und die ich zutiefst bewundere. In jedem Fall erinnert mich all das daran darauf zu achten, wie ich mein Leben lebe.

Nada Matta
Wissenschaftlerin und Feministin

*N*ada *Matta hat ihre Dissertation in Soziologie an der Universität New York geschrieben. Sie forscht im Bereich politische Soziologie, Arbeit und soziale Bewegungen, Klassenanalyse und Kapitalismus, und Palästina-Studien. Bevor sie nach New York ging um zu promovieren, hat Matta einen BA in Psychologie an der Universität Tel Aviv gemacht und sich politisch engagiert. Sie hat außerdem einen MA in Soziologie im Bereich Kommunikation, Kultur und Gesellschaft an der Universität London abgeschlossen. Ihre Doktorarbeit behandelt das Thema ,Arbeit und Jugendbewegungen in der ägyptischen Revolution 2011'. Mit ihrer wissenschaftlichen Arbeit und ihrem politischen Engagement möchte sie zu sozialer Gerechtigkeit und Gleichberechtigung beitragen. Nada Matta nahm 2004/2005 an dem Kurs ,Der jüdisch-arabische Konflikt in Theorie und Praxis' an der Tel Aviver Universität teil und absolvierte 2007 die Ausbildung zur Kursleiterin für Konfliktgruppen an der School for Peace in Wahat al Salam – Neve Shalom. Sie wurde am 14. Juli 2009 interviewt.*

„Die School for Peace hat etwas Besonderes … Man lernt diese Dinge dort und wird dann aktiv. Es ist wichtig zu verstehen, was geschieht, und zu verstehen, dass man selbst etwas dagegen tun muss. Das war für mich das Wichtige an meiner Erfahrung dort. Danach hatte ich mehr und mehr den Wunsch, mich der Graswurzel-Bewegung anzuschließen."   *Nada Matta*

Ich habe an zwei School for Peace-Kursen teilgenommen. Der erste war der Kurs an der Uni Tel Aviv 2004/2005 während meines dritten Studienjahres in Psychologie. Ich weiß nicht mehr, wer mir davon erzählt hat. Ein paar von uns machten mit, auch eine Freundin, die ebenfalls Psychologie studierte. Ich glaube, da begegnete ich zum ersten Mal einer jüdischen Gruppe. Zwar kam ich schon mit einem gewissen politischen Bewusstsein an die Uni, war aber politisch nicht aktiv. Ich ging zu politischen Veranstaltungen, organisierte aber nichts selbst. Der zweite Kurs, die Ausbildung zur Kursleiterin in Neve Shalom, hatte auf jeden Fall eine noch größere Wirkung auf mich. Der hat mich wirklich verändert.

Natürlich spielten auch politische Aspekte eine Rolle, doch aus meiner persönlichen Perspektive kann ich sagen, dass vor allem die Erfahrung der Persönlichkeitsstärkung mich entscheidend voran gebracht hat. Die ganze arabische Teilnehmergruppe wurde darin bestärkt, sich als Gruppe mit den Juden auseinanderzusetzen und sich frei zu äußern. Dieser Ansatz der SFP stärkt das Selbstwertgefühl der arabischen Teilnehmer(innen). Die Annahme, dass es in der gesamten Kursgruppe Machtstrukturen gibt, ist völlig richtig; sich authentisch und eindeutig äußern zu können, verleiht enormes Selbstbewusstsein. In unserem Konflikt geht es emotional immer wieder um die Frage, welche Gruppe die Gerechtigkeit eher auf ihrer Seite hat. Die jüdische Teilnehmergruppe musste, soweit ich mich erinnere, mit schwierigen Schuldgefühlen zurechtkommen, etwas, das die Araber in diesem Kontext nicht kennen. Im Gegenteil, meines Erachtens sagten wir Dinge, die den Juden neu waren. Ich glaube, sie erhielten mehr neue Informationen in dem Kurs als wir, weil die Araber bereits Kontakt mit der israelischen Gesellschaft gehabt hatten. Doch nicht Informationen sondern wie man mit den Dingen umgeht bildete den Schwerpunkt des Kurses. Das zu lernen bringt sowohl persönlich als auch im Gruppenkontext weiter. Wir entwickelten politisches Bewusstsein.

Rückblickend fällt es mir schwer, mich genau daran zu erinnern, weil ich mich seither politisch stark weiter entwickelt habe – ich stamme aus einem kleinen Dorf, wo ich nie Juden begegnete, und wuchs in einem wenig politischen Elternhaus auf. Ich engagierte mich damals auch nicht politisch. Deshalb war die School for Peace für meine politische Entwicklung wichtig. Ich versuche das mal zu beschreiben. Die School for Peace hat etwas Besonderes … Man lernt diese Dinge dort und wird dann aktiv. Es ist wichtig zu verstehen, was geschieht, und zu verstehen, dass man selbst etwas dagegen tun muss. Das war für mich das Wichtige an meiner Erfahrung dort. Danach hatte ich mehr und mehr den Wunsch, mich der Graswurzel-Bewegung anzuschließen.

Ein Selbstbewusstseins-Schub

Eine für meine Persönlichkeitsentwicklung wichtige Erkenntnis war, dass auch ich Macht ausüben kann. Wenn man diesen Punkt erreicht und die Leute um Dich herum unterstützen Dich, sowohl die Araber als auch die Juden, dann bewirkt das etwas. Ich denke z. B. an die Zochrot-Gruppe, die aus dem Kurs entstanden ist. Alle Arbeit mit solchen sehr progressiven jüdischen Gruppen hat Bedeutung.

Du hast von Deiner Entdeckung gesprochen, dass sich frei äußern zu können der arabischen Teilnehmergruppe mehr Kraft verliehen hat, dass sie damit Einfluss ausüben konnte. Kannst Du das genauer erklären?

Du spürst diese Kraft, die Juden zu beeinflussen, weil sie tatsächlich Wandel hervorrufen kann. Die arabischen Teilnehmer(innen) fühlen sich eher persönlich gestärkt und haben weniger das Gefühl, neue Informationen zu bekommen. Für die jüdischen Teilnehmer(innen) ist es ungemein wichtig, über Dinge informiert zu werden, von denen sie nichts wussten oder die sie nun anders wahrnehmen. Einen solchen Wandel hervorzurufen stärkt das eigene Selbstbewusstsein sehr. Außerdem tut man Dinge gemeinsam und auch das bestärkt die Araber, weil es sehr schwer ist, diese Dinge allein zu tun. Jüdische Partner bei politischen Aktivitäten sind wichtig; auch das ist ein Ergebnis der Begegnung. Die meisten jüdischen Teilnehmer(innen), mehr als die palästinensischen, sind inzwischen politische Aktivisten. Meine Familie war nicht an politischen Aktivitäten beteiligt. Wir haben zu Hause schon politische Diskussionen geführt und Politik war wichtig; aber niemand aus der Familie war in einer politischen Partei. Obwohl meine Eltern wie alle anderen politisch diskutieren und zur Wahl gehen, engagieren sie sich nirgendwo. Mit meinem Engagement waren sie eigentlich nicht einverstanden. Ihre Generation hat eine etwas andere Haltung zu den Juden und dem Staat. Wie viele arabische Eltern ermahnten sie mich, mich an der Uni nicht politisch zu betätigen. Ich tat es trotzdem.

Ich würde gern diesen Bestärkungsprozess noch besser verstehen. Du sagst, Dein Zuhause hat Dich eher nicht zu politischem Handeln angehalten, doch Du hast auch zwei Erfahrungen in den SFP-Kursen angesprochen: die Fähigkeit sich frei zu äußern und zu sagen, was Du sagen willst, und dass Teilnehmer da waren, die bereit waren sich zu verändern.

Nun, es wäre wenig bei dem Kurs herausgekommen, wenn die Anderen nicht so offen gewesen wären, so viel mit uns geteilt hätten und wirkliche Freunde und Mit-Aktivisten geworden wären. Es war sehr wichtig, dass die andere Seite einen sichtbaren Wandel durchlaufen hat. Zu Anfang kommt man mit großen Zweifeln darüber, wozu die Juden bereit oder aber nicht bereit sind. Offen zu sein, ist ein Schritt, doch dann muss etwas folgen: Man muss sich engagieren, den gemeinsam Kampf mitkämpfen – das ist etwas ganz anderes.

Ob mich das überrascht hat? Ich weiß nicht mehr, mit welchen Erwartungen ich gekommen war, doch wenn man die Leute dann kennenlernt, gibt es manchmal schon Überraschungen. Wenn ich an manche von ihnen denke mit ihrem persönlichen Hintergrund, einem stark militärischen Hintergrund zum Beispiel – wo die sich während des Kurses hin entwickelten, das war enorm; ich habe wirklich viel Respekt vor ihnen. Sie gehören schließlich zur Mehrheit und als Mehrheit bräuchten sie gar nichts zu tun; es geht ihnen so doch prima. Unsere Situation ist ganz anders.

Warum ich einen zweiten Kurs besucht habe? Nun, meiner Erinnerung nach habe ich in dem Uni-Kurs meistens geschwiegen. Außerdem hast Du mich gedrängt mitzumachen, und meine Freundin Ulla machte mit, und dann interviewte mich Rabah und sagte, ich sollte unbedingt an dem Ausbildungskurs für Kursleiter teilnehmen. Ich war neugierig und es machte mir Spaß, Gruppen zu leiten. Außerdem erlebten die arabischen Teilnehmer(innen) den Kurs als insgesamt positiv, besonders wegen dieser Erfahrung der Persönlichkeitsstärkung. Auch die uninationalen Gruppensitzungen waren sehr interessant und verliehen uns viel Kraft. Aus all diesen Gründen kam ich.

Bisher hast zu noch nichts zum Thema Identität gesagt. Ist die Persönlichkeitsstärkung Teil der Identitätsfindung?

Ich würde eher von politischem Bewusstsein als von Identität sprechen. Ich weiß, dass ich bereits in der Schule und zu Hause gewusst habe, dass ich Palästinenserin bin; das war also nicht neu für mich; aber das Gefühl, dass da noch mehr war – ja, das war wichtig. Zu verstehen, dass Du zu einer Gruppe gehörst, zeigt Dir deutlicher, was Identität und Zugehörigkeit bedeuten. Ich wusste eher theoretisch, dass ich Palästinenserin war, gefühlt habe ich das weniger. Im Dorf spürt man seine palästinensische Identität nicht. An der Uni spürte ich sie mehr, und in der Kursgruppe auch, weil außer mir noch andere da waren, die die gleiche Erfahrung machten wie ich, besonders die politische Erfahrung mit den Juden.

Die Verpflichtung zu handeln

Wenn ich überlege, was sich in meiner Identität dadurch verändert hat, so ist das vor allem das Bedürfnis, die Kurserfahrung in Aktion umzusetzen; Du spürst, dass Du dazu gehörst und willst etwas tun; Du fühlst eine moralische Verpflichtung – dieses Gefühl begleitet mich seitdem ständig. In New York bin ich nun aktiv. Ich organisiere Dinge zum Thema Palästinenser. Das ist Teil meiner Verpflichtung, auch moralisch – z. B. das Gefühl der Verantwortung für das, was in den (Besetzten) Gebieten geschieht.

Als ich noch ein Mädchen war, war das anders: Damals wusste ich, dass ich Palästinenserin war und fühlte wie viele andere eine Solidarität mit den Palästinensern in den [Besetzten] Gebieten. Doch die moralische Verpflichtung ist mittlerweile zu einem zentralen Teil meines Lebens geworden. Außerdem interessiere ich mich immer mehr für globale Zusammenhänge, jenseits des Nationalen. Ich bin insgesamt politisch stark nach links gerückt und fühle eine moralische Verantwortung gegenüber allen gegenwärtigen Kämpfen –

der Kampf der Palästinenser ist nur einer davon. Das begann in Tel Aviv, als ich anfing mich stark für soziale Beziehungen zu interessieren, für die zwischen Arbeitern und Arbeitgebern und für alle möglichen von Ausbeutung geprägten Beziehungen, sowohl auf nationaler als auch auf internationaler Ebene, auch in Israel. Dies Interesse nimmt meine Zeit zunehmend in Anspruch. Ich sehe die Palästinafrage als Teil des US-Imperialismus. All das führt zu Bewusstheit – und das ist wirkliche Persönlichkeitsstärkung; es führt dazu, Dinge wahrzunehmen und mehr darüber lernen zu wollen. In New York befinde ich mich in einem ausgesprochen linken Umfeld und ich fühle mich zurzeit stark davon angezogen. Ich möchte zum Beispiel promovieren; vielleicht schreibe ich über Ägypten, vielleicht über die Beziehungen zwischen dem Staat und die Arbeiter oder über ägyptische Politik. Diese Arbeit hat auch Berührungspunkte mit Israel. Der US-Imperialismus im Nahen Osten hängt direkt mit Ägypten und Israel zusammen. Diktaturen in arabischen Ländern sind ebenso schlimm wie Israel. Und sie haben ähnliche Folgen für den Kampf der Palästinenser.

Heißt das, Du fühlst Dich den Unterdrückten auf der ganzen Welt verpflichtet?

So ist es, wobei zugleich die emotionale Verbindung zu Palästina natürlich stärker ist als zu anderen Konflikten. An Weihnachten [2008] konnte ich nicht von New York weg und nach Hause; das war ein schrecklicher Monat. Angesichts dessen, was in Gaza vor sich ging, hatte ich Alpträume. Ich weinte viel; es war hart so allein zu sein. Palästina bedeutet mir mehr als Venezuela, doch ich hoffe, dass die Sozialisten in Venezuela Erfolg haben. Ich verfolge die Entwicklung dort, sie interessiert mich. In New York lese ich morgens die *Pal Today* und die palästinensischen Zeitungen. Ich bin ausgesprochen global interessiert, weil ich glaube, dass alles miteinander zusammenhängt, und informiere mich entsprechend. Alle Konflikte haben miteinander zu tun; der hier in Israel und den Besetzten Gebieten ist stärker national ausgerichtet. Manche Linken denken, es sei ein Klassenkonflikt; doch ich finde das zu ungenau. Der Konflikt hier ist eher ein nationaler als ein Klassenkampf. Mir scheint, die Lage der Palästinenser ist sogar noch schwieriger als die der Südafrikaner. Sie ist schwieriger, weil die Palästinenser in Israel ausgeschlossen sind, es gibt keine Strukturen, über die sie Einfluss ausüben können, wie dies in Südafrika der Fall gewesen ist. Die schwarzen Südafrikaner konnten Druck auf den Staat ausüben, weil der Staat von ihnen abhing. Für Israelis sind die Palästinenser [in den Besetzten Gebieten] einfach überflüssig, peripher, weil sie unwichtig sind und keine Macht haben; und da der bewaffnete Kampf natürlich nicht zwischen Gleichen stattfindet, wird er natürlich keinen Erfolg haben sondern scheitern. Wenn die Israelis die Araber als Arbeitnehmer bräuchten, wäre das anders; dann hätten die Palästinenser mehr Macht.

Nach der Ausbildung zur Kursleiterin

Nach der Ausbildung zur Kursleiterin arbeitete ich an der School for Peace, zuerst leitete ich Kurse, dann koordinierte ich Jugendbegegnungen. Zusammen mit einer jüdischen Kursleiterin war ich für die Koordination der Kurse mit verschiedenen Schulen zuständig. Ich traf die Vereinbarungen mit den Schulen und bereitete die Schülergruppen, die Lehrkräfte und die Schulleitung auf die Begegnungen vor; danach kamen die Gruppen zu den Workshops in die School for Peace. Damals habe ich nicht die Workshops selbst sondern die Kursleiter-Teams geleitet und anschließend Workshop-Berichte geschrieben. Während der Kurse fungierte ich als Beraterin für die Leitungsteams. Kursleitung ist Teamarbeit und dabei lernte ich sehr viel, sowohl national und politisch als auch was Beziehungen zwischen Individuen und zwischen Gruppen betrifft. Mit so erfahrenen Kursleitungen zusammen zu arbeiten, brachte mich enorm weiter. Zugleich forderte mich diese Arbeit stark, vor allem die Zusammenarbeit mit einer jüdischen Kursteam-Leiterin.

Die Beziehungen zwischen den jüdischen und arabischen Kursgruppen sind nicht einfach. Es gibt da auch eine interpersonale Komponente. Als arabische Koordinatorin war ich für den nationalen Aspekt der arabischen Teilnehmergruppe verantwortlich. Die arabischen Kursleiter(innen) sollen bestimmte Grenzen einhalten, die arabische Nationalität bewahren und die Bedürfnisse der arabischen Teilnehmergruppe unterstützen. Diesen Anspruch stellten die arabischen Kursleiter(innen) an sich und ich selbst auch an mich. Dazu kam die Kooperation mit der jüdischen Kursteam-Leiterin, und die Tatsache, dass man alle koordiniert – was etwas völlig anderes ist, als wenn man koordiniert wird. Man ist für das Ganze verantwortlich, und das kompliziert die Beziehungen zwischen den Beteiligten. Da sind die arabischen Kursleiter(innen) mit ihren Bedürfnissen, und manchmal gibt es Dinge, die mir nicht gefallen, zum Beispiel bestimmte Aussagen oder die Art und Weise, wie Opposition ausgedrückt wird. Eine solche Position auszufüllen, ist schwer, weil man zu allererst Kritik annehmen und zugleich behutsam Kritik üben muss.

Einmal ging es um das Thema Frauen, ein besonders mit Juden sehr sensitives Thema. Ich mag das Thema nicht so gern, weil die Juden es als Schwachpunkt der Araber sehen und sich immer gleich darauf stürzen. Zugleich muss man das Thema offen angehen. Es ging, glaube ich, um den

Hijab. Eine von der arabischen Kultur weit entfernte Haltung dazu einzunehmen ist nicht leicht, und so ein Thema ist besonders brisant. Heute bin ich viel freier in meiner Kritik an der arabischen Gesellschaft; damals habe ich auch Kritik geäußert, doch heute bin ich viel klarer, wenn ich etwas falsch finde. In der gemischten Gruppe ist solche Kritik schwerer, die uninationalen Gruppensitzungen haben uns dies erleichtert.

Das Thema Sprache ist auch so ein Beispiel: Es gab arabische Kursleiter(innen), die darauf bestanden, nicht ein Wort Hebräisch zu sprechen, auch solche, die schon lange Kurse leiteten. Es gab Phasen, in denen mir das nicht gefiel, weil ich fand, darüber seien wir hinaus. Und wenn es jemand nicht für richtig hält mit Juden zu arbeiten – und diese Haltung kann ich verstehen – dann muss er das auch nicht, doch dann sollte er auch nicht nach Neve Shalom kommen und das ausleben. Als Koordinatorin musste ich das akzeptieren und damit umgehen. Man kann nicht, wie eine Gruppenteilnehmerin, einfach sagen, *Das finde ich nicht gut.* Solche Dinge haben mich stark gefordert.

Da prallen Nationalismus und Feminismus aufeinander.

Mit solchen Dingen kann man in der Anwesenheit von Juden nur schwer umgehen; ich weiß, wie sie das ausnutzen um ihre Machtposition zu stärken. Und die Frauenfrage ist ja auch ein schwacher Punkt in der arabischen Gesellschaft.

Aber nochmal: Heute kann ich besser mit solchen Konfrontationen umgehen. Ich bin politisch reifer, weiß genauer, wo ich selbst stehe, und bin überaus säkular eingestellt. Aber ich mag es nicht, wenn Leute Religion missachten. Viele religiöse Menschen sind arm. Und manchmal verhalten sich arabische Liberale herablassend und elitär im Hinblick auf Religion. Andererseits bin ich für eine ganz klare Trennung von Religion und Staat. Die Gesetze und sozialen Rechte sollten durch das Zivilrecht festgelegt werden. Religion sollte Privatsache sein.

Du meinst, man sollte dieses Thema nicht manipulativ einsetzen?

Genau. Und man sollte nicht elitär sein, nach dem Motto, *Ich weiß besser als Du, was für Dich gut ist.*

Hat das vielleicht damit zu tun, dass Deine Identität inzwischen in einem offeneren und besser informierten Umfeld verortet ist?

Ja. An der Uni arbeite ich mit einem radikalen Supervisor zusammen und gehöre zu einer radikalen Studentengruppe. Das beeinflusst auch meinen Feminismus. Leider befassen sich akademische Feministinnen vor allem mit Gender-Studien. Ich hingegen habe kein besonders gutes Verhältnis zum US-Feminismus oder Gender-Studien. Mit beidem habe ich nicht viel zu tun; denn der Feminismus ist anders geworden als ich ihn mir vorstelle.

Ich betrachte den Feminismus in erster Linie als politische Bewegung gegen alle Formen der Unterdrückung. Ich halte nichts von einen Feminismus, der zwar für Gleichberechtigung zwischen Männern und Frauen eintritt, Besatzung und Ausbeutung aber ignoriert. Nehmen wir z. B. die Lage, in der sich Palästina heute befindet: Ich finde, wir sollten den feministischen Kampf hier keineswegs aufgeben, wie es die Islamische Bewegung und die Fatah tun. Manchmal werden da Prioritäten gesetzt: Wenn tagtäglich Menschen getötet werden, kann man sich nicht speziell mit Frauen befassen. Aber ich glaube ganz und gar nicht, dass wir den Feminismus aufgeben und den nationalen Kampf als einzige Priorität betrachten sollten.

Sikkuy, Forschung, Aktivismus

Von einem gewissen Punkt an wollte ich nicht mehr als Kursleiterin arbeiten, weil die vielen politischen Diskussionen in den Kursen mich emotional erschöpften. Dinge begannen sich zu wiederholen und ich bekam das Gefühl, hier alles gelernt zu haben, was ich hier lernen konnte; außerdem wollte ich nach Haifa ziehen. Also begann ich im Norden für Sikkuy zu arbeiten.

Ich muss noch etwas Allgemeines zur Kursleiterarbeit sagen – bezogen auf alle derartigen Projekte. Schon damals begann ich da manches kritisch zu sehen. Dabei habe ich immer zwischen Neve Shalom und anderen Einrichtungen unterschieden. Für solche Workshops wird viel Geld ausgegeben, und von dem, wie sie anderswo durchgeführt werden, bekam ich den Eindruck, dass all das dort investierte internationale Geld besser für andere Dinge ausgegeben würde. Nicht jede Einrichtung ist so wie Neve Shalom, ein linker Knotenpunkt, wo Juden und Arabern hinkommen, voneinander lernen und anschließend gemeinsam politisch aktiv werden können. Darin liegt meines Erachtens die Stärke von Neve Shalom, und in den dort möglichen Kontakten zu Palästinensern in der Westbank. Ich denke an all die anderen Organisationen und ihre Projekte – und dabei denke ich nicht an ‚Normalisierung‘ oder ‚Israelifizierung‘ – und frage mich, was diese Projekt eigentlich erreichen sollen und warum so viel Geld dorthin fließt. Diese Frage verdient eine Antwort. Warum wird dafür so viel Geld ausgegeben und für andere Dinge nicht? Wenn diese Projekte den Status quo tatsächlich verändern würden, dann bekämen sie nicht so viel internationale Unterstützung. Als ich damals aufhörte, tat ich das jedoch, weil ich erschöpft war; die Arbeit laugt Dich aus. Und so begann ich bei Sikkuy eine ganz andere Arbeit. Dort schrieb ich ein Jahr lang Berichte über Diskriminierung bei der Zuweisung von Finanzzuwendungen an jüdische und arabische Gemeinden.

Nach meiner Arbeit in Neve Shalom bei anderen jüdisch-arabischen Organisationen zu arbeiten fiel mir schwer, auch was den Standpunkt mancher jüdischer Kolleg(innen) anbetraf. Die in Neve Shalom gesammelten Erfahrungen halfen mir jedoch sehr. Einmal arbeitete ich mit einer erfahrenen jüdischen Kollegin zusammen an einem Bericht. Als sie ein paar Korrekturen vornahm, reagierte ich anders als ich es erwartet hatte. Bis heute denke ich ungern daran, dass ich ziemlich lange brauchte, bis ich sie bat, die Korrekturen meiner bewusst so formulierten Aussagen zurückzunehmen. Da ging es um einen tiefen und langen inneren Prozess. In Neve Shalom arbeitete ich sehr hart ... In meiner Teilzeitstelle bei Sikkuy hatte ich mehr Freizeit und genoss das Leben in Haifa. Danach erwog ich, nicht zum ersten Mal, weiter zu studieren – in New York. Warum New York, weiß ich nicht, dort hatte ich schon immer studieren wollen; ich liebe Großstädte. Für mich war das der Studienort. Nach ein paar vergeblichen Versuchen erhielt ich ein Fulbright-Stipendium, ging nach San Diego und später dann nach New York.

Mein Projektantrag bezog sich auf ein Studium der israelischen Linken. Zuvor war ich ein Jahr lang in England gewesen. Zwischen meinem BA an der Uni Tel Aviv und meiner Arbeit als Koordinatorin in Neve Shalom studierte ich ein Jahr lang an der Universität London und machte dort einen MA im Bereich Kommunikation, Kultur & Gesellschaft. Meine MA-Arbeit schrieb ich über den post-zionistischen Diskurs in der Zeitschrift *Kritische Theorie (Teoria VeBikoret)*. Ich stand dem post-modernen Diskurs, welcher den post-Zionismus und die israelische Linke dominierte, kritisch gegenüber. Dann begann ich, betreut von Nur Masalha in England, über ein Promotionsthema zur israelischen Linken nachzudenken – über die Frage, was die israelische Linke hat und was ihr fehlt.

Dieses Thema wählte ich, weil ich dachte, dass die israelische Linke, wenn sie sich zu einer wirklichen Linken entwickelt – und damit meine ich nicht Meretz – wirklichen Wandel anstoßen könnte.

Du hast einen solchen Wandel also für möglich gehalten?

Ich weiß nicht, ob ich diese Hoffnung wirklich hatte; ich fand die israelische Linke einfach zu klein. Vielleicht war, aus meiner Sicht, Zochrot so eine linke Gruppe. Jedenfalls war ich kritisch und hoffte auf kleine Gruppen wie ‚Anarchisten gegen die Mauer'; aber diese Gruppen hatten einen so kleinen Umfang, dass sie als Forschungsgegenstand zu wenig hergaben; sie haben kaum soziale Wirkung. Und so verstand ich nach vielen Gesprächen, dass diese Gruppen zu marginal waren um eine so lange Anstrengung zu lohnen; hätten sie zu einer größeren Linken gehört, so wäre das etwas anderes gewesen.

Inzwischen habe ich von einer Forschung über Palästina Abstand genommen. An dem Thema bin ich persönlich stark beteiligt und so dachte ich, es sei besser, meine Dissertation über ein entfernteres Thema zu schreiben. Außerdem hatte sich mein politisches Denken weiter entwickelt. Heute bin ich z. B. stärker am ganzen Nahen Osten, an den Beziehungen zwischen den USA und dem Nahen Osten und an Ägypten interessiert. Internationale Beziehungen und das, was sich in Ägypten vollzieht, sind nicht weniger wichtig als das, was in Israel und Palästina geschieht. Die Palästinafrage war immer mit der arabischen Welt verbunden und gehört auch jetzt in diesen Kontext.

Was daraus wird, weiß ich noch nicht. Ich liebe Haifa und möchte dort leben; ich möchte wirklich gern dorthin zurückgehen. Die Leute wollen immer, dass ich an das denke, was passieren kann, wenn ich studiere und so viel investiere, weil ich angesichts meiner politischen Einstellungen nur sehr begrenzte Chancen habe, an einer israelischen Universität zu arbeiten. Selbst für linke Juden gibt es bereits jetzt nicht viel Raum in Israel. Ich weiß also nicht, was kommt. Ich möchte schon zurückkehren, das hat mit meinem persönlichen und meinem politischen Leben zu tun und mit dem, was ich zuhause liebe, nicht so sehr mit meiner Berufskarriere. Ich bin gefühlsmäßig nicht sehr an New York gebunden. In Haifa fühle ich mich wohler und es macht mehr Spaß in einer arabischen Umgebung zu leben. Mal sehen.

Was für Dinge hast Du in New York organisiert?

Seit meinem ersten Jahr an der Uni New York (NYU) arbeite ich mit einer Gruppe junger Leute. Wir veranstalten eine Reihe mit dem Titel ‚Radikale Filme und Vorträge', laden dazu Studenten ein und zeigen Filme. Unsere Zielgruppe sind BA-Studenten; wir zeigen ihnen radikale Filme zu politischen und sozialen Themen aus aller Welt. Wir organisieren auch Palästina-Veranstaltungen und laden Referenten ein. Zu Gaza habe ich z. B. eine große Veranstaltung gemacht mit ca. 150 Zuhörern, viel mehr als wir sonst haben. Zwei Referenten berichteten über die Ereignisse in Gaza und was das bedeutet. Wir machen auch viele Veranstaltungen über die

Wirtschaftskrise. Viele unserer Veranstaltungen sind wirklich interessant. Der größte Teil meiner Freizeit ist mit politischen Aktionen gefüllt. Dieses Jahr haben wir die palästinensische 'Solidarity Coalition' gegründet; die Initiative ging von Studenten im Grundstudium aus. Diese ‚Coalition' war äußerst aktiv und erregte viel Aufmerksamkeit. Sogar Ynet schrieb über ihre Aktionen an der NYU. Wir führten eine Demonstration gegen den Angriff auf Gaza durch, und die NYU ist ein ausgesprochen zionistisches Pflaster. Es gab Gegendemonstrationen und einige Aktionen; das war um den israelischen Unabhängigkeitstag herum. Wir demonstrierten und sie demonstrierten gegen uns, und der ganze Washington Square sah zu. Der politische Aktivismus, die Forschung, die pädagogische Arbeit, all das gehört für mich zusammen. Zwei Aspekte sind dabei miteinander verbunden: persönlich befriedigt mich diese Arbeit und politisch interessiert sie mich. Ich fühle mich moralisch dazu verpflichtet, finde die Arbeit notwendig und will sie auch tun. Ich bin dazu fähig und genieße das Privileg, sie auch tun zu können. Manche Menschen können sich politisch nicht engagieren, nicht weil sie nicht wollen, sondern weil sie im Gegensatz zu mir die Zeit nicht haben. Auch deshalb fühle ich mich verpflichtet, so aktiv zu sein.

Gewiss profitiere ich auch davon. Durch meine Aktivitäten lerne ich zwar nichts Neues über Palästina, doch ich lerne, im amerikanischen Kontext für Palästina tätig zu sein. Angesichts des Angriffs auf Gaza konnte ich nicht schweigen; ich dachte unablässig daran. Ich hatte das Gefühl, die Leute schauen mich an; ich musste aktiv werden, denn man stellt Erwartungen an mich als Palästinenserin. Allerdings gibt es bei Aktionen für Palästina manchmal das Problem, dass die amerikanische Linke ultra-linke Positionen vertritt. Zum Beispiel stand in einem unserer Demo-Flyer ‚Beendet die Besatzung!' Das gefiel ihnen nicht; sie wollten stattdessen den Text ‚Ein-Staaten-Lösung! Beendet die Apartheid!' Wenn man ein Ende der Besatzung verlangt, ist man ihnen nicht radikal genug; das ist naiv. In New York ein Ende der Besatzung zu fordern ist sehr wichtig. Die Leute müssen erstmal verstehen, dass es eine Besatzung gibt und dass diese Besatzung beendet werden muss, bevor man anfangen kann über einen oder zwei Staaten zu diskutieren. Doch die politische Debatte über Palästina kreist nur um die Ein-Staaten- oder Zwei-Staaten-Lösung – ein in meinen Augen sinnloser Diskurs. Dazu brauchten die Amerikaner nicht Stellung zu beziehen. Die westlichen Staaten sollten sich für ein Ende der Besatzung stark machen. Wenn wir das schaffen, dann haben wir bereits Wesentliches erreicht. Gleichzeitig lerne ich aus den anderen Aktivitäten, an denen ich beteiligt bin, sehr viel über die ganze Welt, und das verhilft mir zu einer neuen Perspektive. Ich bin nicht mehr so rigide in meinem Nationalismus, auch wenn mir das schwer fällt. Der Nationalismus beinhaltet ein paar Aspekte, die ich nicht teile: Er ist rechts und aggressiv statt progressiv. Ich bin nur wegen unseres nationalen Kampfes eine Nationalistin. Wenn ich nicht Palästinenserin wäre, so wäre ich das nicht.

Möchtest Du im Rückblick noch etwas hinzufügen, das mit Deinen Erfahrungen in der School for Peace zusammenhängt und mit dem, was Du danach getan hast?

Ich denke über Beziehungen zu Juden nach. Wäre ich nicht in Neve Shalom gewesen, so hätte ich, glaube ich, keine Beziehungen zu Juden, weil ich an der Uni meine Kontakte zu Juden abgebrochen hatte. Heute sind Beziehungen zu Juden sehr wichtig für mich; sonst wäre ich komplett von der israelischen Gesellschaft abgeschnitten. Nur die aus dem Kurs in Neve Shalom sind geblieben; sie sind mir persönlich wichtig, doch wenn man betrachtet, wo sich dieses Land heute befindet und wo seine Bewohner sich befinden, so erschrickt man. Während des Angriffs auf Gaza war ich sehr deprimiert über das, was Israelis von sich gaben – ich las es auf Ynet oder in Haaretz. Dieser pure, offene Rassismus deprimierte mich zutiefst. Organisationen wie Zochrot und Neve Shalom sind wichtig. Sie bewahren ein kleines Stück geistiger Gesundheit.

Ein Stückchen, an dem man sich festhalten kann.

Ja. Menschlich gesehen, helfen mir beide zu spüren, dass noch nicht alles verloren ist.

Sarab Abu-Rabai-Qeder

Soziologin und Aktivistin

*D*r. *Sarab Abu-Rabia-Qeder lehrt am Institut für Wüstenforschung der Ben Gurion Universität in Beer Sheva und engagiert sich in beduinischen Frauenorganisationen im Negev. Ihre Forschung befasst sich vor allem mit der Soziologie der Geschlechter und der Bildung sowie mit der Identität und der Arbeitssituation der Palästinenser in Israel. Das letzte der von ihr veröffentlichten drei Bücher (für das sie Ko-Herausgeberin war) trägt den Titel ‚Die Naqab Beduinen und der Kolonialismus: Neue Perspektiven' (Routledge Press 2015). Sarab Abu-Rabia-Qeder nahm 1996 am Universitätskurs der School for Peace an der Ben Gurion Universität teil und reiste 1997 mit einer jüdisch-palästinensischen Studenten-Delegation nach Deutschland. Die Ausbildung zur Kursleiterin für Konfliktgruppen an der School for Peace in Wahat al Salam – Neve Shalom durchlief sie 1999/2000. Sarab Abu-Rabia-Qeder wurde am 3. Dezember 2009 interviewt.*

„Man kann auch außerhalb einer gemeinnützigen Organisation sozialen Wandel initiieren. Non-profits gibt es viele, doch es gibt kaum Studien über sozialen Wandel unter Beduinen und keine Beduininnen in der Forschung. Ich bin die erste promovierte Negev-Beduinin und die erste Beduinin mit einer Planstelle in der Forschung. Also nutze ich diese Position um Dinge aufzudecken. Auch das ist sozialer Wandel. Zuerst deckt man Taboos auf und dann stellt man sie in Frage."

Sarab Abu-Rabai-Qeder

Der Neve Shalom-Kurs sprach mich an, weil er mir die seltene Gelegenheit bot, Juden zu begegnen und über mich als arabische Frau zu sprechen. Ich wollte meine Geschichte als muslimische Araberin erzählen, die in Beer Sheva aufwuchs und zunächst eine beduinische Schule und dann ein jüdisches Gymnasium besuchte. Ich dachte, so ein Kurs wäre eine gute Plattform um diese Dinge mitzuteilen und der anderen Seite begreiflich zu machen – und dann veränderte der Kurs auch mein Bild von den Anderen ganz wesentlich.

Ich ging von der 9. Klasse an in ein jüdisches Gymnasium; dort erlebte ich die erste Intifada, in der es auch Selbstmordattentate gab. Ich weiß noch gut, wie ich 1988/89 mehrfach während der Pause im Hof saß und Schüler(innen) sich vor mich setzten und sagten: *Wieder ein Terrorangriff! Was sagst Du dazu?* Sie wollten meine Loyalität testen. Dass ich ständig mich, meine Loyalität und meine Einstellungen beweisen musste, machte mir schwer zu schaffen. Manchmal sollte ich ihnen erklären, warum die Araber Selbstmordattentate machten: *Warum tun die das?* Für die war ich nicht okay. Einzige Araberin an der Schule zu sein war wirklich schwer. Ich kann nicht sagen, dass ich persönlich diskriminiert wurde, aber als Angehörige einer Minderheit in Beer Sheva schon. Ja, ich wurde diskriminiert: Ich musste in ein jüdisches Gymnasium gehen, weil es kein arabisches gab. Inzwischen habe ich selbst Kinder; sie gehen in einen bilingualen Kindergarten; nur dort lernen sie die andere Sprache und begegnen der anderen Seite.

Im SFP-Kurs hoffte ich dem Schmerz eine Stimme geben zu können, den ich in meiner Gymnasialzeit nie ausdrücken durfte; vielleicht konnte ich dies in einer ,Peer Group' – ich sage das in Anführungszeichen – aus jüdischen und arabischen Studenten tun. Doch im Kurs stellt man dann plötzlich fest, dass die arabische Kursgruppe ganz und gar nicht homogen ist. Ich erinnere mich an radikale Stimmen und gemäßigte auf beiden Seiten, doch insgesamt war die Kursgruppe ziemlich radikal. Wenn jemand es wagte, sich gemäßigt zu äußern, so wurde er zwar nicht ausgeschlossen aber zurechtgewiesen. In solchen Gruppen-Begegnungen werden die Teilnehmer(innen) zunächst von der Gruppe beeinflusst und vergreifen sich manchmal im Ton, doch allmählich verliert der Extremismus an Schärfe. Dann gibt es persönliche Aussagen und es entstehen Risse in der Gruppe.

Eine außergewöhnliche Stimme

Ich befand mich irgendwo in der Mitte des Spektrums. Nach dem Kurs reisten wir nach Deutschland und sprachen dort über den Holocaust. Jene Szenen dort zu sehen, hat mich als Mensch sehr geschmerzt. Ich weiß noch, dass ich sagte: *Wir alle sind Menschen und müssen einander verstehen lernen.* Dort war ich emotional mit den Anderen verbunden, nicht politisch sondern menschlich. Ein paar meiner arabischen Freund(innen) und Kolleg(innen) lachten mich aus.

Später im Kurs fragten wir die Juden, ob sie aus dem Holocaust etwas für ihre Einstellung gegenüber den Arabern gelernt hätten. Meine Bemerkung provozierte einen Eklat. Was das denn heißen solle, dass wir alle Menschen seien? *Nein, sie sind Juden und haben uns Schlimmes angetan; die Opfer des Holocaust sind heute die Täter.* Ich saß zwischen den Stühlen und verstand beide Seiten, weil ich bereits beide Seiten erlebt hatte. In der arabischen Schule war ich Außenseiterin gewesen, weil ich in der Stadt wohnte und nicht wie eine Beduinin aussah. Manche hielten mich sogar für eine Christin und sagten das auch. In der jüdischen Schule war ich als einzige Araberin wieder eine Fremde. Ich war immer Außenseiterin und gewohnt, mich als solche äußern zu müssen und dafür zurechtgewiesen zu werden. Auch in der palästinensischen Gesellschaft ist eine solche Stimme außergewöhnlich, und für die jüdische Gesellschaft ist sie neu.

Es tut gut, selbstbewusst mit Juden zu sprechen, die keine Araber kennen und meinen, alle Araber seien Terroristen und primitiv und so weiter. Plötzlich stellen sie fest, dass sie intelligente Leute vor sich haben, die sich ausdrücken können, Ziele haben und sogar intelligent argumentieren können. So kann man das in den Medien verbreitete Bild des Arabers zurechtrücken. Das verblüfft sie vielleicht, aber es ist gut, weil überraschenderweise gleichzeitig eine Art freundliche soziale Beziehung entsteht. Ich habe immer jüdische Freund(innen) gehabt; als Jugendliche war ich in einer Clique, zu der größtenteils Juden aus unserem Viertel gehörten. Erst an der Uni bekam ich mehr Kontakt zu Arabern und zur arabischen Gesellschaft, und dann als verheiratete Frau mit Kindern. Doch meine Jugenderfahrung war eine jüdische Erfahrung, also war ich mir meiner Diskriminierung nicht so stark bewusst, wie ich es sozusagen offiziell hätte sein sollen. Ich kam nicht mit dem Gefühl in den Kurs, diskriminiert worden, minderwertig oder benachteiligt gewesen zu sein. Durch meine Äußerungen wollte ich erreichen, dass man mich nicht länger als ,unnormale' Araberin betrachtet. Wenn man sich so äußert wie ich, so kommt auf arabischer Seite postwendend eine harte Reaktion, wie: *Wo kommst Du denn her, dass Du solche Sachen von Dir gibst? Wer gibt Dir das Recht zu sagen, man sollte sie – die Juden – als Menschen betrachten?* Das war richtig hart.

Es ist Dir gelungen, als Beduinin von den anderen Mitgliedern der arabischen Kursgruppe gehört zu werden.

Ehrlich gesagt, weiß ich nicht mehr, ob es eher um mich als muslimische Araberin oder als Beduinin ging. Der Beduinen-Aspekt kam glaube ich später ins Spiel, bei Amal [Amal Elsana Alh'jooj], weil sie aus einem Dorf kam, bei mir weniger, weil ich nicht in aus einem Dorf kam und kein typisches Beduinenleben führte.

Ich denke, letztlich erfährt man erst dann eine Persönlichkeitsstärkung wenn man eine Krise durchläuft. Wie meine Persönlichkeit gestärkt wurde? Durch Krisen, und ich habe, weiß Gott, viele Krisen durchlaufen. Walid und ich waren die einzigen Araber in der Kursgruppe, die ein jüdisches Gymnasium besucht hatten und dort Außenseiter gewesen waren; nur wir beide wussten, wie es ist, die Ausnahme in einem dominanten jüdischen Umfeld zu sein – und das jeden Tag aufs Neue. Das ist eine andere Art der Diskriminierung als vergebliche Arbeitssuche. Da heißt es nicht: *Sie bekommen die Stelle nicht.* Obwohl ich Araberin war, wurde ich an der jüdischen Schule angenommen. Aber ich war die Außenseiterin, die Exotin, und manchmal beschimpften sie mich auch: *Dreckige kleine Araberin, dreckige Araberin.* Solche Erfahrungen machte ich, doch zugleich hieß mich die Bildungseinrichtung willkommen und verteidigte mich und bestrafte diejenigen, die mich beschimpften. Dies Schulumfeld war ausgesprochen links und verständnisvoll. Es stärkte mich, weil ich lernte, selbst in einer von Juden dominierten Umgebung für mich einzutreten, und allmählich begriff ich, dass mich das sehr gut auf mein Leben als Erwachsene vorbereitete. Nachdem wir geheiratet hatten, lebten wir in einem 16-stöckigen Wohnblock mit ausschließlich sehr religiösen Juden. Wir, die Beduinen, lebten als Erst-Besitzer in der Penthouse-Wohnung. Am nächsten Tag war im Aufzug zu lesen: *Achtung, die Hamas ist im Haus.* Wir lachten darüber, weil ich solche Sachen schon gewohnt war. Oder jemand sagte zu mir: *Aber Sie sehen gar nicht Arabisch aus.* Du kennst ja diese Phasen in Gruppen, wo man im Kreis herumgeht und einander kennen lernt. Das ist im normalen Leben auch so, und deshalb überraschte es mich das nicht. Es schmerzt auch nicht mehr so und regt mich nicht mehr so auf wie früher. Ja, solche Erfahrungen machen Dich stark.

Wie hat sich die Begegnung mit den anderen Araber(innen) im Kurs auf Dich ausgewirkt?

Ich fand heraus, dass es auch in meiner Gesellschaft verschiedene Stimmen gibt. Die Araber erfahren hier in der Regel ständige Diskriminierung und leben in Dörfern. Diese Diskriminierung sind wir als arabische oder beduinische Bewohner von nicht-anerkannten Dörfern gewöhnt; viele Dörfer haben keine Infrastruktur oder keine Bildungseinrichtungen und keine Arbeitsstellen – mein Vater war auch arbeitslos. Doch ich komme aus einer hoch-gebildeten, gut-situierten Familie, nicht reich aber mit zwei berufstätigen Eltern, sodass es mir als Kind an nichts fehlte. Mit so einer Familie ist es schwer, als diskriminierte Araberin wahrgenommen zu werden. Als ob man hart arbeiten muss um klar zu machen, dass man tatsächlich ein Opfer ist und tatsächlich diskriminiert wird. Die arabische Kursgruppe, d.h. die Minderheit, zu der auch ich gehöre, hat mich damals nicht so wahrgenommen; ich war ihnen fremd, weil ich nicht die üblichen Charakteristika von Diskriminierten und Opfern zeigte. Ich erhielt keine Vergünstigungen, um studieren zu können. Das Studium fiel mir leicht, ich hatte keine Sprachprobleme und ich habe es mit der Unterstützung meiner Familie allein geschafft. Das ist eher die Ausnahme. Demzufolge musste ich erst einmal beweisen, dass ich tatsächlich diskriminiert wurde, tatsächlich auch ein Opfer war. Plötzlich stellte ich fest: Anscheinend wirst Du nur dann in der eigenen Gruppe akzeptiert, wenn Du diskriminiert wirst; wenn nicht, bleibst Du draußen.

Hat diese Erfahrung Dein Zugehörigkeitsgefühl zu den Palästinensern verstärkt?

Ich habe immer dazu gehört, weil ich aus einer sehr starken Familie komme. Dass ich nicht in schwierigen Verhältnisse gelebt habe, heißt nicht, dass ich nicht dazu gehöre – als ob ich erst eine Palästinenserin wäre, wenn ich mich als Opfer bezeichne. So ein Axiom gibt es nicht. Die Juden haben lediglich entschieden, uns so zu sehen, und leider haben einige Beduinen, Männer wie Frauen, die Vorstellung übernommen, man könne nur als Opfer von der jüdischen Gesellschaft akzeptiert werden. Nach dieser Lesart wird man nur als authentische Führungspersönlichkeit akzeptiert, wenn man dieser arme Araber ist. Dazu sage ich nein! Ich kann – obwohl ich nicht arm bin – sehr wohl führen; ich kann aus einer Position der Stärke heraus führen, und diese Position gebe ich nicht her.

Was geschah, als wir nach dem Kurs mit der Delegation nach Deutschland fuhren, das war der größte Schock, das war der stärkste Teil der Begegnung. Ich hatte schon vor den Gruppensitzungen in dem Uni-Kurs Kontakte zur jüdischen Gesellschaft gehabt. Ich hatte auch schon schwierigere Begegnungen erlebt, und in dem Kurs kam dieser virtuelle Aspekt dazu, dass die Sitzungen auch beobachtet wurden. Zudem war unser Verhalten nicht ganz authentisch, weil wir uns mehr als Gruppenmitglieder und weniger als Individuen äußerten. Die eigentlichen Geschichten und das tiefer gehende Kennenlernen passierten bei informellen Gesprächen im Korridor. Übrigens finde ich nicht, dass solche Gruppen nur zur Radikalisierung beitragen, ganz im Gegenteil: Die Leute kommen einander dadurch oft näher.

In Deutschland blieben die Gruppen stark für sich, um mit einer Stimme zu sprechen; denn wir begegneten dem Holocaust, der den nationalen und den Opfer-Aspekt sowohl bei den Juden als auch bei den Arabern in unserer Begegnung verstärkte; wir mussten beweisen, dass auch wir Opfer sind. Für individuelle Ansichten und Geschichte war kein Platz. Da auch Deutsche bei der Begegnung waren, wurde der Raum von dem Narrativ der dominanten Gruppe beansprucht. Das wiederum verstärkte den Nationalismus und das palästinensische Gruppengefühl bei uns. Mir wurden eine paar Dinge viel klarer als zuvor, zum Beispiel, dass es mir, wenn ich über mich als palästinensische Frau sprechen möchte, um die spezifische Erfahrung als Palästinenserin geht. Meine persönliche Stimme wurde dort tatsächlich gehört. Sie erhellte einen zusätzlichen Aspekt von Diskriminierung, weil ich als Angehörige einer benachteiligten Minderheit in eine jüdische Schule gegangen war, und sie entfaltete eine Kraft, die sie in Israel in dem Uni-Kurs nicht gehabt hatte. Vielleicht lag es daran, dass hier in Israel die Juden die bestimmende Gruppe sind, während sie in Deutschland die Opfer waren. Jede jüdische Opfer-Geschichte verstärkte unser Opfer-Sein als Gegengewicht zur Opferhaltung der Juden, mit der zu konkurrieren sehr schwer ist. Als Araber entwickelten wir dort ein sehr starkes Zusammengehörigkeitsgefühl. Diese Erfahrung hat mich sehr gestärkt, weil ich noch nie eine so starke Beziehung zu der arabischen Kursgruppe gehabt hatte. Wir gingen zusammen eine deutsche Straße entlang und sangen unversehens arabische Lieder. Endlich war ich in der Gruppe keine Fremde mehr; ich war in das ‚Wir‘ aufgenommen.

Barrieren überwinden

In dem Uni-Kurs war ich am Ende meines Grundstudiums hier, und als wir zwei Jahre später in Deutschland waren, stand ich kurz vor dem Abschluss meines MA-Studiums. Als ich zurückkam, gehörte ich richtig dazu; die Mitglieder der arabischen Gruppe blieben nach der Rückkehr aus Deutschland miteinander befreundet, und ich war auch noch lange mit einer Jüdin befreundet, bevor wir uns irgendwann aus den Augen verloren. Ich wollte heiraten, bekam aber große Probleme wegen meiner Entscheidung für meinen Mann. Ich schloss meinen Master ab und begann meine Promotion. Beruflich schlug ich einen neuen Weg ein; ich begann ehrenamtlich für gemeinnützige Organisationen zu arbeiten. Ich gründete mit anderen den ‚Verein Bildung für Beduininnen‘ im Negev, wurde dessen erste Koordinatorin und bot die erste Frauengruppe an, d.h. ich habe die Freiwilligen-Arbeit in der beduinischen Gesellschaft eingeführt.

Du hast von einem neuen Weg gesprochen, aber ist dieser Weg nicht auch eine Fortsetzung dessen, was Du vorher getan hast?

Ich weiß nicht genau, ob das, was ich nach Abschluss meines MA gemacht habe, ein Resultat meiner Erfahrungen mit der Kursgruppe war. Ich habe mich ehrenamtlich engagiert und sehr viele junge Frauen dazu veranlasst, nach dem Abitur zu studieren. Dazu habe ich einen Hochschul-Vorbereitungskurs für Beduininnen gegeben. Auch viele andere ehrenamtliche Aktivitäten in der Zivilgesellschaft habe ich in unserer Bevölkerungsgruppe initiiert. Amal [Amal Elsana Alh'jooj] und ich und ein paar andere Beduininnen haben das ‚Forum für Negev-Beduininnen‘ gegründet, das ich zwei Jahre lang koordiniert habe. Mit Graswurzel-Frauenorganisationen war ich unglaublich aktiv unter den Beduinen. Wir veranstalteten Konferenzen, Trainingskurse, Seminare und Podiumsdiskussionen. Ständig reisten wir nach Norden und Süden zu Sitzungen von Frauengruppen. Samstags brachen wir um fünf Uhr morgens auf. Ich hatte enorm viel Energie und war ungeheuer aktiv neben meinem Studium. Außerdem trainierte ich und dachte über alles Mögliche nach, und gegen Ende meines Studiums lernte ich dann meinen Mann kennen. Als ich mit der Promotion begann, verlagerte sich mein Schwerpunkt etwas von den sozialpolitischen Aktivitäten zum akademischen Bereich.

Eine Taboo-Heirat

Ich hätte Hassan eigentlich nie heiraten dürfen. Das war eine Taboo-Heirat. Ich stamme aus einem Stamm, der als ,authentisch', und er aus einem, der als ,nicht-authentisch' definiert ist. Damit befand er sich außerhalb der mir stammesmäßig erlaubten Heiratsgrenzen. Ich lebte in Beer Sheva und plötzlich fiel ,Rums!' meine beduinische Identität auseinander. Es geht dabei nicht um wirtschaftliche Aspekte sondern um die beduinische Geschichte. Es geht um die Frage, welche Beduinen-Stämme zuerst in den Negev kamen, wer damals Land besessen hat und wer kein Land besaß. Hassan ist großartig; ich lernte ihn während meiner aktiven Zeit bei den Beduinen kennen und wir verlobten uns einen Monat später. Ich sagte ihm, er solle mit meinem Vater sprechen. Also sprach er mit meinem Vater und da begann der ganze Zirkus. Mein Vater wusste nicht, was er tun sollte. Hassan bat meinen Vater neun Monate lang immer wieder um die Heiratserlaubnis. Wir fochten zuhause Kämpfe aus, und mein Vater kam zu keiner Entscheidung, weil er um die Brisanz dieser Heirat wusste. Es hatte bereits Fälle junger Frauen gegeben, die mit der Erlaubnis ihrer Väter einen Ehevertrag unterschrieben hatten, doch die Stammesführung zwang die Paare dazu sich scheiden zu lassen. Mein Vater wollte mir ein derartiges Trauma ersparen. Also überlegten wir, was wir tun könnten. Mein Vater stimmte zu, doch wir hielten dies geheim. Wir meinten, wir würden heimlich heiraten und dann würden sie es erst im Nachhinein erfahren. Natürlich funktioniert das geheim halten nicht; es gab einen Riesenskandal und wir kämpften zwei Jahre lang mit unseren Onkeln und der Familie und dem Stamm, bis wir endlich – glücklicherweise mit dem Segen aller – heiraten konnten.

All das hat mich dazu veranlasst, meine Doktorarbeit über die Frage zu schreiben, was mit gebildeten Beduininnen geschieht, nachdem sie ihr Studium abgeschlossen haben. Bildung ist fraglos ein wichtiges Instrument für ihre Entwicklung, doch erlaubt sie ihnen wirklich, ihr Leben selbst in die Hand zu nehmen und selbst zu entscheiden, wen sie heiraten?

Das habe ich gemacht und es war ein ziemlicher Kampf.

Wie ich all das im Zusammenhang mit der Gruppe im SFP-Kurs sehe, weiß ich nicht so recht; vielleicht erkenne ich einen Zusammenhang, wenn Du mich in fünf Jahren nochmal interviewst. Doch die Kraft, einen Kampf durchzufechten, damit meine spezifische Stimme gehört wird, die begleitet mich schon sehr lange. Schon als klar wurde, dass ich in eine jüdische Schule würde gehen müssen, gab es einen Kampf. Ich musste einen Onkel und meine Mutter dazu bewegen, daheim eine Revolution anzuzetteln um das möglich zu machen. Der Erfolg hat jedoch meinen jüngeren Schwestern den Weg geebnet. Mein ganzes Leben war geprägt von solchen Kämpfen, sie gehören für mich dazu. Neu war, dass sich während unseres Deutschland-Besuchs mein Palästinenserin-Sein verstärkt hat. Auf dem jüdischen Gymnasium lernten wir viel über den Holocaust, lernten aber nichts über das palästinensische Narrativ. In den Begegnungen an der SFP konnte ich das formulieren. An einer jüdischen Schule lebt man damit. Dir kommt gar nicht in den Sinn aufzustehen und zu sagen: *Ich will mein eigenes Narrativ kennenlernen.* In der Schule soll man für die Fächer lernen und Prüfung machen, man soll einen Abschluss machen, der einem ein gutes Leben ermöglicht. Meine Eltern sagten mir stets, Bildung sei der Schlüssel zum Erfolg; ohne Bildung geht nichts. Also betrachtete ich die jüdische Schule als eine Art Sprungbrett für meine Selbstverwirklichung. Ich machte dort mein Abitur, weil es im Raum Beer Sheva keine andere Möglichkeit gab: In Tel Shava wäre das Niveau zu niedrig gewesen, es blieb nur die jüdische Schule. Mein Vater stellte eine Bedingung: ich durfte nicht an Schulpartys oder Schulausflügen teilnehmen; so durfte ich zwei Jahre lang nicht das tun, was die jüdischen Mädchen taten – und war so stets Außenseiterin.

Die Tatsache, dass Deine Stimme gehört wurde, begleitet Dich weiterhin.

Das Bewusstsein, das ich in drei sehr intensiven, viele Monate andauernden Gruppen-Settings entwickelte – in dem Uni-Kurs, in der Ausbildung zur Kursleiterin für Konfliktgruppen und bei der Deutschlandreise – das Bewusstsein spüre ich jeden Tag in mir. Es hat mir die Augen geöffnet. Ich hatte mein ganzes Leben im israelischen Mainstream gelebt, kannte solche Begegnungen nicht, und als ich mich als Teilnehmerin in diesen Gruppen vorfand, bekamen die Dinge klarere Konturen – auch in Deutschland. Die Wirkung spüre ich bis heute. Wenn man in solchen Gruppen, selbst in Abteilungssitzungen, zusammensitzt und mitbekommt, was für ein Verhältnis Leute z. B. zum Zionismus haben, oder wie sie sich zu Arabern

äußern, dann wirkt dieses Bewusstsein. Es wirkt überall.
Ein konkretes Beispiel: Sie haben eine Araberin im Büro des Premierministers eingestellt – und Du merkst, so wollen sie uns klein halten. Diese Frau ruft mich an und erklärt, sie wolle einen ein-tägigen Trainingskurs für Beduininnen veranstalten. Auf meine Frage nach dem Ziel des Kurses und der Finanzierung erklärt sie, Geld gebe es dafür nicht. Auf die Frage, warum sie sich an mich wendet, meint sie, sie habe mit ein paar Beduininnen über den Termin gesprochen. Vom Inhalt ist nicht die Rede. Eine jüdische Referentin soll über Führung sprechen und auf der Basis der Lebensgeschichte einer erfolgreichen Araberin aus dem Norden Tipps für den beruflichen Aufstieg geben. Als ob es nicht genug Erfolgsgeschichten im Negev gäbe oder als ob es nicht genügend arabische Referentinnen aus dem Negev gäbe; Juden und Araber aus dem Norden sollen uns leuchtendes Vorbild sein. Ich sage zu ihr, sie solle das am besten mit uns zusammen und den Wünschen der Frauen entsprechend planen. Worauf sie erklärt, ich würde feindselig klingen. Ich habe ihr gegenüber tatsächlich große Vorbehalte, und sie will, dass ich mich dafür entschuldige, ihr erklärt zu haben, dass sie uns in die Planung einbeziehen sollte. Ein vollkommen hierarchischer Ansatz: Als Mitarbeiterin des Ministeriums hat man das Recht herzukommen und entscheidet einfach über die Programminhalte. Also frage ich sie: *Warum beziehen Sie uns nicht mit ein und behandeln mich als gleichberechtigt? Ich werde wegen Ihrer Haltung an dem Seminar nicht teilnehmen, und wenn Sie so weiter machen, dann schreibe ich einen Brief über diesen Sachverhalt und Ihr Verhalten an das Büro für Frauenförderung im Büro des Premierministers. So werde ich nicht mitmachen.* – Ja, dieses Bewusstsein begleitet mich ständig und überall. Ich erkenne, wie die Leute sich auf mich oder andere beziehen. Das gebe ich auch unseren Kindern weiter.

Bilinguale Initiative

Ich habe drei Kinder, zwei sprechen bereits, das dritte ist sechs Monate alt. Als Araber in Beer Sheva leiden wir stark unter dem Mangel an adäquaten Bildungseinrichtungen. Bevor ich Kinder hatte, kam ich noch irgendwie zurecht. Bis zur 9. Klasse ging ich in eine arabische Schule und lernte Arabisch lesen, schreiben und sprechen, doch ich lernte kaum etwas über arabische Lyrik oder arabische Literatur. Jetzt habe ich Kinder und möchte, dass sie diese Dinge lernen können, doch dafür gibt es keine Schule. Der Älteste ging in einen jüdischen Kindergarten, wo sie sich ständig mit jüdischen Feiertagen beschäftigten und hebräische Lieder lernten. Ich dachte dauernd: *Und was ist mit den Arabern? Wo kommen wir vor, wo unsere Religion, unsere Kultur, unsere Identität? Wie soll ich all das meinem Sohn bei-*

bringen? Ich lebe in Beer Sheva in einem komplett hebräischen Umfeld. Arabisch sprechen wir zuhause und an Wochenenden bei meinen Eltern oder Schwiegereltern in deren Dorf; dort passen wir hin und sie erleben ihre Identität und Kultur, doch wie soll ich ihnen das alles beibringen? Das hat mir große Sorgen gemacht, bis es endlich eine Initiative für einen bilingualen Kindergarten gab, an der ich mich beteiligte, und nun haben wir eine bilinguale Kindergruppe. Ich gehörte zu den ersten in Beer Sheva, die sich der Gründergruppe angeschlossen haben. Zuerst sagte die Stadtverwaltung nein. 30 Jahre lang haben alteingesessene Leute wie mein Vater arabische Kinder-Bildungseinrichtungen beantragt, welche von der Stadt stets abgelehnt wurden, doch als wir jetzt einen bilingualen jüdisch-arabischen Kindergarten beantragten, genehmigten sie ihn plötzlich. Es gibt hier eine uralte Moschee, die sie uns immer noch nicht zurückgeben wollen. Sie haben sie in ein Museum umgewandelt, weil sie Angst vor Terrorismus haben. Verstehst Du? So sehen sie die Dinge.

Mein Sohn geht inzwischen in diesen Kindergarten. Er trifft jeden Tag jüdische Kinder und die jüdischen Kinder sprechen auch Arabisch. Es geht nicht nur um die Sprache und die Kultur; es geht für die Kinder auch darum, beim Sprechen ihrer eigenen Sprache ein starkes Selbstwertgefühl zu entwickeln. Wenn wir daheim nach unten gehen zum Spielen, so spricht mein Sohn Arabisch mit den jüdischen Kindern. Verstehst Du: Er fühlt sich als Araber in keiner Weise minderwertig; mein jüngerer Sohn, vier Jahre alt, ist genauso. Und die Juden lernen allmählich Araber als menschliche Wesen zu betrachten. Ein jüdisches Kind schaut ein arabisches Kind nicht durch eine nationalistische oder politische Brille an, es schaut das Kind als Menschen an. Wenn der tägliche Umgang oder die Workshops, die Ihr an den Universitäten macht, den Juden und Arabern beibringen, einander durch die menschliche Brille wahrzunehmen, ohne die Unterschiede zwischen sich und den auf beiden Seiten empfundenen Schmerz zu ignorieren, dann wird Kooperation möglich. Für mich ist das kein Klischee; meine Kinder leben das.

Beduininnen befreien sich

Mit meiner Promotion habe ich einen Kreis geschlossen. Ich wollte die beduinische Gesellschaft und den Schmerz der gebildeten Beduininnen thematisieren. In der Doktorarbeit wollte ich primär Liebesgeschichten und Kämpfe von Beduininnen darstellen, um diesen Aspekt offen zu legen. Darüber gibt es noch nicht viel. Die bisherigen Veröffentlichungen betonen, dass Bildung Frauen eine Möglichkeit bietet sich zu entwickeln; sie gehen raus, studieren und lernen Liberalismus und Individualismus kennen; die Universität befreit sie, sie können plötzlich über sich selbst nachdenken, Bewusstsein entwickeln und für sich selbst eintreten; denn die Universität stärkt sie. Leider ignorieren die bisherigen Veröffentlichungen den Schmerz, der mit der Entwicklung in diesem Umfeld einhergeht. Ich wollte diesen Schmerz und den Aufschrei der arabischen Beduininnen offenlegen. Das war sowohl für mich als auch für andere Frauen ein therapeutischer, heilender Prozess. Es gab Begegnungen mit Frauen, die über diesen Schmerz sprachen. Das Buch wurde vor einem Jahr unter dem Titel ‚Draußen und geliebt‘ (‚Excluded and Loved‘) publiziert. Mein eigener Kampf um dieses Buch mit all den damit verbundenen Problemen und meinem Schmerz hat mich befreit. Ich wünsche es keiner Frau auf der ganzen Welt, dass ihr Stamm plötzlich an ihrer Stelle entscheidet, ob sie heiraten darf oder nicht; dieser Schmerz trifft tief. Sowohl für die von mir interviewten Frauen als auch für mich bedeutete das Gespräch eine Befreiung; denn es gibt offiziell keinen Rahmen, in dem wir solche Dinge erzählen können. Wir können nicht offen über in der beduinischen Gesellschaft verbotene Liebe sprechen. In der Begegnung mit der Forscherin, die die gleiche Reise hinter sich hat wie die befragte Frau, werden beide plötzlich zu zwei Frauen, die einander von ihrem Schmerz erzählen, und diese gemeinsame Erfahrung stärkt beide.

Heute lehre ich am Institut für Wüstenforschung in Sde Boker. Ein Traum ist für mich wahr geworden und gleichzeitig hat ein langer Weg begonnen; jetzt spüre ich den Druck. Meine ganze Forschung bezieht sich auf meine persönliche Geschichte und auf Prozesse, die außerhalb der Mainstream-Forschung in der beduinischen Gesellschaft stattfinden. Momentan arbeite ich an einem Projektantrag zum Thema ‚ökonomische Entwicklung und Frauen in Beduinen-Dörfern‘: Ich will informelle und formelle ökonomische Partizipation vergleichen und dabei Dinge einbeziehen, die mit dem Arbeitsmarkt zu tun haben. Mein Ziel ist, Dinge zu benennen und darzustellen, die bisher auf dem Arbeitsmarkt nicht sichtbar sind. Nehmen wir zum Beispiel arme Frauen ohne Einkommen, von der Analphabetin bis zur Frau mit neun Schuljahren. Sie haben kein Geld. Also zahlt jede von ihnen von ihrem Kindergeld monatlich 100 Shekel ein; sie nennen das die *jama'iya* (Sammlung) und sie sammeln das Geld ein, insgesamt etwa 4.000 – 5.000 Shekel pro Monat. Im darauf folgenden Jahr, in dem sie weiter einzahlen, erhält jede von ihnen die eingezahlte Summe als Ganzes zurück. Das hilft dem Haushalt. Gleichzeitig stellt es die gewohnten Geschlechterrollen in Frage, weil die Frau plötzlich aus eigener Kraft Geld ins Haus bringt. Was kann man mit 5.000 Shekeln tun? Für eine Frau ist das viel Geld. Also kauft sie Dinge für die Kinder oder hilft ihrem Mann, Schulden zu tilgen. Inzwischen gibt es Frauen, die 10.000 Shekel oder sogar noch mehr erreichen; sie können damit z. B. Schmuck für sich selbst kaufen. Das ist ein Beispiel.

Zurzeit arbeite ich zusammen mit jemandem aus der Wirtschaftsfakultät an einer weiteren Studie – aus meiner Sicht eine Fortsetzung meiner Promotion. Wir wollen die Wechselwirkungen von Bildung, sozialen Chancen und sozialer Mobilität in der beduinischen Gesellschaft genauer betrachten. Wirkt Bildung sich für Beduininnen mit unterschiedlichen Abschlüssen tatsächlich positiv auf dem Arbeitsmarkt und in verschiedenen Berufsbereichen aus? Ich setze meine Forschung fort und betrachte sie als Instrument für sozialen Wandel. Man kann auch außerhalb einer gemeinnützigen Organisation sozialen Wandel initiieren. Non-profits gibt es viele, doch es gibt kaum Studien über sozialen Wandel unter Beduinen und keine Beduininnen in der Forschung. Ich bin die erste promovierte Negev-Beduinin und die erste Beduinin mit einer Planstelle in der Forschung. Also nutze ich diese Position um Dinge aufzudecken. Auch das ist sozialer Wandel. Zuerst deckt man Taboos auf und dann stellt man sie in Frage.

Ich habe schon zahlreiche Studien zu dem Thema gelesen, doch alle Forscher, seien sie Juden oder Araber, erforschen den palästinensischen Mainstream, d.h. den palästinensisch-arabischen Mainstream in Galiläa, dem Zentrum im Norden. Über den Negev und seine Beduinen gibt es fast nichts. Kürzlich las ich eine Vergleichsstudie, doch da die Beduinen eine Nomadengesellschaft und daher fragmentiert sind und unterschiedliche Charakteristika aufweisen, fanden die Forscher nur schwer Zugang. Mich als Beduinin schmerzte das sehr; Negev-Beduinen weisen ebenfalls besondere Charakteristika auf. Doch es gibt z. B. im staatlichen Büro für Statistik überhaupt keine Daten zu anerkannten und nicht-anerkannten Dörfern im Negev-Gebiet. Wir Beduinen sind auch ein Teil des arabischen Mainstream! Und doch kommen die Beduinen kaum in der Statistik vor. Ich betrachte mich in diesem Bereich als eine Art gesellschaftspolitischen ‚Change Agent‘.

In meinen Unikursen lege ich Wert darauf, stets das Thema Beduinen mit einzubeziehen und es in den Nahostkonflikt einzuordnen. Ein Kurs für internationale Studenten befasst sich z. B. mit Bildung für marginale Gruppen im Nahen Osten, nicht nur Beduinen. Dort verwende ich Beispiele aus dem Alltag, gebe zum Vergleich aber stets auch Beispiele aus Jordanien oder Saudi-Arabien an. Viele dieser Studenten, Juden und nicht-Juden, sagen dann: *Moment mal, als Frau hätte man in den arabischen Staaten keine Karrierechancen, aber Israel ist ein moderner Staat und das sind primitive Staaten.* Dann erkläre ich ihnen: *Im Gegenteil, nach der Statistik von 2009 hat es in Israel nur eine einzige beduinische Ärztin gegeben. In Jordanien arbeiten etliche Beduininnen an der Universität und als Mana-*

gerinnen, während es hier vielleicht zwei oder drei sind. Meines Erachtens ist der Staat Israel schuld daran, weil hier der historisch-politische Fortschritt behindert wurde. Hier gab es für die arabischen Gemeinden von 1948 bis 1967 eine Militärverwaltung und die Menschen konnten nicht studieren gehen. Höhere Bildung für Araber gibt es hier erst seit etwa 30 Jahren; sie ist noch neu. Während [1948] in arabische Staaten ausgewiesene Palästinenser(innen) durch die UNRWA oder die Gastländer Bildung erhielten, kümmerte sich hier niemand um sie und die Entwicklung begann viel später. Meine Kurse sollen ein Bewusstsein für diese Dinge entwickeln, deshalb thematisiere ich Probleme und Aspekte, über welche die Leute nichts wissen.

Ich habe mit den US-Studenten ein nicht-anerkanntes Dorf besucht und ihnen gezeigt, unter welchen Bedingungen dort unterrichtet wird. Die Uni und vor allem das Sicherheitsbüro wollten das nicht; das war zu einer Zeit, in der lediglich Sderot von Qassam-Raketen beschossen wurde; der Krieg hatte noch nicht begonnen. Das Sicherheitsbüro sperrte sich und ich erwiderte, ein nicht-anerkanntes Dorf sei nicht der Gazastreifen. Ich bat einen Kollegen mit guten Beziehungen zur Sicherheitsabteilung um Hilfe, der dem Büro erklärte, das Dorf liege gleich neben dem Moshav Nevatim [ein jüdisches Dorf] – und da erteilten sie die Erlaubnis. Die amerikanischen Studenten waren überrascht, dass es in dem Dorf keine staatliche Wasserversorgung gab und der Strom über einen Generator erzeugt werden musste. Nicht jede Schule verfügt über eine Wasser- und Elektrizitätsversorgung.

Du bist in Deinem Leben eine unermüdlich arbeitende Multiplikatorin für sozialen Wandel.

Ich bin nicht sicher, ob meine Arbeit als ‚Change Agent' direkt auf die Kurse zurückzuführen ist. Ja, mein Bewusstsein ist infolge der drei Kurse viel schärfer geworden. Was bedeutet Bewusstsein? Es ist etwas, was man auch vorher schon hatte; doch dann - durch die Kurse – springt es auf einmal in den Vordergrund. Und dann begleitet es Dich überall hin und ist ständig in Deinem Kopf präsent. Immer. Manchmal wenn ich in Sitzungen bin und sehe, wie die Leute mit Arabern umgehen … früher wäre ich sofort aufgesprungen und hätte provozierend reagiert, doch ich habe gelernt, moderater zu sein und die Zeit arbeiten zu lassen.

Maram Masarwi

Soziologin, Erziehungswissenschaftlerin,
Fakultätsdekanin, Feministin

*M*aram Masarwi ist zurzeit Dekanin der erziehungswissenschaftlichen
Fakultät am Al Qasemi College in Israel sowie Mitglied der Fakultät
Erziehungswissenschaft am David Yellin College. Masarwi hat an der Fakul-
tät für Sozialarbeit der Hebräischen Universität Jerusalem über das Thema
‚Geschlechtsspezifische Unterschiede in der Trauer und den Traumata palästi-
nensischer Eltern, die Kinder in der Al-Aqsa Intifada verloren haben.‘ promo-
viert. Sie hat ferner einen MA-Abschluss in Erziehungswissenschaften (Lesley-
Universität Cambridge) und einen BA in Beschäftigungstherapie (Hebräische
Universität). Sie lebt seit 1992 in Wahat al Salam – Neve Shalom, einem
binationalen Gemeinschaftsprojekt von Juden und palästinensischen Arabern
israelischer Staatsangehörigkeit, das sich der Friedenspädagogik, der Gleich-
berechtigung und dem Verständnis zwischen den beiden Völkern verschrieben
hat. Masarwi hat kürzlich die Studie ‚Politireligization of bereavement in
Palestinian Society: Gender, religion and nationality‘ publiziert (‚Zur Poli-
tisierung und Religiosierung von Trauer in der palästinensischen Gesellschaft:
Gender, Religion und Nationalismus‘, Hebräisch, Resling Press / Englische
Version in Vorbereitung). Maram Masarwi nahm als Oberstufenschülerin an
einem Begegnungsprojekt für Jugendliche in Neve Shalom teil und absolvierte
1993 die Ausbildung zur Kursleiterin für Konfliktgruppen in Wahat al Salam
– Neve Shalom. Sie wurde im Juni 2014 interviewt.

„Die Ausbildung zur Kursleiterin für Konfliktgruppen ist meines Erachtens so wichtig und bedeutsam, weil sie Dir Werkzeuge fürs ganze
Leben mitgibt … Sobald Du diesen Prozess beginnst, fängst Du an,
hinter Deine Blindheit zu schauen. Dann kann Dir niemand mehr
befehlen, nicht zu sehen, weil Dir die Augen bereits geöffnet worden
sind. Du erkennst, dass Du mit Dir selbst so umgehst wie Du mit anderen umgehst. Die Leitung von Kursgruppen ist nicht nur ein Brot-
beruf; sie hat immer wieder meinen Geist erneuert, ja, sie hat mir sogar
oft geholfen, meinen geistigen Horizont zu erweitern."

Maram Masarwi

Ich habe die Ausbildung zur Kursleiterin für Konfliktgruppen kurz nach
meinem Umzug nach Neve Shalom gemacht. Ahmad und ich zogen

1992 hierher und 1993 machte ich die Ausbildung. Diese Erfahrung veränderte meine Wahrnehmung grundlegend und prägte von da an mein Bewusstsein.

Im Alter von 15 Jahren nahm ich an einem Begegnungsprojekt für Jugendliche an der School for Peace teil; die Ausbildung zur Kursleiterin war also nicht meine erste Erfahrung mit dem jüdisch-arabischen Diskurs, und der Dialog mit der anderen Seite war mir schon lange vertraut. Doch der Ausbildungskurs gab meiner Wahrnehmung schärfere Konturen und ich nahm die Dinge anders wahr. Zum ersten Mal konnte ich auf einmal sehen, dass das Geschehen in der Gruppe die Makro-Ebene widerspiegelte, also das, was ,draußen' passierte; die Mikro- und Makro-Ebene hatten miteinander zu tun. Damals hörte ich auch zum ersten Mal etwas über Paolo Freire und seinen pädagogischen Ansatz; allmählich begann ich in seinen Begrifflichkeiten zu denken und zu verstehen, dass seine ganze Terminologie uns anspricht, weil sie das reale Leben beschreibt. Da begann ich anders wahrzunehmen und einen inneren Prozess zu durchlaufen. Sobald Du diesen Prozess beginnst, fängst Du an, hinter Deine Blindheit zu schauen. Dann kann Dir niemand mehr befehlen, nicht zu sehen, weil Dir die Augen bereits geöffnet worden sind.

Jenseits von bequemer Blindheit

Wir alle finden es oft bequemer, Dinge nicht zur Kenntnis zu nehmen. Das ist Teil unseres psychologischen Schutzschildes; es ist menschlich, Dinge beiseite zu schieben statt sich mit ihnen auseinander zu setzen oder sie zu verstehen, insbesondere wenn man – diese Begriffe verwende ich heute nur noch ungern – sich in der Position des Opfers oder des Leidensverursachers befindet. Heute glaube ich, dass die Realität komplexer ist. Zugleich gibt es die Wahrheit; es gibt verschiedene Wahrheiten, doch es gibt auch eine Wahrheit. Also ist es unter Umständen viel bequemer Dinge nicht zu sehen, weil man, solange man sie nicht sieht, auch keine Verantwortung zu übernehmen braucht – weder für sich und die eigene Rolle noch für das das persönliche Verhalten im eigenen Leben.

Kannst Du Dich trotz der langen Zeit seit Deiner Kursleiterausbildung noch an Entwicklungsschritte in Dir erinnern, die Dir den Weg aus Deiner Blindheit geebnet haben?

Es ging eher um den gesamten Prozess. Der Kurs hat als Ganzes meinem Leben eine neue Richtung gegeben. Doch gleichzeitig begann für mich insgesamt eine neue Lebensphase.
Ich war 23 Jahre alt, war gerade schwanger geworden und befand mich

am Anfang meines Lebens als Mitglied der Dorfgemeinschaft von Neve Shalom. Ich wurde von einer jungen Frau zu einer Mutter; Maram die Studentin in Jerusalem wurde Maram, das Mitglied von Neve Shalom – Wahat al Salam. Ich befand mich also vielfach in einer Übergangsphase, und der Kurs war Teil eines tief greifenden und langen Prozesses. Außerdem begann der Kontakt mit Menschen, mit denen ich noch heute verbunden bin. Eine meiner besten Freundinnen war in dem Kurs, und Orly und Daisy und Amnon … Nur Yaeli und ich sehen uns nicht mehr so oft wie früher.

Es ging also um Beziehungen und um eine neue Wahrnehmung – worum ging es sonst noch?

Um Werkzeuge. Die Ausbildung zur Kursleiterin für Konfliktgruppen ist meines Erachtens so wichtig und bedeutsam, weil sie Dir Werkzeuge fürs ganze Leben mitgibt. Diese Fähigkeit, die Dynamik in einer Gruppe lesen zu können; zu begreifen, wie eine Gruppe sich verhält, wie sich einzelne verhalten und die Gruppe interagiert, und wie das eigene Verhalten von einer zu einer anderen Gruppe und zu verschiedenen Zeiten variieren kann. Das zu lernen war zum Staunen. Diese Fähigkeit setze ich immer noch ein; sie gehört zum meinem Portfolio von Werkzeugen, sozusagen in meinem Werkzeugkasten.

Dieses Instrument ist außerordentlich hilfreich; ich setze es vorwiegend in der Erziehungswissenschaft ein, aber auch im Geschlechterkontext, wenn ich mit Frauen und mit Studierenden arbeite. Zu Beginn meiner Berufstätigkeit – weniger in der Therapie als in der Erziehungswissenschaft – ging ich in eine Vorlesung und stellte plötzlich fest, dass sich im Raum eine bestimmte Dynamik entwickelt hatte. Ich nutzte die School for Peace-Instrumente im Umgang mit den Studierenden z. B. dafür, wie ich mich auf jede einzelne junge Frau und jeden einzelnen jungen Mann und auf die Gruppe als Ganzes bezog. Das hat meiner Lehrtätigkeit und meiner Berufstätigkeit insgesamt zusätzliche Qualität verliehen. Meine Vorlesungen waren nicht einfach nur Hereinkommen, Lesen, Material austeilen und wieder gehen. Wenn man die Gruppendynamik erfasst, kommt etwas hinzu. Das geschieht in allen meinen Lehrveranstaltungen. Die Unterweisung in Gruppenleitung gehört nicht zu meinen Lehraufgaben, doch manchmal kann ich den Student(innen) Tipps geben, die sie in ihrem späteren Leben nutzen können. Daran erinnern sie sich. Beispielsweise sage ich ihnen oft, *Lassen Sie uns mal die Anwesenden der heutigen Vorlesung als Gruppe betrachten; lassen Sie uns über die verschiedenen Charaktere in einem Klassenzimmer und deren Verhalten nachdenken. Es gibt z. B. den Führer und den Clown; es gibt das Opfer oder den Gruppen-Philosophen.* Und dann sehe ich auf einmal ein Begreifen in den Augen meiner Student(innen), weil sie plötzlich die Dynamik in ihrer Vorlesungsgruppe verstehen und besser verstehen, welche Arten von Dynamik ihnen in ihrem Berufsleben begegnen können.

Das macht sie natürlich nicht zu Kursleitern. Doch es bereichert das Lehren um eine weitere Dimension. Es verbessert unsere Fähigkeit als Lehrende, Gruppendynamik in der eigenen Lehrveranstaltung wahrnehmen zu können und versetzt uns in die Lage, damit bewusst umzugehen. Deshalb haben die Werkzeuge, die ich aus der Kursleiter-Ausbildung mitgenommen habe, eine enorme Bedeutung: Man kann die Gruppendynamik analysieren und kann bestimmte Prozesse in der Gruppe reflektieren; man kann diese Reflexion konzeptionalisieren, artikulieren und weitergeben. Das ist eine Kunst, eine bleibende Fähigkeit, die man ständig weiterentwickelt.

Später habe ich noch an zwei weiteren, ganz anderen Gruppenleiter-Kursen mit anderen Schwerpunkten teilgenommen, bei denen ich ebenfalls viel gelernt habe. Doch der School for Peace Kurs war zweifellos derjenige, der meinem persönlichen und beruflichen Leben eine neue Richtung gegeben hat.

Ich ertappe mich auch dabei, dass ich daraus zitiere, sowohl in meiner Forschung als auch generell bei meiner Arbeit. Der Kurs ist eine Quelle, eine ,Bibel‘, auf die man sich immer wieder bezieht. Auch Nostalgie steckt darin; der Kurs hat mir nicht nur Wissen vermittelt sondern zunehmend wertvolle emotionale Erfahrungen. Meine emotionalen Erfahrungen in der Kursleiter-Ausbildung sind für mich etwas sehr interessantes, fast ,heiliges‘ – in dem Sinne, dass sie enormen und fundamentalen Einfluss auf meine Entwicklung hatten.

Die Fähigkeit selbstkritisch zu sein

Was sich in mir emotional ganz enorm verändert hat, war die Fähigkeit mich selbstkritisch zu sehen, also mein Verhalten in der Gruppe zu betrachten, meine Probleme in der Gruppe, wie weit ich mich in der Gruppe wohl fühlte, meinen Umgang mit den anderen in der Gruppe – jeweils in dem Ausmaß, in dem meine Wahrnehmung bereits geschult war. Das war wirklich erstaunlich.

Das Gleiche galt für die Ebene der jüdisch-arabischen Beziehungen. In der 10. und 11. Klasse habe ich an einem Langzeitprojekt mit Jugendlichen aus Kibbuzim teilgenommen. Damals begegneten wir uns auf der Ebene *Wie nett, wie schön,* und *Ok, dann essen wir Hummus, cool, super, alles okay.* Die Kursleiter-Ausbildung hingegen war auf verschiedenen Ebenen und in verschiedenen Bereichen eine Herausforderung: auf der persönlichen

Ebene, in den uninationalen Gruppensitzungen auf der nationalen Ebene, und auf der Ebene der Konfrontation mit der anderen Seite.

Am meisten gestärkt, interessiert, bewegt und belastet, manchmal entmutigt und erschüttert hat mich die Entdeckung, dass mein Umgang mit anderen aus meinem Umgang mit mir selbst erwächst. Man nimmt z. B. an, man beziehe sich auf den anderen, und stellt dann plötzlich fest, dass man sich eigentlich nicht auf den anderen bezieht, sondern stattdessen eigene Schwächen und eigenes Leid zum Ausdruck gebracht und das überhaupt nicht gemerkt hat. Das betrifft nicht nur die persönliche Ebene, nicht nur Maram, nicht nur die Konfusion in einem Menschen; es betrifft auch eine kollektive Erfahrung: die Frage, was von dem kollektiven Gepäck meins ist, beziehungsweise was ich davon behalten und was ich abgelegt habe.

Betrifft es auch die Identität?

Ja, ich glaube, irgendwann war ich gezwungen, mich dieser Frage zu stellen. Obwohl ich z. B. wusste, dass meine Familie vertrieben wurde, und über die Auswirkungen dieser Vertreibung und der Entwurzelung und über die Familiengeschichte bis heute Bescheid wusste, zwang mich der Kursleiter-Kurs zum ersten Mal, mich emotional damit zu konfrontieren. Plötzlich trat meine Wut zutage; zuvor war alles cool und nett und okay gewesen mit der anderen Seite, ich hatte hier und dort Freunde gehabt. Dazu kam, dass mein Vater sein Abitur an einem jüdischen Gymnasium gemacht hatte.

Meine Großeltern sprachen nicht viel über die Vergangenheit. Ich erinnere mich, dass die beiden besten Freunde meines Vaters kurz nacheinander Jüdinnen heirateten. In dieser Atmosphäre war ich aufgewachsen. Nechama hat mir manchmal abends zu essen gegeben; wir waren oft bei ihr zu Hause und dort hörte ich Ihren Freunden zu; und mein Vater sprach bei uns zuhause mit seinen Freunden Ivrit. So sah unser Alltag in Taibe aus. Ich erinnere mich noch daran, wie Judith, die Mutter einer Freundin aus meiner Kindheit, in den 1970-er Jahren mitten in Taibe die Channukka-Kerzen entzündete. Das war schon eine seltsame Realität, absolut seltsam. Ich habe mich niemals in der sonst üblichen Weise mit unserem Erbe und unseren Wurzeln verbunden gefühlt; in Taibe mit seinen jüdisch-arabischen Beziehungen gab es eine andere Realität. Trotzdem fand das Schweigen meiner Großeltern eine Resonanz in mir; ich wusste, dass sie vertrieben worden waren. Als Jugendliche habe ich mal ein bisschen bei ihnen nachgefragt, aber mir schien es bequemer zu sein einfach zu sagen, *Okay, das ist passiert, aber das Leben geht weiter.*

Etwas in dem Kurs zwang die Leute dazu, sich mit dieser Realität auseinander zu setzen, und dann kam die Wut hoch und traf die Leute in der Gruppe. In einer uninationalen Gruppensitzung z. B. erzählten wir uns Witze. Mahmoud [ein Araber] war auch in dem Kurs; er war ziemlich pro-Israel. Ich dachte, nur ich sei moralisch korrumpiert, doch siehe da, da war Mahmoud und er war genau auf dieser *Ist-doch-alles-gut, ist-doch-alles-cool*-Ebene. In der uninationalen Sitzung fielen wir über ihn her, ich weiß noch, wie wütend wir zu ihm sagten, *Wie kannst Du so etwas sagen? Wie kannst Du so etwas sagen?* Daisy und ich lachen heute darüber, aber damals war das eine wirklich formative Erfahrung.

Warst Du auch wütend auf Deine Familie und auf Dich, weil Du davon nichts wusstest?

Ich glaube, damals konnte ich meine Wut nicht interpretieren. Manchmal war dieses Nicht-Wissen furchtbar für mich, also, nicht zu wissen, warum ich so wütend war. Oft sagte mein rationales Selbst etwas anderes als mein emotionales Selbst; Emotionen sind eben oft nicht rational. Ja, eine Zeit lang war ich sehr wütend auf meine Eltern und rebellierte stark gegen sie. Es gab auch eine Zeit, in der ich nicht wütend war, und ich gebe nur ungern zu, dass ich meine Großeltern damals als schwach abtat. Heute habe ich diese Wut nicht mehr, und ich bewundere meine Großeltern sehr. Ich erinnere mich, wie ich meinen Großvater einmal nach diesem Hass gefragt habe, und da sagte er, *Wozu soll Hass gut sein? Hass ist ein Feind, den Du auf Dich selbst richtest. Wozu sollte man das tun?* Und er fuhr fort, *Okay, jeder schluckt bestimmte Dinge. Glaubst Du, ich bin nicht wütend auf die Araber? Und glaubst Du, ich bin nicht wütend über all das hier?* Und dann erzählte er mir von der Arabischen Rebellion 1936 und wie er von den Engländern weglief und sich der Rebellion anschloss und dann wieder davon laufen musste. Damals habe ich ihn nicht wirklich verstanden, aber ich hörte ihm zu; ich war zwanzig, in dem Alter konnte ich noch nicht viel durchschauen. Heute bewundere ich meine Großeltern sehr.
Sie waren aus Sidna Ali. Meine Großmutter stammte aus Ijzim [bei Haifa] und mein Großvater aus Sidna Ali [an der Küste, nicht weit vom heutigen Herzliya]. Sie erlebten einige harte Dinge. Das Dorf meiner Großmutter wurde außer Tantura als einziges bombardiert, es lag an der Küste. Ja, meine Familie hat richtig harte Sachen erlebt.
Die Vertreibung aus Sidna Ali war raffiniert eingefädelt. Eines Nachts holten sie zehn Männer aus der gleichen Familie, der Shubaki-Familie, heraus, stellten sie auf den Dorfplatz und erschossen sie; daraufhin packten die Dorfbewohner ihre Sachen um zu fliehen. Mein Großvater entschied

sich fürs Bleiben. In meiner Familiengeschichte gibt es kein schwarz und weiß, wir wurden von Juden vertrieben und ein Jude rettete uns. So waren die Dinge von Anfang an nicht einfach schwarz und weiß. Ein Freund und ich lachen oft darüber; er erzählt, *Meine Großmutter ist Wäscherin und sagt immer: ‚Allah wird uns von den Juden befreien', aber ich verstehe nicht, was die damaligen Ereignisse mit Wäsche zu tun haben.* Und dann sagt er, *Ist ja auch egal,* und wir lachen beide. Die Geschichte erzählt er oft, als ob er zeigen will, wie der Konflikt uns manchmal ins Blut geht, sogar in die Wäsche seiner Großmutter.

Ich nehme an, der israelische Einfluss auf Deine Identität war erheblich, und dann warst Du auf einmal mit den eher nationalistisch orientierten Teilen Deines Selbst konfrontiert – und die provozierten die andere Seite.

Im Kleinen Dreieck um Taibe herum gab es zwar ein arabisches Nationalbewusstsein, doch nur bei bestimmten Leuten: bei der Al-Ard-Gruppe [‚Das Land'] und in der Rakah [damalige Kommunistische Partei]. Ansonsten war dieses Bewusstsein dort wenig verbreitet, weil die Nakba vor allem in Galiläa und nicht im Kleinen Dreieck stattgefunden hatte, obwohl manche Binnenflüchtlinge dort landeten. Ich komme z. B. aus einer Flüchtlingsfamilie. In Taibe gibt es außer unserer nur noch eine weitere Flüchtlingsfamilie. In Tira [einem Nachbardorf] gibt es nur eine einzige Flüchtlingsfamilie. Es gibt also wirklich nicht viele Flüchtlingsfamilien im Kleinen Dreieck und das hat natürlich die kollektive Identität dort mit geprägt. In den 1970-er und 1980-er Jahren, besonders zu Beginn dieses Zeitraumes, spielte ein arabisches nationales Bewusstsein dort keine große Rolle.

Zwei parallele Entwicklungen: Akademikerin und Kursleiterin

Nach der Kursleiterausbildung ging ich gleichzeitig zwei Wege: ich schlug eine akademische Laufbahn ein und arbeitete als Kursleiterin. Gruppen zu leiten bot mir damals nicht nur ein Einkommen sondern gab mir auch etwas, das jedes Mal meinen Geist weiter entwickelte und meinen geistigen Horizont erweiterte. Ich konnte nun die Realität aus zusätzlichen, neuen Perspektiven betrachten. Das geschieht nicht einfach nur so, es vollzieht sich in Schichten. Meiner Ansicht nach ist der menschliche Geist unglaublich komplex, er hat viele Schichten, wie eine Zwiebel. Jedes Mal, wenn Du eine neue Schicht erkennst und glaubst, jetzt hast Du's, stößt Du auf eine weitere Schicht, und jedes Mal bist Du überrascht, noch eine Schicht vorzufinden. Neben dieser zentralen Erfahrung habe ich die

Fähigkeit, eine Gruppe zu leiten, und die Fähigkeit, eine Gruppendynamik zu erkennen, zu analysieren und Schlussfolgerungen daraus zu ziehen, aus der Kursleiterausbildung mitgenommen.

Die Verknüpfung zwischen der Ebene in der Kursgruppe und der Ebene außerhalb der Kursgruppe half mir, die verschiedenen Dynamiken in unserem Leben und – ich formuliere das jetzt mal so – die Politik der Stärke (‚politics of power‘) zu verstehen. Was bedeutet es schwach zu sein? Was ist Stärke? Worin liegt die Kraft der Schwachen, welche Schwäche steckt in den Karten desjenigen, der glaubt, er sei der Stärkere, und wie sieht die dialektische Beziehung zwischen beiden aus? Allmählich verstand ich diese Zusammenhänge immer besser und erkannte, wie stark die Politik der Stärke unseren Handlungsspielraum, unseren Lebensmittelpunkt und unser Bewusstsein bestimmt. Ich muss hinzufügen, dass an einem bestimmten Punkt mein Gender-Bewusstsein – das sowieso viel früher in mir entstanden war als mein nationales Bewusstsein – schärfere Konturen bekam. Auch im Bereich der Gender-Politik begann ich plötzlich Dinge ganz neu zu sehen.

Und die Machtverhältnisse? (‚power relations‘)

Das Erkennen von Machtverhältnissen hat ebenfalls dazu beigetragen, dass ich soziale und sozialpolitische Prozesse, und sozio-politische Genderprozesse zu verstehen gelernt habe. Besonders in den letzten Jahren ist mir der Gender-Aspekt als weitere Schicht des Nahost-Konflikts und meiner eigenen Entwicklung immer klarer geworden. Diesen Aspekt thematisiere ich auch in meiner Hochschullehrtätigkeit, in der Beratung und Fortbildung. In den vergangenen 17 Jahren habe ich mit Studierenden am David Yellin College und am Achva College gearbeitet, und jetzt tue ich das auch am Al-Qasemi College. Ich arbeite sehr gern dort, die Arbeit fasziniert mich. Ich liebe meine Student(innen) einfach. Diese Liebe ist das Fundament meiner Arbeit; sie ist für mich ein emotionaler Zustand geworden.

Die meisten meiner Studierenden sind sehr junge Erwachsene, teilweise auch solche im Hauptstudium; mit denen läuft es ganz anders. Im Grundstudium haben sie gerade erst ihr Abitur gemacht und haben für sich selbst mit dem Al-Qasemi College vielleicht nicht die beste Wahl getroffen, doch nun sind sie da. Es ist für die, die an der Uni nicht angenommen wurden, eine Wahl zwischen zwei Notlösungen: der Unterbrechung ihrer Studien oder dem Besuch eines Colleges. Es gibt am Al-Qasemi auch exzellente Studentinnen, die es leicht in die Universität geschafft hätten, aber auf Druck ihrer Eltern stattdessen hier sind. So zerplatzen viele Träume. Vielleicht vergisst eine, warum sie Fotografin werden wollte, nachdem ihre

Eltern ihren Traum Fotojournalistin zu werden, zerschlagen und ihr diesen Beruf schlicht verboten haben; sie betätigt sich während ihres Studiums dann vielleicht als Hochzeitsfotografin in ihrer Familie. Solche Dinge thematisiere ich ständig. An einem bestimmten Punkt sieht man dann, dass sie sich dem Studium emotional nicht zuwenden können; sie haben sich immatrikuliert, weil es von ihnen erwartet wurde. Ich spreche oft mit ihnen darüber und wir haben Spaß miteinander. Diejenigen, die sich dem Studium emotional nicht zuwenden können, betreue ich häufig individuell. Sie müssen lernen, sich die Frage zu beantworten, wer und was sind. Manchmal gehe ich in die Seminarsitzung mit jungen Studentinnen und sage z. B. zu ihnen, *Heute machen wir ein bisschen mit der Frage weiter: Welche Träume hast Du?* Dann schauen sie mich an, als käme ich von einem anderen Planeten: *Was wollen Sie von uns? Wovon reden Sie überhaupt?* Es ist eben so, dass wir, wenn wir die Verbindung zu unseren Träumen verloren haben, nicht mehr wissen, was ein Traum überhaupt ist. Solche Reaktionen bestärken mich noch darin, mit ihnen zu arbeiten. Ich kann ihnen Prozesse anbieten, durch die ihre individuellen Träume wieder an die Oberfläche ihres Bewusstseins gelangen können, Wünsche, die ihr Leben, ihre Ambivalenz, ihre Schwierigkeiten und Herausforderungen betreffen. Die Arbeit ist großartig, weil es Frauen gibt, die ein sehr starkes Bewusstsein entwickelt und einiges gelernt haben und dadurch motivierter und bewusster geworden sind. Am wichtigsten in dieser Arbeit ist mir, dass den Studentinnen Dinge klar werden. Oft gelingt es den Betreffenden, Irrtümer zu erkennen und beiseite zu legen, sodass sie emotional entlastet werden – was sie stärker für ihr Studium motiviert. Da nutze ich z. B. meinen SFP-'Werkzeugkasten'; er hilft mir, die Studierenden und ihre Situation zu verstehen und sie zu unterstützen. Wie ich Realität analysiere? Wie ich sie einschätze? Wie ich jungen Studentinnen Dinge klar mache?

Die amerikanische Mama im Supermarkt

In meiner Lehr- und Beratungstätigkeit beziehe ich stets das Hier-und-Jetzt unserer hiesigen Realität und sozio-politische und Gender-Prozesse mit ein. Ich will Dir ein kürzlich geschehenes Beispiel geben, das ich gern verwende. Diese Schritt-Leiter gefällt mir. Vor kurzem ging ich nicht weit von hier in einen Supermarkt, wo sehr viele Familien mit Kindern einkaufen. Eine amerikanische Mutter mit einem ganzen Haufen Kindern, vielleicht acht, kam herein. Gleich hinter dem Eingang blieb sie stehen. Ich dachte bei mir, es wäre sicher interessant mal zu schauen, wie sie das mit diesen vielen Kindern während des Einkaufs regelt. Also blieb ich mit meinem Einkaufswagen unauffällig in der Nähe um hören zu können, was sie sagt. Und sie gab dem ältesten Kind eine Liste und sagte in ihrem amerikanischen Akzent zu dem Kind, *Du bist für Deine beiden kleinen Geschwister verantwortlich. Ihr drei holt jetzt die Sachen auf diesem Zettel; ich hole den Rest und wir treffen uns in 20 Minuten bei der Kasse.* Glaub' mir, Nava, als ich das hörte, dachte ich, *Das kann nicht sein, das ist unmöglich.* Dann begann ich zu verstehen und meine eigenen Einkäufe interessierten mich gar nicht mehr.

Ich folgte den drei Kindern mit meinem Einkaufswagen und sah, welche Gruppendynamik sich zwischen den Kindern entwickelte. Der Älteste verteilte sofort Aufgaben: *Du passt jetzt auf Deinen Bruder auf und wir treffen uns wieder hier.* Ich fing an, die Fähigkeiten dieser Kinder zu analysieren, alles, was sie tun mussten um in 20 Minuten an der Kasse zu sein; dazu gehörte die Orientierungsfähigkeit, das Sprechen, die Fähigkeit zu kategorisieren, Disziplin und Teamarbeit untereinander. Ich stehe da, analysiere und bewundere sie; ich beobachte sie bebend und möchte hinter ihrer Mutter herlaufen und ihr sagen, *Es ist einfach großartig, einfach großartig, wie Sie sie erziehen.* Ich staune nur noch; ich kann etwas lernen, nur weil ich in einen Supermarkt gegangen bin und dies gesehen habe. Bei der Beobachtung wollte ich es jedoch nicht belassen.

Derzeit habe ich einen Eltern-Kurs, in dem Eltern lernen, wie sie am besten mit (ihren) kleinen Kindern sprechen. Ich gehe also in die nächste Kurssitzung und sage: *Heute erzähle ich Ihnen eine Geschichte.* Dann erzähle ich ihnen diese Geschichte und lade sie dazu ein, gemeinsam diese Situation zu analysieren und sich zu überlegen, welche Fähigkeiten diese Kinder im Supermarkt brauchen. Dabei geht es mir um die Fähigkeit der Eltern, die Realität zu betrachten und zu analysieren. Bildlich gesprochen, habe ich eine Kamera vor meiner Stirn, mit der ich mir reale Situationen heran zoome, sie untersuche und aus ihnen lerne, und dann bringe ich sie zur Analyse in den Kurs und sie werden zu hilfreichen Beigaben in meiner Lehrtätigkeit.

So wie ich Deinen Ansatz verstehe, ist er darauf angelegt, Deine Studentinnen zu stärken, damit sie nicht an der ‚Glasdecke' (‚glass ceiling') scheitern, die ihre Eltern errichtet haben; und darauf, dass sie ihre Studien mit ihrer Lebensrealität verknüpfen und etwas Freirianisches nutzen können, das Wissen, das sie mitbringen. Ist Deine Entscheidung, in die Erziehungswissenschaft zu gehen, von der Kursleiter-Ausbildung beeinflusst worden, oder hast Du schon immer davon geträumt?

Geträumt habe ich immer von einer akademischen Laufbahn. Ich gehe sogar noch weiter und sage Dir etwas, was Dich vielleicht zum Lachen bringt. In der Familie meiner Mutter waren alle entweder Lehrer oder

Schulleiter, seit drei Generationen. Alle meine Onkel sind Lehrer und zwei sind Schulleiter. Als hätte sich das Kultusministerium in meine Familie hinein fortgesetzt *[lacht]*; und ich habe mir immer geschworen: Lehrerin werde ich nie! Auf keinen Fall! Mittlerweile würde ich diesen Beruf nicht mehr für einen anderen eintauschen. Ich habe sehr gern als Beschäftigungstherapeutin gearbeitet. Und trotzdem: Ich liebe die Erziehung sehr und glaube an ihre Kraft. Ich bin überzeugt: Wenn wir Chancen und Hoffnung haben wollen in dieser Welt, dann können wir dies nur durch die Art und Weise erreichen, in der wir erziehen. Ich glaube nicht an bombastische Dinge. Ich glaube an die enorme Kraft der Bildung, langsam, Schritt für Schritt, auf die kommenden Generationen Einfluss auszuüben. Und das hat sich als richtig erwiesen, vollkommen richtig.

Du hast noch nichts über Deine politischen Aktivitäten gesagt. Möchtest Du gern noch etwas dazu sagen? Sind sie wichtig für Dich?

Es geht nicht um wichtig oder unwichtig. Ich bin auch keine Aktivistin. Mir geht es mehr um Menschheitspolitik, sie interessiert mich mehr. Ich gehöre nicht zu den Leuten, die bei Protestdemonstrationen Flaggen schwenken und Slogans skandieren. Ich engagiere mich eher auf einer menschlichen, sensiblen Ebene. Zum Beispiel haben mich viele Leute gefragt, warum ich neulich das Gedicht von Mahmoud Darwish übersetzt und per Mail verschickt habe, obwohl ich keinen literarischen Hintergrund habe. Das war eine politische Aktion, die mir entsprochen hat. Ich möchte zu neuen Beziehungen zwischen Menschen beitragen, ich möchte Menschen die Augen dafür öffnen, Dinge, Informationen, Erlebnisse neu zu betrachten. So etwas entspricht mir mehr und macht mir Freude.

Männliche und weibliche Trauer

Du weißt, dass sich meine Dissertation mit der unterschiedlichen Art und Weise, wie palästinensische Männer und Frauen Kummer und Trauer über den Tod ihrer Kinder während der Al-Aqsa Intifada verarbeiten, befasst hat. Wir gehen alle ständig auf Reisen, und dies war für mich eine weitere Reise. Ich interviewte Familien, Väter und Mütter. Dabei stellte sich heraus, dass es da tatsächlich Unterschiede gab, dass es aber zusätzlich noch weitere Aspekte gab, die ich noch gar nicht gesehen hatte; qualitative Sozialforschung bringt häufig solche zusätzlichen Geschenke mit sich. Ein Erlebnis in dieser Zeit gehört zu den überraschendsten Momenten, im Rückblick sogar zu den ironischen Wendungen in meiner Promotionszeit. Normalerweise scheuen sich die Menschen davor, sich mit Trauer zu konfrontieren. Zu diesem Thema hatte ich ein kurzes Gespräch, das ich nie vergessen werde.

Ich fuhr mit einem Studienfreund nach einem Doktoranden-Kolloquium, wo wir meine Arbeit diskutiert hatten, von Jerusalem zurück nach Hause. Unterwegs fragte er mich, *Warum hast Du Dich für dieses Thema entschieden? Ist es nicht seltsam, dass irgendwie immer Leute aus trauernden Familien sich damit befassen?* [Wenig später verlor Maram Masarwi ihren Mann und ihren kleinen Sohn bei einem Autounfall.] Vielleicht habe ich [mit diesem Thema] in gewisser Hinsicht das Schicksal herausgefordert. Damals wollte ich mich mit dem Thema befassen, obwohl es mir schwierig erschien. Und dabei geschah das Unerwartete, dass unsere politische Realität, der Konflikt und das Gender-Thema sich miteinander verbanden und ich einen sehr tiefen, starken und authentischen Einblick in das Thema bekam.

Im Kontext der verschiedenen Muster, der Geschlechtertrennung und der Verknüpfung von Nationalität, Religion und Gender, befinden wir Frauen uns an einem speziellen Ort in der Realität und den Mythen des Konfliktes. Vielleicht ist uns dieser Ort vertrauter, vielleicht bringen wir größere Opfer, vielleicht können wir ihn besser annehmen. Als Palästinenserin, die letztlich nicht nur einer Seite angehört, war ich in dem Sinne privilegiert, dass ich nicht das Opfer bringen oder der Bedrohung ausgesetzt war, meinen Sohn in die Armee schicken zu müssen und ihn auf diese Weise zu verlieren.

Plötzlich dämmert Dir, dass Du nicht nur ein Teil des Konfliktes bist sondern auch die Funktion hast, Kämpfer dafür zu liefern. Das ist Dein Los, obwohl ich mich schon wieder für diese Aussage kritisieren muss, weil ein solcher Ansatz einen automatisch hilflos und letztlich zu einem Habenichts macht. So ist es, Nava. Ich betrachte die Entscheidungsprozesse in dieser Welt der Diplomatie und Politik; ich sehe, wie viele Frauen darunter leiden, wie wenig Einfluss sie haben, wie wenig sie gehört werden und wie sie zugleich Teil dieser Prozesse sind.

Bislang können die Frauen nur sehr wenig Einfluss geltend machen. Meine Forschungsergebnisse haben dies deutlicher gemacht; ich sah plötzlich diese Verknüpfungen tiefer und kritischer. Und oft blieben für mich sehr existentielle, philosophische Fragen nach der Natur des menschlichen Geistes unbeantwortet: Warum tun wir einander diese Dinge an? Warum tun wir uns selbst das an? Manchmal gibt es Teil-Antworten darauf, weitere Puzzle-Teilchen. Man kann über die Politik der Stärke diskutieren, über Ökonomie, über das Gender-Thema, über religiösen Glauben und das Heilige. Und man kann weitere Dimensionen hinzufügen, und doch erhält man kein vollständiges Bild und es gibt nicht immer Antworten.

Möchtest Du abschließend noch etwas sagen, das Dir in unserem Gespräch noch fehlt? Du musst gleich los zu einem Post-Graduierten Treffen.

Oh ja. Zunächst möchte ich sagen, dass ich, weil Ahmad [Ahmad Hijazi, Marams verstorbener Ehemann] so viele Jahre für die Ausbildung der Kursleiter für Konfliktgruppen zuständig war, die School for Peace ins Herz geschlossen habe. Das andere ist, dass unser älterer Sohn Esam gerade seine eigene Entwicklungsreise begonnen hat. Ein weiterer Kursleiterkurs an der SFP mit Wassim und Yonatan ist in Planung. Also sagte ich zu Esam, *Du, mach' mit, nimm an dem Kurs teil, mach' das. Das ist sehr wichtig.* Ich möchte dieses Geschenk so gern an ihn weitergeben. Ich wollte ihm begreiflich machen: *Du weißt noch gar nicht, wie groß dieses Geschenk ist. Nimm an diesen Workshops teil, sei Teil des Kurses und seiner Dynamik.* Ich weiß, dass ihn das stark verändern wird – seine Sicht auf die Realität, auf seine eigene Lebenskonzeption und seine Berufswünsche und auf sein Bild von sich selbst.

Eitan Bronstein
Politischer Pädagoge

Eitan Bronstein definiert sich als politischer Pädagoge. Im Alter von fünf Jahren kam er als Claudio mit seiner Familie aus Argentinien in den Kibbuz Bachan und bekam einen neuen Namen: Eitan. Mit 18 Jahren ging er ohne Bedenken zur israelischen Armee; heute würde er dies nicht mehr tun. Seine zwei älteren Söhne haben den Armeedienst verweigert. Es war die Gewalt gegenüber Palästinensern in Israel und der Westbank, die Bronstein in die entscheidende innere Auseinandersetzung mit dem Zionismus brachte. 2001 gründete er die Organisation Zochrot, die in Israel die Nakba und das Rückkehrrecht der Palästinenser in das Bewusstsein der Öffentlichkeit rücken will. Er war zehn Jahre der Leiter der Organisation und arbeitete danach bis Ende 2014 weiter dort. Im März 2015 gründete er ,De-Colonizer', ein Forschungs- und Kunst-Labor für sozialen Wandel, das Materialien und Methoden entwickelt, mit denen der kolonialistische Charakter des israelischen Regimes offengelegt werden kann. Eitan Bronstein absolvierte 1991 die Ausbildung zum Kursleiter an der School for Peace in Wahat al Salam – Neve Shalom. Er wurde am 24. Dezember 2008 interviewt.

„Die wichtigste Erkenntnis aus dem Kurs war die für mich zentrale Erkenntnis, wie stark wir jüdischen Israelis Teil des ganzen zionistischen Projekts sind; sie begleitet mich bis heute und führt zu bitteren Streitgesprächen zwischen mir und vielen meiner engsten Freunde in der Linken und besonders bei Zochrot. Natürlich ist es wichtig, das zionistische Projekt zu kritisieren und dagegen anzugehen, das ist unabdingbar und lobenswert ... doch wir sind immer noch und bleiben ein Teil davon. Diese Erkenntnis war für mich eher eine emotionale als eine intellektuelle Entdeckung. Und da wusste ich, dass wir alles tun müssen um die exklusiven Komponenten des Zionismus zu bekämpfen."

Eitan Bronstein

Noch vor der School for Peace hatte ich bereits von dem Dorfprojekt Neve Shalom gehört. Ich besuchte das Dorf und hörte dort von dem Kurs und meldete mich an. Damals war ich bereits seit vielen Jahren in der politischen Bildung tätig, als Berater in der Jugendorganisation der Ratz-Partei und später bei der Meretz-Jugend. In den Nahal-Armeevorbereitungsgruppen der Meretz-Jugend befassten wir uns mit vielen politischen Situationen. Auch anderswo war ich politisch tätig. Also war das Thema des SFP-Kurses nichts Neues für mich und ich kam auch nicht zum ersten Mal mit Palästinensern zusammen. Doch ich hatte zum ersten Mal die Chance, in einen wirklich intensiven Dialog mit ziemlich gebildeten, interessanten Leuten von beiden Seiten einzutreten. Ein Kleingruppen-Setting mit zwei Kursleitern machte eine viel tiefere Begegnung möglich, als ich sie davor erlebt hatte.

Ich glaube, die für mich mit Abstand wichtigste Erfahrung in diesem Kurs war, meine Rolle, meinen Anteil als Jude in diesem Konflikt zu erkennen. Was meine politischen Ansichten anbelangt, so veränderten sie sich vom Beginn bis zum Ende des Kurses nicht. Das wichtigste Ergebnis war die für mich zentrale Erkenntnis, wie stark wir jüdischen Israelis Teil des ganzen zionistischen Projekts sind; sie begleitet mich bis heute und führt zu bitteren Streitgesprächen zwischen mir und vielen meiner engsten Freunde in der Linken und besonders bei Zochrot. Natürlich ist es wichtig, das zionistische Projekt zu kritisieren und dagegen anzugehen, das ist unabdingbar und lobenswert … doch wir sind immer noch und bleiben ein Teil davon. Ich hoffe, dass es in ein paar Generation Menschen geben wird, die sagen können, sie haben keinen Anteil daran gehabt – was wir heute eben nicht sagen können. In einem weiteren philosophischen Sinne haben auch die Araber einen Anteil daran, aber der interessiert mich weniger und ist aus meiner Sicht auch geringfügig. Die Palästinenser müssen sich selbst gegenüber Rechenschaft ablegen. Wenn ich mir Rechenschaft ablege, dann ist mir glasklar, dass ich ein Teil des Ganzen bin. Diese Erkenntnis war für mich eher eine emotionale als eine intellektuelle Entdeckung.

Ich erinnere mich besonders an ein Erlebnis in dem SFP-Kurs, das mich gefesselt hat. Vielleicht erinnerst Du Dich, dass ich von einem Traum erzählte, den ich mal gehabt hatte: dass keine Araber mehr da seien. In der Woche zwischen zwei Gruppensitzungen musste ich die ganze Zeit darüber nachdenken und träumte auch mehrfach davon. Ein Traum war: Ich ging in Tel Aviv den Ben Zion Boulevard hinunter Richtung Stadtzentrum und sah auf meinem Weg ein paar Straßenkehrer mit ihren mit Rollen versehenen Mülltonnen. Damals waren die Straßenkehrer Araber; heute gibt es die nicht mehr. Das war während der ersten Intifada, als es immer wieder Zwischenfälle gab, bei denen arabische Arbeiter und andere Araber Leute angriffen, hauptsächlich mit Messern. Damals gab es eher Messerattacken von Palästinensern auf Juden als Bombenattentate, und sie fanden an vielen Orten statt. Am Busbahnhof in Jerusalem gab es ein furchtbares Attentat, wo jemand mehrere Menschen ermordet hatte. Araber konnten sich hier relativ frei bewegen; all die Mauern und Sperranlagen gab es noch nicht. Obwohl die Zahl der Attacken nicht sehr hoch war, hatten die Juden Angst; denn wir Juden bekommen Angst, wenn wir Araber sehen.

Unsere Angst vor Arabern

Ich weiß noch, dass ich in diesem Traum diesen Mann sehe und Angst vor ihm habe, d.h. mir wird sofort klar, dass er ein Messer herausziehen und mich angreifen könnte. Dass ich Angst vor einem Araber hatte, war eine harte Nuss für mich. Ich erkannte, dass ich ganz grundsätzlich Angst vor Arabern habe, auch vor meinen arabischen Kursgenossen. Im Kurs kommt man bald dazu, die anderen Kursteilnehmer davon auszunehmen und keine Angst vor ihnen zu haben, weil man sie näher kennenlernt. Doch mir wurde sofort klar, dass alle Araber sofort potenziell als Araber mit einem Messer wahrgenommen werden, auch die hier im Kurs-Raum … Leute, die mehr oder weniger politisch so denken wie ich … Das war für mich eine Offenbarung, die mir klar machte, dass ich Teil dieser ganzen Sache bin. Aus meiner Sicht haben wir hier seit 1948 und sogar noch länger eine wesentliche Aufgabe: wir müssen die kolonialistische Komponente in unserer Persönlichkeit und unserer Identität loswerden; ich selbst kann sie nicht loswerden, doch ich kann damit umgehen, sie integrieren. Ich kann mich neu erfinden, ich kann dazu beitragen, im Raum Tel Aviv zerstörte Dörfer auf der Landkarte zu verzeichnen und es bleibt trotzdem Tel Aviv. Ich schreibe in hebräischer Sprache, der Sprache des Zionismus, aber nicht auf zionistische Weise sondern auf eine neue Weise. Hauptsächlich geht es darum, die Sprache neu zu erfinden. Ich gehe von der These aus, dass alles hier auf der Basis des zionistischen Projekts entstanden und vollkommen kolonialistisch ist. Das hilft mir, ständig darüber nachzudenken, wie wir Sprachmuster offenlegen, abbauen und neue aufbauen können. Natürlich nicht, indem wir alles wegwischen, alles zerstören oder Menschen ausweisen oder so, auch nicht durch neue Unterdrückung – sondern eher, indem wir uns ständig fragen, wie wir die problematischen Komponenten loswerden beziehungsweise mit ihnen umgehen können, und wie wir andere Elemente unserer Identität stärken können.

Im Kurs kam all dies überraschend, verblüffend, wie eine Art Schock. Ich hatte immer gedacht, wie seien auf derselben Seite und dass es daneben noch eine andere Seite gäbe, die böse Seite, die wir bekämpfen müssen – obwohl ich mich damals wohl eher auf der Seite befand, die man bekämpfen musste. Damals zum Beispiel fand ich nicht, dass man den Armeedienst verweigern sollte, und auch andere Dinge sah ich noch nicht so wie heute. Doch ich stellte plötzlich fest, dass meine Identität Elemente enthielt, die eine palästinensische nicht aufwies, nämlich meine Besatzer-Anteile. Ein Palästinenser wird durch diese Elemente beeinflusst. Vielleicht kann er sich damit identifizieren und mich um sie beneiden, aber er befindet sich in einer anderen Lage. Ich lebe als Jude hier, in einem Kibbuz, und habe in der Armee gedient … Manche Elemente meiner jüdischen Identität sind sehr hart. Ein Teil von mir ist der Unterdrücker, ich wurde geboren, um später automatisch Soldat zu werden ... Das war eine überraschende Entdeckung für mich. Die hatte ich nicht erwartet und sie erschütterte mich zutiefst.

Denkst Du, dass diese Erfahrung viele Dinge prägt oder geprägt hat, die Du danach getan hast?

Zweifellos. Zum Beispiel war meine Gründung von Zochrot ganz klar eine Fortsetzung der Ausbildung in der School for Peace. Auch wenn diese Wirkung mit der Zeit schwächer geworden ist, gilt dies nach wie vor. Zochrot begann mit den Touren im Canada Park [der 1967 auf den Ruinen der drei palästinensischen Dörfer Imwas (Emaus), Yalu und Beit Nuba errichtet wurde]. Wir arbeiten weiterhin dort und ein Ende ist nicht abzusehen. Diese Idee, dass wir als Israelis und Juden unsere Identität entscheidend verändern müssen, dass sich die jüdische Öffentlichkeit entscheidend verändern muss, damit wir in diesem Land leben können – diese Idee ist genau das, was seit dem SFP-Kurs in mir arbeitet. Ja, man kann wirklich sagen, dass ich den Stoß, den Schock, diese tiefe Erschütterung in dem SFP-Kurs verpasst bekam, und dass ich bei Zochrot in gewissem Maße Möglichkeiten zu sehen versuche, einen Ausweg und damit Heilung und Hoffnung zu finden. Ich versuche herauszufinden, wie eine neue Identität aufgebaut werden kann. Wie wir unsere Identität umbauen können ohne sie zu annullieren. Wir können die Besatzer-bezogenen Komponenten unserer Identität nicht annullieren, doch wir können verstehen, dass es sie gibt und schauen, was das bedeutet.
Aus meiner Sicht ist Tel Aviv ebenso besetztes Gebiet wie Ariel oder Kedumim. Ich sehe das so, weil die Besatzung meines Erachtens bereits 1948 begonnen hat. Die gewaltsame Eroberung und Vertreibung damals war viel gewalttätiger als 1967, und für mich ist Tel Aviv grundsätzlich gesehen Kedumim. Grundsätzlich gesehen handelt es sich in beiden Fällen um Besatzung. Was bedeutet das? Ich bin in Tel Aviv und kann in palästinensische Dörfer gehen; ich kann sie betrachten und in ihre Umgebung gehen ... Ich kann darüber nachdenken, was es bedeuten würde, wenn Flüchtlinge in Tel Aviv wären oder dorthin zurückkehren wollten, ob sie ein Recht hätten zurückzukehren. Lauter solche Dinge kamen durch den Kurs zum Vorschein. Man kann diesen Prozess nicht beginnen ohne zu verstehen, dass wir ein Teil des Ganzen sind. Jemand, der das nicht erleben kann, der nicht fühlen kann, dass er ein Teil dieses Ganzen ist, befindet sich in einer sehr problematischen Lage, weil er die kolonialistischen Komponenten unserer Identität nicht begreifen kann. Die müssen wir aber ver-

stehen. Als Besatzer habe ich die Aufgabe, eine Diskussion in die jüdische Öffentlichkeit zu tragen. Wir müssen diese Öffentlichkeit verändern. Es gibt hier auch Leute, die nicht als Zionisten geboren oder dazu erzogen wurden, Leute, die in Matzpen-Familien oder ähnlichen Familien aufgewachsen sind und nicht in der Armee gedient haben: Sie sehen das von außen, und in gewissem Sinne sind sie auch draußen. Ich glaube nicht, dass sie keine Verantwortung tragen; sie können sich nicht einfach davon distanzieren. Aber sie sehen das Ganze von außen und deshalb haben sie auch nur begrenzt die Fähigkeit, zu diesem Wandel beizutragen. Der Wandel muss von denen kommen, die in dieser Realität aufgewachsen sind. Israelische Juden, ‚normale‘ Leute, die hier groß geworden sind, in der Armee gedient haben und hier leben, leugnen nicht, dass sie ein Teil dieses Landes sind. Leute wie ich können die Verantwortung übernehmen und kreativ an Wegen arbeiten, wie wir diesen Aspekten von uns entgegentreten können.

Die exklusive Basis des Zionismus

Die zweite Intifada war ein wichtiger Wendepunkt und ihre Wirkung auf mich war sehr stark von der School for Peace geprägt. Diese zweite Intifada erschütterte uns zutiefst. Wir waren völlig durcheinander und von einem tiefen Schmerz erfüllt. Ich weiß noch, dass ich nicht arbeiten gehen konnte. Ich war bei Demonstrationen in Umm al-Fahm. Dort hatte ich sehr schwierige und beängstigende Erlebnisse. Nachdem die Intifada schon eine Weile begonnen hatte, wurde mir klar, dass unser Problem in Israel mit der Unterdrückung der arabischen Israelis, und vielleicht auch in den [Besetzten] Gebieten, nicht ein Problem von weniger oder mehr Gleichberechtigung ist; es reicht nicht zu sagen, *Lasst uns den Arabern mehr Ressourcen und eine größere Bewegungsfreiheit geben.* Das eigentliche Problem liegt viel tiefer. Es geht um die Frage, wie wir geboren wurden und wie dieses Land entstand. Erst da begann ich, wirklich zu sehen; ich erkannte, dass die Grundlage unseres Staates eine verzerrte Komponente enthält. Nach dem Ausbruch der zweiten Intifada wurde mir immer klarer, dass der Zionismus – damit meine ich das exklusive Fundament des Zionismus, der behauptet, dieses Land gehöre nur uns, nur wir hätten Erinnerungen daran, unsere Sprache sei die einzig legitime hier … – dass dieses Fundament des Zionismus das Problem ist. Und da wusste ich, dass wir alles tun müssen um die exklusiven Komponenten des Zionismus zu bekämpfen.

Meine Haltung zur Armee veränderte sich, als mein Sohn sich dem Alter näherte, wo er sich auf die Armee vorbereiten sollte. Ich hatte den Militärdienst nicht verweigert. 1982 war ich drei Mal im Gefängnis, weil ich mich geweigert hatte, als Reserve-Soldat in den Libanonkrieg zu ziehen. Später, während der ersten Intifada, war ich zwei Mal im Gefängnis, weil ich mich geweigert hatte, in den [Besetzten] Gebieten Dienst zu tun. Doch während der zweiten Intifada war ich eine Art Soldat [der Reserve]; ich besuchte [im Auftrag der Armee] Familien, die einen Angehörigen verloren hatten. Ich war also kein richtiger Soldat. Infolgedessen war die Frage, Militärdienst – ja oder nein? nicht wirklich ein Thema für mich gewesen. Ich verbrachte stattdessen zwei oder drei Tage im Bezirk Tel Aviv und in Givatayyim und besuchte Trauer-Familien. Doch als mein Sohn in das Alter kam, begann mich diese Frage zu belasten, und dann kam er eines Tages zu mir und sagte: *Hör' mal, ich werde keinen Militärdienst leisten.* Das überraschte mich, es war wie eine Offenbarung, und ich war ganz und gar nicht darauf vorbereitet. Als er dann in das Verweigerungsverfahren einstieg, unterstützte ich ihn natürlich sehr und das gab auch mir selbst Kraft. Irgendwann forderte die Armee mich auf, auf einem Formular zu unterschreiben, dass ich weiter freiwilligen Reservedienst leisten würde - ich hatte die Altersgrenze für den Pflichtdienst überschritten. Sie erklärten, alle in meiner Einheit, darunter 60- und 65-Jährige, würden als Freiwillige weiter dienen. Ich hatte unter ihnen einige Freunde gefunden und fand es interessant, mit Menschen zusammenzutreffen, die mit dem Thema ,Trauer-Familien' zu tun hatten. Von diesen Familien lernte ich einige ausgesprochen faszinierende Dinge, die für unser Gesprächsthema relevant sind: über Zionismus, warum sie in dieses Land gekommen waren und über viele andere interessante Dinge. Als ich jedoch für zwei weitere Jahre unterschreiben sollte, kam es mir seltsam vor, freiwillig Dienst zu leisten, während mein Sohn den Militärdienst verweigerte. Also erklärte ich der Kommandeurin meine Lage. Sie verstand mich und ich war frei; ich wurde aus dem Reservedienst entlassen. Ich habe also nicht eigentlich den Militärdienst verweigert. Die Entscheidung habe ich leider nie getroffen.

In gewisser Hinsicht geht Dein Sohn diesen Weg weiter.

Ja, das tut er. Und er geht nicht nur diesen Weg, sondern sein Ausgangspunkt ist viel fortgeschrittener als meiner es war. Als er mir mitteilte, dass er die Einberufung verweigern würde, und ich noch in der Armee [der Reserve] war, kam er mir zuvor. Er öffnete mir auf einmal die Augen. Ich hatte ihm das nicht vorgeschlagen; so weit war ich noch nicht. Und wenn er letztlich doch gegangen wäre, dann hätte ich möglicherweise eine andere Interpretation dafür gefunden; und ich wäre nicht so sicher wie ich es heute bin, dass man tatsächlich nicht zur Armee gehen sollte. Er befreite mich also, er kam mir zuvor, doch er lernte auch von mir.
Ich habe meine Kinder immer zu Demonstrationen mitgenommen; er war immer dabei. Irgendwann, ich weiß es noch genau, begannen meine

beiden älteren Söhne sich so zu benehmen als würden sie sagen, *Jetzt haben wir verstanden, wir sind dabei; aber wir haben auch unseren eigenen Standpunkt; wir folgen Dir nicht einfach automatisch in allem.* Und irgendwann wollte er nicht mehr mit zu den Demonstrationen. Für ihn waren ein paar Dinge klar und selbstverständlich geworden, obwohl er das nicht ständig explizit zeigte. Seine Entscheidung hatte sogar noch stärkere Auswirkungen, als ich erwartet hatte. Wir sprachen miteinander darüber, und seine Mutter und ich unterstützten beide seine Verweigerung, doch ich war immer noch sein Vater; auch wenn er beschlossen hätte zu gehen, wäre ich sein Vater geblieben. Ihn diese Entscheidung so unabhängig fällen und dafür kämpfen zu sehen, war für mich eine intensive Erfahrung. In einem Brief schrieb ich ihm, dass er mir die Chance gegeben hätte, im Rückblick über mich selbst und meine Haltungen nachzudenken und mich zu fragen, wie ich die Dinge heute sehe; und ich schrieb ein bisschen darüber, wie es sich in einem solchen Kontext anfühlt, Vater zu sein. Dieses Teil-der-Besatzung-sein wirft auch tief greifende Fragen darüber auf, wie wir unsere Kinder erziehen. In einem solchen Umfeld Kinder zu haben und zu erziehen, ist äußerst problematisch. So war der Beschluss meines Sohnes eine Art Kompensation für mich, ein Indiz dafür, dass ich etwas richtig gemacht hatte.

Viele der SFP-Absolventen, die ich interviewt habe, haben gesagt, dass der Kurs die zentrale Achse ihres Lebens wurde. Trifft das für Dich auch zu?

Oh ja. Aber es war nicht unmittelbar der Fall. Nach dem Kurs tat ich alle möglichen Dinge. Ich ging für ein Jahr nach Brasilien. Danach arbeitete ich ein paar Jahre für die School for Peace, und seither tue ich das immer wieder. Dann begann die Arbeit für Zochrot, wo ich fast die ganze Zeit nach dem Kurs gearbeitet habe. Wenn ich es von heute aus betrachte, so sehe ich, dass ich durch Zochrot ein ganzes Netzwerk von Beziehungen aufgebaut habe; ein paar Dinge haben nicht direkt etwas mit Zochrot zu tun, doch fast alles hat mit dem Konflikt zu tun. Letztlich kann ich die Wahl meiner beruflichen Tätigkeiten weder erklären noch rechtfertigen. Meine Studien waren insgesamt interpretativ und kritisch ausgerichtet. Die Idee, diese Arbeit fortzusetzen, gab es schon. Zum Beispiel beinhaltete der Forschungsantrag für meine Promotion, die ich nie abschloss, die Erstellung einer Interpretation der Landschaftsgestaltung in Israel im Zusammenhang mit der Zerstörung palästinensischer Dörfer 1948. Schon damals interessierte mich die Nakba sehr. Alle meine wissenschaftlichen Texte, manche publiziert, manche unveröffentlicht, bezogen sich auf dieses

Themenfeld. Nach dem Ausbruch der zweiten Intifada schrieb ich über die Ermordung von Asel Asleh, der auch an der School for Peace gewesen war; der Text wurde später veröffentlicht. Ich besuchte sogar seine Eltern. Und wir machten eine Simulation zur Intifada, weißt Du noch? An der School for Peace dachten wir nach dem Ausbruch der zweiten Intifada darüber nach, wie wir sie in unsere Arbeit integrieren konnten, hauptsächlich über uninationale Seminare für Juden. Ich schaute alles an, was geschah, und las unglaublich viel. Adalah publizierte z. B. einen sehr scharfen Bericht über jene Ereignisse. Ich entwickelte mit den Materialien eine Simulation, eine Art von Zeugenbefragung oder Zeugen-Begegnung, mit verschiedenen gemischten Zweier-Teams, die an den Ereignissen beteiligt waren. Alle Rollen basierten auf realen Ereignissen: ein junger Mann, der protestierte; ein Soldat, dessen Kamerad in der Einheit jemanden erschossen hatte; eine Jüdin, deren Auto abgefackelt worden war; Shlomo Ben Ami, der Polizeiminister. Die Simulation war ausgesprochen interessant und wir verwendeten sie viele Male. Später schrieb ich auch einen Text für meine Abschlussarbeit an der Uni. Der Bericht über Asel wurde veröffentlicht.

Du bist seit vielen Jahren in der politischen Bildung tätig, hast Kurse geleitet, Projekte koordiniert und Programme entwickelt. Möchtest Du über diese Jahre noch etwa sagen?

Nun, bei Zochrot legen wir auch großen Wert auf Bildung, ganz eindeutig. Und allgemein betrachtet besteht unsere ganze Arbeit aus Erziehung oder Umerziehung; doch wir arbeiten auch im eher klassischen Bildungsbereich. Man kann Menschen nur befähigen, den Konflikt und den Anderen zu verstehen, indem man sie unterrichtet und indem sie umdenken lernen. Wir wollten mit allen möglichen Methoden vor allem Juden diese Bildung vermitteln. Man kann gar nicht genug betonen, wie wichtig es ist, dass wir, die Juden, hier eine große Verantwortung tragen.
Ich liebe dieses Land und fühle mich noch nicht ganz fremd hier. Viele junge Menschen verlassen das Land. Es überrascht mich, dass junge Aktivisten eines Tages plötzlich beschließen zu gehen. Doch es gibt auch viele Leute, die sagen, *Ich möchte nicht mehr nur politisch tätig sein.* Vielleicht widme ich mich wegen meiner Kinder, die noch viele Jahre vor sich haben, so stark der Bildung. Das ist für mich etwas Kostbares. Ich arbeite ständig daran, ich will herausfinden, wie jemand dieses Land neu sehen lernen kann. Bildungsarbeit ist auch bei Zochrot sehr wichtig. Wir wollen eine ethisch orientierte, aber auch verantwortungsbewusste, systematische und professionelle Bildungsarbeit leisten. Ich will gar nicht woanders hin. So schwer es auch ist, ich entscheide mich fürs Bleiben im Land und bei den

Leuten, und was ich tue, tue ich mit Liebe.

Aus Mitgefühl heraus

Oft reagieren Juden angstvoll oder feindselig oder schockiert auf die Aktivitäten von Zochrot und ähnlichen Gruppen. Manchmal gibt es sehr scharfe Reaktionen oder sogar Drohungen, manchmal spielt auch Gewalt hinein – nicht physische sondern verbale Gewalt. Darauf reagiere ich eher mit Mitgefühl. Wenn jemand sein ganzes Leben lang beigebracht bekommen hat, dass dieses Land auf vielerlei Weise nur ihm gehört, so ist er mit einer sehr ethnozentrischen Einstellung aufgewachsen. Sobald jemand das bedroht, was er als seine Seite betrachtet, kann er über diesen Tellerrand nicht hinausschauen. Nehmen wir z. B. an, es gibt einen furchtbaren Angriff auf den Gazastreifen. Für die Israelis hier zählen nur die Quassam-Raketen, die [Israel] getroffen haben, und ob eine Schule getroffen wurde, und ob die Leute unter Schock sind, oder ob jemand verletzt oder, wie es ab und zu geschieht, getötet worden ist. Gleichzeitig ist es so, als ob die andere Seite überhaupt nicht existieren würde. Das liegt nicht nur daran, dass Fakten verschwiegen werden; es gibt ständig Berichte aus Gaza. Ständig werden dort Menschen getötet und die Berichte sprechen von ‚Leuten, die an den Feindseligkeiten beteiligt waren'. Das ist Teil unserer Identität, so sind wir ‚gebaut': Wir ignorieren die andere Realität. Es geht um eine zutiefst ernst zu nehmende Blindheit, ein ernstes Hindernis, das es uns nicht erlaubt, auch die andere Seite zu sehen; denn der Zionismus hat uns von Beginn an vermittelt, dass wir etwas aufbauen, das nur für uns da ist, und wir bauen es mit unseren Händen aus dem Nichts auf.

Ich möchte zwei Texte dazu ansprechen. Einer wird in der nächsten Ausgabe von *Sedek*, der Zochrot-Zeitschrift erscheinen: eine Analyse des ‚Tower and Stockade'-Phänomens von Sharon Rithbard. Denk mal an das Image der Kibbuzim, die mit dem Turm-und-Palisaden Konzept gegründet wurden. Bis heute ist jeder Kibbuz ein geschlossener Raum; ich habe von Geburt an in einem gelebt. In der Nacht gibt es bewaffnete Wachen. Was soll das? Die Erfahrung ist die eines Lebens in einem bewaffneten Armeelager. Hast Du schon den Film von Ran Tal gesehen [über die Geschichte der Kibbuzim], über den jetzt alle reden, *Kinder der Sonne* [‚Children of the Sun']? Darüber möchte ich schreiben und das Thema mit unserer Arbeit verknüpfen. Ich habe auch einen langen Artikel in Ha'aretz über die Auswirkungen des erstaunlichen Phänomens gelesen, wie wir in Kibbuzim aufgewachsen sind. Der Film beeindruckt sehr, er ist mit viel Liebe und Mitgefühl gemacht worden, doch er wirft zugleich einen nüchternen Blick auf die kollektiven Kindererziehungsmethoden. Plötzlich durchschaue ich diese Methoden. Wenn Du mit dieser Dauer-Erfahrung des eingeschlossen-Seins aufwächst und feststellst, dass um Dich herum lauter Araber in offenem Gelände leben … nun, der Zionismus beinhaltete diese eisernen Mauern von Anfang an. Sogar Jabotinsky, vor 80 Jahren der wichtigste zionistische Denker, schrieb, dass wir hier hinter einem eisernen Zaun würden leben müssen. In so einem Umfeld wächst Du auf. Das ruft Mitgefühl hervor, weil die Lage so verzerrt ist. Wir sind so entstellt, so unfähig. Unsere Lebensweise in dieser Welt ist ein Problem.

Inwiefern sind wir unfähig?

Wir haben etwas in uns eingebaut, es wurde in uns hineingezwungen. Es geht um einen ganzen Diskurs in tausenderlei Formen wie Dingen, die wir tun, und Dingen, die uns angetan werden, der uns so macht. Wir sind nicht damit geboren worden. Warum sage ich das alles? Ich glaube, unsere Antwort kommt von dort her. Die meisten Leute reagieren zum Beispiel von dort her auf die Aktivitäten bei Zochrot. Meines Erachtens entstehen diese Reaktionen aus einer Schwäche heraus, aus einer Angst, aus Todesangst – *Was würde passieren, wenn die Araber tatsächlich zurückkämen?* Es ist die Angst davor, gegenüber dem Umland offen zu sein, und so wäre es, wenn wir wie normale Menschen hier leben wollen. Ich glaube, wir nehmen die Realität wegen unserer Identität verzerrt wahr; verängstigt und verwirrt, schließt sie sich nach außen ab. Die Leute reagieren meiner Ansicht nach nicht deshalb so, weil sie als Zionisten oder Israelis von Geburt an so sind; sogar Zionisten sind nicht a priori schlechte Menschen. Wenn ich das glauben würde, würde ich mich woanders engagieren. Manchmal erlebe ich Leute bei unseren Aktivitäten, die sagen, *Das wusste ich nicht, darüber habe ich noch nie nachgedacht; ich habe davon noch nie etwas gehört und nicht kapiert, dass es so ist.* Wir müssen bis an die Wurzel des Problems gehen. In dem Kurs in der School for Peace sind wir bis an die Wurzeln dieser Identität gegangen, bis wir verstanden: Wir sind Teil unserer Seite [des Konfliktes]. Bei Zochrot befassen wir uns mit der Frage, wie wir so geworden sind, versuchen zu verstehen, warum wir so geworden sind, und versuchen dagegen anzugehen. Und inzwischen erkennen auch mehr Menschen, dass das möglich ist.

Ich glaube, letztlich geht es um Loslassen. Derzeit arbeiten wir bei Zochrot sehr viel mit dem Rückkehrrecht [der palästinensischen Flüchtlinge]. Wir sammeln Informationen über einen Staat und, über das Thema ‚Rückkehr‘. Wir müssen nicht so sehr über das Recht auf Rückkehr nachdenken als über die Rückkehr selbst. Ein guter Freund von mir meinte, wir bräuchten nicht über das Recht auf Rückkehr und die Rückkehr nachzudenken. So sprechen Menschen, wenn sie eigentlich sagen wollen, sie möchten in Ruhe gelassen werden. Doch dahinter steckt die Notwendigkeit, diese verrückte Wahrnehmung loszuwerden. Unser Problem ist, dass wir aufhören müssen, uns wie Kolonialisten zu benehmen. Sonst gibt es keine Lösung. Zuerst einmal muss klar werden, dass Du und ich und der Mensch, der ein Flüchtling oder ein Einwohner ist, dass wir alle die gleichen Rechte haben. Wir haben eine Wahl. Wir können hier als Minderheit leben, was wir sowieso schon sind, oder wir können die Tatsache akzeptieren, dass wir alle in diesem Land in Frieden leben wollen, die Einwohner und die Flüchtlinge.

Ein Staat scheint die beste Alternative dafür sein, aus dieser Lage herauszukommen ... ein Staat, in dem die Menschen sich national und kulturell ausdrücken können. Und natürlich ein demokratischer Staat ... ein Staat mit nationalen und kulturellen Traditionen aller, die dort leben. Wie genau das gehen kann, ist die große Frage. Damit befassen wir uns intensiv; wir entwickeln Fantasien und versuchen, dieses völlig neue Denken zu erfinden. Erstaunlicherweise gibt es dazu überhaupt keine Texte. Der beste Text ist vielleicht ‚Altneuland‘; wir müssen bis zu Herzl zurückgehen und seine Utopie eines jüdischen Staates lesen. Es ist erstaunlich. Wir versuchen nun, über so etwas Ähnliches wie ein ‚Altneuland‘ nachzudenken. Für die Palästinenser gibt es dazu gar nichts, überhaupt gar nichts. Es ist nicht zu glauben ... Seit Jahren schreien sie es uns bei allen Konferenzen entgegen – das Recht auf Rückkehr, das Recht auf Rückkehr ... Es wird irgendwann gelingen. Es gibt progressive Leute bei diesen Konferenzen, die über einen Staat diskutieren – Palästinenser und Juden; doch niemand sagt, was er darunter versteht. Wie passen Tel Aviv und ein Staat, Jerusalem und ein Staat zusammen? Wir haben noch viel Arbeit vor uns mit Jerusalem als Hauptstadt für zwei Völker. Was es auch immer sein wird, wir müssen anfangen, es zu erfinden ... Ich bin froh, dass ich immer mehr Menschen, auch Palästinenser, davon überzeugen kann, dass die Zeit gekommen ist, über diese Dinge nachzudenken, vielleicht ist die Zeit reif dafür. Eigentlich ist es erstaunlich, dass es nicht längst passiert ist. Wie das Ganze genau aussehen wird ... nun, angesichts der derzeitigen Lage wird sie wohl noch ein paar Generationen andauern – diese Fantasie, dass wir, ja, doch, hier in Frieden werden miteinander leben können ...

Amin Khalaf

Sozialer Unternehmer

*Amin Khalaf, ein sozialer Unternehmer und Strategie- und Bildungs-
berater, leitet heute das 2014 gegründete Ost-West-Zentrum für Sprach-
studien in Jerusalem (www.ewjerusalem.com). Sein größter Erfolg in den
letzten Jahren war die Gründung der Organisation ‚Hand-in-Hand für
bilinguale Erziehung‘. Unter seiner Leitung gründete die Organisation
vier gemischte Schulen für jüdische und arabische Kinder mit heute insgesamt 900 Schüler(innen). Hand-in-Hand hat sowohl in Israel als auch im
Ausland Auszeichnungen erhalten, hat neue Curricula entwickelt und den
ersten multi-kulturellen Schulkalender in Israel erstellt. Khalaf hat einen
MA in Islamischen und Nahost-Studien und einen MA in Betriebswirtschaft
erworben. Nach Abschluss seiner Ausbildung arbeitete er als Journalist, unterrichtete an arabischen und jüdischen Schulen, lehrte am David Yellin College
of Education und unterstützte zugleich in verschiedenen Bereichen jüdisch-
arabische Kooperationsprojekte. Amin Khalaf machte 1991 die Ausbildung
zum Kursleiter für Konfliktgruppen in Wahat al Salam – Neve Shalom. Er
wurde am 12. Oktober 2008 interviewt.*

„Viel von der Weltsicht, die wir aus Neve Shalom mitgenommen haben, ist zwar in Neve Shalom offensichtlich, anderswo aber nicht, bis
heute. Nehmen wir z. B die Frage der Gleichberechtigung. In Neve
Shalom habe ich zum ersten Mal jemanden sagen hören, dass auch
wenn gleich viele jüdische und arabische Kinder in einem Klassenraum
sitzen, die jüdischen Kinder sich immer noch als Mehrheit fühlen. Das
ist schwer zu erklären und schwer zu verstehen. Doch wir lernten,
furchtlos alles auf den Tisch zu bringen, selbst wenn es einen Eklat
verursachte, und wussten, es ging darum den Prozess fortzusetzen. Ich
denke, jeder Aspekt der jüdisch-arabischen Beziehungen in diesem
Land ist ein immerwährender Prozess." *Amin Khalaf*

Ich habe vor fast zwanzig Jahren an der School for Peace- Ausbildung zum
Kursleiter für Konfliktgruppen teilgenommen. Vielleicht ist es ganz natür-
lich, dass dies besonders intensive Jahre waren: 15 Jahre berufliche Laufbahn,
Heirat, Familie, Kinder. Zu dem Kurs kann ich ohne Übertreibung sagen:
Er veränderte mein Leben – in vielerlei Hinsicht. Das damalige Timing,
d.h. wo ich mich damals in meinem Leben befand, spielte auch eine Rolle.
Ich war 26 oder 27 Jahre alt. Damals, in dem Neve Shalom-Kurs, befasste

ich mich zum ersten Mal intensiv mit den jüdisch-arabischen Beziehungen. Bis dahin hatten die mich, wohlwollend ausgedrückt, nicht so sehr interessiert. Es war mein erster Workshop überhaupt und wurde zu einer bedeutenden Erfahrung. Ich studierte und leitete gleichzeitig das Büro der Zeitung *Al-Ittihad* in Jerusalem. Aktiv war ich zunächst an der Hebräischen Universität, und zwar im arabischen Studentenrat, nicht in der Campus-Bewegung. Ich glaube bis heute, dass es leichter ist, sich auf der arabischen Seite zu engagieren, in der Minderheit selbst, statt sich die ganze Zeit mit den jüdisch-arabischen Beziehungen zu beschäftigen, was ermüdend und schwierig ist. Es ist ermüdend und schwierig, weil man versucht, etwas Neues zu erschaffen. Und das sage ich nicht nur so, es ist wahr. Manchmal benutzen Leute das Bild, aber sie verstehen nicht wirklich, wie schwer es ist, gegen den Strom zu schwimmen.

Der Kurs war aus zwei Gründen definitiv ein signifikanter Wendepunkt in meinem Leben. Ich begann mich mit den jüdisch-arabischen Beziehungen im Staat Israel zu befassen, und das tue ich noch heute. Zweitens unterrichtete ich nach dem Kurs in Teilzeit als Lehrer an der binationalen Grundschule von Neve Shalom. Ich leitete verschiedene Kursprogramme an der School for Peace und bei anderen Organisationen außerhalb von Neve Shalom: z. B. am Van Leer Institute, bei ‚Kinder des Friedens‘ und am David Yellin College. In all den Jahren als Kursleiter hat mich die gleiche Weltsicht geleitet, die Ihr uns in dem Kurs vermittelt habt. Wir lernten, furchtlos alles auf den Tisch zu bringen, selbst wenn es einen Eklat verursachte, und wussten, es ging darum den Prozess fortzusetzen. Ich denke, jeder Aspekt der jüdisch-arabischen Beziehungen in diesem Land ist ein immerwährender Prozess. Manchmal ist dieser Prozess ermüdend, weil er bedeutet, ständig mit dem Anderen zu arbeiten und gleichzeitig einen schwierigen inneren Prozess zu durchlaufen: wie wir zusammen leben, unsere unterschiedlichen Sichtweisen, welche Perspektiven wir haben oder nicht haben; das ist nicht leicht. Später habe ich in Beit Safafa unterrichtet und weiterhin Gruppen für ‚Kinder des Friedens‘, bei Van Leer und anderswo geleitet.

In diesem Land haben sich verschiedene Arbeitskonzepte entwickelt. Ich bin immer noch zutiefst von dem Konzept von Neve Shalom überzeugt: unermüdlich die schwierigsten Dinge anzusprechen, von dort her etwas Gleichberechtigtes zu erschaffen und dabei die Machtverhältnisse (‚power relations‘) einzubeziehen. Bei Hand-in-Hand [Zentrum für jüdisch-arabische Bildung in Israel] ist die Sprache Dreh- und Angelpunkt. Davon war ich sogar schon vor dem Neve Shalom Kurs überzeugt. Doch Neve Shalom hat das noch verstärkt. Zwei Aspekte im Hand-in-Hand Sprachansatz sind einzigartig. Ich sage immer, Sprache ist ein Werkzeug, eine Identität, doch sie spiegelt außerdem Machtstrukturen wider. Und wenn ich über das multi-kulturelle Hand-in-Hand Modell spreche, meine ich *multikulturell* im strukturellen Sinne, also in dem Sinne, dass Sprache an den Machtstrukturen in einer Organisation beteiligt ist. Dass habe ich schon vor dem Kurs gedacht, doch Neve Shalom hat diese Überzeugung gestärkt, und ich arbeite bis heute damit, weil es meiner persönlichen Weltsicht entspricht.

Erinnerungen an den SFP-Kurs

Vielleicht überrascht Dich, dass ich so viel aus dem SFP-Kurs erinnere: die kennenlern-Aktivitäten zu Beginn und den erstaunlichen und wunderbaren Gruppenzusammenhalt. Wir waren eine ziemlich einheitliche Gruppe. Jeden Abend besuchten wir gemeinsam Kulturveranstaltungen. Dort hatte ich das Gefühl, ich selbst sein zu können: Ich sagte genau das, was ich dachte, aus meiner Perspektive. So hat mich der Kurs geprägt. Ich hatte das Gefühl, jeder achtet auf den anderen; das war richtig gut. Und wir konnten ziemliche Spannungen erzeugen, ohne dass die Gruppe auseinanderfiel; das gab mir Selbstvertrauen. Und Du und Rabah [Halabi], Ihr sagtet uns immer wieder: *Sprecht es aus, sagt es; die Welt wird deshalb nicht untergehen.* Das begleitet mich immer noch. Es gab faszinierende Situationen in der Gruppe. Einmal kam eine Teilnehmerin nicht und wir fuhren alle nach Jerusalem, um nach ihr zu suchen; solche wirklich liebenswerte Dinge geschahen. Mich persönlich hat die Abschiedszeremonie sehr berührt; sie hat mich sehr bestärkt. Noch heute würde ich, wenn ich danach suchen würde, all die Zettel mit den Abschiedsbemerkungen der anderen finden und die Blumen und Zeichnungen, die wir einander in der letzten Gruppensitzung gaben. Alle waren sehr positiv zueinander, tauschten Dinge miteinander aus … ich habe die Sachen alle noch.

Der Kurs hat mich auch persönlich voran gebracht. Irgendwie hatte ich mich vorher nie wirklich ausgedrückt, nie über mich oder über meine Sicht der Dinge gesprochen; im Kurs tat ich das zum ersten Mal. Und ich erhielt ermutigendes Feedback aus der Gruppe, zum Beispiel *Tu's! Trau Dich!* Und ich habe dort Freunde gefunden; vielleicht keine fürs Leben, doch wir blieben [ziemlich lange] miteinander in Kontakt.

Der Kurs gab mir die Richtung, ein Modell, einen Sprachansatz, und alle diese Dinge versuchen wir bei Hand-in-Hand weiterzuentwickeln. Sie waren von Anfang an unsere Grundlage. Jedes Mal, wenn Leute finden, dass unser Ansatz sehr fortschrittlich sei, sage ich ihnen, dass wir wesentlich von Neve Shalom inspiriert worden sind. Neve Shalom hat mir das unablässige Streben nach Gleichberechtigung mitgegeben. Viel von der Weltsicht, die wir aus Neve Shalom mitgenommen haben, ist zwar in Neve Shalom offensichtlich, anderswo aber nicht, bis heute. Nehmen wir z. B. die Frage der Gleichberechtigung. In Neve Shalom habe ich zum ersten Mal jemanden sagen hören, dass auch wenn gleich viele jüdische und arabische Kinder in einem Klassenraum sitzen, die jüdischen Kinder sich immer noch als Mehrheit fühlen. Das ist schwer zu erklären und schwer zu verstehen. Gleichberechtigung im Sinne von Neve Shalom ist schwer fassbar. Obwohl Hand-in-Hand einen anderen Diskurs führt, ist die Art und Weise, wie es aufgebaut wurde, in Teilen ganz klar so wie das, was Neve Shalom ausmacht.

Wieweit betrifft das aus Deiner Sicht als Präsident der Organisation die Sprachenfrage? Wir wissen, dass die Sprache ein sehr schwieriges Thema ist, und dass selbst, wenn in der Schule zu 50% Hebräisch und zu 50% Arabisch gesprochen wird, noch längst keine Gleichberechtigung besteht.

Nehmen wir zum Beispiel das Forum der Schulleitungen unserer vier Schulen. Als Hand-in-Hand begann, haben wir uns sehr viel mit dem Thema Sprache befasst; wir wussten, dass, wenn wir Gleichberechtigung ohne Parität in der Verwendung der Sprache haben, unsere Bemühungen weit von tatsächlicher Gleichberechtigung entfernt bleiben. Selbst Du und ich haben vorhin ohne zu zögern miteinander zu sprechen begonnen, und ich begann das Interview in Hebräisch. Der ursprüngliche Name von Hand-in-Hand [Zentrum für jüdisch-arabische Bildung in Israel] zeigte, dass die Zweisprachigkeit der Eckpfeiler unserer Arbeit war. Dies Zwei-Sprachen-Modell entwickeln wir ständig weiter und haben darüber ein Buch geschrieben. Der erste Tagesordnungspunkt auf der Agenda des Schulleiter-Forums war die Zweisprachigkeit. Wir haben auch Erfolge, aber die Realisierung ist nicht leicht. Mit den jüdischen Kindern haben wir schon einigen Erfolg, auch wenn wir mehr erhofft hatten: nämlich dass die Kinder nach Abschluss der 3. Klasse Arabisch lesen, schreiben und sprechen können. So weit sind wir noch nicht, trotz all unserer Anstrengungen. Unser zunächst entwickeltes Grundmodell verlangte ein zweier-Lehrerteam, d.h. eine arabisch- und eine hebräisch-sprechende Lehrkraft, das sich nicht dolmetscht. Die Kinder arbeiteten mit beiden Sprachen, weil es sich nicht vermeiden ließ, und wir arbeiten auch mit den Eltern, weil die Kinder nach der Schule nach Hause zurückkehren. So sieht das Grundmodell aus.
Doch dann sahen wir, dass außerhalb des Klassenraums und außerhalb der Schule die eine Sprache immer noch die größere Macht hat – und das hat Rückwirkungen auf die Macht der beiden Sprachen in der Schule. Also entwickelten wir, zwei Jahre lang, das bilinguale Modell mit einigen definierten Bereichen, die wir beeinflussen können: das Kind, die Lehrer, das

Bildungsumfeld, den Lehrplan. Wir schufen ein Forum über Zweisprachigkeit um herauszufinden, wie wir diese Dinge befördern können. Zuerst waren die Kinder bei uns nicht eine einzige Unterrichtsstunde getrennt; sie waren ständig zusammen. Nun aber entwickelten wir ein Modell mit auch getrennten Aktivitäten, doch kontrolliert und behutsam, nicht so wie in der Grundschule von Neve Shalom, wo die Kinder, glaube ich, mehr Zeit getrennt verbringen. Unsere Vision erfordert, dass wir Zweisprachigkeit anstreben. Doch was heißt das? Es ist nicht leicht; wir dürfen nicht einfach mit dem Strom schwimmen. Also brauchst Du einen langen Atem. Wir müssen die Menschen immer wieder an die Vision anschließen. Das erschöpft Dich, doch das ist unser Los: gegen den Strom zu schwimmen. Zweisprachigkeit bedeutet, dass sowohl das jüdische Kind als auch sein Lehrer und seine Eltern Arabisch sprechen.

Ihr legt zum Beispiel Wert darauf, zweisprachige jüdische Lehrer einzustellen.

Weißt Du, das können wir nicht ganz durchhalten. Wir ziehen es vor, und damit haben wir bereits das Prinzip durchbrochen. Ja, das sollte Teil unseres Modells sein. Ich weiß noch, dass wir an der Grundschule von Neve Shalom mal beschlossen hatten, dass wir, wenn wir wirklich an Zweisprachigkeit glauben, zweisprachige Lehrer besser bezahlen sollten. Das haben wir auch für unsere Schulen erwogen. Ich muss zugeben, dass selbst wir manchmal müde werden; die Idee ist aus verschiedenen Gründen nicht realisiert worden und wir sollten erneut darüber diskutieren. Manchmal geben wir eben auf. Wenn etwas nicht klappt, konzentrieren wir uns erstmal auf das, was geht und schwimmen mit dem Strom. Die Herausforderung ein Gymnasium aufzubauen ist so ein Beispiel: So hart es auch ist, die Frage ist, ob wir aufgeben oder beharrlich daran arbeiten. In unserer Schule in Jerusalem haben wir inzwischen eine 10. Klasse mit nur arabischen Schüler(innen). Die Herausforderungen sind groß und belasten Dich ständig. Einmal erklärten mir die Schuleiter(innen), *Allein schon die Tatsache, dass wir uns jeden Morgen in ein jüdisch-arabisches Umfeld begeben, das Gleichberechtigung fördert, allein das ist schon Grund genug für 50% mehr Gehalt.* Ich habe mir noch nicht klar genug gemacht, wie hart und erschöpfend diese Arbeit ist.

Der Prozess ermüdet

In uninationalen Settings ist es für mich persönlich einfacher; die jüdisch-arabische Partnerschaft fordert mich sehr. Der ganze Prozess in diesem Umfeld ist anstrengend.

Zum einen arbeitest Du sowohl mit Dir selbst als auch mit der anderen Seite; Du erklärst ständig Deine Wahrnehmung, Deine Weltsicht, Deine Ideologie. Du durchläufst einen Prozess und spürst Veränderungen in Dir, und die ersten Probleme hast Du mit Dir selbst. Doch nochmal, für jemand aus einer Minderheit ist das stets leichter. Gehst Du wirklich den richtigen Weg? Das fragst Du Andere und das fragen Andere Dich. Zugleich spürst Du, wie ungeheuer schwer es für die andere Seite ist, ganz, ganz allmählich Macht abzugeben und die Grenze zu überschreiten. Um in der Sprache des Neve Shalom-Kurses zu sprechen: Überschreitet der/die jüdische Kursteilnehmer(in) eine rote Linie? Ist er/sie auch dann noch ein guter Jude? Während Du diese Partnerschaft aufbaust, ist es unendlich schwer zu unterscheiden, was erlaubt und was verboten ist. Was mich zutiefst frustriert ist, dass dieser Prozess in so vielen jüdisch-arabischen Beziehungen nicht auf der bewussten Ebene stattfindet. Ich spüre das, weil ich so viel Erfahrung habe, doch manchmal ist es schwer vermittelbar.

Was ich trotz der Probleme an Neve Shalom großartig finde, ist, dass man dort wahrnimmt, wer im Dorf Machtpositionen innehat oder Einfluss ausübt. In der Hinsicht hat Neve Shalom große Fortschritte gemacht. Doch an anderen Orten gibt es so etwas kaum. Wenn man Leuten gegenüber die Idee vorbringt, dass es vielleicht schwer zu verkraften ist, wenn eine Spitzenposition von einem/r Araber/in bekleidet wird, dann sagen sie häufig, *Reden Sie keinen Unsinn, sowas gibt's doch gar nicht.* Oh ja, so etwas gibt es, aber die Leute reagieren so. Selbst wenn man also an die Menschen glaubt und sie respektieren möchte … man wird vom Gegenteil eingeholt: Jemand weiß es wirklich nicht, oder jemand glaubt nicht, dass er ein Rassist ist, und hat zugleich Probleme mit der Vorstellung einer arabischen Top-Führungskraft; dass er sich dessen nicht bewusst ist, ist frustrierend. Sowohl in unserer Organisation als auch sonst in unserem Land wird das heute akzeptiert.

Wo findet man in diesem Land heute wenigstens ein paar Araber(innen) in Spitzenpositionen? Azmi Bishara hat damals seine Kandidatur verkündet, um dieses Denken zu durchbrechen. Sind wir in Israel heute bereit, einen arabischen Premierminister zu haben? Manche Leute sagen: *Na klar, wo ist das Problem?* Nun, es gibt viele Probleme. Es ist fraglich, ob wir tatsächlich für einen arabischen Premierminister bereit sind. Vielleicht für einen arabischen Minister, dessen Bild an der Wand im Ministerium hängt, okay; aber jemand, der wirklich Einfluss hat, Entscheidungen fällt und uns, den Juden, d.h. der hegemonialen Mehrheit im Staat Israel, erklärt, was richtig und was falsch ist – niemand ist dafür bereit. Als ich das Protokoll der Debatte um die Ernennung von Ghaleb Majadele [zum Minister ohne Portfolio] las – ich hab's nicht sehr genau gelesen – trat darin erheblicher verdeckter Rassismus zutage. Verdeckter Rassismus ist viel stärker verbreitet als offener Rassismus und viel schwerer fassbar.

Kannst Du ein Beispiel aus der Geschichte von Hand-in-Hand geben, wo Du mit verdecktem Rassismus umgehen musstest?

Im Moment fällt mir dazu nichts ein; in mir sperrt sich da was. Aber es hat schon einige Beispiele gegeben. Nimm z. B. die Opposition gegen ein zweisprachiges Gymnasium, die in der ausschließlich arabischen 10. Klasse deutlich wird. Anstatt die wertzuschätzen, die in die 10. Klasse gekommen sind, sagen die Leute, sie sind gegen ein zweisprachiges Gymnasium, wenn es keine Parität zwischen Juden und Arabern gibt [– weil viele arabische Eltern und überhaupt keine jüdischen Eltern ihre Kinder angemeldet haben]. Auch die Finanzierung ist ein sensibles Thema; manche finden, beide Seiten müssten die Schule gleichermaßen finanzieren. Doch hier ist Symmetrie problematisch. Eine Gleichberechtigung zwischen Mehrheit und Minderheit beruht nicht unbedingt auf Parität in den finanziellen Beiträgen. Die Bedürfnisse und die Wahrnehmung der beiden Seiten unterscheiden sich. Es heißt zum Beispiel, arabische Familien würden ihre Kinder in eine Hand-in-Hand Schule schicken, um ihnen eine gute Ausbildung zu sichern, während die Juden aus ideologischen Gründen kämen. All die zehn Jahre meiner Berufstätigkeit bei Hand-in-Hand habe ich den Leuten nicht klar machen können, dass das so nicht stimmt. Meiner Ansicht nach sagen die Araber auf die Frage, was sie bei uns suchen: *eine Schule*; die Juden sagen: *Ich glaube an dieses Modell.* Okay; aber was sagt das über die Wahrnehmung der beiden Seiten aus? Der Araber akzeptiert die Ideologie a priori; er ist bereit mit den Juden zusammenzuleben, und findet, das muss er nicht eigens betonen; er betont, was ihm fehlt, und das ist wahrscheinlich eine gute Schule für seine Kinder. Wenn er der Ideologie nicht zustimmen würde, würde er zu einer anderen Schule gehen. Bei ihm hat der Aspekt Bildung Vorrang. Die jüdischen Eltern, denen viele Schulen offen stehen, kommen zu Hand-in-Hand, weil sie trotz aller Probleme die Partnerschaft mit den Arabern wollen, und das sagen sie auch. Für sie ist selbstverständlich, dass ihr Kind hier eine gute Schulbildung erhält, und wenn das nicht so wäre, würden sie nicht nur wegen der Ideologie zu Hand-in-Hand kommen. Beide Seiten äußern sich deshalb verschieden und die Leute machen ein großes Ding daraus. Dahinter verbirgt sich ein Machtaspekt. Die Juden sagen zwischen den Zeilen, *Wir sind humaner, ideologischer. Uns sind diese Dinge wichtiger. Die Araber sind nur Opportunisten, die eine gute Bildung für ihre Kinder wollen.* Versuch das den Leuten mal zu erklären. Das ist ganz schön kompliziert.

Aus dem, was Du gesagt hast, entnehme ich, dass es manchmal nötig ist, eine Seite auf Kosten der anderen zu stärken.

Nein, so ist es nicht. Wir haben ein Konzept. Es geht von der numerischen Parität der jüdischen und arabischen Kinder aus. Ich gebe Dir ein sozusagen fortgeschrittenes Beispiel. Wir müssen unsere Minderheitspartner immer fragen, in welchem Maße wir nicht nach der Pfeife der Mehrheit tanzen sollen. Meiner Erfahrung nach schafft man es, Geld für den Arabisch-Unterricht der jüdischen Kinder zu beschaffen. Wenn es jedoch in erster Linie um einen Bedarf der Minderheit geht, ist es viel schwerer, das Geld aufzubringen. Man kann sich also fragen, wie gleich die Bereitstellung von Ressourcen für die Bedürfnisse der beiden Seiten ist. Dieser Dinge muss man sich wirklich bewusst sein, man muss realistisch werden und darf nicht einfach mit dem Strom schwimmen und an die eigene Seite denken. Heute, nach langjährigen Anstrengungen in diesem Bereich, möchte ich herausfinden, wie wir die Realität tatsächlich verändern können. An den derzeit üblichen Begegnungen frustriert mich, dass sie zwar zu mehr Verständnis untereinander beitragen, aber nicht wirklich zu etwas Neuem führen. Bisher zeigen nur sehr wenige Modell-Projekte, wie Juden und Araber zusammenleben können und wie Gleichberechtigung im Alltag funktionieren kann. Draußen in der realen Welt ist die Existenz von Hand-in-Hand, glaube ich, auch ein Versuch, eine Antwort auf die Frage zu geben, ob das überhaupt möglich ist, und wie das realisiert werden kann. Also haben wir unser Modell mit dem Ziel entwickelt, Gleichberechtigung im Sinne von gleichen Bildungschancen zu fördern. Nach der Gründung 1997 wurden 1998 die ersten Schulen eröffnet, eine in Galiläa und eine in Jerusalem. Wir haben drei Grundsätze: erstens die Zweisprachigkeit, wobei wir etwa den gleichen Ansatz haben wie Neve Shalom, wonach Sprache nicht nur ein Kommunikationsmittel sondern auch Teil der Identität ist und die Machtverhältnisse in der Gesellschaft widerspiegelt.

Der zweite Grundsatz ist der Multikulturalismus; wir sagen, dass er einen zusätzlichen Aspekt in die Schule bringt und niemandem etwas wegnimmt. Wir haben numerische Parität und halten eine faire Verteilung der Macht in der Organisation für unabdingbar. Beide Kulturen haben ihren Raum und der binationale Charakter der Schule hat oberste Priorität, sodass beide Narrative gleich viel Gewicht im Schulleben haben. Das ist uns insgesamt gut gelungen. Und es ist eine große Herausforderung. Wie Du weißt, gibt es ein Narrativ der Starken, und es gibt eine Narrativ, das zum Schweigen gebracht worden ist und Raum braucht, mit klar definierten Grenzen. Heute besuchen 900 Schüler(innen) Hand-in-Hand Schulen: in Jerusalem, Misgav in Galiläa, Kufr Qar'e im Wadi Ara und in Beer

Sheva. Die Schule in Beer Sheva läuft in Kooperation mit der kommunalen Organisation *Hagar*. Die Schule in Galiläa umfasst die Klassen 1 bis 9 und hat 200 Schüler(innen). In Kufr Quar'e ist etwas sehr Schönes entstanden, eine jüdisch-arabische Schule in einem arabischen Ort, ein weiterer Schritt hin zu gleichberechtigten jüdisch-arabischen Beziehungen. Dort gehen 200 Kinder in die Klassen 1 bis 7. Und in Jerusalem besuchen von der Pflicht-Vorschul-Klasse bis zur 10. Klasse 460 Kinder die Schule. In Beer Sheva gibt es zwei Kindergärten mit Kindergartenkindern und Vorschulkindern. Alle Schulen entwickeln sich gut. In Jerusalem möchten wir gern ein gemeinsames jüdisch-arabisches Gymnasium einrichten, welches Kinder aus allen binationalen Bildungseinrichtungen aufnehmen könnte, einschließlich Neve Shalom.

Kannst Du das ‚gegen den Strom schwimmen‘ noch etwas genauer erläutern?

Ich habe die Situation schon sehr früh kritisch betrachtet, ungefähr in der 7. Klasse, als in unserer Nachbarschaft ein Moshav gebaut wurde. Ich war noch ein Kind, schaute mir das an und fragte mich, warum die schöne Straßen hatten und schöne Häuser und wir nicht. Wieso? Wir hatten im ersten Drittel der 7. Klasse sogar einen Schulleiter, der uns beibrachte, es gebe kein palästinensisches Volk. Ich weiß noch, dass ich dachte, *Der ist doch dumm, was für ein Unsinn, der hat keine Ahnung!* Denn ungefähr zur selben Zeit, ich glaube, als ich in der 8. Klasse war, träumte jedes Kind davon, am Unabhängigkeitstag eine palästinensische Flagge zu hissen. Ich weiß nicht, woher ich den Mut nahm, ich tat es spontan: Ein Lehrer der 8. Klasse kam und meinte, wir sollten den Klassenraum für den Unabhängigkeitstag dekorieren; doch ich erwiderte, 14-jährige Jungs würden nicht dekorieren. Der Lehrer machte den Fehler zu sagen, dass, wer nicht mitmachen wolle, auf den Schulhof gehen dürfe. Also ging die ganze Klasse auf den Schulhof, außer zwei Mädchen, die dem Lehrer halfen, die Klasse zu dekorieren. Ähnlich verhielt ich mich im Gymnasium und an der Uni. Als ich das Gymnasium besuchte, gab es einen Vorfall mit Bassam Shakaa und Karim Khalaf[1]. In dem Gymnasium, das ich besuchte, haben wir im Unterricht an einem Morgen zwei Stunden darüber gesprochen; das war ein Meilenstein in meinem Leben. Der Neve Shalom Kurs später war ein weiterer Meilenstein, der mich stark geprägt hat.

---

[1]   B. Shakaa war von 1976-1982 Bürgermeister von Nablus, K. Khalaf 1972-1982 Bürgermeister von Ramallah; beide wurde bei einem Mordanschlag von jüdischen Untergrund-Terroristen schwer verletzt; beide wurden 1982 von den israelischen Behörden abgesetzt und durch israelische Militärmachthaber ersetzt.

Kann es sein, dass Dein berufliches Engagement in der bilingualen
Erziehung Deiner inneren Rebellion die Spitze genommen hat,
dass, wenn Du eine politischere Laufbahn eingeschlagen hättest,
Deine Rebellion stärker gewesen wäre?

Nun, früher habe ich mir das auch so erklärt. Politisch neige ich zu den
arabischen Parteien beziehungsweise arabischen gemeinnützigen Organisationen in meiner Heimatgegend. Selbst heute habe ich Gefühl, dort wäre
das Leben bequemer; das trägt vielleicht zu meiner Erschöpfung bei.

Partnerschaft ist nicht leicht

Nach meiner Entscheidung für die Partnerschaft bleibt die Frage, wo ich
mehr bewirken kann, welches der richtige Weg im weiteren Sinne ist, ob
in Richtung Gleichberechtigung in einem Staat, der sich als Staat aller
seiner Bürger definiert, oder in Richtung auf etwas Eigenständigeres, und
welcher Weg für die arabische Bevölkerung besser ist. Was bedeutet also
meine Arbeit der letzten 15 Jahre? Wir sind alle mit der Idee der Gleichberechtigung für arabische Bürger Israels groß geworden, aber wie geht das?
Meine ganze bisherige Arbeit war ein Versuch, diese Frage zu beantworten. Was bedeutet Gleichberechtigung? Es geht wohl um meinen Traum
von Hand-in-Hand als Bilingualismus-Zentrum: Was bedeutet Zweisprachigkeit? Muss ganz Israel zweisprachig werden oder gibt es Zwischenlösungen zwischen der heutigen Situation und einer Zukunft, in der die
Bürger dieses Staates beide Sprachen sprechen können. Natürlich kann
Hand-in-Hand nicht den Staat Israel verändern, doch es kann einen Beitrag leisten oder ein Papier mit Vorschlägen vorlegen, und jemand anderes
muss das später verwirklichen. Klar ist nur: Gleichberechtigung ist der
Schlüssel dazu.

Partnerschaft ist eine schwierige Angelegenheit, eine Last; sie verpflichtet
Dich dazu, dich sehr viel stärker mit den Dingen zu befassen und ist ein
wesentlicher Beitrag. Auch für mich persönlich ist Partnerschaft nicht leicht
gewesen. Manchmal denke ich, ein Araber kann nur bis zu einer gewissen
Grenze gehen. Er kann Knesseth-Abgeordneter werden, eine ziemlich respektable Position, aber wenn er davon träumt, Premierminister zu werden,
dann übertreibt er es. Bei Hand-in-Hand bin ich der Präsident und Sam
ist der Geschäftsführer, und unsere Hierarchie ist fließend – der Geschäftsführer ist Jude und der Präsident Araber, und beide legen wir gegenüber
dem Vorstand Rechenschaft ab. Allgemein gesagt, bin ich für den Bereich
Bildung und er für den Bereich Verwaltung zuständig. Unsere Schulen
haben eine doppelte Schulleitung und ein komplexes Zuordnungssystem
von Funktionen. Ich denke, wir gehen in die richtige Richtung, aber es

ist kompliziert. Anders geht es eben nicht. Aus meiner Sicht – die nur wenige Leute verstehen werden – müssen wir, wenn wir Gleichberechtigung erreichen wollen, arabisch-jüdische Schulleitungen etablieren, und wenn das nicht geht, sollte die Schulleitung nicht jüdisch sein. Das hat schon viele Probleme verursacht. Wenn dieser Standard-Mechanismus die richtige Richtung ist, dann müssen wir damit leben lernen. Die politische Konzeption wird gemeinsam erarbeitet, doch die Verantwortung liegt bei der Person. Besser kann ich unsere Zielrichtung nicht beschreiben. Ich habe immer herauszufinden versucht, wie Gleichberechtigung im Allgemeinen möglich werden kann und diese Frage beschäftigt und belastet mich bis heute.

Maya Mukamel

Psychologin und Aktivistin

*M*aya Mukamel lebt als klinische Psychologin in Tel Aviv. Sie schreibt und lehrt an der Universität Haifa (Institut für Kunsttherapie) und der Bar Ilan Universität Tel Aviv (Institut für Gender Studien) über die Wechselbeziehungen zwischen Therapie und Politik, Trauma-Theorie und Behandlung, Psychologie und Gender und über die Geschichte psychoanalytischer Ansätze. Sie gehört zum Lenkungsausschuss für die Fortbildung in politisch sensitiver Therapie bei PsychoActive: Fachleute im Bereich psychische Gesundheit für Menschenrechte.

Seit Mai 2010 leitet Mukamel eine Expertengruppe von PsychoActive und der Organisation Sozialarbeiter für Frieden, welche sich mit militärischen Verhörmethoden und der Inhaftierung von palästinensischen Kindern und Jugendlichen und deren Auswirkungen auf den Einzelnen, die Familie und die Gesellschaft befasst. Diese Gruppe hat mehrere Dutzend ehrenamtlich arbeitende Fachleute ausgebildet, welche die Prozesse im Militärgerichtshof in Ofer beobachten, strukturierte Interviews mit inhaftierten Minderjährigen führen, Gutachten für Verteidiger schreiben, Berichte veröffentlichen und Vorträge für Fachleute halten. (Dazu gehören: Ruth Ben Asher, Manal Abu Haq, Sunny Gordon-Bar, Dov Bernstein, Laila Baranse und Michal Fruchtman; Rivka Warshawsky, die die Besuche im Militärgerichtshof in Ofer anregte, initiierte auch die PsychoActive Fortbildung in politisch sensitiver Therapie).

2015 nahm Mukamel an einem Trainingsprojekt in forensischer Dokumentation teil, das vom Komitee gegen Folter in Israel initiiert wurde und auf dem Istanbul Protokoll basiert; Ergebnis des Projektes war ein Handbuch, das Ärzten, Anwälten und Fachleuten im Bereich psychische Gesundheit Methoden an die Hand gibt, mit denen sie physisch und psychologisch Einschätzungen zu Menschen gewinnen können, die von Folterungen berichten. Ihre Gutachten unterstützen unter anderem Anwälte des Komitees, die juristisch gegen den Einsatz von Folter vorgehen. Maya Mukamel nahm am Universitätskurs der School for Peace an der Hebräischen Universität Jerusalem 1997/1998 teil und absolvierte die Ausbildung zur Kursleiterin für Konfliktgruppen in Wahat al Salam – Neve Shalom 1998/1999. Sie wurde am 15. Januar 2008 interviewt.

„Der Kurs war ein überaus wichtiges Gütesiegel für mich. Von da an hat mich die Wahrnehmung und Bekämpfung von Rassismus ständig beschäftigt. Bei Machsom Watch wollte ich herausfinden, wie die israelischen Soldaten es schaffen, an den Checkpoints zu tun, was sie dort tun. Zuerst suchen die Soldaten vielleicht eine Verbindung zu den Palästinensern, erklären, informieren. Doch sehr bald schaut der Soldat die Leute nicht mehr direkt an … Wenn ich als Soldatin dort wäre, könnte mir das auch passieren. In meinem Fall hat meine Begegnung mit meinen mizrahischen Anteilen in dem SFP-Kurs zu einer starken Identifikation mit der arabischen Gruppe geführt."

Maya Mukamel

An dem Neve Shalom-Kurs an der Hebräischen Universität habe ich 1997/1998 teilgenommen, im letzten Jahr meines Psychologie-Grundstudiums. Du und Ahmad [Hijazi], Ihr habt den Kurs geleitet, Prof. Charlie Greenbaum koordinierte den Kurs an der Uni und Michal Zak war die Gruppenbeobachterin. Das war ein faszinierendes Jahr für mich. Zum ersten Mal in meinem Studium erlebte ich die Verbindung der akademischen Lehre mit einem experimentellen Prozess. Dieser integrative Ansatz hat mich seither als kraftvolle und effektive Lernmethode begleitet. Die Gruppenbegegnung kam für mich genau zur richtigen Zeit. Mir hatte schon länger etwas im Studium gefehlt, das ich damals noch nicht artikulieren konnte; im Rückblick weiß ich, dass ich auf so eine Gelegenheit gewartet hatte: mich mit Problemen nicht über Texte sondern durch Erfahrungen zu befassen, welche Teil meines Lebens werden und zentrale Alltagsthemen betreffen.

Ich habe mich schon immer für Begegnungen und damit verbundene Themen interessiert. Als ich mein Studium begann, hoffte ich auf experimentelle Erfahrungen und wunderte mich, dass es die nicht gab; das Psychologie-Studium schien mir wenig mit dem Leben, insbesondere in Israel, zu tun zu haben. Ich hatte schon an ein paar Jugend-Begegnungen teilgenommen, die aber weder Kontinuität noch inhaltliche Gespräche boten. Der Neve Shalom-Kurs war der erste mit einer tiefgreifenden Erfahrung dieser Art.

Die Startphase in der Gruppe war äußerst turbulent, das weiß ich noch gut. Jemand in der Gruppe brach eine ‚Intifada‘ vom Zaun; er ließ seiner Wut freien Lauf, bis zu Drohungen gegen die jüdische Teilnehmergruppe. Er war nur in der ersten Sitzung und kam danach nicht wieder, doch diese Provokation erschütterte und schockierte uns alle: ein harter Einstieg. Ich glaube, dieser Einstieg hat den Prozess des ganzen Kurses beeinflusst: Das Gespräch in der Gruppe war moderat und zurückhaltend, selbst wenn es ans Eingemachte ging. Vielleicht war wegen des Schocks so ein Element der Ruhe und Zurückhaltung in der Gruppe, als ob nichts wirklich Dramatisches vor sich ginge – was einen Prozess ermöglichte, der empfindsamer war und weniger die unreflektierte Intensität enthielt, von der solche Begegnungen so häufig geprägt sind.

Was aus dem Kurs war für Dich das Wichtigste für Dein späteres Leben?

Das Wichtigste war vielleicht eine spezielle Wahrnehmung der Interaktion zwischen verschiedenen Identitäten, zwischen meiner und der Wahrnehmung Anderer. Das hatte ich davor so noch nicht erlebt. In der Gruppe bekam ich mein komplexes Sein als jüdische, mizrahische Frau in den Griff – allen drei Komponenten habe ich mich damals zum ersten Mal gewidmet. Ich erinnere mich besonders an eine uninationale Gruppensitzung. Als in diesem Gruppenforum ethnische Konflikte entstanden, sah ich mich erstmals als Mizrahi. Eine der mizrahischen Frauen sprach über erniedrigende Erfahrungen ihrer Familie bei der Einwanderung nach Israel und die fortwährende Unterdrückung. Daraufhin sagte eine ashkenasische Frau, *Warum jammerst Du hier rum? Ihr habt hier das Recht, Euch frei zu äußern* ... Und als sie ‚Ihr‘ sagte – im Plural – spürte ich bei dieser Frau plötzlich eine Geringschätzung wegen meiner Herkunft; sie sprach verächtlich über mich, ohne mich überhaupt zu kennen. Sie gewährte mir sozusagen gnädig das Recht, mich frei zu äußern. Ohne diese Situation hätte ich diese Erkenntnis vielleicht nicht gehabt. Sie war demütigend, und irgendwie enttäuschend ... und sie blieb mir im Gedächtnis. Normalerweise kam ich mit meinen Gefühlen und Gedanken ganz gut zurecht. Zuvor war ich nie auf den Gedanken gekommen, jemand könnte mich wegen etwas in mir in eine Schublade stecken – jedenfalls nicht so offen – und so war dies meine erste harsche Erfahrung mit so etwas. Während des ganzen Prozesses staunte ich darüber, wie sehr Menschen einander stereotyp betrachten. Zugleich war ich dankbar dafür, dass alle im Kurs sich selbstkritisch betrachten und mit den stereotypen Wahrnehmungen umgehen konnten. Nicht alle Äußerungen erfolgten aus einem echten Dialog heraus. Manchmal signalisierten sie Überlegenheit oder Macht und verstärkten noch die im Raum bestehende Überlegenheit. Jedenfalls hat meine Begegnung mit meinen mizrahischen Anteilen in dem SFP-Kurs zu einer starken Identifikation mit der arabischen Gruppe geführt. Auf einmal sind Dinge, die Du für selbstverständlich gehalten hast: dass Du hier dazu gehörst – dass es Deine Heimat, Deine Gesellschaft ist –, doch nicht so. Auf einmal gibt es viele Dinge, die Du zuvor nie bemerkt hast, die aber über Deinen Status in der Gesellschaft entscheiden können.

Und was geschah dann? Hast Du protestiert oder geschwiegen, hast Du reagiert?

Ich habe nicht reagiert. Ich war verletzt und zutiefst schockiert. Meine Verteidigungsmechanismen erlaubten mir wenigstens – als die betreffende Frau sprach – zu denken, *Woher nimmt die das Recht, so über mich zu reden?* Doch letztlich erinnere ich mich vom ganzen Kurs am stärksten an diese Sitzung. Die Konfrontation mit dieser Etikettierung und der Frage, ob ich mich nur deshalb frei äußern dürfe, weil sie „mir zusagen gnädig das Recht dazu gewährte', die Konfrontation mit der Verachtung … All das beschäftigt mich bis heute.

Das hat auf jeden Fall mit dem zu tun, was die Juden den Arabern in der Gruppe antun. Diese fundamentale Verknüpfung erfolgt nicht einmal bewusst. Ich selbst merke plötzlich, dass ich zu der jüdischen Gruppe gehöre, die den Anderen das antut. Ich werde von den Juden etikettiert und gehöre gleichzeitig zu denen, welche die Araber(innen) unterdrücken und etikettieren. So war ich in der Kursgruppe ständig innerlich gespalten – eine bestürzende, manchmal sogar lähmende Erfahrung. Wie sich die Macht-Landkarte in meiner Identität verzweigte, das überforderte mich manchmal. Es schien keinen Ort ohne diesen Zustand zu geben, ich war hier und dort und zugleich an keinem der beiden Orte. Ich fühlte mich nicht unterdrückt, begegnete aber Leuten, die sich mir gegenüber wie Unterdrücker benahmen. Das hatte ich zu Hause nie erlebt. Im Gegenteil, dort war Mizrahi zu sein eine Quelle des Stolzes.

Meine Mutter stammt aus Polen und mein Vater aus dem Irak. Ich habe vor allem ashkenasische Freunde; meine ethnische Herkunft spielte dort keine Rolle. Bis heute fällt es mir schwer, Leute und ihre Beziehungen mit den Kategorien *Ashkenasim* und *Mizrahim* zu beschreiben.

Befreiung meiner arabischen Identität

Seit dem Kurs habe ich mich fast jedes Jahr auf vielerlei Weise intensiv mit dem jüdisch-arabischen Konflikt befasst. Noch weiß ich nicht genau, welche Aufgabe für mich wo die richtige ist. Das Wichtigste ist wohl meine tiefe Einsicht in die Komplexität des Themas und in die Problematik der Situation, vor allem, weil die schwierigsten Dinge latent bleiben. Rassismus in seiner tiefen Bedeutung wird z. B. nicht wahrgenommen.

Ich erinnere mich gut an meine überraschende Begegnung mit meinem eigenen Rassismus. Ein Teil des Kurses fand in Neve Shalom statt; dazu gehörte eine Simulation, bei der wir eine politische Lösung für den Konflikt finden sollten. In gemischten jüdisch-arabischen Arbeitsgruppen arbeiteten wir jeweils an einem Thema – Bildung, Kultur und so weiter. Sprecher(innen) der Arbeitsgruppen präsentierten im Plenum die Gruppenergebnisse. Die Sprecher(innen) auf dem Podium hatten auf dem Tisch ein Schild mit der AG-Bezeichnung vor sich, in Arabisch, Englisch und

Hebräisch – die erste Zeile war in Arabisch. Auf einmal merkte ich, dass mich das ‚Arabisch oben' total irritierte, mir sogar bedrohlich erschien. Ich weiß noch, dass ich dieses Bedrohungsgefühl zuerst zu unterdrücken versuchte, nach dem Motto *Okay, okay, wieso stört Dich das* überhaupt? Das war schwer.

Gleichzeitig spürte ich die Verbindung zwischen dieser Reaktion und dem Mizrahi/Ashkenasi Thema. Ich empfand unbewusst die arabische Sprache als Bedrohung und gleichzeitig entdeckte ich, dass Arabisch für mich eine vergessene Sprache war: Bei uns zu Hause wurde Arabisch gesprochen, doch ich verlor die Sprache. Ich bereute, kein Arabisch zu können, es nicht von meinem Vater und meinen Großeltern gelernt zu haben. Ich kann die Sprache schon deshalb nicht ablehnen, weil sie zu einem Teil meiner Familie gehört. Ich verstand oft, was gesagt wurde, obwohl mir nicht klar war, dass ich es verstand.

Gleichzeitig mit der starken inneren Tendenz, den arabischen Anteil der Mizrahim zu unterdrücken, gab es auch eine starke Neigung in mir, das Jiddische zu unterdrücken. Meine Mutter hat eine ganze Bibliothek bei uns zuhause und niemand wird sie lesen. Wenn diese Kultur des Arabisch- und Jiddisch-Sprechens unter den Juden meiner Generation nicht bewahrt wird, so wird sie vollkommen verloren gehen. Es muss sich jemand um die Dinge kümmern, die bei der Einwanderung dieser Menschen nach Israel vergessen worden sind. Trotzdem unterscheiden sich Jiddisch und Arabisch, weil Arabisch definiert ist als die Sprache des ‚Feindes'.

Mein Vater und ich haben nie über diese Verbindung zum Arabischen gesprochen; er starb, als ich mit dem Grundstudium begann. Darüber denke ich oft nach, vor allem, weil mein Großvater väterlicherseits vor kurzen gestorben ist – eine verlorene Chance; ich hoffe, dass ich die Chance, mit meinen Onkeln darüber zu sprechen, nicht verpasse.

Die Ausbildung zur Kursleiterin für Konfliktgruppen

Nach dem SFP-Kurs an der Uni wollte ich tiefer in die Materie eindringen und kontinuierlich daran weiter arbeiten, nicht nur bis zum Ende des Studienjahrs. Also machte ich im folgenden Jahr die Ausbildung zur Kursleiterin an der SFP in Neve Shalom und arbeitete auch als Kursleiterin. Ich war dankbar dafür, diesen Prozess so fortsetzen zu können, und meine Arbeit als Leiterin von Jugendbegegnungen vertiefte meine Erfahrungen mit der Komplexität des Konflikts. Plötzlich stellten sich mir viele Fragen zum Thema Kursleitung, zum Beispiel: Mit welcher Altersgruppe arbeitete man wann am besten, und mit welchem Modell? Einige dieser Aspekte wurden in Team-Besprechungen im Anschluss an solche Workshops thematisiert. Wenig später begann ich bei Machsom Watch aktiv zu werden. Dort war ich etwa drei Jahre lang jeden Dienstag unterwegs. Um fünf Uhr morgens brachen wir auf und um viertel vor sechs trafen wir uns an einem Checkpoint – dem von Qalqiliya, Tulkarm oder Nablus.

Um das drei Jahre lang jeden Dienstag um fünf Uhr morgens durchzuhalten, brauchst Du viel innere Kraft.

Es zog mich irgendwie dort hin, wie an den Ort eines Traumas, ich fand kein Ende und konnte es nicht loslassen. Immer wieder muss ich dorthin. Ich war verblüfft darüber, wie das System sich entwickelte. Als ich mit den Beobachtungen begann, war das System noch in den Anfängen und wurde mit der Zeit immer raffinierter. Das jede Woche anzuschauen, fiel mir sehr schwer und das ist bis heute so.

Die meisten Israelis tun das nicht. Was hat Dich dazu gedrängt, es zu tun?

Das weiß ich nicht. Vielleicht das Ohnmachtsgefühl, das Gefühl, man .kann nichts tun. Es ist schon eine Art Aktion, wenn auch eine sehr begrenzte Aktion. Eine Gruppe Frauen, die beobachten, dokumentieren und dafür sorgen, dass die Beobachtungen in die Medien gelangen.
An den Checkpoints hatten wir auch Interaktionen mit Soldaten und Palästinensern. Anfangs schritt ich häufiger gegen das Verhalten von Soldaten ein, doch mit der Zeit begriff ich, dass dies den Palästinensern manchmal eher schadet oder nichts bewirkt – das ist sehr belastend. Vor allem aber wollte ich begreifen, was die Soldaten eigentlich tun und wie sie es schaffen, zu tun, was sie dort tun. Ich stellte fest: Wenn ein Soldat neu am Checkpoint stationiert ist, sucht er vielleicht zuerst eine Verbindung zu den Palästinensern, er erklärt, informiert. Doch sehr bald schaut der Soldat die Leute nicht mehr direkt an und im Laufe der Zeit senkt sich eine Art Schutzschirm vor sein Gesicht. Ich versuchte das zu begreifen. Wenn ich als Soldatin dort wäre, könnte mir das ebenfalls passieren.
Nach drei Jahren an den Checkpoints, während der letzten Phase meiner Tätigkeit bei Machsom Watch, schloss ich mich einer unabhängigen Gruppe von Fachleuten aus dem Bereich psychische Gesundheit in Jerusalem an, die Kontakte mit palästinensischen Kolleg(innen) knüpfen wollten (Sarah Kalai, Sarah Metzer, Danny Eisner, Tristan Troudart und ich). Wir stellten fest, dass binationale Begegnungen über die etablierten Kanäle und mit langfristigen Planungen und langwierigen Vorbereitungen aus verschiedenen Gründen scheiterten. Also versuchten wir es stattdessen mit wenigen persönlichen Kontakten und bauten zunächst Vertrauen auf,

in der Hoffnung, dass sich über diese Kontakte mehr entwickeln könnte. Und tatsächlich: Über einen Kontakt zum S.O.S.-Kinderdorf in Bethlehem wurde ein Fortbildungsprogramm für palästinensische Kolleg(innen) entwickelt, das ein Erfolg wurde. Neun Monate lang reisten wir ein Mal pro Monat nach Bethlehem und gaben dort Workshops. Auf dem Weg überquerten wir Checkpoints mit all ihren Begleiterscheinungen. Wir reisten als Mitglieder von Ärzte für Menschenrechte *(Physicians for Human Rights)*; ohne die ideologische und logistische Hilfe dieser Organisation hätten wir das nicht tun können. Seit jenem intensiven Jahr haben wir sogar einen Jahreskurs für palästinensische Fachleute im Bereich psychische Gesundheit mit mehr oder weniger Teilnehmer(innen) initiiert. Dabei haben wir auch mit zusätzlichen ehrenamtlich arbeitenden Fachleuten aus Israel gearbeitet. Und drei weitere, jeweils über mehrere Monate laufende Kurse im Wochenendformat haben wir durchgeführt. Diese Teamarbeit berührte mich sehr und die Arbeit hat mir viel Freude gemacht. Sie erfordert nicht nur Energie; sie gibt auch Energie – das ist an den Checkpoints ganz anders.

Die Gründung von PsychoActive

Danach haben wir PsychoActive gegründet. Wir sind eine Gruppe von Fachleuten im Bereich psychische Gesundheit, Frauen und Männer, die sich für den Zusammenhang zwischen Psychologie und dem israelisch-palästinensischen Konflikt interessieren. Ausgehend von den Interessen seiner Mitglieder ist PsychoActive in verschiedenen Bereichen tätig. Obwohl wir alle aus verschiedenen Umfeldern kommen, einte uns von Anfang an das, was mit Majd Canaaneh geschah. Majd ist ein palästinensischer Psychologe, der für einen Forschungsaufenthalt in Jaffa war. Ihm wurde Schädigung der Staatsicherheit vorgeworfen und er wurde zu 10 ½ Jahren Gefängnis verurteilt. Ein paar Frauen in der Gruppe – darunter seine Mentorin, eine Kollegin und eine Frau, die bei derselben Mentorin eine Forschung machte – erlebten, wie er eines Tages plötzlich von seinem Arbeitsplatz verschwunden war. Sie suchten ihn, warteten auf ihn, und seine Patienten kamen und warteten auf ihn, doch er kam nicht. Als sie nach ein paar Tagen Kontakt zu seiner Familie herstellen konnten, erfuhren sie, dass er in Haft war. Die Reaktion von anderen an seiner Arbeitsstelle und die Diskrepanz zwischen dem Mann, den sie persönlich kannten und dem Mann, der bei dem Prozess erschien – all das veranlasste sie zu handeln. Sie suchten den Kontakt zu seinem Verteidiger und es entstand eine enge Beziehung zu seiner Familie; diese Freunde verfolgten den Prozess und korrespondieren seither mit ihm. Ich glaube, dass bei der Gründung der Gruppe seine Situation ein wesentlicher Schwerpunkt war.

Ein zweites Anliegen von PsychoActive war meines Erachtens der Versuch, die Arbeit der Gruppe, welche die Workshops und beruflichen Fortbildungen organisiert hatte, auf eine breitere Basis zu stellen. Immer mehr Leute bekundeten Interesse und mit der Zeit vervielfachte sich die Anzahl der Organisatoren und Referenten.

Auch Absolventen von SFP-Change Agent-Kursen für Fachleute aus dem Bereich psychische Gesundheit trugen zur Verstärkung und Konsolidierung von PsychoActive bei. Viele Absolventen wollten gern bei uns aktiv werden. Daneben unterstützten uns auch Leute aus der Forschung durch ihre Master-Arbeiten und Promotionen im Fachbereich Psychologie zu für uns relevanten Themen.

Ich selbst kann, außer durch meine Aktivitäten vor Ort, PsychoActive auch durch meine zahlreichen Kontakte zu Personen und Institutionen unterstützen. Ich habe sehr viele persönliche Kontakte, z. B. zu palästinensischen Psychologen in Palästina, zu Berufskolleg(innen), zu linken Aktivisten außerhalb des psychologischen Berufsfeldes und in akademischen Kreisen. Ich befinde mich an einem Schnittpunkt, von dem aus es leicht ist, Kontakte zu knüpfen, und das ist wichtig, weil wir ohne Kontakte unsere Arbeit nicht tun können. Dort habe ich meine Aufgabe. In den letzten Jahren habe ich sehr viel geschrieben und am PC gearbeitet und habe mich mit Emails und dem Internet befasst – ich wollte für die Gruppe ein gutes Netzwerk aufbauen. Es fällt mir nicht leicht, über PsychoActive als hierarchische Organisation mit einem Zentrum und einer Leitung und so weiter zu sprechen. Doch ich spüre, dass ich da eine Aufgabe habe.

Hat sich Deine Master-Arbeit oder Deine Promotion mit diesem Gebiet befasst?

Indirekt. Ich habe eine theoretische Dissertation geschrieben, die sich mit dem Konzeptbegriff *Gvul* befasst, der sowohl ‚Limit' als auch ‚Grenze' bedeutet, und zwar in drei Bereichen: Psychoanalyse, Philosophie und politische Philosophie. Der Begriff hat mit der Idee von Grenzen zu tun – Grenzen zwischen Identitäten und politischen Entitäten, und Grenzen von Wahrnehmung und Bewusstsein. Unter anderem versuche ich zu untersuchen, wie und wann Wahrnehmung begrenzt wird, wo die Wahrnehmung aufhört, und wie Wahrnehmungsblockaden entstehen, die dazu führen, dass man nicht zu begreifen vermag, was ‚jenseits davon' ist … Ich erforsche, in wieweit diese Grenzen flexibilisiert werden können und denke über menschliche Wahrnehmung und menschliche Interaktionen nach, die einen weniger zwingenden Gebrauch von Konzepten und Ideen beim Thema Grenzen ermöglichen könnten. Doch, ja, Fragen der Identität und des Konfliktes zwischen Identitäten sind zentrale Aspekte meiner akademischen Arbeit geworden.

PsychoActive ist eigentlich eine Art Seriendruck-Manager. Manche Mitglieder sind eher Email-Empfänger, manche korrespondieren mit uns und wieder andere initiieren, teilweise recht spontan, alle möglichen Projekte. So eine Projektinitiative geht ins interne Netzwerk und dann bildet sich eine Arbeitsgruppe dazu, deren Arbeit auf den Zielen ihrer Mitglieder oder auf der Gegend, aus der sie kommen, oder auf einem anderen gemeinsamen Nenner basiert. Es gibt einige solche relativ autonome Arbeitsgruppen, die ihre Aktivitäten intern abstimmen, um die gesamte Arbeitsgruppenstruktur nicht zu überlasten. Manchmal gibt es ein Diskussionsforum zu bestimmten Fragen oder Zwischenberichte werden ins Intranet gestellt. Es laufen ständig verschiedene PsychoActive-Projekte parallel.

Neben den Aktivitäten für Majd haben auch andere Initiativen, z. B. Begegnungen mit palästinensischen Kolleg(innen), zunehmend Schwung bekommen. Obwohl unsere vorhin beschriebenen Aktivitäten in kleinen Gruppen bereits vor der Gründung von PsychoActive stattfanden, haben sie meinem Eindruck nach der beruflichen Fortbildung durch PsychoActive eine Richtung gegeben. Andere PsychoActive Gruppen haben große, beeindruckende Studienprojekte über ein ganzes Studienjahr hinweg initiiert. Wir, die Mitglieder einer kleinen Gruppe, treffen uns weiterhin mit palästinensischen Kolleg(innen), um unsere Kooperation mit palästinensischen Gesundheitszentren auszuweiten, und versuchen gute Beziehungen zu ihnen zu pflegen. Wir verdanken den Ärzten für Menschenrechte sehr viel. Soweit ich weiß, wurden für unsere Aktivitäten in einer bestimmten Phase 40% des Fortbildungsbudgets der Organisation verwendet. Alle unsere Leute arbeiten ehrenamtlich, sowohl in der Organisation als auch bei Vorträgen.

Zu den weiteren zentralen Aktivitäten von PsychoActive gehört die Veranstaltung von Fortbildungen zum Themenbereich Psychologie und Politik. Wir möchten gern eine Konferenz-Tradition etablieren; die erste Konferenz thematisierte ‚Psychologische Barrieren gegen Frieden‘ und fand hier in Neve Shalom statt. Sowohl was die Inhalte als auch was Wirkung und Anzahl der Teilnehmenden betraf, war sie ein großer Erfolg. Juden und Araber aus Israel und Araber aus Palästina sprachen aus professioneller Perspektive über Checkpoints. Prof. Jessica Benjamin hielt den Gastvortrag. Die zweite derzeit (2008) geplante Konferenz lädt ein zum Thema ‚Therapolitisch‘ und befasst sich mit dem für uns zentralen Schnittpunkt von Therapie und Politik. Politisch rechte Psychologen sind auch eingeladen worden. Dieses Mal gibt es zu den Vorträgen – unter anderen von einem Leiter des *Gaza Mental Health Center* – kleine Diskussionsgruppen, welche die Inhalte der Vorträge miteinander diskutieren. Sein Vortrag wird bestimmt interessant und zugleich eine Herausforderung sein. Er hat mir von der Situation in Gaza im Belagerungszustand erzählt. Er kann keine Mails empfangen, weil sie keinen Strom haben, keinen Generator und keine Heizung, wenn es kalt ist. Wir versuchen zusammenzuarbeiten und gemeinsam die Lage zu verbessern. Wenn er keine Einreiserlaubnis erhält, so können wir seinen Vortrag hoffentlich übers Telefon hören.

Insgesamt gesehen, waren die School for Peace-Kurse anscheinend ein bedeutender Meilenstein in Deinem Leben.

Oh ja. Der Kurs war ein überaus wichtiges Gütesiegel für mich. Erst von da an hat mich die Wahrnehmung und Bekämpfung von Rassismus ständig irgendwie beschäftigt. Auch bei PsychoActive ist es nicht einfach, sich mit Rassismus im weiteren Sinne zu befassen. Wir wurden nicht als Menschenrechtsgruppe gegründet, das Ziel der Gruppe war sozio-politischer Aktivismus – und feministischer Aktivismus, jedenfalls aus meiner Sicht, doch dieser Aspekt ist inzwischen weniger wichtig. Es gab den Versuch, Gender-Projekte als Teil der zu sozialen Problemen entwickelten Aktivitäten einzubringen, doch das ist nicht einfach. Mal sehen, wie sich das entwickelt. Manchmal sind die Leute bereit für etwas Bestimmtes auf die Barrikaden zu gehen; zugleich aber rücken andere Probleme vielleicht nicht nur in den Hintergrund – weil man z. B. nicht alle Probleme gleichzeitig angehen kann und entscheiden kann, womit man sich befassen will – sondern werden weder wahrgenommen noch als Problem erkannt. Ebenso wie der SFP-Kurs damals werfen all meine bisherigen Aktivitäten bei PsychoActive für mich mehr Fragen auf als dass sie Antworten geben – und zwar harte Fragen.

Badria Biromi

Umweltpädagogin, Kursleiterin und Stadtplanerin

*B*adria Biromi hat einen BA in pädagogischer Psychologie der Hebräischen Universität Jerusalem und einen MA in Stadt- und Regionalplanung der Technischen Universität Haifa (Technion). Ihre Dissertation mit dem Titel ‚Der Einfluss von Planungsfaktoren auf die Arbeitssituation von arabischen Frauen in Nazareth' erhielt eine akademische Auszeichnung. Biromi hat fünf Jahre lang die jüdisch-arabische Umweltorganisation ‚Link' in Galiläa und zahlreiche binationale Projekte geleitet. In einem der Projekte überzeugte sie 150 Werkstattinhaber davon, Altöl von Autos zu recyceln und es an Fabriken für deren Heizung zu verkaufen. Sie hat außerdem als Stadtplanerin am Arabischen Zentrum für alternative Planung in Ramle gearbeitet, wo sie sich für die Errichtung neuer arabischer Gemeinden einsetzte; sie war bei der pädagogischen non-profit Organisation ‚A New Way' Direktorin der Nordregion; sie war für die Stadt Nazareth als Stadtplanerin und für die School for Peace in Neve Shalom als Kursleiterin und regionale Koordinatorin tätig. Badria Biromi nahm 1996 an dem SFP-Universitätskurs an der Hebräischen Universität Jerusalem teil, absolvierte die Ausbildung zur Kursleiterin für Konfliktgruppen an der SFP 1996/1997 und durchlief den Change Agent-Kurs für Umweltaktivisten in Wahat al Salam – Neve Shalom 2011/2012. Sie wurde am 17. September 2008 interviewt.

„Ich befasse mich intensiv mit dem Thema Umweltgerechtigkeit, für mich keine spezifisch politische oder jüdisch-arabische Arbeit, obwohl mein Engagement von dorther kommt. Der SFP-Kurs gab mir dafür die Basis, das Wissen und sehr viel Energie. Heute brauche ich mich nicht mehr zu rechtfertigen oder viel über mich selbst zu sagen. Ich widme mich der Stärkung (empowerment) der örtlichen Führung. Manche Leute meinen, es sollte lieber jemand anderes für sie sprechen. Doch von einem solchen Ansatz halte ich gar nichts." *Badria Biromi*

Den Uni-Kurs der School for Peace besuchte ich in meinem dritten Studienjahr an der Hebräischen Universität. Du, Nava, und Ahmad Hijazi, Ihr habt unseren Kurs geleitet. Ich habe mich regelrecht in den Kurs verliebt, weil ich diesen höchst interessanten Arbeitsansatz dort zum ersten Mal erlebte – das Kompliment ist ernst gemeint. Zwischen Euch beiden stimmte einfach die Chemie und das Thema faszinierte mich; meine Erfahrungen dort waren überaus wichtig für mich, obwohl ich mein ganzes Leben bereits an jüdisch-arabischen Aktivitäten teilgenommen hatte, weil ich in Akko aufgewachsen bin.

Später, nach dem Kurs, meldeten sich einige von uns für die Ausbildung zur Kursleiterin für Konfliktgruppen an und wieder verliebte ich mich in die Kursarbeit. Leider habe ich, glaube ich, nur einmal eine jüdisch-palästinensische Jugendbegegnung geleitet, obwohl mich die Arbeit interessierte. 1998/1999 habe ich Tel Aviv in einem Frauenprojekt mitgearbeitet, eine weitere interessante Erfahrung.

1996/1997, während meiner Kursleiterinnen-Ausbildung, befand ich mich am Technion gerade in meinem Masterstudiengang in Stadtplanung. Gegen Ende jenes Winters geschah der furchtbare Zusammenstoß zweier Helikopter in Nord-Israel und in unserem Kurs wussten wir überhaupt nicht, wie wir damit umgehen sollten. Die jüdische Teilnehmergruppe nahm es sehr schwer, dass wir uns nicht sofort mit den Gefühlen identifizieren konnten, die sie durchlebten; das war sehr schwierig für mich. Hatten wir nicht das ganze Jahr miteinander gearbeitet, um den Anderen und seine Perspektive verstehen zu lernen? Wozu brauchen wir dann all diese Treffen? Als ob sich an einem bestimmten Punkt plötzlich ein Mangel an Vertrauen auftut. Auf der persönlichen Ebene gab ich jedoch nicht auf.

Mir ist wichtig, dass alle meine SFP-Kurse in meinem Curriculum Vitae stehen; sie sind eine Zusatzqualifikation. Alle Kurse, die ich durchlaufe, beeinflussen mich, doch die SFP-Kurse waren besonders wichtig, weil sie sich mit dem jüdisch-arabischen Konflikt und mit Konfliktgruppen-Kursleitung befassten. Sie haben mich grundlegend geprägt.

‚Link' für die Umwelt

Nach Abschluss meines BA verließ ich Jerusalem und schloss mich der non-profit Organisation *Nisan* an, einer feministischen Organisation für junge Frauen. Dort fand ich eine positivere Perspektive, wenn auch nicht in politischer Hinsicht. Nach verschiedenen Arbeitserfahrungen wusste ich, dass Politik nicht mein Schwerpunkt war. Meine Stärke war, in kleinen Projekten Wandel anzustoßen und dort den jüdisch-arabischen Aspekt einzubringen, ohne ständig große politische Themen einführen zu müssen. Bei meiner derzeitigen Arbeit befasse ich mich intensiv mit dem Thema Umweltgerechtigkeit, für mich keine spezifisch politische oder jüdisch-arabische Arbeit, obwohl mein Engagement von dorther kommt. Der SFP-Kurs gab mir dafür die Basis, das Wissen und sehr viel Energie. Bei manchen Diskussionen heute habe ich das Gefühl, mich seither noch weiter entwickelt zu haben. Heute brauche ich mich nicht mehr zu rechtfertigen oder viel über mich selbst zu sagen; ich kann einfach die Probleme von einem sehr starken und klaren Ausgangspunkt her ansprechen.

Obwohl der jüdisch-arabische Aspekt in der Umweltorganisation ‚Link‘, die ich derzeit leite, nicht im Mittelpunkt steht, kann ich alles, was ich in Neve Shalom gemacht habe, auch hier tun. Momentan führen wir gerade ein jüdisch-arabisches Umweltprojekt durch. Als Direktorin stelle ich stets sicher, dass meine Perspektive sich in der Standortwahl der Projekte niederschlägt. Neben dem [arabischen] Ort Deir al-Asad befindet sich z. B. der Kibbuz Tuval; dort führen wir ein pädagogisches kommunales Projekt durch, mit ökologischem Bauen und Führungen vor Ort. All dies sind Aktivitäten in kleinem Maßstab, doch in einem größeren Kontext betrachtet hat das Projekt sehr wohl großen Einfluss, und das freut mich. Leute aus den beiden Nachbargemeinden treffen sich nachmittags. An einem Samstagmorgen haben wir eine Aktivität für die Kinder angeboten: sie verwendeten ‚grüne‘ Bautechniken um eine Bank zu konstruieren und säuberten den Campus ihrer Schule. Inzwischen können die Leute sich auch ohne unsere Intervention treffen und gemeinsame Aktionen durchführen. Aus Neve Shalom habe ich außerdem die Idee mitgenommen, Verantwortung für eine gegebene Gruppe zu übernehmen. Nehmen wir z. B. eine Gruppe, die auch so zusammenkommen könnte: ‚Link‘ bietet ihr eine Art Zuhause, einen Schirm, dafür. Der [arabische] Bürgermeister und der [jüdische] Kreisratsvorsitzende können natürlich zusammenkommen und ein paar Worte miteinander wechseln, doch wenn wir sie mit aktiven Gemeindmitgliedern und den am Projekt beteiligten Kindern in einem Raum zusammenbringen, so entsteht eine andere Atmosphäre; sie bekommen einen Schubs und merken, dass miteinander sprechen ja ganz nett ist, aber man auch gemeinsam Dinge tun kann. Ich möchte mehr erreichen als dass Leute sich treffen. Ich möchte, dass sie ein gemeinsames Ziel anstreben. Umweltgerechtigkeit spielt in allen möglichen Projektanträgen eine Rolle, die ich schreibe. Alle reden darüber, auch in der Regierung, aber praktisch passiert nicht viel. Manche Probleme sind sehr heikel und verschlungen. Immer noch gibt es eine Minderheit, die diskriminiert und unfair behandelt wird: finanziell, in puncto Gerechtigkeit und Land, und bei allem anderen auch. Es ist mir bis heute wichtig, etwas für die Entwicklung meiner eigenen Gesellschaft zu tun.

Kannst Du noch genauer beschreiben, was Du mit dem ‚starken und klaren Ausgangspunkt‘ meinst, von dem her Du arbeitest?

Wenn man nicht auf etwas beharrt, so geschieht es nicht. Wenn wir nicht persönlich die Leute von Deir al-Asad und Tuval zusammenbringen würden, würde es nicht geschehen. Der Generalsekretär des Kibbuz kam direkt nach meiner Amtsübernahme zu mir, um seine Vision vorzustellen.

Er hatte große Ideen und brachte Notebooks und Landkarten mit, aber – ehrlich gesagt – ich hatte nicht den Eindruck, dass seine Leute seine Ideen teilten. Sie waren zu unkonkret. Das Projekt heißt übrigens ‚Der Weg zu gut-nachbarlichen Beziehungen‘. Es lief bereits, als ich bei ‚Link‘ einstieg, und deshalb glaube ich nicht, dass die Beziehungen zwischen den Juden und Arabern in der Misgav-Region wegen dieses wunderbaren Projektes, in das wir so viel investiert haben, besser geworden sind. Andererseits haben wir viele konkrete Dinge erreicht. Zum Beispiel haben Kinder einen Weg gesäubert und Steine gesammelt und den Weg damit gepflastert. Inzwischen nutzen jüdische und arabische Frauen diesen Weg um Walken zu gehen. Ideen gab es, doch es gab keinen Rahmen, keine konkrete Vorgehensweise dafür.

Und noch etwas ist wichtig. Wir nennen es intra-Gruppenarbeit, im Kurs hieß das ‚uninationales Forum‘. Dieses Format gibt es auch in der ‚Link‘-Arbeit. Viele Projekte sind ausschließlich für die arabische Bevölkerung, und das sagen wir auch ganz offen. Zum Beispiel beschlossen wir, 2008/2009 in mehrere arabische Schulen enorm viel Ressourcen und Arbeitszeit zu investieren, weil meine Mitarbeiter(innen) und ich glaubten, dass dort Dinge in einem uninationalen Forum angesprochen werden müssen. Als ich die jüdischen Schulen deswegen kontaktierte, wollten sie nicht mitmachen, weil sie bereits mehr als genug Programme laufen hatten. Also versuchen wir so viele Ressourcen wie möglich, Geld, Ausrüstung … bei der arabischen Bevölkerung einzusetzen. Oft sind noch Ausrüstungsgegenstände von anderen Aktivitäten übrig, die wir den arabischen Schulen spenden. Ich glaube nicht, dass dies den jüdisch-arabischen Charakter unserer Arbeit beeinträchtigt, weil dieser Charakter erhalten bleibt und sich weiter entwickelt, auch wenn er auf etwas andere Weise zum Ausdruck kommt.

Die beiden Hauptmerkmale unserer Arbeit sind die jüdisch-arabische Ausrichtung und der Umweltschutz. ‚Link‘ wurde 1995 von Stephanie Feitelson gegründet. Ich bin seit 2005 dort. ‚Link‘ ist eher eine kleine Organisation, wir haben fünf oder sechs Mitarbeiter(innen) und ein Jahresbudget von etwa 600.000 oder 700.000 Shekel.

Du hast gesagt, die Arbeit in einer Gruppe kann sehr viel Kraft entwickeln – was meinst Du damit?

Bei dem SFP-Kurs habe ich mich in das Gruppenarbeitskonzept verliebt mit seinen spezifischen Zielen innerhalb der Gruppe. Dieses Element prägt heute viele meiner Projekte. Zurzeit haben wir beispielsweise kommunale Foren, die sich mit Umweltzielen der betreffenden Gemeinde befassen.

Das kleine kommunale Projekt, von dem ich eben gesprochen habe, enthält dieses Element auch.
Ungefähr vor fünf Jahren eröffneten wir einen Second-hand-Laden in Tivon; er hieß ‚Der zweite Gedanke‘. Er basiert auf der Idee der Gemeinschaftsbildung, des Recycling und der Bürgerbeteiligung. Der Laden in Tivon ist bereits unabhängig und braucht die Unterstützung von ‚Link‘ nicht mehr.

Wie wirst Du in der jüdisch-arabischen Organisation als arabische Leiterin akzeptiert?

Das ist überhaupt kein Problem; die Mitarbeiter(innen) sind sehr offen und tolerant, ja versuchen über-akzeptierend zu sein: sie lernen Arabisch und integrieren sich in die Stadt-Atmosphäre. Unser Büro in Nazareth hat einen zentralen Standort. Auch in der non-profit Szene gibt es kein Problem mit meiner Rolle. Außer mir leiten auch noch andere Araberinnen Umweltorganisationen und jüdisch-arabische Organisationen. Ich glaube an bestimmte Ideen und glaube, die Leute nehmen mich so, wie mich präsentiere. Bisher hat sich noch niemand skeptisch gegenüber meiner Führungsrolle gezeigt, und wenn Leute überrascht sind, dann positiv. Letztlich agiere ich einfach in einem professionellen Umfeld.
Bevor ich zu ‚Link‘ wechselte, habe ich fünf Jahre lang (2001 – 2005) im Arabischen Zentrum für alternative Planung in Ramle gearbeitet. Das Team befasst sich vor allem mit Planung im arabischen Sektor und sucht nach alternativen Lösungen, besonders in arabischen Gemeinden im Norden, doch wir haben auch im Negev-Gebiet und in gemischten Städten gearbeitet. Youval Tamari und ich haben zusammen an einem Projekt in Ramle gearbeitet. Diese Arbeit hat mich ermutigt, in dieser Richtung weiterzugehen. Ich liebte diese Arbeit; mein Beruf erlaubte mir, Einfluss auszuüben. Ich fand viele Aspekte der Arbeit interessant: die Planung selbst, ihre politische jüdisch-arabische Dimension, den Zusammenhang mit der Geschichte der Palästinenser in Israel, all die höchst brisanten Materialien – und wir hatten auch Erfolge. Das Zentrum verwirklichte alle möglichen kleinen Projekte und ich hatte das Gefühl, dass ich durch meine Arbeit die Gemeinden unterstützen konnte.

Ein alternativer Plan

Ich möchte Dir ein interessantes Beispiel aus meiner Umweltarbeit geben. Wir erarbeiteten einen alternativen Plan für den Dar El-Hanoun Bezirk. Im Kleinen Dreieck gibt es bei Dar el-Hanoun einen Wald. Vor sechs oder sieben Jahren wollten der Jüdische Nationalfond und der Israelische Naturschutzbund und all die grünen Organisationen dieses Gebiet zu einer ‚grünen Zone' erklären, um sie vor Entwicklung zu schützen, und wir intervenierten mit dem Argument, dass der Plan umweltpolitisch nicht zu rechtfertigen sei. Wir mussten unsere These beweisen und das war sehr schwierig. Damals befand ich mich gerade in der kritischsten Phase meines Herschel-Stipendiums und musste mich entscheiden: entweder den Plan der Umweltorganisationen für eine ‚grüne Zone' und dem Erhalt der Bäume, der Wanderwege, der sauberen Luft und so weiter zu unterstützen, oder zu berücksichtigen, dass es dort vor 1948 hundert oder mehrere hundert Jahre lang ein Dorf gegeben hatte – ein Dorf, kein Zeltlager. Ich entschied mich für die Umweltgerechtigkeit, und das gefiel den Umweltschützern nicht. Du kennst bestimmt Hana Sweid (ehemaliger Knesseth-Abgeordneter); er und das Arabische Zentrum für alternative Planung haben ein bestimmtes Image. Wir vertraten den Standpunkt, die Bewohner von Dar El-Hanoun, einer Gemeinde, die bereits vor der Gründung des Staates Israel existierte, sollten bleiben dürfen und nicht umgesiedelt werden. Das machte Schlagzeilen. Die Einzelheiten weiß ich nicht mehr, doch es ging darum, dass Umm al-Fahm oder Baqa al-Gharbiyye sich nicht entwickeln dürfen sollten. Die Grünen sagten, wer immer dort lebe, könne bleiben, dürfe auf sein Haus aber kein weiteres Stockwerk für einen Sohn draufsetzen. In diesem Kontext traten wir für die ‚schwächere Bevölkerungsgruppe', die Araber, ein, was mir nicht sehr gefiel, aber es ging hier meines Erachtens um Umweltgerechtigkeit.

Bei diesem Fall wollte ich nicht wählen müssen zwischen der Umwelt und Gerechtigkeit für die Benachteiligten. Bei ‚Link' geht es darum, die Initiative zu ergreifen: konstruktiv und aktiv. Wir arbeiten mit vielen Leuten und Gruppen. An meiner früheren Arbeitsstelle musste ich häufig offizielle Briefe mit Landkarten schreiben. Jetzt ist alles konkreter: Wir gehen in einen Park und säubern ihn oder bieten Aktivitäten für Eltern und Kinder an; der Schwerpunkt liegt auf Aktivitäten. Im Zentrum dauerte alles immer sehr lang. Bei einem Projekt in Sakhnin warteten wir z. B. ständig auf die nächste Sitzung der Planungskommission des Bezirks und es dauerte ewig, bis man etwas genehmigt bekam. Ich bin ein bisschen hyperaktiv und will Resultate sehen.

Eine integrative Koalition wird geschaffen

Ich war etwa ein Jahr lang an dem Plan für Sakhnin beteiligt und habe mit dem Bürgermeister und dem Stadt-Ingenieur (city engineer) den Aspekt der Umweltgerechtigkeit bearbeitet. Dafür brachte ich eine Koalition jüdischer und arabischer Organisationen in Galiläa zusammen und wir ermutigten die Stadt Sakhnin, für ihre Sache einzutreten; unsere Position formulierten wir in einer Broschüre. Wir traten für eine Erweiterung des Gerichtsbezirks von Sakhnin ein, sogar auf Kosten des Gerichtsbezirks Misgav. Wir haben einen Plan für Hurfeish, den ich – trotz all der damit verbundenen Widersprüche – als Highlight der Umweltgerechtigkeit ansehe. Es gibt dort einen drusischen Ort – aus meiner Sicht ist es ein arabischer Ort, der von einer riesigen Fläche ‚grüner Zonen' und Naturschutzgebiete umgeben ist. Wir unterstützen die Leute, nicht juristisch sondern mit Aktionen, um ihre Eigentumsrechte an dem Land geltend zu machen. Dafür haben wir auch Fotos: Kinder am Fluss und Honoratioren aus dem Ort, die kommen und erfahren wollen, ob ‚Link' mehr weiß als sie selbst wissen. Die Zusammenarbeit mit dem Ort, den Bewohnern und dem Gemeindezentrum bei der Säuberung des Naturschutzgebietes ist sehr fruchtbar. Wir organisieren Wanderungen dort und eine Gruppe älterer Bewohner erzählt den Kindern Geschichten. Auch so setzen wir unsere Politik der Umwelterziehung unter Einbeziehung des jüdisch-arabischen Aspektes in die Praxis um.

Wenn ich arabische Ortschaften vor der Planungskommission des Bezirks vertrete, so tue ich das vorzugsweise schriftlich; leider ist das nicht immer möglich. Wenn der Stadt-Ingenieur dabei ist, so übernimmt er das Reden. Er ist für das Mapping und die Bedarfsbeurteilung zuständig und ich ergänze, was noch unklar geblieben ist. Ich investiere sehr viel in die Stärkung (empowerment) der örtlichen Führungen; das ist ein zentraler Aspekt des Projekts. Ich betrachte es als eine Art Training in Führungsqualitäten: jemandem zu der Erkenntnis verhelfen, dass er/sie über den nötigen Hintergrund und die Bildung verfügt. Warum sollte er/sie also nicht bei einer Sitzung sprechen, selbst wenn der Bezirksdirektor der gesamten Nordregion anwesend ist, und selbst wenn das ein bisschen einschüchtert. Manche Leute meinen, es sollte lieber jemand anderes für sie sprechen. Doch von einem solchen Ansatz halte ich gar nichts.

Avi Levi

Politischer Erwachsenenbildner und Umweltaktivist

*A*vi *Levy begann mit seinen politischen und sozialen Aktivitäten 1997 während seiner School for Peace-Ausbildung zum Kursleiter von Konfliktgruppen. Angesichts der Ideen und Partner, die er dort kennenlernte, begann er, sich begeistert für positiven Wandel in der israelischen Gesellschaft und in den Beziehungen Israels zu seinen Nachbarn einzusetzen. Viele Jahre lang leitete er Jugendbegegnungen an der School for Peace und bei der Jugendorganisation Reut/Sadaka, wo er auch im Vorstand war. Anschließend wurde Levi Direktor der ‚Green Action' Gruppe; sie vertritt die Idee, dass Umweltschutz stets auch die fruchtbare Zusammenarbeit mit den vor Ort lebenden Menschen bedeutet, einerlei, welcher Religion, Rasse oder welchem Geschlecht sie angehören. Er realisierte in führender Position mit diesem Ansatz verschiedene Projekte, darunter das ‚Activism-Festival' in Israel, das ab 2002 mehrere Jahre lang Kooperation zwischen Aktivisten aus verschiedenen Bereichen und Zusammenhängen förderte. Auch seine Sacha-Fairtrade Kampagne war ein solches Projekt; sie bewarb lokale palästinensische Bio-Produkte, informierte über die Schäden, die durch die Trennmauer und die damit verbundene Umweltzerstörung für die Palästinenser entstehen und warb für Kooperation zwischen den beiden Völkern. Levi lebte mit seiner Familie mehrere Jahre in Leeds (GB), wo er von den Rotariern ein Stipendium für einen MA in ‚Peace Studies' bekommen hatte. Avi Levi absolvierte die School for Peace-Ausbildung zum Kursleiter für Konfliktgruppen 1997 im Open House in Ramle. Er wurde am 09. September 2009 interviewt.*

„Ich begann den SFP-Kurs als ‚Passivist' und wurde dort zum Aktivisten. Davor hatte ich gedacht, dass Wandel zu erreichen, Einfluss zu nehmen und tatsächlich etwas zu tun unmöglich sei. Heute glaube ich zutiefst, dass Wandel möglich ist. Inzwischen bin ich seit 15 oder 20 Jahren Aktivist und der Geist der Rebellion ist noch immer lebendig in mir. Die Leute versuchen, diesen Geist in sich zu verdrängen, doch wenn man ihnen geeignete Werkzeuge an die Hand gibt, ändert sich das schnell. Dieser Geist ist eins der bemerkenswertesten Dinge, über die ein Aktivist verfügt. Ich glaube, jeder Mensch hat einen Funken dieses Geistes gegen Ungerechtigkeit in sich, den man nicht abwürgen kann, egal, ob es um Umwelt, Politik oder Menschen geht. In der Rückschau fällt es mir schwer, zwischen meinen Erfahrungen in dem Kurs und danach zu unterscheiden. Schritt für Schritt wurden mir die

Augen geöffnet; ich lernte, den Anderen zu verstehen und entdeckte, dass die Informationen, die wir, die Öffentlichkeit, bekommen, falsch sind, und dass unsere Sicht der Realität im besten Falle verzerrt ist."

Avi Levi

Unter all den Kursen und Workshops, die beträchtlich zu meiner Entwicklung beigetragen haben, war der SFP-Kurs zweifellos ein Kurs, der mein Leben fundamental verändert hat. Ich übertreibe nicht, wenn ich das sage. Was die anderen in Deinen Interviews dazu gesagt haben, weiß ich nicht; mein Leben änderte sich dadurch jedenfalls grundlegend.

Der Kurs fand irgendwann in den 1990-er Jahren statt. Er stand nicht einmal in Eurem offiziellen Kursprogramm und fand im Open House in Ramle statt. Ich hörte nur zufällig über einen Freund von Michael Raphael davon, und Michael und ich machten den Kurs zusammen.

Michael erzählte mir, in Ramle würde es einen Kurs geben, für den es genug arabische aber noch zu wenig (männliche) jüdische Teilnehmer gab. Ich lebte damals in Tel Aviv, wollte aber gern eine Ausbildung in Gruppenleitung machen. Ich dachte dabei zwar weniger an jüdisch-arabische Kurse, dachte aber auch *Warum nicht? Dann mache ich eben diesen*. Außerdem bekam man einen Zuschuss für die Kursgebühren vom Open House, also meldete ich mich an.

Dieser Kurs machte mich vom ‚Passivisten‘ zu Aktivisten. Davor hatte ich stets geglaubt, die ‚korrekten‘ Ansichten zu haben: Ich war links, gegen die Besatzung, gegen die Unterdrückung von Minderheiten hier und anderswo; doch zugleich tat ich nichts. Ich war lediglich ein Uni-Student. Daneben therapierte ich Kinder bei ‚Alin‘ *[Israelische Gesellschaft für Kinder mit besonderen Bedürfnissen]* und in anderen Einrichtungen.

Ein Netzwerk von Juden und Arabern

Meine Erfahrungen im Kurs selbst, die Kontakte mit verschiedenen Teilnehmer(innen) zwischen den Kurstreffen und auf jeden Fall meine Kursleiterarbeit an der SFP – zwei oder drei Jahre mit unterschiedlich starker Arbeitsintensität – brachten mich total in die Realität der Beziehungen zwischen den beiden nationalen Gruppen in Israel und jenseits der ‚Grünen Linie‘ hinein.

Davor hatte ich mit dieser Realität überhaupt nichts zu tun gehabt, gar nichts. Wenn Du mich gefragt hättest, dann hätte ich zwar stets die richtigen Dinge gesagt, die ich auch heute vertrete, aber damals dachte ich, dass Wandel zu erreichen, Einfluss zu nehmen und tatsächlich etwas zu tun unmöglich sei. Etwas zu tun schien mir für mein eigenes Leben irrelevant zu sein. Seit dem Kurs jedoch glaube ich zutiefst, dass Wandel möglich ist.

Das ganze Beziehungsgeflecht in dem Kurs war kompliziert. Ich will nicht so tun, als ob das, was ich dort lernte, mich sofort vollständig überzeugt hätte. Ich übte viel Kritik und hatte viele Kontroversen mit anderen Teilnehmer(innen) und dem Leitungsteam, und auch mit Freunden. Doch selbst Dinge, ich mir damals nicht gefielen, haben mich rückblickend vieles gelehrt: Da diese Dinge während des Kurses nicht gut funktioniert hatten, lernte ich daraus, sie später anders zu handhaben. Heute befinde ich mich in der Welt des Marktes und des Handels, und viel weniger in der Welt des Redens, und ich trage weniger durch Ideen, Diskussionen und Begegnungen zu Veränderungen bei als durch Produkte – auch das ein Ergebnis dessen, was ich damals in dem Kurs gelernt habe. Inzwischen ist viel geschehen. Ich habe an allen möglichen Stellen vielerlei getan, und zwar über Aktionen – wie soll ich das ausdrücken, es klingt komisch: über ,luft geschäft' – das heißt durch reden, sich treffen, sehen und zuhören. Was ich heute tue – ich erklär' es gleich genauer – trägt mehr dazu bei, dass Menschen leben können, dass ihre grundlegenden Bedürfnisse befriedigt werden, und doch geht es weiterhin um das Gleiche, nämlich die jüdisch-arabischen Beziehungen.

Nicht nur die Inhalte der SFP-Ausbildung waren lehrreich, sondern auch die Beziehungen im Kurs hatten ein hohes Niveau. Ich stehe mit den anderen Kursteilnehmer(innen) bis heute in Kontakt, jüdischen wie arabischen. Jede Gruppe lebt in ihrer eigenen Welt. Badria und ich sind z. B. heute über ihre Arbeit als Leiterin der Umweltorganisation ,Link' in Kontakt, und zwischendrin haben wir auch immer wieder Kontakt zueinander gehabt. Mit Michael und Noa, die auch in dem Kurs waren, stehe ich in engerem Kontakt, doch diese Kontakte sind mir alle bis heute wichtig. Später habe ich auch außerhalb von Reut/Sadaka ähnliche Aktivitäten initiiert – u.a. das Reut/Sadaka-Dorf. Solche Aktionen habe ich in ganz unterschiedlichen Bereichen initiiert, und durch meine Kontakte über die School for Peace fand ich die erforderlichen Gruppenleitungsteams.

Kannst erläutern, was genau in dem Kurs Dich vom ,Passivisten' zum sozialen Aktivisten hat werden lassen?

Das war nicht nur ein Aspekt, es war alles zusammen. Ich befand mich damals an einem bestimmten Punkt in meinem Leben. Nachdem ich sieben Jahre lang mit Behinderten gearbeitet hatte, vom Helfer für Menschen mit Behinderungen über den Koordinator für ein Programm bis zum Leiter einer beschützten Lebensgemeinschaftseinrichtung, war ich bereit für eine Veränderung. Ich hatte alles gelernt, was ich dort lernen konnte, war durch Afrika gereist und wieder zurückgekommen, und wusste nicht so recht, was ich tun sollte. Ich habe, nach einer Mini-Karriere, mit etwa 30 Jahren an dem SFP-Kurs teilgenommen. Persönliche Umstände und persönliche Beziehungen wie die zu Michael, den ich kennenlernte, als er gerade seine Arbeit als Direktor von ‚Green Action‘ beendete, machten es mir leicht, mich dort zu integrieren.

Dazu kam diese die Augen öffnende Erfahrung. Ich saß da und fand mich plötzlich an einem Ort vor, der mir zuvor versperrt gewesen war. Ich war ein ‚Sofa-Linker‘ gewesen, einer von denen, die die Araber auf der anderen Seite der Grenze als menschliche Wesen betrachten, einer, der sagte, die Araber sind auch Menschen und sollten mit Respekt behandelt werden; einer von denen, die in Tel Aviv in ihren Sesseln sitzen und morgens in ihre Büros in Militärenklaven wie Ramat Hachayal fahren und abends wieder heim. Mit einer solchen Lebensweise erkennt man die Realität nicht, in der wir leben; heute erkenne ich sie.

Was genau meinst Du mit ‚die Augen öffnende Erfahrung‘?

Nehmen wir z. B. den letzten Libanonkrieg (2006). Plötzlich war die ganze Nation für einen Angriff und man spürte überall so eine Aggressivität. Leute um Dich herum, Linke und Humanisten, wollten auf einmal den Angriff. Die meisten von meinen Bekannten, die binationale Begegnungen wie an der School for Peace mitgemacht hatten, verhielten sich ganz anders.

In einem Rahmen wie an der SFP einen Kurs zu machen verändert, weil dabei die ideologische, politische, soziale und häufig auch die persönliche und emotionale Ebene integriert werden. Du befasst Dich mit dem tiefgreifenden emotionalen Prozess, den Du durchlebst, und Du erfährst, wie Du sowohl mit Juden als auch mit Palästinensern in Beziehung treten kannst.

In der Rückschau fällt es mir schwer, zwischen meinen Erfahrungen in dem Kurs und danach zu unterscheiden. Schritt für Schritt wurden mir die Augen geöffnet, und unter anderem löste der Kurs diesen Prozess aus. Nicht alles geschah bereits dort, aber der Funke sprang über und wurde zu einem inneren Radar. Seit meine Augen ‚geöffnet‘ sind, verstehe ich den Anderen mehr – ja, genau – und ich nehme die Informationen anders wahr, die wir, die Öffentlichkeit, bekommen. Unsere Sicht der Realität ist im besten Falle verzerrt und damit falsch. Die Erkenntnis, dass die Welt nicht so ist, wie sie zu sein scheint, eröffnet mir eine ganz neue Welt. Sie verlangt, dass ich alle sozialen und politischen Prozesse, die sich hier ereignen, und die Menschen und ihre Erfahrungen tiefgreifender verstehen lerne.

Die zwei oder drei Jahre Arbeit an der SFP in Neve Shalom haben meine inneren Strukturen ziemlich erschüttert. Ich habe total begeistert und optimistisch angefangen und am Ende der Zeit war ich überaus skeptisch, ob Wandel tatsächlich möglich ist. Junge Leute drei Tage lang zusammenzubringen, bringt mit dem vorhandenen Konzept bisweilen nicht genug Veränderung hervor oder bringt einen Wandel hervor, den man gar nicht beabsichtigt hat. Einerseits war klar zu sehen, dass einigen Teilnehmer(innen) die Augen in ähnlicher Weise geöffnet worden waren wie mir. Doch welche politischen Schlussfolgerungen sie daraus ziehen, entzieht sich unserem Einfluss. Manchmal sagen sie, *Ja, ,sie' sind auch Menschen, mit Hoffnungen und Bedürfnissen und Fähigkeiten wie wir – und so bleiben wir Feinde, weil wir verschiedene Meinungen haben und man diese Gegensätze nur schwer überbrücken kann.* Manche fuhren auch ganz euphorisch nach Hause, nach dem Motto *,Wir sind alle Brüder und Schwestern'.* Rückblickend war vielleicht das Wichtigste, das ich tun konnte, den Teilnehmer(innen) eine Erfahrung zu ermöglichen, die der meinen ähnelte, so eine Art Aufwachen, wenn man das so nennen kann.

,Peace Now', ,Green Action' und alleinerziehender Vater

Seit etwa 1998 arbeite ich als Jugendkoordinator von ,Peace Now'. Dabei halfen mir meine Beziehungen und das, was ich in dem SFP-Kurs gelernt hatte. Ich habe auch Begegnungen mit palästinensischen Jugendlichen geleitet. Solche Aktivitäten habe ich initiiert, weil ich die dafür nötigen Erfahrungen, Informationen, Beziehungen und den Mut dazu hatte.

Was meine Tätigkeit als Aktivist anbelangt, so war ich während der aktivsten Periode von ,Green Action' Direktor der Organisation. Zu meinen Tätigkeiten gehörte es, Aktionen mit anderen jungen Leuten zu organisieren wie auf Bäume zu klettern oder uns an Traktoren und Bulldozer zu ketten, damit sie nicht eingesetzt werden konnten – solche Sachen. Danach leitete ich ungefähr zwei Jahre lang die Peace Now-Jugendorganisation und danach war ich etwa zwei Jahre lang nicht berufstätig, weil ich eine Elternzeit nahm, um mich um meinen Sohn zu kümmern.

Vollzeit-Vater zu werden war auch ein Prozess für mich. Als mein Sohn geboren wurde, koordinierte ich noch bei Peace Now das Jugendprogramm, arbeitete zehn bis zwölf Stunden am Tag und trug viel Verantwortung. Doch dann wurde mir klar, dass ich einen Sohn hatte, aber nie mit ihm zusammen war; ich war dabei, seine ganze Kindheit zu verpassen. Ich brachte ihn oft zu meiner Mutter, also seiner Großmutter, und zu seiner Tante, hatte aber selbst nie Zeit für ihn. Ein Kind bedeutet eine Erfahrung, die viel Zeit und intensive Zuwendung braucht, und all das gibt das Kind Dir zurück.

Also unternahmen meine Partnerin und ich das Experiment, die Stadt zu verlassen. Ich kündigte meine Arbeit und wir zogen nach Hatzeva im Arava-Tal, wo das Leben viel billiger und leichter war. Sie hatte Arbeit und ich sollte finanziell auch etwas beitragen, doch wir wollten auch Zeit für unseren Sohn haben. Dies Experiment misslang und meine Partnerin und ich trennten uns.

Allein mit meinem Sohn, kehrte ich ins Landeszentrum zurück, beschloss aber, Vollzeit-Vater zu bleiben, teilweise, weil es sehr schwer war, Arbeit zu finden. Plötzlich Alleinerziehender zu sein und zu verstehen, welche Probleme alleinerziehende Mütter zu lösen haben, ist eine sehr seltsame Erfahrung. Bei der Stellensuche bringt man vielleicht Manager-Erfahrungen, Wissen, Fähigkeiten und Talente mit, doch die einzige Arbeit, die sie Dir anbieten, ist Telemarketing für die Hapoalim Bank. Das halten Sie für das einzig Passende. Und wenn es um eine Stelle im Management einer non-profit Organisation geht, so ist die Sorge groß, was passiert, wenn man Dich abends oder früh morgens oder sonst zu ungewöhnlichen Zeiten braucht, und wer sich um Dein Kind kümmert, wenn es krank ist.

Also blieb ich fast zwei Jahre mit meinem Sohn zuhause, bis er in die Vorschule ging. Das war eine sehr lehrreiche Erfahrung. Danach leitete ich erneut Green Action, die fast auseinandergefallen war und sich in einem sehr schlechten Zustand befand. Die Organisation erholte sich und wir initiierten ein paar neue Projekte, z. B. das Activism Festival, das vier Jahre lang stattfand. Die Idee war gut und die ersten drei Jahre waren überaus erfolgreich; jedes Mal kamen mehr Leute. Diese Initiative war auch etwas, das ich aus Neve Shalom mitgenommen habe.

Erzähl mal von dem ‚Activism Festival‘.

Die Idee war, die Leute in einem 3-Tage-Seminar zusammenzubringen und ihnen dort eine Plattform zu bieten, auf der sie weitergehen und Neues versuchen konnten. Dabei hält man ihnen nicht einfach nur Vorträge und stopft sie mit Wissen voll. Du unterrichtest sie auch nicht wie in der Schule. Du unterrichtest sie nicht sondern gibst ihnen eine tragfähige Basis, auf der sie vorwärts gehen, einander begegnen, einander sehen, einander kennenlernen können. Du bietest ein paar Formate an, wo sie sich miteinander bekanntmachen können, und informelle Zeiten, wo sie um ein Lagerfeuer sitzen, oder bei Mahlzeiten und Abendveranstaltungen zusammen sind. Das Festival hat etwa 3.500 Besucher angezogen und etwa 90 Organisationen waren beteiligt. Es gab jeweils zehn Workshops gleichzeitig und jeweils vier Workshops pro Tag, zwei morgens und zwei abends. Es gab immer viele Workshops und in allen begegneten Menschen einander. Sie bereiteten auch gemeinsam das Essen in der Küche vor. Wie in Neve Shalom gab es eine Vielzahl von unstrukturierten Gelegenheiten einander kennenzulernen, weil wir überzeugt davon waren, dass informelle Begegnungen in einem solchen Rahmen anders sind als sonst. Zuerst zeigt jeder seine Schokoladenseite, und später beginnen sie miteinander zu reden. Sie reden über ihre Familien und ihre Freunde. Das ist ähnlich wie im Kurs in Neve Shalom.

Fairer Handel mit palästinensischen Landwirten

Inzwischen bin ich der Direktor der Organisation ‚Saha‘. Sie ist sehr klein, nur ein Dreier-Team und ich. Derzeit kümmern wir uns um fairen Handel; wir arbeiten hauptsächlich mit palästinensischen Landwirten und Produzenten zusammen, und mit palästinensischen Frauen. Green Action hat sich viel mit globalen Themen befasst. Eins davon ist die Konsumenten-Kultur mit den Aspekten soziale Gerechtigkeit und Globalisierung, wobei es meist um Aktionen geht wie Protestdemonstrationen und das, was man hier als *Aktionen gegen* … bezeichnet: gegen die Weltbank, gegen globalen Handel, gegen den Internationalen Währungsfonds. Irgendwann begann ich mich damit unwohl zu fühlen, immer nur gegen etwas vorzugehen, weil man dann keine Alternative anbietet. Die Leute wissen dann nicht, was sie anders machen sollen, selbst wenn sie Dir zustimmen.

Als die Idee des fairen Handels bis zu uns drang, waren wir begeistert: Das ist eine Möglichkeit, den kapitalistischen Handel von Großunternehmen zu umgehen. Wir richteten ein Fairtrade-Zentrum ein, wo wir vor allem dafür sorgen, dass die lokalen Produzenten für ihre Produkte faire Preise bekommen. Auch die Gleichberechtigung der Geschlechter im Produktionsprozess ist uns wichtig, und wir stellen sicher, dass es in der Produktion keine Kinderarbeit gibt. Die Preise müssen so gestaltet sein, dass die Produzenten sich Gesundheitsversorgung, angemessenen Wohnraum und Schulbildung für die Kinder leisten können. Die Idee kam aus Europa zu uns, wo man sich hauptsächlich auf die ‚Dritte Welt‘ konzentriert. Fairtrade ist eine Alternative, die Dritte-Welt-Länder, Afrika und Südamerika unterstützt. Hier bei uns merkten wir schnell, dass unsere ‚Dritte Welt‘ nur ein paar Autominuten weit von uns entfernt liegt. Diese Tatsache kann man nicht ignorieren, und wir beschlossen, die beiden Dinge miteinander zu verbinden. Es wird Kaffee aus Südamerika importiert, sodass Leute Fairtrade-Kaffee trinken können, das ‚Starprodukt‘ unter den Fairtrade-Produkten. Hier bei uns gab es palästinensische Landwirte, mit denen wir gegen die Trennmauer, die damit verbundenen menschlichen Härten und gegen die daraus resultierenden Umweltschäden demonstriert hatten. Die Trennmauer verunmöglicht es den Palästinensern, ihren

Lebensunterhalt mit der Olivenölproduktion zu verdienen, weil sie keinen Zugang zu Kunden haben. Wir beschlossen, bei palästinensischen Produzenten Öl zu kaufen und es in Israel zu verkaufen. Unser Schwerpunkt lag auf der Qualität des Endprodukts, der Verpackung und den Verantwortlichkeiten der Produzenten. Wir wollten ihnen die Chance eröffnen, hochklassige Produkte herzustellen und ihnen die Produktion übergeben. Also begannen wir mit diesen gelben Containern und entwickelten schließlich eine sehr ansprechende Verpackung. Wir vermarkten Olivenöl, Zaatar und Weintrauben-Honig; letzterer ist ein in Israel unbekanntes palästinensisches Produkt. Die Landwirte profitieren stark davon, sowohl was die professionelle Qualität ihrer Arbeit anbelangt als auch den Verdienst. Einen guten Teil ihres Verdienstes erzielen sie über den Verkauf ihrer Produkte in Israel. Wir haben ein paar Produktionsstandorte in Beit Ummar, Wadi Fuqin, und im Bezirk Salfit. Relativ gesehen sind wir keine große Organisation. Wir vermarkten bei Läden in Tel Aviv, in Naturkost- und Bio-Läden und verkaufen auch an viele Einzelkonsumenten, die wiederum an Läden außerhalb Tel Avivs weiterverkaufen. Die Einkaufstaschen, die wir verkaufen, werden von Müttern und Großmüttern der Kinder in der Hand-in-Hand-Schule in Kufr Quar'e genäht; sie waren in dem Film ‚Bridge across the Wadi' zu sehen. An der Taschenproduktion ist die ganze Schule beteiligt: die Kinder, die Lehrer, die Eltern, die Großmütter, alle miteinander; sie verwenden Stoffreste aus Textilfabriken.

Dann verbindet Deine Arbeit grünen Aktivismus mit dem israelisch-palästinensischen Konflikt.

Genau. Ich habe viele Jahre lang im Umweltsektor und bei Umweltorganisationen gearbeitet. Doch deren Ideologie hatte nur eine schwache Beziehung zum Alltagsleben. In den Organisationen wurde auf hohem Niveau diskutiert, doch was kam real dabei heraus? Es gab alle möglichen Kämpfe gegen Umweltschäden in der Luft, auf See und an Land. Doch nach getaner Arbeit gehen die Menschen in die Einkaufszentren und kaufen weiter Produkte. Sie führen diesen Kampf und glauben zugleich, es sei möglich, immer mehr zu produzieren, immer mehr zu konsumieren und gleichzeitig die Umweltschädigung durch Fabriken zu beenden. Viele Leute glauben das immer noch.
Ich glaube, wir werden unseren Konsum drastisch reduzieren müssen, nicht nur über Recycling und nicht nur durch Verwendung von recycelbarem Plastik oder Glass, nein, wir müssen schlicht weniger produzieren. Die Produktion selbst schädigt die Umwelt! Und es ist nicht nur die Her-

stellung selbst, auch der Transport, der Konsum und die Entsorgung spielen dabei eine Rolle. Der Konsum-Kreislauf, der hat uns, umwelttechnisch gesehen, in die heutige Situation gebracht.

Also muss der zentrale Ansatz sein, unsere Konsumgewohnheiten vollkommen zu verändern, d.h. zu allererst einmal viel weniger zu konsumieren. Das bedeutet, auf regionale Produktion zu setzen und nicht Produkte zu konsumieren, die eine halbe Welt entfernt produziert werden. Eine der schönsten Geschichten zum Thema Olivenöl ist die: In Ramat Hachayal gibt es einen Delikatessenladen, wo sie viele italienische Import-Spezialitäten verkaufen, unter anderem italienisches Olivenöl. Eines Tages kam der Ladeninhaber ziemlich verstört zu mir und sagte: *Hör' mal, ich hab' kein italienisches Öl mehr. Ich hab' bei einem Freund Euer Olivenöl probiert; es schmeckt genauso wie das beste italienische Olivenöl, das ich importiert habe. Verkauf' mir ein paar Kisten davon.* Inzwischen ist der Laden ein Importladen für italienische Produkte, in dem palästinensisches Olivenöl verkauft wird – genau das ist der Prozess, den ich anstoßen möchte. Die Leute, die Öl wegen der Marke aus Italien gekauft haben, werden feststellen, dass es hier genauso gutes gibt, das nicht erst aus einem anderen Kontinent hergeflogen werden muss.

Wie funktioniert Deine Zusammenarbeit mit Palästinensern im Kontext unserer Realität von Besatzern und Besetzten?

Meine Partner sind Palästinenser. In jeder Gruppe gibt es jemand, der die anderen dominiert. Das ist kompliziert und schwierig, es gibt Probleme, und an jedem Ort läuft die Zusammenarbeit ein bisschen anders. Wenn unser Partner in irgendeiner Weise ‚israelisch‘ ist, d.h. wenn er Hebräisch spricht und schon in Israel war, dann ist es einfacher. Ich kann kein Arabisch. Ich habe es zu lernen versucht, als ich in dem School for Peace-Kurs war, aber Sprachen zu lernen fällt mir ziemlich schwer und irgendwann habe ich aufgegeben. Deshalb werde ich immer gedolmetscht oder jemand anderes spricht für mich. Vor einer Woche war ich in einer israelischen Fabrik, die Olivenöl in Flaschen abfüllt. Als wir zusammensaßen und er hörte, dass ich den palästinensischen Ölproduzenten 23 Shekel pro Liter Olivenöl zahle, lehnte er sich zurück und sagte: *Das soll fairer Handel sein? Ich zahle so wenig wie möglich, das ist fairer Handel, wenn's nach mir geht. Ich zahle nur 15 Shekel pro Liter statt der 23 Shekel, die Sie zahlen. Als Händler ist mir egal, ob das fair ist. Sollen die doch damit klar kommen! Wenn ich das Öl für 15 Shekel kriegen kann, dann 15, und wenn ich's für 14 kriege, dann 14.* Diesen Ansatz finde ich ekelhaft, das ist genau die Haltung, die ich zu bekämpfen versuche. Aber so ist es: hinter jeder Flasche Olivenöl steht ein

Flaschenabfüller: jemand, der die Flasche mit Öl gefüllt, sie versiegelt und mit einen Etikett versehen hat.

Ich habe von Anfang an gleichberechtigt mit meinen Partnern gearbeitet. Wir tun die gleiche Arbeit. Ich fahre hin, und wenn die Sendung zum vereinbarten Zeitpunkt noch nicht fertig ist, so setze ich mich zu den Arbeiter(innen) und helfe beim Abfüllen und Etikettieren.

Die Dynamik gleichberechtigter Begegnung

Im SFP-Kurs bin ich zum ersten Mal Menschen begegnet, die keine Juden waren. Es ist vielleicht kaum zu glauben, doch bis zum Alter von ca. 30 Jahren hatte ich noch nie direkt mit Arabern zu tun gehabt. Und ich sah sie wie die meisten anderen Leute hier: als Bauarbeiter nebenan auf der Baustelle, als Waldarbeiter oder Wasserschöpfer. Ich habe nie mit einem von ihnen gesprochen. In dem Kurs habe ich zum ersten Mal mit Arabern zusammengesessen und mit ihnen geredet. In gewissem Sinne wurde dort meine Art und Weise, mit ihnen zu kommunizieren, geprägt, und diese Kommunikationsweise prägt und leitet heute meine ganze Arbeit mit Palästinensern. Vielleicht hätte ich, wenn ich diese Erfahrung früher gemacht hätte, dann als Humanist gesprochen. Später aber sah ich, wie Humanisten sich verhalten; viele behandeln Andere herablassend. Zum Beispiel fragte mich ein Freund nach jemandem, der Haus-Renovierungen macht; sofort dachte ich an einen palästinensischen Freund, doch mein Freund meinte, *Nein danke, einen Araber will ich nicht.* So denken viele Leute.

Vielleicht sehe ich Palästinenser deshalb nicht als Stereotypen, weil meine erste persönliche Begegnung mit ihnen in der School for Peace stattfand. Das festzustellen, war eins der erstaunlichen Dinge, die mir in dem Kurs passiert sind – und die Chance, diesen geistigen Lernprozess zu durchlaufen. Ahmad [Hijazi] und Michal [Zak] leiteten den Kurs. Davor hatte ich an der Bar Ilan Universität in Tel Aviv Psychologie studiert und der Kurs gefiel mir nicht; ich wollte einen Gruppenleiter-Kurs mitmachen. Ich wollte mehr von der Dynamik in Gruppen verstehen lernen und der SFP-Kurs schloss diesen Aspekt mit ein. Es ging nicht nur um eine soziopolitische sondern auch um eine gruppendynamische Dimension; mit der Dynamik wurde gearbeitet und sie erhielt Raum im Kursgeschehen. Es ging um die Frage, wie man sich tatsächlich zu der Dynamik in der Gruppe verhält. Das gab mir Raum und erlaubte mir, mich zu verändern. Als ich später dann anderswo arbeitete, fiel es mir sehr schwer zuzusehen, wenn Begegnungen dort nur politische Diskussionen und Schlussfolgerungen umfassten. Ich war wütend; so konnte ich nicht arbeiten. Das gab mir eine Rechtfertigung dafür, bei all meinen Workshops mit Arabern und Juden, oder auch nur Arabern, immer die interpersonale Dynamik mit einzubeziehen. Eine Begegnung ist eben nicht nur politisch, sie hat immer auch eine interpersonale Dimension; erst danach gibt es eine politische Diskussion.

Manchmal führt das auch zu Problemen, zum Beispiel, wenn Linke kommen, um einen bestimmten Landwirt zu unterstützen, und vorschlagen, dass wir die Produkte dieses Bauern verkaufen. Der Vorschlag entspricht meinen Grundsätzen, aber vielleicht habe ich diesen Mann fünf Mal getroffen und mit ihm zusammen zu arbeiten versucht und irgendetwas stimmt in seinem Verhalten nicht; dann kann ich nicht länger mit ihm zusammenarbeiten. Mittlerweile sehe ich, dass die Leute weiter mit diesem Landwirt zusammenarbeiten – auf der sozio-politischen Grundlage ‚er ist benachteiligt, gehört zu den Habe-nichtsen‘; sie glauben, ihm helfen zu sollen, obwohl er alles andere als ehrlich ist. Eine solche Großzügigkeit und gleichzeitige Herablassung, die erklärt, wir helfen ihm, weil er ein Habe-nichts ist, kann ich nicht akzeptieren. Leute können Habe-nichtse sein, sind aber dennoch Menschen. Meines Erachtens habe ich die Legitimation für meine Haltung in dem School for Peace-Kurs erworben; sie ist keine Marginalie sondern eine sehr wesentliche Komponente meiner Beziehungen zu Palästinensern.

Das ist einer der Punkte. Manchmal ist es schwer, im Rückblick festzustellen, was welchen Einfluss auf mich hatte., doch der Kurs war ganz klar ein Wendepunkt für mich; denn danach veränderte sich mein Leben entscheidend; wenn ich den Kurs nicht gemacht hätte, wäre mein Leben sehr anders verlaufen.

Was macht Deiner Ansicht nach die Seele eines Aktivisten aus?

Ich bin jetzt seit 15 oder 20 Jahren Aktivist. Ich glaube, jeder Mensch hat einen Funken dieses Geistes gegen Ungerechtigkeit in sich, und den kann man nicht abwürgen. Furchtbar viele mir bekannte Menschen, die politisch nicht aktiv sind, haben irgendwann ein hervorragendes System in sich geschaffen, diesen Rebellengeist zu unterdrücken. Bei dem ersten Funken einer Rebellion reagieren sie programmgemäß mit Gedanken wie *Lass' doch, was soll's, es gibt Wichtigeres.* Doch das kann sich schnell ändern, wenn man ihnen Werkzeuge an die Hand gibt. Man sagt ihnen: Dieser Geist der Rebellion ist ein Werkzeug; ich nutze ihn um in dieser Welt leben zu können, ich ignoriere und unterdrücke ihn nicht. Ich kann ihm nicht immer Ausdruck verleihen oder ihn in praktisches Handeln umsetzen, doch er ist legitim und er darf sich zeigen. Ich glaube, dieser Geist gehört zu den wichtigsten Werkzeugen eines Aktivisten; denn ich bin überzeugt, dass jeder Mensch diesen Funken in sich hat, egal, ob es um Umwelt, Politik oder Menschen geht. Das ist für mich der Schlüssel-Aspekt.

Viele Menschen unterdrücken diesen Teil in sich und einige schaffen es, ihn nicht zu unterdrücken. Hilft ein gewisses Maß an Optimismus dabei?

Nicht unbedingt. Ich selbst bin nicht besonders optimistisch, eher pessimistisch und kann das nicht verdrängen. Nein, ich glaube, Optimismus ist nicht unbedingt nötig. Viele Aktivisten tun mehr als ich, z. B. Yishai Menuhin oder Yoav Hess; sie betrachte ich im Bereich des politischen Aktivismus als so was wie Lehrer – als Optimisten glauben sie, dass alles, was wir tun, letztlich auch eine positive Wirkung hervorbringt. Ich selbst bin nicht von Natur aus Optimist, aber ich bin bis heute Aktivist.

Ich selbst bin schon der Wandel

Da fällt mir etwas aus dem School for Peace-Kurs ein, das mich zum Aktivisten gemacht hat. Zu Beginn fuhr ich immer mit Michael und Noa von Tel Aviv aus zum Kurs und wir diskutierten die ganze Zeit. Michael hat die Seele eines unverwüstlichen Optimisten. Er war immer sicher, dass alles okay sein würde, dass er lauter Dinge tun würde, die zu positivem Wandel beitragen würden. Und ich saß auch in dem Auto, ein ,Passivist' nach dem Motto *Was soll's? Wozu denn?* Wir diskutierten die ganze Fahrt über. Ich sagte immer wieder, *Wozu fahren wir dahin? Für nichts. Wir werden da reingehen, dort sitzen und eine Weile reden, und dann werden wir wieder nach Hause fahren und das war's dann. Was soll da schon herauskommen?*
Irgendwann kam mir dann die Erleuchtung: Ich war bereits der Wandel. Damit meine ich: Die Tatsache, dass ich dort bei dem Kurs mitmachte, das war bereits ein Wandel. Ich bin in dieser Welt, und die existierte für mich vor dem Kurs in einer bestimmten Weise, und jetzt ist diese Welt anders, weil ich mich an einen anderen Ort begeben habe. Dieser Wandel geschieht bereits in dieser Welt, und alles, was ich tue, verstärkt diesen bereits vorhandenen Wandel. Sobald ich zum bewussten Aktivisten wurde, sobald ich begann, Dinge zu verändern, waren die Ergebnisse dieser Handlungen Mehrwert über meinen persönlichen Wandel hinaus – das zu erkennen ist der erste Schritt, und der geschah während des Kurses. Schon die Teilnahme an dieser Begegnung, das Zusammentreffen mit den Leuten dort und der Prozess, den ich damals durchlief, das war die Basis für Wandel. Diesen Samen kann ich auf vielerlei Weise nutzen; wenn es funktioniert, habe ich etwas gewonnen, und wenn es nicht funktioniert, dann habe ich weniger gewonnen, aber nicht verloren. Diese Schlüssel-Erkenntnis habe

ich damals mitgenommen. Danach habe ich in den Bereichen Umwelt, Soziales und Politik viel mit jungen Leuten gearbeitet.

Erst im Laufe dieses Gesprächs ist mir klar geworden, dass der SFP-Kurs mir auch gezeigt hat, dass, wenn ich mich verändere, die Welt sich auch verändert. Nach dem Kurs wurde ich Direktor von Green Action und kam so in die Umweltbewegung. Aber ich kam aus dem Kurs dorthin: mit der Erkenntnis, dass die Umwelt ein Ort ist, wo Menschen leben, Menschen. Den Olivenbaum zu schützen, reicht nicht aus; wir müssen auch den Beduinen schützen, der unter dem Baum sitzt.

Amal Elsana Alh'jooj

Aktivistin und Anwältin für beduinische Frauenfragen

*A*mal Elsana Alh'jooj ist am Arabisch-Jüdischen Zentrum für Gleichberechtigung, Empowerment und Zusammenarbeit des Negev Instituts für
Friedens- und Entwicklungsstrategien (AJEEC-NISPED) Abteilungsleiterin
für die Beziehungen mit Nord-Amerika. Davor war sie dort stellvertretende
Direktorin; sie hat das AJEEC ins Leben gerufen.
Im Alter von 17 Jahren gründete Elsana Alh'jooj die erste Organisation für
Beduininnen in Israel. Heute ist sie eine führende Kraft in der arabisch-
beduinischen Bevölkerung in Israel, eine Schlüsselfigur in nachhaltiger Kom-
munalentwicklung und eine einflussreiche Publizistin. Sie hat akademische
Abschlüsse der Ben Gurion Universität des Negev (Beer Sheba) und der McGill
Universität (Kanada) und hat bereits zahlreiche Auszeichnungen und Ehrun-
gen in Israel und im Ausland erhalten. 2010 gehörte sie zu den von der israelischen Finanzzeitschrift The Marker gekürten ,101 einflussreichsten Menschen
in Israel'. Elsana Alh'jooj hat 1996 am jüdisch-arabischen Universitätskurs
der School for Peace an der Ben Gurion Universität teilgenommen, gehörte
1997 zu einer jüdisch-arabischen Studentendelegation nach Deutschland und
absolvierte 1999/2000 die Ausbildung zur Kursleiterin für Konfliktgruppen in
Wahat al Salam – Neve Shalom. Amal Elsana Alh'jooj wurde am 3. Dezember
2009 interviewt.

„Das AJEEC ist eine arabisch-jüdische Organisation, die zu 90% in der
palästinensischen Gesellschaft agiert. Man kann erst dann wirklich von
einer Partnerschaft sprechen, wenn die palästinensische Gesellschaft
stärker geworden ist. Das geht nicht ohne eine Stärkung der Rechte der
Araber in Israel und nur mit Gleichberechtigung. Die palästinensische
Minderheit zu stärken, ist ein Schwerpunkt unserer Arbeit. Die jüdisch-
arabische Partnerschaft ist dabei kein Beiwerk; sie ist unabdingbar."

Amal Elsana Alh'jooj

Oh, das liegt lange zurück. Ich habe an zwei Kursen der School for Peace
von Wahat al Salam – Neve Shalom teilgenommen. Der erste fand 1996 an
der Ben Gurion Universität statt, unter der Leitung von Rabah [Halabi]
und Michal [Zak]; Teil dieses Kurses war eine Studienreise nach Deutschland. Und dann habe ich 1999/2000 noch die Ausbildung zur Kursleiterin
für Konfliktgruppen gemacht, das war vor zehn Jahren; es gab also eine Art
Prozess. Wenn Leute über solche Seminare, jüdisch-arabische Begegnun-

gen allgemein oder über den Umgang mit dem Konflikt selbst sprechen, so spielt das Thema Identität unweigerlich eine Hauptrolle. Manche kommen mit einer gut-gegründeten Identität dorthin und andere sind noch auf der Suche. Von den Leuten mit einer ausgeprägten Identität haben manche große Schwierigkeiten, diese Identität in Frage zu stellen, während andere offen dafür sind. Das ist ganz unterschiedlich.

Ein dynamischer, langer Prozess

Ich kann nur für mich sprechen. Aus meiner Sicht gab es keinen bestimmten, entscheidenden Moment in dem ganzen Prozess mit Neve Shalom. Es gab einfach einen langen Prozess, der noch nicht zu Ende und noch immer dynamisch ist; meine Identität bildet sich noch immer, sie wird durch all die Projekte, an denen ich arbeite, weiterhin bereichert und genährt.

Ich habe meine Kindheit in einer politisch sehr festgefügten Realität in Lakiya im Negev erlebt. Ich wurde mit den Liedern von Marcel Khalife erzogen, war politisch sehr aktiv und war im Gefängnis. Die erste Begegnung mit Neve Shalom hatte ich im Kurs an der Ben Gurion Universität. Dorthin kam ich mit sehr klaren Vorstellungen. Einer der Teilnehmer filmte den gesamten Kurs, was mir ausgesprochen geholfen hat: Ich habe den Film mehrfach angeschaut und mir selbst zugehört. Es sprach eine junge Frau, die auf ihre innere Stimme hört, die sehr selbstbewusst und entschieden auftrat, die ihr Bestes gibt, um eine ganz authentische Position einzunehmen, und die ihre Gesprächspartner(innen) fragt: *Wie kann es sein, dass Du das nicht verstehst? Du musst das verstehen können.* Ich kam also als eine junge Frau, die ihre Wahrheit mitbrachte, und meinte, das sei die einzige Wahrheit.

Rückblickend muss ich sagen, wenn ich damals Juden zuhörte, dann tat ich es um darauf zu reagieren, und nicht um zu verstehen. Am Ende des Kurses hatte ich das Gefühl, weiter von einem Dialog mit den ,Anderen' entfernt zu sein statt näher. Ich dachte: *Okay, so sind die Juden also; sie wollen mich nicht verstehen; selbst wenn ich meine Wahrheit mitteile zeigen sie kein Interesse.* Dann flog ich zum Master-Studium nach Kanada. Dort war ich weit entfernt von der Ursache des Konfliktes und vom Alltag mit Juden, die für mich Besatzer waren, die Olivenbäume entwurzelten, [beduinische] Dörfer nicht anerkannten und so weiter. Vor dem Kurs hatte ich Juden eigentlich nur so erlebt.

Die Uni Beer Sheba hatte mir durch meinen Professor Raum gegeben; meine Professoren erlebte ich positiv. Sie veränderten mein gewohntes Bild vom Kontakt mit Juden. Und in Kanada, weit von Israel entfernt, sah ich mich plötzlich aufstehen und über den Kurs an der Uni Beer Sheba reden. Jedes Mal wenn die Kanadier über den Sprachen-Konflikt in Quebec diskutierten, fiel mir sofort an unser Uni-Seminar ein und ich fragte: *Warum könnt Ihr nicht miteinander sprechen? Wir schaffen das.* So brachte ich der Gruppe in Kanada die Botschaft: *Schaut, da wo ich herkomme, sind wir bereit einander zuzuhören und miteinander zu sprechen, jawohl.* Aus der Entfernung wurde mir klar, dass Kommunikation nicht Krieg zu sein braucht sondern zu gegenseitigem Verständnis beitragen kann. Vielleicht half mir auch die Mentalität der Kanadier; was für Leute Dir in bestimmten Phasen Deines Leben begegnen, kann entscheidend sein. In Kanada begegnete ich wichtigen jüdischen Persönlichkeiten, die bedeutenden Einfluss auf meine Karriere haben sollten. Und ich dachte: *Es kann doch nicht sein, dass diese Juden so viel besser sind als die in Israel. In Israel muss es doch auch einen Ort geben, wo solche Beziehungen möglich sind. Bin ich das Problem oder die Anderen?* Und als ich wieder zurückkam, wollte ich das als Erstes herausfinden. Vielleicht wollte ich auch den Prozess, den ich in Neve Shalom begonnen hatte, fortsetzen oder ihn mit neuen Einsichten noch einmal erleben. Jedenfalls machte ich 1999/2000 die Ausbildung zur Kursleiterin. Ich wollte unbedingt verstehen, wo ich in diesem ganzen Zusammenhang hineingehöre, ich wollte zuhören und nicht mehr nur mit einer festgefügten Wahrheit kommen.

Die Mikro- und die Makro-Ebene und ich

Der Kurs an der Ben Gurion Universität war eine Art Mikrokosmos; in den Sitzungen konnte ich die Rolle der Minderheit spielen und kämpfen. In der Ferne fühlte ich plötzlich die Freiheit, ich selbst zu sein – ja, genau das ist passiert. Der Kurs war ein Lernprozess: Ich lernte, was geschieht, wenn ich die Stimme einer Minderheit bin. Das zog sich wie ein ‚roter Faden‘ durch den ganzen Kurs: dass wir im Kleinen die Realität des jüdisch-arabischen Konflikts darstellten. Dieser Rahmen half mir zu erkennen, ob ich etwas sagte, weil die Anderen es von mir erwarteten, d.h. ob ich mich in einer Weise verhielt, die ihren Erwartungen entsprach, obwohl ich eigentlich anderer Meinung war.

Wenn ich den gesamten Prozess betrachte, so kann ich sagen, dass ich zu Beginn immer darauf achtete, innerhalb des Konsensus‘ der arabischen Teilnehmergruppe zu bleiben; mit der Zeit veränderte sich das und ich begann, für meine Meinungen einzustehen. Und die hatten mit meinem Frau sein zu tun; Männer- und Frauenrollen waren ein wichtiges Kursthema. Wenn ich also Dinge auf eine bestimmte Weise sah, warum sollte ich dann nicht auch für meine Meinung eintreten, wenn sie sich von der der anderen Palästinenser(innen) unterschied? Der Kurs hat mir geholfen, mich frei zu äußern statt eine bestimmte Meinung vortragen zu müssen.

***Du hast gelernt, als beduinische Araberin frei Deine Meinung
zu äußern.***

Als palästinensische Araberin, ja, aber auch als Frau! Einerseits fiel mir die
Rolle leicht, für meine Gruppe einzustehen, doch inzwischen kann ich
häufig auch höflich *Nein danke!* sagen. In spezifischen Einzelfällen vertrete
ich meine persönliche Meinung. Als ich die Kraft entwickelt hatte, meinen
eigenen Standpunkt zu formulieren, konnte ich diesen Standpunkt allmählich auch in einem nationalen Zusammenhang vertreten. Wenn man
stark genug ist, über Frauenfragen (women's issues) zu sprechen und alle
finden das okay – in einer jüdisch-arabischen Gruppe ist es als Frau leicht,
seine Position über Frauenrechte (women's struggle) zu vertreten – dann
hilft einem das, wenn schwierigere nationale Themen zu Sprache kommen, wie die Nakba, das Rückkehrrecht, das Recht auch der Juden auf
einen Staat und ob ich dieses Recht anerkenne oder nicht.

Frau und damit Teil eines universellen Ganzen zu sein, machte es mir
leichter, mich auf der Basis von universellen Prinzipien zu sehen. Wenn
ich ein Recht für mich beanspruche, wie kann ich es dann jemand anderem absprechen? Damals, 1996, das weiß ich noch, da war ich noch
nicht bereit, Euch Juden einen Staat auf meine Kosten zuzugestehen. Ich
war nicht bereit zu sagen, *Ja, Ihr sollter auch einen Staat haben, lasst uns
überlegen, wie das möglich ist.* Dieser Satz war nicht in meinem Lexikon.
Ich sah mich vor allem als Opfer. Im Kurs haben Paolo Freire und seine
Pädagogik eine wichtige Rolle gespielt. Viele Diskussionen kreisten um die
Frage, was es bedeutet sich als Opfer und Unterdrückter zu fühlen, und
wie man diese Rolle verinnerlicht. Es gibt eine Aussage oder vielmehr eine
Frage, die mich stets begleitet, und in meiner heutigen Arbeit stelle ich
diese Frage auch an mein Team. Ich erinnere mich nicht nur an die Worte
sondern auch an Rabahs Gestik, als er in der Gruppensitzung sagte: *Okay,
Leute, hier hält die Minderheit Macht in den Händen; die Mehrheit hat dem
zugestimmt; ihr habt jetzt diese Macht und ihr nutzt sie nicht, also: was ist
mit Euch los?*

Die angebotene Macht nutzen

In der Zwischenzeit habe ich eine jüdisch-arabische Organisation gegründet, und das habe ich nicht einfach mal so getan, weil ich Lust dazu hatte.
Nein, ich habe sehr lange und genau darüber nachgedacht: *Will ich wirklich das tun? Will ich hier meinen Beitrag leisten? Will ich mich hier mit all
meiner Kraft engagieren?* Mit einer palästinensischen Organisation würde
ich nirgends anecken und es wäre immer klar, dass ich zu meinem Volk
stehe. Ich beobachte sehr häufig die Diskussion um jüdisch-arabische

Beziehungen innerhalb unserer Organisation. Wir sind nicht nur eine arabisch-jüdische Organisation, die vor Ort Projekte durchführt; wir sind eine Organisation, die ich mit dem Ziel gegründet habe, auch eine interne Dynamik der jüdisch-arabischen Beziehungen in unserem Team in Gang zu setzen. Und oft frage ich mich selbst: *Ist Dir klar, dass Du dieses Programm leitest und Sarit [eine Jüdin] ist Deine Sekretärin, und doch wartest Du darauf, dass Sarit Dir sagt, was zu tun ist – warum tust Du das? Du bist die Programmdirektorin, also leite das Programm. Worauf wartest Du?* Oder in einer anderen Situation ist ein Jude der Koordinator und Du bist seine Direktorin und plötzlich wartest Du darauf, dass er sagt, was als nächstes zu tun ist. Woher kommt das? In der Gruppenleiter-Ausbildung habe ich für diese Fragen ein Bewusstsein entwickelt, vielleicht zu einem strategisch wichtigen Zeitpunkt; jedenfalls begleitet mich dieses Bewusstsein seither überall in meiner Arbeit, in allen jüdisch-arabischen Projekten, die ich initiiert habe. Es geht mir stets auch darum, klar zu sehen, wie wir unsere Arbeit tun, welcher Diskurs in unserem arabisch-jüdischen Team abläuft; es geht mir darum, was für eine arabisch-jüdische Partnerschaft wir entwickeln, ob die beiden Narrative ihren Platz darin haben oder ob es nur ein Narrativ gibt, das jede und jeder aus dem eigenen Blickwinkel interpretiert.

All diese Einsichten habe ich woanders nie im Spiel gesehen. Sie können nur aus dem Prozess stammen, den ich während des Kurses an der School for Peace und danach durchlaufen habe. Bei mir selbst kann ich mich im Übrigen auch bedanken, denn ich bin ein lernbegieriger Mensch. Ich habe gelernt und mich weiter informiert, und dann kam das Buch ‚Identitäten im Dialog‘ heraus. Ich glaube, ich war die erste Käuferin am ersten Verkaufstag und begann noch am selben Tag es zu lesen; ich wollte wissen, inwiefern es auf mich zutraf. Und bis heute sage ich zu meinem Team nicht nur, *Das ist der Ansatz von Neve Shalom; daneben gibt es auch noch andere Ansätze*, sondern ich füge hinzu: *Ja, natürlich gibt es auch andere Ansätze, doch wir arbeiten jetzt mit dem Neve Shalom-Ansatz; später könnt Ihr Euren eigenen Ansatz entwickeln.* Heute verwenden die meisten Teams, die mit Gruppen arbeiten, nicht nur im Bereich jüdisch-arabischer Begegnungen sondern allgemein, den Neve Shalom-Ansatz – und das ist kein Zufall. Ich jedenfalls habe meine Arbeitsweise von dort.

Daneben hat mir die School for Peace Einblicke in die jüdisch-arabische Frage insgesamt gegeben – und meine Erfahrungen in Kanada mit der Perspektive aus der Ferne und die einschneidenden Ereignisse im Oktober 2000 kamen hinzu. Damals fragte ich mich, ob wir nun 60 Jahre Koexistenz oder 60 Jahre Illusionen oder 60 Jahre Kapitulieren hinter uns hatten. Ich für meinen Teil wusste, wie ich das Thema arabisch-jüdische Beziehungen in Israel gesehen haben wollte, und wollte eine Organisation gründen, die nicht nur mit Dialog und Zusammensein beschäftigt sein sondern tatsächlich etwas tun würde. Es sollte um gemeinsame Aktionen gehen; ich bin eine tatkräftige Frau. Der Beruf der Gruppenleiterin war zwar nichts für mich, doch von dem, was ich tun wollte, sollte der Gruppenprozess ein Teil sein. Araber und Juden können in einem Beduinendorf wie Hashem Zaneh etwas über aktives Bürger sein lernen, und wenn sie das brisante Thema Staatsbürgerschaft diskutieren wollen, nun, dann haben wir ausgebildete Gruppenleiter, die sie bei diesem Prozess begleiten können. So verband ich das Zusammensein mit dem Tun, arabisch-jüdische Gespräche mit Lernorten hier bei uns, Erkenntnisse mit gemeinsamer Aktion. Ich möchte nicht übertreiben und bin mir nicht ganz sicher, aber ich denke, wenn ich die SFP-Kurse nicht mitgemacht hätte, dann wäre ich höchstwahrscheinlich zu einer Person geworden, die nur sehr wenig Interesse für die Mehrheit (in diesem Land) aufgebracht hätte, ja, ich hätte sie wohl nicht einmal wahrnehmen wollen. So weit hergeholt ist dieser Gedanke nicht; denn so war ich aufgewachsen.

Mit nur einem Narrativ aufwachsen

Ich wuchs in einer Familie auf, in der meine Großmutter stets von Palästina sprach, nicht von Israel; wir waren Palästinenser. Mein Vater gehört zu der Generation, die unter der Militärverwaltung gelebt hat [sie galt bis Ende 1966 in den meisten arabischen Orten Israels]; er hat sich jedoch nie dazu geäußert. Meine Großeltern hingegen nahmen kein Blatt vor den Mund, mein Großvater sprach sehr offen über das, was 1947 geschehen war. Der Großvater meiner Mutter war ein Scheikh, der gegen die Gründung des Staates Israel gekämpft hatte. In diesem Umfeld wuchs ich auf: Wir allein waren im Recht, alles andere stand nicht zur Debatte. Man brachte mir nationalistische Lieder und Gedichte bei, die ausschließlich das palästinensische Narrativ transportierten, und allen anderen Narrativen wurde die Legitimität abgesprochen.

So war es in Lakiya, meinem Geburtsort. Es gab dort auch ein Clubhaus, wo mein Onkel aktiv war. Er war sieben Jahre im Gefängnis und schloss sich der PLO an. So sah meine Realität aus. Schon vor der 4. Klasse, während des 1. Libanonkrieges, malte ich palästinensische Flaggen, unter anderem eine ganz große auf einer Außenwand unseres Hauses. Die Polizei kam und verhaftete meinen Vater, weil ich selbst erst in der 3. Klasse war. Viele Menschen warfen mir vor, an der Verhaftung meines Vaters schuld zu sein, andere betrachteten mich als Heldin. Ich genoss die Aufmerksamkeit. Und begann, aktiv zu werden: Ich verbrannte am Tag des Bodens (Land Day) Autoreifen, den ersten auf einem Hügel und, als ich die Polizei kommen sah, einen zweiten woanders; es war wie ein Spiel für mich. Als ich etwas älter war, kamen mehrfach Soldaten ins Dorf, 18-Jährige, die Orientierungstraining machen sollten. Ich war so gemein, die für sie vorgesehenen Ziele zu verstecken, und sagte mir: *Sollen sie doch den ganzen Tag suchen, ist mir doch egal.* So sah meine Kindheit aus, das war mein Hintergrund. Als ich in der 9. Klasse war, kam ich ins Gefängnis; das war während der ersten Intifada. Als Abu Jihad getötet wurde, sagte ich, Israel habe ihn ermordet. Ich nahm die ganze Klasse mit nach draußen, wir stürmten einen Egged Bus und demolierten ihn und ließen palästinensische Flaggen aus seinen Fenstern wehen. An der Shoked-Kreuzung verhafteten sie uns. Das war meine Jugend. Ich weiß noch, wie der Polizei-Kommandeur zu meinem Vater sagte, er sei verrückt, seine Tochter so herumrennen und gewähren zu lassen. Mein Vater schaute ihn nur an und sagte: *Sie ist erwachsen; sie braucht ein Ventil für ihre ungeheure Energie. Mir ist lieber, sie macht das so als dass sie die Familienehre beschädigt.* So sah er das; er gab mir den Handlungsspielraum, das zu tun, was er als heranwachsender junger Mann unter der Militärverwaltung nicht hatte tun können. Er legitimierte mich als die Person, die ich war. Als ich mit dem Uni-Studium begann, war ich sehr extrem eingestellt; ich fühlte mich im Krieg, und ich war in der Studentenvertretung.

Ich weiß ehrlich nicht mehr, warum ich an dem Uni-Kurs mit Dan Bar-On und der School for Peace teilnahm. Vielleicht war es ein offener Kurs und ich brauchte noch Kurspunkte. Auf jeden Fall hatte ich keine Ahnung von Neve Shalom. Vielleicht haben auch ein paar meiner Freunde mitgemacht. Warum ich jedoch an der Ausbildung zur Kursleiterin teilnahm, das weiß ich: Es hatte mit meiner Kindheit zu tun.

Einen Augenblick noch. Du hast gesagt, Du hättest in dem Uni-Kurs den Juden alles sagen können, mit ihnen streiten können, sie damit herausfordern können, dass sie sich anhören müssen, was Du zu sagen hast.

Ich verletzte sie, ich warf ihnen meine ganze Wut vor die Füße! Vorher war ich angesichts von Soldaten ständig frustriert und hilflos gewesen, doch hier gab es den Raum dazu, einen sicheren Raum, wo endlich einmal ich austeilen konnte. Jeder im Raum anwesende Jude war für mich ein Punchingball für meinen jahrelang aufgestauten Zorn. Ich weiß, ich habe Leute wirklich verletzt, manchmal weinten sie, und wenn ich das Gefühl bekam, ich sollte ein bisschen milder sein, dann bestärkte mich die arabische Kursgruppe noch in meinen Angriffen. Ich wurde wohl von dem Gedanken geleitet *Ich werde es Ihnen zeigen!* Was mich letztlich zur Kursteilnahme bewogen hat, weiß ich nicht mehr genau. Klar, es war meine allererste Chance, einen gleichberechtigten Dialog mit Juden zu führen und ihnen furchtlos alle meine Gefühle mitzuteilen. Manchmal habe ich sogar ein bisschen übertrieben um ihre Schuldgefühle noch zu verstärken. Ich stellte mich so richtig als Opfer dar, um klar zu machen, dass sie die Täter seien, und dass ich als Opfer von ihnen keine Leidensgeschichten hören wolle. Je mehr ich Opfer bin desto weniger kann ich sie als unglückliche Menschen sehen und brauche nichts mit ihnen zu tun zu haben. Als ob ich sie dadurch zu ewigen Tätern machen könnte.

Du hast einige Dinge genannt wie den gleichberechtigten Dialog, der in der Tat viel Macht verleiht. Solche Dinge sind wichtige Gründe für einen Kurs. Die Frage ist, warum hast Du einen zweiten Kurs gemacht? Du hast gesagt, Du hättest Dich finden wollen. Was wolltest Du über Dich herausfinden?

Kurz nach meinem Flug nach Kanada gab es einen Vorfall in einem Bus, der mich zum Nachdenken brachte. Das war, als ich eine Adresse für einen Besuch in einem ,Haus für geschlagene Frauen' erhielt, der zu meinem Praktikum gehörte. Ich stieg in den Bus ein und sprach den Fahrer in Englisch an, doch er sagte, er spreche nur Französisch und könne mir nicht helfen. Plötzlich hörte ich eine Frau mit ihrer Tochter Hebräisch sprechen und da fasste ich auf einmal wieder Mut. Ich fühlte mich sicher, als wäre ich zu Hause. Mein ganzes Leben voller Unsicherheit, ein Leben, das nicht mir gehörte, in dem ich mich nicht zu Hause fühlen durfte, all das fühlte sich plötzlich wie ein Zuhause an. Also ging ich zu ihr hinüber und begann mit ihr Hebräisch zu sprechen. Ich war stolz darauf, Hebräisch zu können, während es mir in Israel peinlich war; als ob die Sprache des Feindes zu können hieße, dass man sich mit ihm identifiziert. Ich war echt stolz, nach dem Motto *Hey, ich kann auch Hebräisch.* Ich fragte sie also, und sie begann, mir den Sprachenkonflikt in Kanada zu erklären. Der Narr von Busfahrer wollte offenbar nicht auf Englisch kommunizieren und bestand auf Französisch. Und da begann ich mich selbst zu fragen, ob ich – im Rahmen des palästinensisch-israelischen Konflikts – nicht genauso war wie der Busfahrer, der gar nicht hinhören will, und genau wie er grundsätzlich nicht bereit war, der anderen Seite zuzuhören. Er wollte kein Englisch hören. Und ich? Und dann kam noch ein zweiter Gedanke: *Ich bin allein in diesem Land und höre plötzlich Hebräisch und reagiere so darauf wie eben gerade.*

Bereit verletzlicher zu sein

Außerdem war meine Mentorin in Kanada eine Jüdin. Plötzlich sitze ich ihr gegenüber und sie schaut mich an und hört mir zu. Auch an der Ben Gurion Universität haben sie mich angeschaut und mir zugehört, doch dort gab es eine unsichtbare Barriere zwischen mir und dem vorlesenden Professor; ich hörte Vorlesungen und ging in Kurse; alles andere interessierte mich nicht. Doch in Quebec war ich bereit, verletzlicher und mehr ich selbst zu sein – vielleicht weil ich allein war und Zuspruch brauchte – und gab meine Barriere auf. Man kann nicht alles den anderen zuschieben, wenn die Freunde nicht da sind. Vielleicht lag es auch an dem Wunsch nach mehr Selbstvertrauen, dass ich allmählich offener und verletzlicher wurde, mich mehr zeigte und über mich und meine Gefühle sprach. Und plötzlich begann ich mich Stück für Stück mit den Franzosen verbunden zu fühlen und mit deren Vorstellung, dass, wenn jemand mit ihnen Englisch sprechen wolle, er einen Preis für dieses Überlegenheitsgehabe zahlen würde. Plötzlich war ich mitten in diesem Konflikt ganz woanders auf der Welt.

Ich fragte mich, warum sie denn nicht miteinander reden, es gehe doch um Sprache, um Identität. Zu bereden gäbe es doch sicherlich genug. Und dann hatten wir einen Kurs über den kanadischen Sprachkonflikt und fuhren zu einer Begegnung mit kanadischen Indianern, und da war ich wieder mitten drin. Wenn sie sich als Opfers darstellten, dann wurde ich wütend und sagte: *Jetzt reißt Euch endlich zusammen, sagt, was ihr zu sagen habt, sagt, inwiefern Ihr die Dinge anders seht und ergreift die Initiative! Genau das sage ich mir auch.* Es war schwer für mich, diesen Diskurs über den Opferstatus an mich heranzulassen. In Kanada gelang mir dies zum ersten Mal, und dann sagte ich mir, ich könne das auch anderswo.

Die ganze Diskussion kam auf, als ich bereits etwa vier Monate in dem Programm war, und wenn man sie als von außen Kommende erlebt, so projiziert man sie auch auf sich. Deshalb beschloss ich, nach meiner Rückkehr nach Hause nicht mehr so zu reden wie früher, weil ich mich sonst anhören würde wie die Kanadier. Okay, es gab die Nakba, sie hatte auf Kosten der Palästinenser stattgefunden, da hatte ich recht. Doch ich wollte mehr und mir wurde klar, dass ich meine Erkenntnisse in etwas ummünzen musste, das die Zukunft betraf, nicht nur meine eigene, sondern auch die Zukunft künftiger Generationen. Ich fragte mich nach meiner Verantwortung für die kommende Generation, für meine Tochter. Wenn es nur um mich ginge, dann würde ich einfach losziehen, reisen und Spaß haben. Doch die Welt hatte nicht erst mit meiner Geburt begonnen und würde auch nicht mit meinem Tod enden. Ich hatte eine Verantwortung hier, eine Aufgabe.

Nach meiner Rückkehr aus Kanada kam die Reise nach Deutschland. Ihr habt uns aus Neve Shalom angerufen, weil Ihr Kursteilnehmer(innen) für die Delegation auswählen wolltet. Du fragtest, *Wer will mit? Wir wollen eine zweite Phase mit dem Kurs machen.* Ich glaube, wir hatten einen sehr großen Gruppenzusammenhalt. Und wir waren, glaube ich, eine sehr interessante Gruppe, sowohl die jüdische als auch die arabische Teilgruppe, und auch Walid. Ich dachte, *Walla, ich bringe ein paar neue Dinge mit und will wissen, was ich damit anfangen kann.* Also flogen wir nach Deutschland und es war, als würden wir etwas für mich aufbauen. Es war anders als im Seminar an der Ben Gurion-Uni, wo wir die Opfer waren, und die Juden mussten sich die ganze Zeit erklären und entschuldigen. Wir waren in Deutschland und es gab drei Gruppen: die Deutschen, die Palästinenser und die Juden. Wir betrachteten alle drei. Dadurch erhielt ich die Gelegenheit, zusätzliche Dinge aus einer anderen Perspektive zu betrachten. Diese Erfahrung hatte eine tiefe Wirkung auf mich; sie rundete ab, was ich in Kanada gelernt hatte, und untermauerte meine neue Art und Weise, die ganze Sache zu betrachten.

Direkt danach brach die zweite Intifada aus. Alle meinten, die Koexistenz sei gescheitert. Ich fragte, ob es wirklich die Koexistenz sei, die gescheitert sei. Vielleicht würden jetzt einfach Dinge sichtbar, vielleicht beginne der Nebel jetzt, sich aufzulösen; vielleicht komme jetzt das wirkliche Bild ans Tageslicht. Ich sagte, die Beziehungen zwischen Palästinensern und Juden in Israel existierten an einen sehr schwierigen Ort, und wir müssten darüber nachdenken, was wir in dieser Lage gemeinsam tun könnten. Einmal organisierte ich eine riesige Demonstration in Lakiya gegen die Verhältnisse dort. Ich saß bereits in meinem Auto, als ein Mann im Radiosender von Sderot sagte: *Ich bin stinkwütend auf die Beduinen, warum werfen sie Brandsätze auf die Bank von Rahat? Warum demolieren sie Autos? Wir haben ihnen die Autos gekauft. Wir haben ihnen die Bank gebaut.* Als ich das hörte, hörte ich zum ersten Mal richtig hin und tat ihn nicht einfach als verrückten Lügner ab. Ich weigerte mich nicht mehr zuzuhören sondern bedauerte ihn, weil er aus purer Ignoranz und Unwissenheit Lügen verbreitete. Er dachte, die Beduinen blieben nur dank seiner Hilfe am Leben, und fühlte sich damit wichtig. Und ich beschloss, Leuten wie ihm gegenüber Verantwortung zu übernehmen.

Verantwortung übernehmen

Wenn ich mich weigere, weiterhin Opfer zu sein – und diese Entscheidung hatte ich getroffen – dann stellt sich die Frage, welche Verantwortung ich gegenüber der Mehrheit habe. Ich kann eine Separatistin bleiben und mich nur mit mir selbst befassen, oder ich kann Verantwortung gegenüber der Mehrheit übernehmen. Wenn ich aber Verantwortung gegenüber der Mehrheit übernehme, so bin ich stark; und dann muss ich mich auch selbst so sehen. Also sagte ich mir, es müsse doch möglich sein Partner zu finden, Leute, die so denken wie ich. Es musste doch Leute geben, die nach der zweiten Intifada eine noch größere Notwendigkeit sahen, gemeinsam zu lernen und zu handeln, den Konflikt zu verstehen und nicht davor davon zu laufen. Separatismus bedeutet davon zu laufen. Und außerdem hatte ich eine Verantwortung gegenüber meiner Tochter Eden, die ohne entsprechende Vorbereitung an der Uni einem Juden begegnen könnte, der meint, sie habe es nur dank seiner Hilfe dorthin geschafft. Mir wurde klar, dass hier meine Verantwortung liegt, und mit dieser Überzeugung gründete ich *AJEEC*.

Erstens ist *ajeec* ein arabisches Wort und bedeutet *Ich komme zu Dir*. Es symbolisiert eine gemeinschaftsbezogene Orientierung, die zu meinem Ansatz gehört. Doch die Bezeichnung passte auch, weil ich mich mit bürgerlicher und politischer Gleichberechtigung befassen wollte, mit dem Empowerment der palästinensischen Minderheit und dem Aufbau einer arabisch-jüdischen Partnerschaft … und wenn ich all das zusammensetzte, so kam im Englischen heraus: Arab-Jewish Center for Equality, Empowerment and Cooperation, also *AJEEC*.

Gleichberechtigung, Empowerment und jüdisch-arabische Partnerschaft sind nicht einfach ein paar zusammengewürfelte Begriffe. Sie beschreiben meine Sicht jüdisch-arabischer Partnerschaft. Sie ist nicht Beiwerk sondern unabdingbar für meine Arbeit. Ich meine nicht mehr, separat für mich leben zu können. Während der Oktober-Intifada 2000 wohnte ich sogar mit einer jüdischen Freundin zusammen. Ich fragte mich, *Will ich jetzt die jüdische Gesellschaft aufgeben, oder will ich jetzt meine Tante aufgeben?* Wirklich – damals verbrachte ich abwechselnd ein paar Tage mit meiner Freundin, die ich wirklich gern habe, und ein paar Tage mit meiner Tante, die ich wirklich gern habe; und auf einmal verlor meine Tante an Wichtigkeit und wirklich wichtig wurde meine jüdische Freundin. Wenn ich aber meine Freundin nicht aufgeben wollte, dann wollte ich auch ganz offensichtlich die Juden nicht ins Meer treiben. Wenn ich sie aber nicht ins Meer treiben wollte, was für ein Leben wollte ich dann mit ihnen leben? Gewiss nicht ein Leben als Unterdrückte und Unterdrücker; ich wollte kein Leben, in dem jemand kontrolliert, was ich tue. Es musste ein Leben sein, in dem niemand dem anderen diktiert, was er zu tun hat, ein Leben, das sowohl für mich als auch für meine jüdischen Kolleg(innen) in Ordnung war.

So entstand *AJEEC*. Zu 90% geht es um Aktion in der palästinensischen Gesellschaft. Man kann nicht über Partnerschaft reden oder sie entwickeln, ohne dass die palästinensische Gesellschaft gestärkt wird. Empowerment aber geschieht nur dann, wenn die Stärkung auch auf der Ebene gesetzlich garantierter Rechte und der Gleichberechtigung im Staat Israel stattfindet. Deshalb konzentrieren wir uns als Organisation sehr stark auf die Stärkung der palästinensischen Minderheit. Wir befassen uns sehr viel mit dem Thema bürgerliche Gleichberechtigung, doch wir legen auch viel Gewicht auf bi-nationale Aktivitäten in arabisch-jüdischer Partnerschaft. Wir betrachten als Juden und Araber gemeinsam den uns gemeinsam zur Verfügung stehenden Raum, und denken miteinander darüber nach, wie dieser Raum aussehen soll. Das erlebe ich auch im Alltag; dort sage ich Juden zum Beispiel, dass heute für mich Feiertag ist; ich sage es beim Arzt, im Supermarkt, überall; das brauche ich irgendwie, ob aus dem Bedürfnis heraus, andere zu erziehen, oder mir selbst zu bestätigen, dass ich existiere, weiß ich nicht.

Heute kann es mir echt passieren, dass ich Milch einkaufen gehe und zu dem Verkäufer sage, *Wissen Sie, dass wir heute einen Feiertag haben?* Ungefragt sage ich ihm das, und das tue ich, egal wo ich gerade bin. Zurzeit lebe ich in einem mehrheitlich jüdischen Viertel, wo ich das dauernd mache. Und dann sagt z. B. auf einmal der junge Mann im Lebensmittelladen am Feiertag zu mir: *Einen schönen Feiertag!* und ich gehe wieder auf die Straße und denke, wie schön, dass er das gesagt hat, und wie schön, dass er sich dessen bewusst ist; nun werde ich gesehen, früher war ich als Araberin unsichtbar. Doch jetzt sehen sie, wer ich bin, alle bei uns im Wohnblock. Ich befestige Nachrichten in Arabisch auf dem Schwarzen Brett unten neben der Haustür. Das tue ich ganz bewusst, denn ich schlafe nicht nur dort und verschwinde dann, sondern ich lebe dort. Ich habe wichtige Dinge mitzuteilen, und die hinterlasse ich z. B. auch im Lebensmittelladen und beim Friseur; und nachdem ich sie dort hinterlassen habe, lese ich sie Eden auf Arabisch laut vor. Ich spreche mit meinen Kindern im Einkaufszentrum Arabisch ohne darüber nachzudenken, und sie sprechen im Park miteinander Arabisch; und wenn ein Kind zu ihnen sagt: *Du bist ein Araber oder: Du bist eine Araberin,* dann sagen sie einfach Ja ohne das Gefühl, sich rechtfertigen zu müssen – so wie ich es als Kind noch getan habe; sie bejahen dies einfach und spielen weiter, als sei dies das Natürlichste von der Welt.

Mein zweites bedeutendes Projekt ist derzeit eine zweisprachige Grundschule in Beer Sheba [sie wurde 2009 als *Hagar Grundschule* von der 2006 gegründeten *Hagar Gesellschaft* eröffnet]. Mich hatte die Frage beschäftigt, ob ich meine Kinder in Beer Sheba in eine jüdische Schule schicken wollte.

Auf keinen Fall! Auf eine arabische Schule wollte ich sie aber auch nicht schicken – erstens, weil das Niveau in arabischen Schulen sehr niedrig ist, und zweitens, weil wir, wenn wir echte Partnerschaft zwischen Juden und Arabern entwickeln wollen, unsere Kinder dazu erziehen müssen. Also ergriff ich die Initiative, stellte meine Idee in einer Gruppe von Juden und Arabern vor, und gemeinsam beschlossen wir, es zu versuchen. Bevor wir uns an die Stadt wandten, gingen wir zu *Hand-in-Hand* [der Gesellschaft für bilinguale Erziehung in Israel], um ein Netzwerk aufzubauen und von ihnen zu lernen; und dann nahmen wir die *Hand-in-Hand*-Leute mit zu unserer Stadtverwaltung. Im ersten Jahr war der Prozess alles andere als einfach; die Stadtverwaltung gab uns keine Räume. Also mieteten wir Räume an. Den Kindergarten richteten wir selbst ein. Inzwischen [2009] gedeiht die Einrichtung und hat drei Stufen: den Kindergarten, die Vorschulgruppe und die 1. Klasse. Meine Kinder, sie sind Zwillinge, ein Mädchen und ein Junge, gehörten zu der ersten Kindergruppe dort; diese Gruppe geht inzwischen in die 1. Klasse.

Um auch jüdische Eltern für die Einrichtung zu gewinnen, gingen wir im großen Park in Beer Sheba mit unseren Kindern spazieren, verteilten Flyer und sprachen mit den Leuten. Für arabische Kinder gab es bereits eine Warteliste, aber es waren noch zu wenig jüdische Kinder angemeldet. Meine Kinder Eden und Muad waren damals vier. Anwar und ich hatten Angst vor der Reaktion der Eltern; sie waren bereits erwachsen und durch die Gehirnwäsche der israelischen Erziehung gegangen. Wir gaben Eden einige Flyer und sie rannte herum und gab sie den Leuten. Eine Frau machte ihr gegenüber eine beleidigende Geste und sofort dachte ich: *Warum habe ich sie dem nur ausgesetzt? Diese Frau hat sie verletzt.* Doch Anwar meinte, wir sollten erstmal abwarten. Als Eden zu uns zurück kam, sagte sie: *Die Frau da drüben will den Flyer nicht. Die hat bestimmt kein Kind in der Vorschule.* Sie nahm das Ganze sehr gesund auf, nicht als negative Reaktion auf sie als Araberin und den in auch in Arabisch geschriebenen Flyer. Sie reagierte darauf wie auf andere Dinge in ihrem Alltag.

Erzähl' mir noch mehr von dem, was Du bei AJEEC tust.

AJEEC, das arabisch-jüdische Zentrum für Gleichberechtigung, Empowerment und Zusammenarbeit, ist eine Organisation, die sich für sozialen Wandel einsetzt. Als arabisch-jüdische Organisation trägt sie den ganzen Ballast des arabisch-jüdischen Konflikts auf ihren Schultern, mit dem wir täglich in unserem eigenen Mitarbeiter-Team umgehen müssen – letztlich in einer Art ständigem arabisch-jüdischem Workshop.

Unser Team besteht aus 34 Leuten; das ist ein großes Team. Als Juden und

Araber an sozialem Wandel zu arbeiten ist oft nicht leicht. Es erfordert harte Arbeit auf beiden Seiten, die Dynamik zwischen den beiden Gruppen immer wieder zu befragen. Wir müssen die besten Wege finden, um sozialen Wandel bewirken zu können. Und im arabisch-jüdischen Kontext muss man zusätzlich noch die besten Modelle jüdisch-arabischer Partnerschaft erarbeiten – eine komplexe Aufgabe.

Empowerment mit dem Ziel der Partnerschaft

Wir betätigen uns hauptsächlich in drei Bereichen: Zum einen fördern wir ökonomisches Empowerment; wir fördern unter anderem Modell-Kooperativen, Kleingewerbe und Betriebspartnerschaften für Frauen und Männer. AJEEC ist heute die größte gemeinnützige Organisation im Negev und zugleich die größte arabische non-profit Organisation in Israel – eine wirklich große Organisation, auch im Hinblick auf ihr Aktionsfeld.

Im zweiten Bereich geht es um die Stärkung sozialer Strukturen in der Gemeinde. Wir betreuen ca. 460 Volontäre in 52 Projekten in sämtlichen Beduinen-Dörfern im Negev-Gebiet. Wir haben Modelle für Freiwilligenarbeit entwickelt, die mittlerweile auch in Ramle, Lod, Nazareth, Sakhnin und an anderen Orten eingesetzt werden. Da sind wir Vorreiter. Wir haben nicht nur ein Modell erarbeitet, sondern in der arabischen Gesellschaft auch einen Diskurs zum Thema Freiwilligenarbeit im Zusammenhang mit dem zivilen alternativen Dienst auf die Tagesordnung gebracht. Das war alles andere als einfach, wir sind durch die Hölle gegangen. Doch man muss irgendwann aufhören, immerzu nein zu sagen; stattdessen müssen wir formulieren, was wir als palästinensische Minderheit wollen. Das gilt nicht nur für die arabisch-jüdischen Beziehungen, es gilt auch für die Stärkung der palästinensischen Minderheit: Wie soll unsere Gesellschaft aussehen? Welche Vision haben wir für die palästinensische Minderheit in Israel?

Zu unserem Empowerment-Engagement gehört auch die frühkindliche Entwicklung. Da tun wir sehr viel. Wir versuchen, bei verschiedenen Ministerien Zuschüsse für entsprechende Dienstleistungen zu bekommen. Wir haben ein schönes Modell entwickelt und in den nicht-anerkannten Dörfern einen Präzedenzfall frühkindlicher Erziehung geschaffen, für den Zuschüsse von der israelischen Regierung fließen. Das hat es noch nie gegeben und ist bislang einmalig. In einer Ortschaft gibt es einerseits bereits eine Abrissorder, weil der Ort staatlich nicht anerkannt ist; und andererseits hängt dort an einem Gebäude eine große Tafel mit der Aufschrift ‚Unter Leitung des Ministeriums für Industrie, Handel und Arbeit‘ – es ist unglaublich! Wir haben so etwas Ähnliches wie eine Kindertagesstätte eingerichtet; die offizielle Bezeichnung lautet ‚Mutter-Kind-Zentrum‘. Es nimmt Kinder im Alter von 1-3 Jahren auf und ist morgens von 07.30

Uhr bis 12.30 Uhr geöffnet. Dieses Modell wird inzwischen auch in Ramle durchgeführt, weil die Lage der Bevölkerung dort der Lage der hiesigen Bevölkerung stark ähnelt.

Der dritte Bereich, in dem wir tätig sind, ist jüdisch-arabische Partnerschaft. Wir führen ein ein-Jahresprogramm für arabische und jüdische Volontäre durch. Dabei gibt es nicht nur die Möglichkeit für Juden, ihrem Gewissen zu folgen und die beduinisch-arabische Bevölkerung im Negev-Gebiet zu unterstützen. Wir schicken z. B. auch Nagla aus Rahat als Freiwillige in eine jüdische Schule, weil sie auch gegenüber der Mehrheit eine Verantwortung hat. Es geht darum, dass Araber und Juden Verantwortung für beide Gesellschaften übernehmen, nicht nur für eine von beiden. Die Volontäre arbeiten stets zu zweit und verbringen die gesamte Woche in jüdischen oder arabischen Schulen, in jüdischen oder arabischen Gemeindezentren – es ist wirklich beeindruckend. Wir führen zahlreiche Gesundheitsprojekte für Frauen durch, in denen Frauen Stärkung erfahren und zu Führungskräften werden. Seit kurzem gehen wir auch mit dem Thema aktive Bürger sein in die Lehrerzimmer der Schulen; so etwas hat die School for Peace vielleicht auch gemacht. Die Methoden, mit denen über Staatsbürgerschaft gesprochen werden kann, stecken noch in den Kinderschuhen, doch demnächst wollen wir in acht weitere jüdische und arabische Schulen im Negev gehen. Das meiste Geld, das wir einwerben, kommt aus dem Ausland. Wir hängen stark von Spendern ab, nicht aber von staatlichen Geldern.

Du bist Direktorin von AJEEC.

Ich habe die Organisation gegründet und leite sie; zugleich ist *AJEEC* an das Negev Institut für Friedensstrategien und Entwicklung (*NISPED*) angeschlossen, dessen stellvertretende Direktorin ich zusammen mit Vivian Silver bin [Vivian Silver ist inzwischen in Rente]. *NISPED* arbeitet auf der internationalen Ebene daran, Nationen im Nahen Osten, in Palästina und Jordanien zu entwickeln; *AJEEC* ist sozusagen die israelische Sektion des Instituts.

Vorhin hast Du beschrieben, wie Du mit Deinem Team sprichst, insbesondere wenn eigentlich Macht da ist, sie diese Macht aber nicht ausüben. Wie wirkt sich Dein Ansatz aus? Du bist eine Araberin und Direktorin einer Organisation mit vielen jüdischen Mitarbeiter(innen), und es ist sicher nicht einfach für sie, die Autorität einer arabischen Frau zu akzeptieren.

Ich weiß nicht, ob sie mit einer arabischen Autoritätsperson ein Problem haben, doch ich höre die jüdischen Mitarbeiter(innen) oft miteinander reden … Manchmal ermüdet es mich, dass selbst, wenn ich Tee einschenke, dies im jüdisch-arabischen Kontext eine Wirkung hervorbringt, die mit Macht zu tun hat. Letztes Jahr wurden Raketen auf uns abgeschossen; zum einen waren wir dem ausgesetzt und zum anderen waren wir ein jüdisch-arabisches Team. Mir war klar, dass wir uns als arabisch-jüdische Organisation damit befassen mussten. Wir beschlossen, miteinander darüber zu sprechen, und es kamen ein paar sehr, sehr harsche Dinge auf den Tisch. Das ging soweit, dass manche Teammitglieder den Krieg rechtfertigten. Als Organisation befassen wir uns mit dem gesamten Meinungsspektrum, und wir haben uns in Workshops auch mit diesen Meinungen befasst. Wir ließen das nicht durchgehen, obwohl es schwer war, und obwohl es unsere ganze Kraft erforderte, mit diesen Dingen umzugehen.

Ich glaube, meine Autorität wird anerkannt. Das wird vielleicht nicht explizit formuliert, doch die meisten unserer jüdischen Teammitglieder kannten mich bereits, bevor sie bei uns anfingen; sie wussten also, worauf sie sich einlassen. Bei meiner neuen Sekretärin sieht man gleich, welches Problem sie noch hat. Ich kann sie fast laut denken hören, *Auf einmal gibst Du mir Anweisungen und bist meine Vorgesetzte.* Sie braucht einfach ein bisschen Eingewöhnungszeit. Ich kann heiter damit umgehen; ich verstehe das. Mir ist die Dynamik bewusst; sie lernen das Schritt für Schritt; irgendwann wird es für sie zur Routine.

Leicht ist es aber nicht, insbesondere wenn wir über schwierige Themen nachdenken. Es ist z. B. schwierig, wenn ich eine Sache aus der jüdisch-arabischen Perspektive formuliere und dann jemand sagt: *Sorry, aber diese Perspektive brauchen wir jetzt nicht; es geht um die Budget-Perspektive oder die soziale Perspektive.* Dann erkläre ich, es gehe eigentlich immer um dieselbe Perspektive, egal, ob Budget-, Geldmittel-, Macht- oder arabisch-jüdische Beziehungsbrille. Manchmal wollen Leute bestimmte Dinge nicht durch die Brille jüdisch-arabischer Beziehungen betrachten und ich bestehe darauf; dann gebe ich die Richtung vor. Diese Perspektive, die selten einfach ist, spielt stets eine zentrale Rolle bei *AJEEC*.

Nachwort

Eine kritische Analyse der Interviews

Nava Sonnenschein

*D*ie *in diesem Buch abgedruckten Interviews führen zu tiefgreifenden Erkenntnissen. An der School for Peace werden wir oft nach den Wirkungen unsere Arbeit gefragt; auf der Basis dieser Interviews gibt es eine erste Antwort auf diese Frage.*

Alle Befragten haben in den vergangenen 20 Jahren an einem Langzeitkurs der SFP teilgenommen. Ohne Ausnahme berichteten sie von elementaren Veränderungen durch diese Kurse. Statt sich mit der Zeit zu verlieren, haben die Wirkungen der Kurse über die Jahre noch an Intensität gewonnen – trotz der von leidenschaftlichen Konflikten geprägten Realität. Diese Intensität manifestiert sich in dem eindrucksvollen Spektrum von sozialem und politischem Engagement, das die SFP-Kursabsolvent(innen) bis heute in ganz unterschiedlichen Aktionsfeldern fortsetzen.

Insgesamt hatten die Interviews eine Dauer von 60 bis 90 Minuten; von den 27 Männern und Frauen waren dreizehn palästinensische Araber, elf davon aus Israel und zwei aus Ost-Jerusalem. Sechs Männer und sieben Frauen gehörten der arabischen Interviewgruppe an, acht Männer und sechs Frauen der jüdischen. Alle Interviews wurden von den Befragten gegengelesen und für das Buch autorisiert. Zwei Interviews wurden auf Bitte der Befragten hier nicht veröffentlicht, doch alle sind bei der Analyse berücksichtigt worden.

Alle Befragten haben zwischen 1991 und 2015 an einem oder mehreren Kursen der School for Peace in Neve Shalom – Wahat al Salam oder einer anderen akademischen Einrichtung teilgenommen (Dauer ein Semester oder ein Jahr). Einige absolvierten die Ausbildung zum Kursleiter/zur Kursleiterin für Konfliktgruppen (120 Stunden); einige waren in Universitätskursen der SFP mit theoretischen und experimentellen Komponenten (42 Stunden) und einige durchliefen in den vergangenen zehn Jahren Change-Agent-Kurse an der SFP (140 Stunden). Alle diese Kurse waren (im Vergleich zu Wochenend-Workshops oder ein-wöchigen Seminaren) von relativ langer Dauer. Ihr Schwerpunkt lag auf dem jüdisch-palästinensischen Dialog, bei dem das von der School for Peace entwickelte inter-Gruppen Modell mit der spezifischen SFP-Methodik eingesetzt wurde, das erstmals in der Studie ‚Identitäten im Dialog' (Schriftenreihe des diAK, Bd. 36, Schwalbach/Ts. 2001) publiziert wurde.

Mehr als die Hälfte der jüdischen und die Hälfte der arabischen Kursteilnehmer(innen) bewerteten ihre Erfahrungen in den Kursen als **formativ**; dies kam in Formulierungen zum Ausdruck wie: ‚Dieser Kurs hat meine inneren Strukturen transformiert und bis heute Spuren in mir hinterlassen.' Oder: ‚Vielleicht sage ich erstmal ganz grundsätzlich, dass der Neve Shalom-Kurs – und ich übertreibe nicht, wenn ich das so sage – **mein Leben vollkommen verändert** hat und seither in meiner ganzen Entwicklung als Mensch und eindeutig auch als Israeli mein Verhaltensmaßstab ist.' Oder: ‚Der Kurs gehört zu den Dingen, die mein Leben grundsätzlich und nachhaltig verändert haben; er hat einen Teil meiner Identität geprägt und mir die ‚Tagesordnung' mitgegeben, die mich seither überall begleitet. Die jüdischen Teilnehmer(innen) sprachen von einem neuen Verhaltensmaßstab oder einem Wendepunkt, die arabischen von einer neuen wesentlichen Schicht in ihrer Identität und ihrem Leben. Die Interviews belegen, dass sehr viele von den Befragten nach den Kursen ihre berufliche Laufbahn veränderten und sich fortan für Frieden und Gleichberechtigung zwischen Juden und Arabern einsetzten. Einige wurden Menschenrechtsanwälte. Andere gründeten oder leiteten gemeinnützige Organisationen in diesen Bereichen. Manche gingen in die Friedenserziehung oder begannen damit verwandte akademische Forschung, u.a. in der inter-Gruppen Konfliktforschung.

In einigen Bereichen berichteten **beide Teilnehmergruppen** über **ähnliche Erfahrungen**:

In den Kursen erforschten sie Machtstrukturen. Die jüdischen Teilnehmerinnen und Teilnehmer betrachten und analysieren seit ihren Kursen in ihrem Alltag Situationen auf diesen Machtaspekt hin: ‚Sobald man die Machtstrukturen versteht, bewertet man Situationen weniger nach äußerlichen als nach innerlichen Aspekten. Man versteht Ungerechtigkeit und Ungleichheit.' Oder: ‚Wenn man die Machtstrukturen begriffen hat, so entwickelt man Herzensgüte und Empathie.' Alle Befragten nutzen diese analytische Fähigkeit auch bei der Betrachtung von anderen Situationen in ihrem persönlichen und beruflichen Leben und von Konflikten anderswo in der Welt, beziehungsweise bei der Betrachtung von Beziehungen zwischen Männern und Frauen, zwischen religiösen und säkular eingestellten Menschen und zwischen ethnischen Gruppen wie ashkenazischen und mizrachischen Juden. Elf der dreizehn arabischen Befragten berichteten, die School for Peace habe sie gelehrt, Situationen aus der Perspektive von Symmetrie oder Asymmetrie von Macht zu betrachten. ‚Plötzlich begann ich, Machtstrukturen zu erkennen; das gehört zu den elementaren Fähigkeiten, die ich aus Neve Shalom mitgenommen habe. Davor habe ich stets nur die die Besatzung und die Ungleichheit und die ungleiche Zuteilung von Rechten wahrgenommen. Solche Dinge habe ich auch in der politischen Partei wahrgenommen, in der ich aktiv war, doch ich war mir der Machtstrukturen nicht bewusst. Das ist eindeutig meine Schlüsselerkenntnis.' Manche Teilnehmer(innen) begannen auch, die Analyse von Machtstrukturen an ihrem Arbeitsplatz anzuwenden. ‚Ich fing an, an meiner Arbeitsstelle Machtstrukturen wahrzunehmen und zu analysieren. Meine Examensarbeit befasste sich mit Machtstrukturen zwischen Juden und Arabern im therapeutischen Bereich. Als Psychotherapeutin kann ich das, was geschieht, heute gar nicht mehr ohne diese Perspektive betrachten, weder den Therapieprozess selbst noch die Beziehungen zwischen den Team-Mitgliedern.' Auch in sozialen Kontexten ohne Bezug zu jüdisch-arabischen Beziehungen, z. B. den Beziehungen zwischen Arbeitgebern und Arbeitnehmern, wurde die Analyse von Machtstrukturen relevant. ‚In Tel Aviv interessierten mich Aspekte sozio-ökonomischer Machtstrukturen zwischen Arbeitern und Arbeitgebern sehr, die ganze Dynamik der Ausbeutung, die sowohl international als auch bei uns geschieht.' Einige arabische Befragte berichteten, sie hätten ein wachsendes Interesse daran entwickelt, andere Konflikte in der Welt und Unterdrückung anderswo in der Welt ebenso zu betrachten. Acht der zwölf arabischen Befragten erzählten, sie hätten in den Kursen **eine ganze Reihe von Schlüsselqualifikationen für ihr ganzes Leben erhalten.** Sie hätten gelernt, ‚dass man in jeder Konfliktsituation einen Weg finden kann, voranzukommen' und dass man aktiv mit Konflikten umgehen kann. Sie hätten gelernt, ‚sich echtem Dialog als Konfliktlösungsmöglichkeit zu verschreiben'. Viele sagten, dass sie nach ihrem Kurs Gruppendynamik bereits in Echtzeit ‚lesen' und sich auf die Gruppe als einen Organismus beziehen konnten. Sie lernten ferner, Materialien reflektierend zu lesen, und sie wussten um die innere Stärke (resilience) von Gemeinschaften, was ihnen half, den Menschen neue Perspektiven zu vermitteln. All diese Fähigkeiten nahmen sie als Fachleute und Aktivisten in ihr berufliches Umfeld mit. Manche berichteten, wie wichtig diese Werkzeuge bei der Erziehung ihrer Kinder wurden; sechs von den dreizehn arabischen Befragten schicken ihre Kinder in bi-linguale Schulen.

Etwa 50% der jüdischen Befragten berichteten, sie hätten einen ganzen ‚Werkzeugsatz' von Fähigkeiten in ihrem SFP-Kurs erworben: ‚Ich habe ein ganzes Set von Fähigkeiten erworben, so etwas wie eine neue Brille, mit der ich von da an das Verhalten ganz unterschiedlich zusammengesetzter Menschengruppen analysieren konnte.' Die jüdischen Befragten berichteten auch, dass sie ‚partnerschaftlich mit Araber(innen) zu sprechen' und das Verhalten von Menschen und inter-Gruppen Beziehungen zu analysieren gelernt hatten. Sie erwarben zugleich die Erkenntnis, ‚dass es verschiedene Sichtweisen derselben Geschichte gibt'. Sie begannen die Dinge auch aus der Perspektive Anderer wahrzunehmen; der Kurs gab ihnen Werkzeuge mit, mit denen sie Anderen ‚mit kultureller Sensibilität begegnen‘ konnten. Sie fügten hinzu: ‚Der Kurs hat mich gelehrt, mit großartigen Erklärungen zurückhaltend zu sein‘. Die Absolvent(innen) lernten ‚zunehmend inklusiv zu denken und eine innere Flexibilität zu entwickeln‘, die sie vorher nicht hatten: ‚Ich konnte unter die Oberfläche schauen‘. Und: ‚Der Kurs hat mich den inter-Gruppen-Dialog gelehrt; ich habe gelernt, Leuten wirklich aufmerksam zuzuhören. Und ich habe gelernt, mich in einer Gruppe gegenüber dieser Gruppe offen zu äußern.‘

Der zweite Bereich zentraler Veränderungen betraf für beide Kursgruppen die **Entwicklung kritischen Denkens**. Acht der dreizehn befragten arabischen Teilnehmer(innen) lernten, **auch vom Mainstream abweichende Meinungen zu äußern** und kritisch zu denken. Sie wollten z. B. ‚keine Abkürzungen (mehr) gehen‘ und wollten sagen, was sie denken, selbst wenn es unpopulär war: ‚Ich kann mich problemlos über Dinge z. B. in der arabischen Gesellschaft kritisch äußern, wenn ich sie nicht für richtig halte, wie etwa die Unterdrückung der Frauen.‘ Zu solcher Kritik gehörte auch öffentliche Kritik an Gewalttaten, die im eigenen Mainstream nicht kritisiert wurden; die Befürwortung gedolmetschter Kommunikation für jüdische Mitarbeiter(innen), selbst wenn alle anderen arabischen Mitglieder der Kursleitung diese Haltung nicht teilten; oder die Weigerung an einer Konferenz teilzunehmen, bei der die Konferenzleitung gegenüber Beduininnen eine folkloristisch-orientalistische und gönnerhafte Haltung an den Tag gelegt hatte. Ein Mann erklärte: ‚Ich erkannte, ich kann sowohl Opfer als auch Täter sein‘. Andere Befragte äußerten sich kritisch gegenüber der Haltung von Team-Mitgliedern der School for Peace. Ein arabischer Absolvent, der im Team mitarbeitete, sagte: ‚Im Kursleiter-Team wurde nicht akzeptiert, als ich sagte, ich sei auch Israeli [nicht nur Palästinenser]; das galt manchen als nicht legitim, sie erklärten daraufhin sofort, ich würde nur die Unterdrückung internalisieren, und das begann mich von innen her zu ersticken.‘ Dieselben Befragten sprachen auch von dem persönlichen Preis, den sie zahlen mussten, wenn sie sich gegen die Meinung des Mainstream aussprachen. Sämtliche jüdischen Befragten erklärten, der von ihnen besuchte Kurs habe ihnen **Werkzeuge für kritisches Denken** mitgegeben. ‚Sobald man diese neue ‚Brille‘ aufgesetzt hat, kann man sie nicht mehr abnehmen, sie wird zu einem integralen Teil der Wahrnehmung. Sobald man die Palästinenser als ein besetztes Volk wahrnimmt, sieht man mit dieser ‚Brille‘ die Besatzung überall.‘ Dieses kritische Denken drückt sich überdies in Aktivitäten der jüdischen Absolventen aus, die sich ebenfalls gegen die Haltung des Mainstream stellen. Dafür bezahlen sie in der israelischen Gesellschaft einen Preis, insbesondere bei eigenen Familienmitgliedern, die ihre Meinungen nicht teilen. Drei jüdische Kursabsolventen äußerten sich kritisch gegenüber dem Kursprozess selbst und der Methodik der School for Peace: ‚Wenn man seine Identität verändert, so ist dies wie eine Wunde, denn Du schneidest etwas von Dir weg und musst Dich ändern, Du musst etwas anderes dafür ergreifen, dass passt und Dich trägt. Ich fühlte mich dabei allein gelassen … Hier in Neve Shalom gab es keinen Trost, niemand zeigte Empathie … und so etwas hatte ich eigentlich schon erwartet.' Jemand anderes sagte: ‚Meines Erachtens muss dieser Prozess nicht so sehr intensiv, so hart und kritisch vor sich gehen; es sollte mehr Offenheit geben, egal, wo sich die Teilnehmer(innen) innerlich gerade befinden; mit dieser Offenheit leite ich selbst heute Gruppen.' Und noch jemand anderes erklärte: ‚Der School for Peace fällt es noch schwer, mit der Möglichkeit hybrider Ergebnisse des Kursprozesses umzugehen, also mit der Möglichkeit, dass unsere Grenzen vielschichtiger werden.'

Mit all diesen Erfahrungen hat die Tatsache zu tun, dass die Kursabsolventen **Verantwortung übernommen** haben **und (gesellschaftspolitisch) aktiv geworden** sind. Da die beiden Gruppen in Bezug auf das Übernehmen von Verantwortung aus ganz verschiedenen Kontexten kommen, werde ich diesen Bereich zusammen mit anderen Aspekten behandeln, die bei beiden Gruppen zu unterschiedlichem Wandel geführt haben.

Wandel in den jüdischen Kursgruppen

Alle befragten jüdischen Männer und Frauen erlebten den SFP-Kurs als einen ‚andauernden Prozess, der mir **die Augen** für eine Ignoranz **geöffnet** hat, mit der ich zuvor bequem gelebt hatte'. Sie alle begannen die Realität aus der Perspektive dessen zu sehen, was den Arabern angetan wurde. Und sie alle entwickelten durch den Kurs ein **Bewusstsein für die ungleiche Realität**: ‚Während des Kurses wurde ich meiner zionistischen Naivität beraubt, dieser Vorstellung, wir seien einfach alle Menschen. Mir wurde klar, dass es einen Unterschied macht, ob etwas jüdisch oder arabisch ist.' Diese Erkenntnis war ein ‚schmerzvoller Prozess, weil er die optimistische Vorstellung zerschmetterte, mit der die Juden in den Kurs kommen.' Der Verlust dieser Unschuld tat weh und manifestierte sich teilweise auch in Bauchschmerzen. Es ging um die Geburt eines Bewusstseins, eine **Transformation** beziehungsweise Neu-Orientierung: ‚Heute sehe ich die Welt anders, ich erkenne meine Nachbarn an, fühle Empathie für sie und möchte eine andere Realität erschaffen.'

Die Befragten beschrieben sehr anschaulich, wie dieser erschütternde Prozess vor sich gehen konnte: Eine sagte, ‚Immer eine Woche vor dem nächsten Kurstreffen kamen die Bauchschmerzen wieder: Anspannung, Schmerz und Schuldgefühle waren sehr hart für uns. Und: es war klar, dass etwas sehr, sehr Wichtiges dort geschah, weil diese Schmerzen immer wieder im Vorfeld der nächsten Kurssitzung auftraten'. Die Erkenntnis, dass ‚ich nicht der aufgeklärteste und aufrechteste Kursteilnehmer bin … erzeugte einen Bruch, ein riesengroßes Fragezeichen und das unbehagliche Gefühl, dass die Informationen, die wir [aus den Mainstream-Medien] bekommen, voller Vorurteile stecken.' In den Interviews nannten die Befragten auch Details: ‚Ich weiß noch, wie bei mir allmählich der Groschen fiel, z. B. wie fürchterlich das Konzept des demografischen Faktors ist, diese Idee einer demografischen Gefahr [durch die Palästinenser], und was diese Idee eigentlich bedeutet. Die furchtbare Angst, die sich hinter dieser Bedrohungsidee verbirgt … Ich konnte diese Angst verstehen, sie benennen und betrachten, sie mir bewusst machen.'

Das Erwachen aus der zionistischen Naivität

Eine zweite Facette dieses Erwachens war, **die Fähigkeit zu akzeptieren, dass die gleiche Geschichte unterschiedlich wahrgenommen werden kann.** Das begreifst Du erst, wenn Du es tatsächlich bemerkst. Eines Tages verstehst Du auf einmal, dass verschiedene Menschen dieselbe Realität verschieden erleben; und das bedeutet nicht, dass eine Recht und einer Unrecht hat; beide können sich in derselben Realität befinden und sie verschieden wahrnehmen. Dann ist es weniger wichtig herausfinden, warum das so ist; wichtiger ist zu akzeptieren, dass es so ist, denn diese unterschiedliche Sichtweise wirkt sich auf das Zusammenleben aus.' Diese Erkenntnis markiert den ersten Schritt des Erwachens. Danach gibt es eine Ambivalenz zwischen dem Festhalten an zionistischen Glaubenssätzen und der Forderung nach Gleichberechtigung.

Die meisten jüdischen Befragten berichteten von Entwicklungsschritten in diesem **andauernden, die Augen öffnenden Prozess** der Erkenntnis der zionistischen Perspektive sowohl während als auch nach dem Kurs: ‚Meine wirklich große Veränderung besteht darin, dass ich mit großem Vertrauen in meine Meinungen und einem sehr positiven Selbstbild in den Kurs ging, und ihn mit einem inneren Bruch, einem großen Fragezeichen, einem Gefühl des Verstört-seins und zugleich mit dem Gefühl verließ, dass das alles richtig so ist, dass diese Störung meiner früheren Vorstellungen, jener falschen Sicherheit auf jemandes anderen Kosten, gut ist. Sechs bis sieben Jahre lang versuchte ich eine Brücke zwischen der zionistischen Weltsicht und der Forderung nach Gleichberechtigung zu schlagen und das gelang mir nicht … .'

Dieser Prozess wurde dadurch möglich, dass man in der Kursgruppe sowohl vor der arabischen Teilnehmergruppe als auch innerhalb der jüdischen Gruppe über innere Befürchtungen in Bezug auf den Zionismus sprechen konnte: ‚Ich denke, in dem Kurs konnte ich viele Gefühle artikulieren, ich

konnte sie erklären und den zionistischen Anteilen in mir Raum geben.'
Ein anderer Teilnehmer sprach über die exklusive Basis des Zionismus:
‚Eigentlich liegt das Problem weniger in der Ungleichheit oder knappen Ressourcen ... **Es geht um etwas Tieferes**, darum, wie wir geboren wurden und wie dieser Staat Israel geboren wurde. Ich erkannte, dass die Grundlage dafür hier verfälscht worden ist. Mir wurde klar, dass das exklusive zionistische Dogma behauptet, dieses Land, die Erinnerung und die Sprache und dieser Staat gehörten nur uns. Diese Grundannahme des Zionismus ist das Problem ... Wir müssen alles tun, um gegen diese exklusiven Komponenten des Zionismus anzukämpfen.'
Diese allmählich entstehende Sichtweise einer Realität, die vorher ignoriert wurde, leitete einen Prozess ein, der zu einer **Umformung der Identität** der jüdischen Befragten führte; **diese Identität bezog nun die Anderen mit ein.** Sie merkten, dass sie etwas von ihrer alten Identität hergeben mussten, bevor sie Neues integrieren konnten. Sie mussten das Narrativ, mit dem sie aufgewachsen waren und das für sie stets ‚das richtige' gewesen war, loslassen. Sie erlebten **eine Identitätsveränderung, eine Veränderung ihrer Weltsicht.** Ihre vorherige Identität wurde um ‚eine zusätzliche Facette erweitert, unsere Identität integrierte verschiedene Perspektiven, verschiedene Identitäten ... Das ist, als ob Du etwas adoptierst – selbst wenn Dir das gar nicht bewusst ist – Du adoptierst etwas von einem Gesprächspartner oder einer Gesprächspartnerin, besonders wenn die Atmosphäre in der Gruppe nicht von Macho-Gerede sondern vom Zuhören geprägt ist. Ob Du es willst oder nicht, etwas dringt in Dich ein und Du veränderst Dich, Du eichst Dich neu. Deine Identität erweitert sich und erlaubt verschiedene Perspektiven, welche andere Identitäten mit einbeziehen.'
Diese intensive Auseinandersetzung ermöglichte darüber hinaus die **Erforschung zusätzlicher Identitäten.** Zwei mizrahische Jüdinnen berichteten, dass die Begegnung mit der arabischen Identität ihre eigene mizrahische Identität bestärkte und ihnen Legitimität verlieh. ‚Der Kurs förderte die arabischen Elemente meiner mizrahischen Identität zutage und zeigte mir die Wichtigkeit der arabischen Anteile in mir. Ich erkannte, wie sehr ich diese Anteile unterdrückt hatte. Als Jugendliche sagte ich auf der Straße nicht einmal meinem eigenen Großvater ‚Guten Tag', weil er arabisch aussah und mir das peinlich war ... Das wurde mir in dem Kurs zum ersten Mal bewusst und ich begann, das Arabische in mir anzunehmen und dazu zu stehen; das ist nichts Verbotenes, auch kein teuflischer Feind ohne Beziehung zu mir, es ist ein Teil von mir.'
An dieser Stelle möchte ich auch ansprechen, inwiefern es **Unterschiede in den von den Jüdinnen und Juden berichteten Veränderungen** gab. Die meisten Jüdinnen und ein paar von den Juden sprachen ausführlich

darüber, wie sie allmählich **ihren eigenen Rassismus und ihr herablassendes Verhalten zu erkennen** begannen – und damit die Dehumanisierung der Anderen revidierten. ‚Zuallererst einmal muss man hinschauen und sagen, dass sie da sind; allein das war schon sehr schwer. Wie Du den Anderen wahrnimmst, das ist der elementarste und hässlichste Aspekt unseres Rassismus. Ich sagte mir, alle seien gleichberechtigt … doch in der Begegnung kam alles ans Tageslicht, all die Stereotypen … wer Dein Gegenüber eigentlich ist, was er/sie erlebt und in dieser Situation fühlt … die Tatsache, dass er/sie Dich vielleicht gar nicht braucht; dass Du nicht dazu da bist, ihm/ihr etwas zu geben … sondern dass er/sie eine eigene Existenz hat und eigene Bedürfnisse.' Es war die **Begegnung mit starken Araber(innen)**, die zu dieser größeren Sensibilität führte; eine Jüdin sagte: ‚Im Kurs wurde mir klar, dass meine ganze Sicht von Arabern ein Produkt meiner Erziehung war. Ich habe sie verachtet; bis dahin hatte ich sie nur als Bauarbeiter an unserem Haus erlebt. Im Kurs begegnete ich intellektuellen palästinensischen Gleichaltrigen, die stark und smart waren, ja, die mehr über das Thema wussten als ich, mehr als Juden allgemein darüber wissen, weil sie diejenigen sind, die unterdrückt werden … Darüber zu sprechen und eine neue Perspektive kennenzulernen, hatte eine tiefe Wirkung auf mich.' Alle befragten Jüdinnen erwähnten, dass das Thema Rassismus seit ihrem SFP-Kurs stets im Vordergrund ihrer Wahrnehmung gewesen ist und dass sie sich auch weiterhin damit befassen. Eine Jüdin sagte: ‚Ich denke, dass das Erkennen von und der Umgang mit Rassismus mich seit dem Kurs auf alle mögliche Weise beschäftigt; davor war das nicht so.' Die befragten Jüdinnen beschrieben auch persönlich erlebte Situationen, in denen sich Leute rassistisch über Araber äußerten; seit dem Kurs treten sie solchen Äußerungen entgegen. ‚Ich erlaube solche Diskurse grundsätzlich nicht mehr; solche Äußerungen [auf meiner Facebook-Seite] erhalten von mir in jedem Fall eine Entgegnung.'

Ein weiterer Unterschied zwischen den befragten Jüdinnen und Juden zeigte sich in ihren Aussagen über die Armee und den **Militärdienst**. Im Allgemeinen müssen sich israelische Männer stärker mit diesem Thema auseinandersetzen als israelische Frauen. Vier der acht befragten Juden verweigerten als Folge des Prozesses, den sie durchlaufen hatten, den Militärdienst, und leisten demzufolge auch keinen Reservedienst, der mit der Besatzung zu tun hat. Ein weiterer befragter Jude erzählte von seiner Unterstützung für seinen Sohn, als der den Militärdienst verweigerte; drei weitere äußerten sich zu diesem Thema nicht. Zu verweigern ist ein schwieriger und einsamer Prozess, deshalb suchen die Betroffenen Unterstützung in einer Gruppe. Entscheidend ist, dass eine Revidierung der Entscheidung in dieser Frage nicht möglich ist; sie ist aus der Sicht des

Zionismus eindeutig und irreversibel: ,Die Verweigerung ermöglichte mir, mich endgültig zu entscheiden ... Ich wusste, dass es, wenn ich verweigerte, für mich Zurück mehr gab ... Ich brauchte sechs Jahre für diese Entscheidung. Die zweite Intifada hatte, glaube ich, sehr viel mit dieser Entscheidung zu tun ... ganz allmählich und fast unmerklich wurde meine zionistische Perspektive unterminiert.' Ein Jude erklärte, die Entscheidung zu verweigern habe seine Zweifel ausgeräumt: ,Ich erkannte, dass meine Verweigerung des Militärdienstes, die mir richtig schien, die Brücken hinter mir abbrach.' Ein anderer jüdischer Kursteilnehmer beschrieb seine Entscheidung als formativen Moment: ,Dieser formative Moment entstand eindeutig aus dem Prozess, den ich durchlief, und dieser Prozess wurde hauptsächlich durch den Kurs in Neve Shalom angestoßen ... Davor war ich Kampfsoldat und war gegen die Militärdienstverweigerung; doch dann erkannte ich, dass jetzt für mich der Moment gekommen war, wo ich **meinen Worten Taten folgen lassen** musste, dass ich aufhören musste, Teil der (Militär-)Maschine zu sein ... Die Illusion einer humanen Besatzung zersprang in Neve Shalom in Scherben, und das hat mich unzweifelhaft dazu veranlasst zu verweigern, bereits lange bevor es eine Verweigerungsbewegung gab und lange vor der zweiten Intifada.'
Die befragten Jüdinnen versuchten immer wieder, **Familienangehörige** zu beeinflussen, seien es Söhne, Brüder oder Väter: ,Die ganze Armee-Angelegenheit war für mich völlig klar. Ich wusste, dass ich während meines SFP-Kurses mit dem Militärdienst meines Sohnes befasst war ... Und mein Vater, der mir von dem zweiten Libanonkrieg (2006) erzählte und, als sie dann kamen und ihn wieder holen wollten, den Dienst verweigerte, der sagte, als ich ihn fragte, warum: *,Also, ich weiß nicht, was mache ich denn dort, gegen Kinder Krieg führen?'* Das war eine für meinen Vater untypische Reaktion, denn er ist ein Kämpfer und glaubt, für die Gesellschaft und für die Gerechtigkeit zu kämpfen. Ich denke, da habe ich ihn beeinflusst.'
Andere befragte Jüdinnen entschieden sich in dieser Frage für ein Engagement bei *Machsom Watch*; sie wollten etwas gegen ihre Hilflosigkeit tun: ,Vielleicht hat mich ein Gefühl der Hilflosigkeit dazu veranlasst, ich wollte etwas tun ... Doch wir als Frauengruppe konnten nur sehr begrenzt etwas erreichen; wir konnten hinschauen, dokumentieren und in den Medien publizieren [was an den Checkpoints geschah].' Während die Männer den Militärdienst verweigern können, ist eine andere Verweigerungsoption, gegen die Armee als Besatzungsmacht vorzugehen; dabei geht es nicht um eine einmalige, irreversible Entscheidung sondern eher um einen längeren Prozess. Eine andere Kursteilnehmerin besuchte als Volontärin palästinensische Familien in Hebron, die unter der Besatzung litten; eine dritte berichtete darüber, wie sie einen nicht-militaristischen Standpunkt in die

Leitung ihrer Schule eingebracht hat. Und noch eine andere integrierte dieses Thema in ihre Dissertation.

Die **Prozesse innerhalb der Familien** spielten in den Interviews der Frauen eine größere Rolle. Emotionale Kontroversen mit ihren Familien waren für diese Frauen eine große Belastung; sie machten in ihrem Kurs Veränderungen durch, die ihre Familien nicht mit vollzogen. ‚Diese Familien-Konflikte stellen einen großen Preis dar, den man zu zahlen hat. Meine Mutter hatte das Gefühl, man habe ihr die Tochter genommen und einer Gehirnwäsche unterzogen, und sie feministisch und araberfreundlich gemacht.' Eine andere Frau erzählte: ‚Zu der Zeit fiel es meiner Familie sehr schwer, mit den Meinungen umzugehen, die ich in der Familie äußerte. Es gab herzzerreißende Diskussionen um dieses Thema, und das ging so weit, dass ich manchmal freitagabends nicht am Familienabendessen teilnehmen wollte.' Diese jüdischen Frauen bemühten sich mit mehr oder weniger Erfolg lange um ihre Familien. Meinem Eindruck nach durchlebten die jüdischen Männer ähnliche Erfahrungen, sprachen aber weniger darüber.

Alle jüdischen Interviewten entwickelten ein **tiefes Verantwortungsgefühl** und beschlossen, nicht länger Teil des Systems zu sein. ‚Du bist Teil [der Armee und der Besatzung], selbst wenn Du nur auf einem Wachturm sitzt. Ich begriff, dass zu schweigen auch bedeutete, an dem beteiligt zu sein', was geschieht. Viele der Befragten erkannten, dass sie Teil eines Besatzungssystems sind. Einer behielt seine (bereits vor dem Kurs sehr progressive) politische Einstellung, beschrieb jedoch ein Gefühl tiefer Verantwortung: ‚Meine wichtigste Erkenntnis während des Kurses war eher eine emotionale als eine intellektuelle Erkenntnis, nämlich welche Rolle ich persönlich als Jude in diesem Konflikt spiele. Wir israelischen Juden sind integraler Teil des zionistischen Projekts. Dass wir es kritisieren und dagegen vorgehen, ist natürlich sehr wichtig, ja entscheidend, und gut … aber wir sind dennoch Teil davon … Wir müssen die kolonialistische Komponente unserer Persönlichkeit und unserer Identität überwinden.'

Jüdinnen wie Juden erklärten, der Wandel, den sie durchlaufen hätten, habe sich **auf ihr gesamtes Leben ausgewirkt**. Zu ihren Aktivitäten zählen: Arabisch lernen; Organisationen gründen wie *Zochrot*; den *Brief der Piloten* organisieren (September 2003), in dem Piloten der Reserve der israelischen Luftwaffe sich weigerten, palästinensische Zivilisten in Gaza oder anderswo zu bombardieren. Manche Befragten wechselten den Beruf; einer z. B. beendete eine vielversprechende Karriere im Bereich Genetik um friedenspädagogisch zu arbeiten. Manche wurden Menschenrechtsanwälte. Manche setzten sich bei gemeinnützigen Organisationen wie *Sikkuy* für gleiche Rechte für Araber ein; andere verlagerten ihren Forschungsschwerpunkt auf Friedens- und Konfliktforschung. Wieder andere boten Universitätskurse nach dem Modell des SFP-Unikurses an oder leiteten Kurse für Konfliktgruppen. Weitere, die nicht beruflich an dem Thema arbeiteten, beteiligten sich an politischen und sozialen Aktionen, demonstrierten, arbeiteten in Organisationen wie *Zochrot* und *PsychoActive* mit, verweigerten den Militärdienst in den besetzten Gebieten, organisierten alternative gemeinsame Zeremonien an Gedenktagen, unterstützten palästinensische Familien in Hebron, die unter Siedlergewalt zu leiden hatten, oder leisteten Freiwilligenarbeit bei *Machsom Watch* oder *IPCRI* oder *Hand-in-Hand*. Viele sahen sich als Brückenbauer zwischen verschiedenen Welten oder als anti-Rassismus-Aktivisten in den Medien. Einige sprachen von dem Preis, den sie für ihr öffentliches Auftreten gegen Mainstream-Meinungen zahlen mussten: Gefängnisstrafen wegen der Verweigerung von Armeedienst in den besetzten Gebieten; Probleme bei der Stellensuche, heftige Diskussionen in den Familien, Isolation und Einsamkeit. Manche suchten den Kontakt mit anderen Absolventen von SFP-Kursen: ,Ich würde uns als Gemeinschaft bezeichnen, Du bist in Kontakt mit einer Gemeinschaft, auch außerhalb der School for Peace; Du triffst die Absolventen an allen möglichen Orten.'

Wandel in den arabischen Kursgruppen

Alle arabischen Befragten berichteten von persönlichem und politischem **Empowerment**. Sie alle wurden mit ihrer Stimme gehört und bewirkten Veränderungen in den jüdischen Kursteilnehmer(innen) – anders als in der Realität ,da draußen', wie sie von einer Befragten erlebt wurde: ,Die Angst vor dem Feind; die Angst, dass diese Angst ignoriert wird. Das frisst Dich von innen auf.' Und dann, im SFP-Kurs, ,erlaubt Dir der Dialog mit der anderen Seite, die innere Lähmung wegen dieser Angst zu überwinden. Wenn Du einem Anderen gegenüber sitzen, stark sein und über diese Dinge reden kannst, dann stärkt Dich das. Es stärkt mich als Mensch, wenn ich im Angesicht der anderen Seite über meinen Schmerz, meine Angst sprechen kann.'
Auch **das Zusammengehörigkeitsgefühl und der Zusammenhalt** in der arabischen Kursgruppe wirkten als Empowerment: ,Vorher hatte ich nie so eine Beziehung zu einer arabischen Gruppe gehabt; wir gingen in Deutschland zusammen die Straße entlang und sangen arabische Lieder. Auf einmal sehen sie (die jüdische Delegationsgruppe) Dich nicht als Fremde; plötzlich sehen sie Dich als Teil einer gemeinsamen Gruppe.' Als Gruppe gemeinsam zu handeln bestärkte die Araber(innen): ,Dinge zusammen zu tun bestärkt Dich, weil es schwer ist, diese Dinge allein auszufechten; es ist wichtig, dass Juden mit uns zusammen politisch aktiv werden.'

In Anwesenheit von Juden **Arabisch sprechen** und sich präzise ausdrücken zu können, bedeutete ein sehr starkes Empowerment für die Araber(innen): ,Der Kurs in der SFP schockierte mich, weil ich zum ersten Mal erlebte, dass Arabisch zu sprechen erlaubt war. In allen anderen Koexistenz-Seminaren war das nicht der Fall.' Die SFP hat durch ihre Arbeit über Jahrzehnte hinweg belegt, wie wichtig die legitime Verwendung des Arabischen in (bi-nationalen) Begegnungen ist; das SFP-Modell für Konfliktgruppen besteht auf dem **gleichen Status für Hebräisch und Arabisch** in den jüdisch-palästinensischen Begegnungen, weil Sprache nicht nur ein Kommunikationsmittel sondern ein **zentraler Aspekt jeder Identität** ist.

Der Dialog erlaubte es, auch die schwierigsten Themen anzusprechen und in einer Gruppe von Gleichberechtigten über den eigenen Schmerz zu sprechen. Der Kurs bot auch einen **geschützten Raum** dafür an, **Zorn zum Ausdruck** zu bringen. Hier hörten Juden einem wirklich zu. ,Zum ersten Mal konnte ich gleichberechtigt mit Juden zusammensitzen und ihnen ohne Furcht alles sagen.' Die Eltern hatten das noch anders erlebt; sie hatten Angst vor der anderen Seite gehabt. Im Kurs hatten die arabischen Befragten das Gefühl, dass ,eine arabische Identität kein Makel war; wir befanden uns in einem inklusiven Raum; ich hörte auf, Angst zu haben.'

Für die arabischen Befragten geschah das **Empowerment besonders offensichtlich auf der Verhaltensebene**. ,Es ging vor allem darum, wie man sich verhielt; das hat uns persönlich wie als Gruppe bestärkt. Es ging darum, wie wir uns den Anderen gegenüber verhielten, sie ansprachen – eben nicht aus einer Position der Unterlegenheit … wir forderten sie auf, Schritte auf uns zuzugehen und gingen nicht ständig auf sie zu.'

Zwei Befragte gaben an, dass selbst Kurse zu leiten ihre Persönlichkeit gestärkt habe. ,Die Kursleiterarbeit war jedes Mal emotional erfrischend für mich; ich habe mich dadurch weiter entwickelt. Und häufig konnte ich dadurch meine emotionalen Grenzen erweitern.' Ein Teilnehmer aus Jerusalem beschrieb, wie die Kursleiterarbeit ihm zu einer emotionalen Entlastung im Hinblick auf die Besatzung verhalf: „Unter uns Palästinensern gibt es wegen der Besatzung viele Probleme; das Wichtigste ist, dass Du trotz der Besatzung innerlich frei bist … denn unter Besatzung spürst Du Dich nicht wirklich als Mensch. Als Kursleiter kannst Du Menschen innerlich befreien. Wenn ein Mensch im Angesicht der Anderen seinen Schmerz und seine Angst ausdrücken kann, so ist das heilsam. Als Kursleiter kannst Du jemandem eine neue Sicht vermitteln, und dadurch hilfst Du zwei oder drei anderen Menschen; Du baust mit einer Gruppe eine bessere Gesellschaft auf. Ich finde, ich baue Menschen auf – ein erstaunliches Gefühl; ich liebe diese Arbeit sogar noch mehr als meine Anwaltsarbeit.'

Elf der dreizehn arabischen Befragten gaben an, der Kurs habe ihr **politi-**

sches Bewusstsein geprägt. Manche sagten, an der Universität hätten sie sich nicht mit Politik befasst: ,Ich hatte nie was mit Politik oder politischen Gruppen zu tun, weder mit Fatah noch Hamas, gar nicht. Im Kurs änderte sich das; ich begann eine Status-Hierarchie zu sehen … Mein Konfliktbewusstsein wurde viel fokussierter nach den SFP-Begegnungen.' Manche sagten, der Kurs habe ihnen ,die Augen geöffnet', ihnen ermöglicht, ,die Realität durch eine neue ,Brille' zu sehen'. Manche Befragten hatten sich bereits vor dem Kurs mit der Thematik beschäftigt, andere begegneten dem Thema zum ersten Mal. Manche erklärten, durch den Kurs hätten sie die Mikro- mit der Makro-Ebene zu verbinden gelernt. Vor allem lernten sie, mit der jüdischen Seite umzugehen. ,Mich hat sowohl persönlich als auch politisch gestärkt, dass wir in dem Kurs politisch gebildet wurden. Da ich in einem kleinen Dorf und einem sehr apolitischen Haushalt aufgewachsen war, war ich zuvor noch nie Juden begegnet. Ich kam aus einer apolitischen Familie und wurde zur politischen Aktivistin. Speziell in der School for Peace lernst Du Dinge, die Du anschließend in Aktion umsetzt. Nach dem Kurs wuchs mein Bedürfnis mich zu engagieren ständig.'

Zehn der dreizehn arabischen Befragten berichteten, die SFP habe ihnen geholfen, **sich mit ihrer palästinensischen nationalen Identität zu verbinden.** Wenn man Identität, im Sinne der von Helms (2000) entwickelten Theorie zu rassischer und ethnischer Identität, als Entwicklungsprozess betrachtet, so hängt die Wirkung des Kurses auf die Identitätsentwicklung der Kursteilnehmer(innen) davon ab, inwieweit ihre Identität zu Beginn des Kurses bereits ausgebildet war.

Die meisten palästinensischen Befragten empfanden zunehmend bewussten Stolz auf ihre nationale Gruppe; eine sagte, der Kurs sei ,formativ gewesen, denn er zwang mich dazu, mich mit der Realität der Geschichte zu befassen. Dadurch konnten wir unseren Zorn auf unsere Großväter und Großmütter ein Stück weit heilen.' Der Kurs zwang die Teilnehmer(innen) auch dazu, sich der Geschichte ihrer Familien als vertriebene Familien zu stellen. ,Zum ersten Mal musste ich mich dem emotional stellen.' Alle stellten fest, dass nach dem Kurs ihre Identität klarere Konturen hatte als davor. Etwa die Hälfte der arabischen Befragten berichtete, sie seien durch den Kurs in unterschiedlichem Maße und auf verschiedene Weise **frei geworden von der Internalisierung der Unterdrückung.** Manche lehnten erst einmal ihre Identität ab: ,Ich wollte meine arabische Seite nicht sehen. Ich sah mich nicht als Araber sondern als Druse … Der Kurs konfrontierte mich mit der Frage, wer genau ich bin.' Dieser Teilnehmer gab an, die arabische Kursgruppe, der arabische Kursleiter und die offene Atmosphäre hätten ihm diese Einsicht ermöglicht: ,Wenn die palästinensische Gruppe mich nicht willkommen geheißen hätte, wäre ich verloren gewesen … und die Kursleitung machte mir klar, dass ich meine Identität überhaupt nicht zu verbergen brauche.‘ Palästinenser(innen), die mit einer klaren palästinensischen Identität in den Kurs kamen, erkannten, dass sie dennoch manchmal den Juden gefällig sein wollten, und lernten, wie sie auf die andere Seite eben nicht aus einer unterlegenen Position heraus zugehen konnten. ‚Die Juden wissen nicht mehr als ich, nur weil sie Juden sind. Ich sehe ihre besseren Lebensverhältnisse, ihre besseren Chancen. Ich sehe Juden nicht als bessere Menschen an [als mich].‘ Diejenigen Befragten, die innere Konflikte wegen ihrer Identität auszufechten hatten, konnten in ihrem Kurs verschiedene Teile ihrer Identität miteinander versöhnen. ‚Ja, ich wollte alle Teile von mir miteinander versöhnen. Bei meinem zweiten Kurs war ich mir meiner palästinensischen Anteile bewusster; man konnte mich nicht mehr so leicht diskreditieren, und so war mir wohler, wenn ich weitere Teile meines Selbst betrachtete, wenn ich sagen konnte, ja, auch das gehört zu mir, und damit im bi-nationalen Kontext umgehen konnte. Dieser innere Dialog findet ständig statt.‘ Diese Klärung gelang, weil die arabische Gruppe ihre Vielfalt akzeptierte und der arabische Kursleiter die verschiedenen Stadien der Identitätsbildung begleitete, in denen sich die Teilnehmer(innen) befanden.

Diejenigen mit einer ausgeprägten nationalen Identität wurden beispielsweise aus Isolation und ‚aus dem Schützengraben‘ befreit. Ein Teilnehmer hatte sich ‚wie in einen Bunker‘ zurückgezogen und der Dialog mit den Anderen befreite ihn aus diesem Bunker und ermöglichte ihm, sich offener zu verhalten: ‚Ich lebte freiwillig in einem arabischen Dorf; mit der arabischen Seite bin ich stärker verbunden. Ich studierte arabische Geschichte, ich kannte den Schmerz und das Narrativ der Araber, ich lernte, dass ich, wenn ich hier leben will, härter arbeiten und mich stärker schützen muss, weil dieser jüdische Staat und die jüdische Seite mich hier nicht wollen und meine Existenz ignorieren. Meine Erfahrung besagte, die Juden denken nur an das, was gut für sie ist, und daran, wie sie die Araber loswerden können; ich habe quasi in einem Bunker gelebt und mich nie als Teil des Landes Israel empfunden. Ich hatte das Gefühl, mich selbst um mich, meine Nationalität, meine Identität kümmern zu müssen und wollte mich mit der anderen Seite nicht identifizieren. Mich interessierte nur meine Identität, meine Nationalität und wie ich mich vor den Anderen schützen kann.‘ Dann beschrieb er seine ‚Reise‘ während des Kurses: ‚Mein Horizont wurde ständig weiter. Ich merkte, es reicht nicht, nur die eigene Bevölkerungsgruppe zu stärken, also die Araber und Deinen Wohnort. Du musst im Rahmen dessen, was in Deinem Land geschieht, nachdenken und handeln; Du musst auch die andere Seite, also die Araber und die Juden sehen. Von da an fragte ich mich, wie ich mich mehr im jüdisch-palästinensischen und im jüdisch-arabischen Konflikt engagieren konnte. Ich entwickelte mehr Interesse an dem, was mit der jüdischen Seite geschieht, und an der Situation der Palästinenser außerhalb und innerhalb Israels.'

Eine Chance bedeutsame Beziehungen mit Juden anzuknüpfen und vorgefasste Meinungen zu verändern

Acht arabische Befragte gaben an, der Kurs habe ihnen die Chance geboten, bedeutsame und dauerhafte Beziehungen zu Juden zu knüpfen: ‚Durch den SFP-Kurs habe ich viele Kontakte zu Juden. Diese Beziehungen halten und sind mir persönlich und politisch wichtig. Orte wie *Zochrot* und Neve Shalom geben Dir ein bisschen gesunden Menschenverstand zurück; Du bekommst das Gefühl, es ist noch nicht alles verloren.'

Ein anderer Teilnehmer erklärte: ‚Dieser Glaube, dass alle Juden mir meine Rechte vorenthalten wollen, war wie ein Stigma. Dann begann ich im Kurs den Dialog und sah und spürte, dass auch die Anderen Probleme haben. Ich und die Juden leben in demselben Raum und wir möchten, dass dieser Raum für beide Seiten gut ist. Deshalb bezahle nicht nur ich sondern auch sie bezahlen einen Preis – nur aus einer anderen Perspektive. All das wurde mir klar und ich begann, den Schmerz auch der Anderen zu wahrzunehmen. Ich erkannte, dass die Anderen auch meinen Schmerz und Verlust in der gegenwärtigen Situation besser zu verstehen begannen, und bekam das Gefühl, wir könnten eine Entwicklung beginnen, die beiden Seiten nützt.'

Verantwortung übernehmen

Alle arabischen Befragten sprachen über ihre veränderte Rolle nach dem Kurs: ‚Nach dem Kurs wollte ich auf verschiedenen Ebenen etwas für mein Volk tun. Das war eine meiner wichtigsten Einsichten.' Oder: ‚Wenn man gern Spuren hinterlassen möchte, dann kann man nicht nur über die Realität klagen und jammern; man muss etwas tun. Wir müssen rausgehen, handeln und unsere Realität zu verändern versuchen … Der Kurs hat mich angefeuert und ungeheuer viel Energie in mir frei gesetzt. Der damit verbundene beträchtliche Stress hat eine Flamme in mir entzündet, die zu vielen Dingen geführt hat … Ich bin ein sehr stolzer Mensch und akzeptiere die mir auferlegte Realität nicht. Ich will diese Realität unbedingt verändern, meine Kinder entsprechend erziehen und ihnen ein Erbe weitergeben, oder zumindest gegen die Verhältnisse angehen und sie bekämpfen.' Die Befragten sahen auch eine moralische Verpflichtung, die Realität zu verändern: ‚Ich kann das nicht einfach laufen lassen. Ich fühle eine moralische Verpflichtung mit den Palästinensern in den (besetzten) Gebieten und befasse mich ständig damit; ich will über die moralische Verpflichtung gegenüber den Kämpfen dort sprechen.'

Alle arabischen Befragten, Männer wie Frauen, engagieren sich nach wie vor im Bereich jüdisch-arabische Beziehungen. Zwei sind Menschenrechtsanwälte und betrachten ihre Arbeit als Berufung. Manche leiten jüdisch-arabische Begegnungen, andere haben eine akademische Laufbahn eingeschlagen und forschen, oder widmen der Friedenerziehung an Colleges oder Universitäten ihre Zeit; manche leiten gemeinnützige Organisationen, die sich für Gleichberechtigung zwischen Juden und Arabern einsetzen, oder arbeiten für sie – Beispiele dafür sind *AJEEC, Zochrot, Sadaka/ Reut, Givat Haviva,* die *School for Peace, Hand-in-Hand oder ACRI.* Andere sind in den Medien tätig oder in der Öffentlichkeitsarbeit. Viele erklärten, diese Arbeit erhalte ihre geistige Gesundheit und helfe ihnen, nicht aufzugeben und trotz zahlreicher Rückschläge weiterzukämpfen.

Fazit

Wir haben gesehen, dass die Kursteilnehmer(innen) tiefe und vielschichtige Veränderungen durchlaufen haben. Eine weitere, breiter angelegte Studie sollte untersuchen, ob diese Ergebnisse für die Zehntausende repräsentativ sind, die inzwischen solche SFP-Kurse durchlaufen haben. In vielerlei Hinsicht sieht der Wandel bei jüdischen und arabischen Kursteilnehmer(innen) ähnlich aus. Der Kurs war eine formative, ja lebensverändernde Erfahrung. Zugleich hatte diese Erfahrung wegen der asymmetrischen Machtverteilung zwischen den beiden Völkern auf die jüdischen Kursabsolventen eine stärkere und dramatischere Wirkung als auf die arabischen. Für die meisten jüdischen Befragten war der Kurs die erste intensive Begegnung mit arabischen Gleichaltrigen, während die meisten arabischen Befragten bereits verschiedene bi-nationale Begegnungen durchlaufen hatten. Beide Teilnehmergruppen erlernten in ihren Kursen die Betrachtung von Machtstrukturen und Machtdynamiken: Nach dem Kurs verfügten sie über wertvolles Werkzeug für die Analyse von verschiedenen Realitäten und Situationen im Hinblick auf Machtstrukturen. Zu diesem Werkzeug gehörten verschiedene Fähigkeiten: Gruppen führen und Gruppendynamiken ‚lesen' zu können, gehörte für alle Befragten dazu. Andere Fähigkeiten wurden nur von jeweils einer nationalen Teilnehmergruppe genannt. Die Palästinenser(innen) lernten, Dialog als Problemlösungsmittel einzusetzen, sich mit der Gruppendynamik im Blick an eine Gruppe als Ganzes zu richten, und Materialien reflektierter zu lesen. Sie gaben auch an, der Kurs habe sie etwas über die innere Stärke (resilience) von Gemeinschaften gelehrt. Sie wissen um ihre Fähigkeit, Menschen zu verändern. Die jüdischen Befragten lernten, Araber(innen) als Gleichberechtigte zu sehen und zu behandeln, inter-Gruppen-Beziehungen zu analysieren und Dinge aus der Perspektive der Anderen wahrzunehmen. Außerdem hat der Kurs ihnen Werkzeuge an die Hand gegeben, mit denen sie Anderen kulturell sensibler begegnen können, und sie gelehrt, mit Allgemeinplätzen zurückhaltend umzugehen. Sie lernten, innovativ flexibel zu sein.

Beide Gruppen begannen, die Realität kritisch zu sehen; sie übernahmen Verantwortung für Veränderungen in ihren Gesellschaften, auch wenn beide Gruppen dies unterschiedlich formulierten – angesichts der asymmetrischen Machtverteilung zwischen den beiden Gruppen überrascht dies nicht. Beide Teilnehmergruppen entwickelten den brennenden Wunsch, zu einem Wandel des Status quo beizutragen. Alle wurden sie zu innovativen Sozial-Aktivisten und übernahmen vielerlei Führungspositionen. Dieses Engagement für sozialen Wandel betrachten sie heute mehr denn je als Pflicht und Aufgabe. Bei den jüdischen wie bei den palästinensischen Kursabsolvent(innen) fällt die Veränderung der nationalen Identität am stärksten ins Gewicht. Im Zuge des Prozesses, den sie durchliefen, und in der Interaktion mit den jeweils Anderen befragten sie ihre Identität bis in tiefe Schichten hinein. Vielschichtige Veränderungen fanden statt, die wegen der unterschiedlichen Orientierungen in den beiden beteiligten Gruppen verschieden ausfielen. Die palästinensischen Absolvent(innen) erlebten eine nachhaltige Stärkung ihrer nationalen Identität und eine Integration ihrer vielfältigen Facetten. Wie stark der Wandel war, hing davon ab, wie weit jemandes nationale Identität zu Beginn des Kurses bereits entwickelt war. Den jüdischen Absolvent(innen) wurden in einem erschütternden und schmerzvollen Prozess ‚die Augen geöffnet‘; sie erwachten aus der ‚zionistischen Naivität‘ und erkannten, dass dieselbe Geschichte verschiedene Facetten haben kann. Demzufolge sahen sie mit großer Klarheit, dass der Zionismus andere Perspektiven ignoriert, und wollten die Kluft zwischen ihren politischen Überzeugungen und ihrem Handeln verringern. Während die palästinensischen Befragten aus ihrem ‚Bunker-Dasein‘ befreit wurden, erweiterten die jüdischen Befragten ihre (nationale) Identität: sie lernten, die Anderen und ihre Realität zu verstehen.

Ich möchte mich sehr herzlich bei allen jüdischen und palästinensischen Befragten dafür bedanken, dass sie sich für ein Interview zur Verfügung gestellt haben, und würdige ihr unermüdliches Engagement für Frieden und Gleichberechtigung. *Nava Sonnenschein, Juni 2016*

Literatur

Sonnenschein, N. / Bekerman, Z.: *Who is more humane? An Ethnographic Acccount of Power Struggle in Jewish-Palestinian Dialogue Encounters,* in: Peace and Conflict Studies, Bd. 17.2 (2010), S. 307–346.

Sonnenschein, N. / Bekerman, Z. / Horenczyk, G.: *Threat and the Majority Identity,* in: Group Dynamics: Theory, Research & Practice, Bd. 14 (2010), S. 47–65.

Sonnenschein, Nava: *Dialogue Challenging Identity,* o. O. 2008 [Hebräisch].

100 Dokumente aus 100 Jahren

Teilungspläne, Regelungsoptionen und Friedensinitiativen im israelisch-palästinensischen Konflikt (1917 – 2017)

Herausgegeben von Angelika Timm

Schriftenreihe des diAk – Band 42-43

diAk – Israel ▪ Palästina ▪ Deutschland – zusammen denken | diak.org

Die Publikation stellt – erstmals in vorliegender Gesamtschau – die wichtigsten ‚Palästina-Papiere' der vergangenen 100 Jahre vor. Positionsbestimmungen internationaler Mächte und Organisationen bzw. israelischer, arabischer und palästinensischer Akteure und Akteurinnen sowie binationale israelisch-palästinensische Friedensinitiativen, ergänzt durch themenrelevantes Kartenmaterial. Jedes Dokument wird durch eine knappe Kommentierung seines jeweiligen historischen Kontextes eingeleitet.

Berlin 2017 | Hardcover, Leseband und Fadenheftung | 728 S. | € 35,00 | ISBN 978-3-86575-063-1

⟨a⟩ AphorismA

Verlag | Antiquariat | Agentur ▪ Mit angeschlossener Versandbuchhandlung
Gemeinnützige GmbH | Blücherstraße 56 | 10 961 Berlin-Kreuzberg
Telephon: 030 - 6805 3299 | Telefax: 030 - 6880 9237
www.aphorisma.eu | info@aphorisma.eu

Glossar

Al-Ittihad
Zeitung aus den Vereinigten Arabischen Emiraten

Aliyah
Hebräische Bedeutung: Aufstieg; Einwanderung von Juden nach Israel

Ashkenasim
Juden, deren Familien aus Europa oder Nordamerika nach Israel eingewandert sind (Adjektiv: ashkenasisch)

Bereaved Families
Familien, die einen Angehörigen im jüdisch-palästinensischen Konflikt verloren haben.

Bimkom
Stadtplaner & Architekten für gleiche Rechte; 1999 gegründete israelische NRO, die sich für Demokratie und Menschenrechte bei der Städte- und Gebietsplanung in Israel und den palästinensischen Gebieten einsetzt

B'Tselem
Deutsche Bedeutung: ‚im Ebenbild‘, nach Genesis 1, 27; 1989 gegründete israelische NRO, die Menschenrechtsverletzungen in den besetzten Gebieten nachweisen, die israelische Öffentlichkeit und Gesetzgeber darüber informieren, und zu einer humaneren Gesellschaft beitragen will

Chanukka
Achttägiges jüdisches Lichterfest meist im Dezember zur Erinnerung an die Neuweihe des Jerusalemer Tempels (165 oder 164 v.Chr.)

Check points
Dauerhaft eingerichtete sowie ‚fliegende‘, d.h. sich verlagernde, zeitweilig bestehende Militär-Kontrollpunkte in der Westbank und an der Grenze zum Gazastreifen

Egged Bus
1933 als genossenschaftliches Unternehmen gegründete Busgesellschaft; größtes Busunternehmen Israels

DCOs
District Coordination Offices: Israelisch-Palästinensische Büros für militärische Koordination, eingerichtet gemäß dem 1994 zwischen Israel und der Palästinensischen Autonomiebehörde abgeschlossenen Gaza-Jericho Abkommen.

Givat Haviva
Gemeinnützige, 1949 von der Kibbutz Ha'Artzi Bewegung gegründete Bildungseinrichtung in Israel, deren Kulturzentrum jüdisch-arabische Begegnungen u.a. Kulturveranstaltungen durchführt

Grüne Linie
Waffenstillstandslinie zwischen dem Staat Israel und der jordanischen Westbank nach dem Krieg von 1949 bzw. Demarkationslinie zwischen Israel und den von Israel im Sechstagekrieg besetzten Gebieten, d.h. dem Westjordanland, dem Gazastreifen, den Golanhöhen und der Sinai-Halbinsel – letztere wurde Ägypten im Friedensvertrag von 1979 zurückgegeben

Ha'aretz
Führende, auch online erscheinende, kritische israelische Tageszeitung in hebräischer (seit 1919) und englischer Sprache (seit 1997)

Hadash
Hebräisches Akronym für ,Demokratische Front für Frieden und Gleichheit'; 1977 gegründete politische Partei in Israel mit Wurzeln im Kommunismus, die vor allem von israelischen Palästinensern unterstützt wird

HaShomer HaTzair
Deutsche Bedeutung: der junge Wächter; sozialistisch-zionistische säkulare Jugendbewegung in Israel, gegründet 1913 in Galizien (Österreich-Ungarn)

Hijab
Den Kopf und die Brust bedeckender Schal für muslimische Frauen, der außerhalb der eigenen Familie bzw. in der Öffentlichkeit getragen wird

Hithabrut/Tarabut
Jüdisch-arabische NRO in Israel, gegründet 2006 nach dem Libanonkrieg, die gegen soziale Diskriminierung in Israel und die Besatzung(spolitik) kämpft

Intifada
Arabisch für: Aufstand, Erhebung, Abschüttelung; 1. palästinensische Intifada: Dezember 1987 – 1993 (Oslo-Abkommen); 2. Intifada („Al-Aqsa Intifada): 2000 – 2004

IPCRI
Israel/Palestine Center for Research and Information: israelisch-palästinensisches Forschungs- und Informationszentrum, inzwischen umbenannt in Israel – Palästina: Zentrum für lokale Initiativen

IS(IS)
Abkürzung für die islamische Terrororganisation ‚Islamischer Staat'

Ivrit
Neuhebräisch; Amtssprache in Israel

Jom Kippur
Hebräisch für: Tag der Sühne; jüdisches Versöhnungsfest 10 Tage nach dem jüdischen Neujahrsfest

Kach
1971 von Meir Kahane gegründete rechtsextreme jüdische Partei; bei der Wahl 1988 wegen Verstößen gegen das Wahlgesetz (Rassismus) nicht mehr zugelassen

Kibbuz
Ländliche Kollektivsiedlung in Israel mit gemeinsamem Eigentum und basisdemokratischen Strukturen.

Kleines Dreieck
Gebiet in Zentral-Israel bei Tira und Taibe

Knesseth
Israelisches Parlament

Machsom Watch
2001 gegründete Gruppe israelischer Frauen, die israelische Checkpoints beobachtet, welche sich zwischen Israel und den von Israel
besetzten Gebieten und innerhalb der besetzten Gebiete befinden

Matzpen
Hebräisch für: ‚Kompass'; 1962 als anti-zionistische, sozialistische
Organisation gegründet; aktiv bis in die 1980er Jahre

Meretz
1988 gegründete linksliberale Partei in Israel

Mizrahim
Jüdische Israelis, deren Familien aus arabischen bzw. fernöstlichen
Ländern nach Israel eingewandert sind (Adjektiv: mizrahi)

Moshav
Ein Genossenschaftsdorf von Kleinbauern mit Privatbesitz im heutigen Israel

Nahal
Hebräisches Akronym für ‚Kämpfende Pionierjugend'; 1948 gegründet, verband Landwirtschaft und Militärdienst

Nakba
Arabisch für: Katastrophe, d.h. die Vertreibung bzw. Flucht von ca.
750.000 Palästinensern während des israelisch-arabischen Krieges
von 1949

NRO
Nichtregierungsorganisation

Open House Ramle
1991 gegründete jüdisch-arabische Begegnungsstätte in Ramle, Israel

Operation ‚Gegossenes Blei'
Bombardierung des Gazastreifens durch die israelische Luftwaffe
Dezember 2008 – Januar 2009

Peace Now
Hebräisch: Shalom Achshav; nach dem Besuch des ägyptischen Präsidenten Anwar Al-Sadat in Israel 1978 gegründete außerparlamentarische Friedensbewegung in Israel

PLO
Palestinian Liberation Organisation; 1964 gegründete Palästinensische Befreiungsorganisation, 1974 von der UNO als offizielle Vertretung der Palästinenser anerkannt; 1998 wurden alle gegen Israel gerichtete Artikel in der PLO-Charta gestrichen

PLP
Progressive List for Peace: von 1984 – 1994 aktive linke arabisch-jüdische Partei

PsychoActive
Organisation jüdisch- und palästinensisch-israelischer Psychologen und Sozialarbeiter, welche die politische Dimension ihrer beruflichen Arbeit erforschen und in Veranstaltungen und Aktionen dokumentieren

Ratz
Ehemalige 1973 gegründete linke israelische Partei, die 1992 mit zwei weiteren Parteien in der Meretz-Partei aufging

Rosh HaShanah
Jüdisches Neujahrsfest

Sadaka/Reut
1983 von jüdischen und palästinensischen Student(innen) gegründete israelische Jugendbewegung

Sefardim
Bezeichnung für Juden, die aus dem Sfarad (den Maghreb-Ländern, v.a. Spanien und Portugal) nach Israel eingewandert sind

Shabak
Andere Bezeichnung für Shinbeth

Shekel
Abkürzung NIS; israelische Währung

Shinbeth
Israelischer Inlandsgeheimdienst

Sikkuy
1991 gegründete jüdisch-arabische NRO in Israel, die Rechtsberatung anbietet und sich für gleiche Bürgerrechte für Juden und Palästinenser in Israel und für die Menschenrechte einsetzt

Ta'ayush
Arabisch für: zusammen leben; arabisch-jüdische NRO für gleiche Rechte von Juden und Palästinensern und ein Ende der Besatzung

Tag des Bodens
Seit 1976 (massive Enteignung von Palästinensern in Israel) jeweils am 30. März begangener jährlicher Gedenk- und Protesttag in Israel und den Palästinensischen Autonomiegebieten gegen die Landenteignung der arabischen Bevölkerung durch den Staat Israel

Tisha B'Av
Ein jüdischer Fasten- und Trauertag, an welchem der Zerstörung des Jerusalemer Tempels gedacht wird

YMCA
Young Men's Christian Association, deutsch: Christlicher Verein Junger Menschen (CVJM)

Ynet
Vollständig: Ynetnews; Onlinequelle für Tagesnachrichten aus Israel und der jüdischen Welt

Zaatar
Palästinensische Gewürzmischung aus wildem Thymian (Zaatar), wildem Oregano, wildem Majoran und Sesamsamen

Zochrot
Hebräisch für: erinnern, arabisch für: Erinnerungen; 2002 gegründete israelische NRO, die an die palästinensische Nakba bzw. die Vertreibung der Araber in Israel 1948/49 erinnert

Inhaltsverzeichnis

Konflikt und Verantwortung: von persönlicher
Identitätsklärung zu gesellschaftspolitischem Engagement . . . 5
Nava Sonnenschein

Wenn Konfliktgruppen aufeinandertreffen:
Wie Machtverhältnisse Gruppen-Begegnungen prägen. 11
Tamar Saguy, Interdisziplinäres Zentrum Herzliya

Michael Sfard. 29
Anwalt für Menschenrechte

Suhad Hammoud Dahleh 39
Menschenrechtsanwältin

Mohammad Abu Snineh. 51
Menschenrechtsanwalt und Kursleiter

Yonatan Shapira 65
Musiker

Ayelet Roth 81
Direktorin, bilinguales Schulnetzwerk

Harb Amara 93
Erzieher, Therapiezentrumsleiter, Kursleiter

Youval Tamari 105
Erzieher und Aktivist

Rachela Yanay 115
Organisationsberaterin und Kursleiterin

Nazih Ansaari 127
Aktivist in der kommunalen Entwicklung,
Pädagoge, Berater und Kursleiter

Sebastian Wallerstein 141
Stadtplaner und Gemeindeaktivist

Wassim Biroumi. 151
Klinischer Psychologe und pädagogischer Psychologe

Yoav Lurie 161
Psychotherapeut, Arbeitspsychologe, Kursleiter

Dina Zarega 173
Sozialarbeiterin

Slieman Halabi 189
Kognitiver Psychologe, Kursleiter, Universitäts-Associate

Norma Musih 203
Kuratorin, Gelehrte, Aktivistin

Roi Silberberg 211
Politischer Pädagoge

Nada Matta 225
Wissenschaftlerin und Feministin

Sarab Abu-Rabai-Qeder 237
Soziologin und Aktivistin

Maram Masarwi 251
Soziologin, Erziehungswissenschaftlerin,
Fakultätsdekanin, Feministin

Eitan Bronstein 265
Politischer Pädagoge

Amin Khalaf 277
Sozialer Unternehmer

__Maya Mukamel__ 289
Psychologin und Aktivistin

Badria Biromi 299
Umweltpädagogin, Kursleiterin und Stadtplanerin

Avi Levi 307
Politischer Erwachsenenbildner und Umweltaktivist

Amal Elsana Alh'jooj 321
Aktivistin und Anwältin für beduinische Frauenfragen

Nachwort 337
Nava Sonnenschein

Glossar 355

BRUNO HUSSAR
STIFTUNG
zur Förderung der Friedensarbeit in Israel und Palästina

‚Wenn Du Frieden willst, dann lerne den Frieden‘, rät Bruno Hussar (*1911 in Kairo, †1996 in Jerusalem). In seiner Autobiographie *Ein Weg der Versöhnung* schrieb der Gründer der ‚Oase des Friedens‘: ‚In verschiedenen Ländern gibt es Akademien, wo man die Kriegskunst erlernt. Wir wollten eine Friedensschule errichten, denn auch der Frieden muss gelernt werden.‘

Die deutschen Freunde von ‚Neve Shalom/Wahat al Salam‘ haben die nach ihm benannte Stiftung errichtet. Sie wurde 2001 von der Bezirksregierung Köln genehmigt und wird vom Finanzamt Sankt Augustin geprüft.

Die Stiftung förderte in den letzten Jahren u.a. Freizeiten für Kinder aus der besetzten Westbank. Im Sommer 2017 haben 32 Kinder aus dem palästinensischen Dorf Bilin, im Südwesten vom Ramallah, eine unbeschwerte Ferienwoche im Friedensdorf erlebt. Die Stiftung unterstüzte den Ausbau eines Spielplatzes für behinderte Kinder aus Palästina und Israel am See Genezareth und medizinische Behandlung in der Westbank und Gaza.

Informationen über Geschichte und Satzung, sowie Berichte und Fotos zu erfolgreichen Förderungen und Ratschläge, wie man Zuwendungen an die Stiftung steuersparend, z. B. bei Erbschaften, einsetzen kann, finden Sie auf der Website der Stiftung (http://bruno-hussar-stiftung.de).

Spenden für die Fortsetzung dieser Friedensförderung sind auf das Konto der Stiftung bei der Kreissparkasse Köln **IBAN: DE84 3705 0299 0032 0122 96** erbeten. Kontakt: **info@bruno-hussar-stiftung.de** (oder **02241-331153**).

Schweizer Freundinnen und Freunde von Neve Shalom / Wahat al-Salam

واحـــة الســــلام 🕊 נווה שלום

Neve Shalom Wahat al-Salam Oase des Friedens

Geschäftsstelle: Gabriel Oser, Gisshübelweg 15, 4105 Biel-Benken, Tel. +44 796 2001, Email: nevech@bluewin.ch, www.nswas.ch

Spendenkonto: Bank Cler AG, 4002 Basel, PC 40-88881, Neve Shalom 4051 Basel, IBAN: CH98 0844 0256 6415 6200 1

We Refuse To Be Enemies

Bildband zum Projekt *Zelt der Völker*
Photographien von Christian Kraatz

Die Serie ‚We Refuse To Be Enemies‘ dokumentiert die Situation einer christlichen, palästinensischen Familie im besetzten Palästina. Auf ihrer Farm, die etwa eine halbe Stunde entfernt von Jerusalem und von fünf israelischen Siedlungen umgeben ist, sehen sie sich konfrontiert mit drohender Enteignung, Zugangsverwehrung zu Trinkwasser und Strom, sowie Abrißbefehlen für die Gebäude auf ihrer Farm.

Diesen Repressalien begegnet die Familie auf beeindruckende Art und Weise. Anordnungen des israelischen Militärs werden vor Gericht angefochten, zur Wassergewinnung werden Zisternen angelegt und Menschen aus aller Welt werden zu Begegnung und Dialog eingeladen. Die Serie zeigt die Familie Nassar auf ihrem Weg zur Verwirklichung des Lebenstraumes ihres Großvaters. Die Fotografien dokumentieren das Mit- und Füreinander verschiedener Kulturen und Religionen, das auf dem Glauben an die Menschlichkeit gründet.

Berlin 2017 | Softcover, Bildband, durchgehend farbig | 54 S. | € 15,00 | ISBN 978-3-86575-048-8

a AphorismA

Verlag | Antiquariat | Agentur • Mit angeschlossener Versandbuchhandlung
Gemeinnützige GmbH | Blücherstraße 56 | 10 961 Berlin-Kreuzberg
Telephon: 030 - 6805 3299 | Telefax: 030 - 6880 9237
www.aphorisma.eu | info@aphorisma.eu